Psychoanalytische Entwicklungspsychologie

Herausgegeben von
W. Mertens und C. Rohde-Dachser

Die Kenntnis der psychoanalytischen Entwicklungspsychologie gehört zu den wichtigsten Grundlagen der modernen Psychotherapie und Psychoanalyse. Auch Therapeuten anderer psychologischer Richtungen greifen mehr und mehr auf entwicklungspsychologisches Wissen zurück, das ihnen in ihren eigenen Theorieansätzen fehlt.
Deshalb orientiert sich diese neue, in sich geschlossene Reihe konsequent an den Erfordernissen der Praxis.

Übersichtlich und mit vielen anschaulichen Fallbeispielen versehen, präsentiert jeder neue Band in verständlicher Form das vor allem für praktizierende Psychotherapeuten wesentliche Grundwissen aus den verschiedensten Bereichen der psychoanalytisch orientierten Entwicklungspsychologie.

Prof. Dr. **Wolfgang Mertens** lehrt Klinische Psychologie mit Schwerpunkt Psychoanalyse an der Ludwig-Maximilians-Universität München.
Prof. Dr. **Christa Rohde-Dachser** ist Lehrstuhlinhaberin für Psychoanalyse an der Johann Wolfgang-Goethe-Universität Frankfurt

- W. Mertens, Entwicklung der Psychosexualität und Geschlechtsidentität, Band 1: Geburt bis 4. Lebensjahr, 2. Auflage
- W. Mertens, Entwicklung der Psychosexualität und Geschlechtsidentität, Band 2: Kindheit und Adoleszenz
- A. Hamburger, Entwicklung der Sprache
- L. Schon, Entwicklung des Beziehungsdreiecks Vater–Mutter–Kind

Hans-Peter Kapfhammer

Entwicklung der Emotionalität

Verlag W. Kohlhammer
Stuttgart Berlin Köln

Dr. Ortwin Saul
30. 1. 1928 bis 17. 12. 1991
in dankbarer Erinnerung

Die Deutsche Bibliothek – CIP-Einheitsaufnahme

Kapfhammer, Hans-Peter:
Entwicklung der Emotionalität / Hans-Peter Kapfhammer. –
Stuttgart ; Berlin ; Köln : Kohlhammer, 1995
(Psychoanalytische Entwicklungspsychologie)
ISBN 3-17-011787-4

Stuttgart Berlin Köln
Verlagsort: Stuttgart
Gesamtherstellung:
W. Kohlhammer Druckerei GmbH + Co. Stuttgart
Printed in Germany

Inhalt

1 Einleitung

M. Brierley wies bereits 1937 auf einen entscheidenden Widerspruch innerhalb der psychoanalytischen Affektdiskussion hin. Dieser sei durch eine Kluft zwischen subtiler klinischer Betrachtungsweise einerseits und erlebnisferner, metapsychologischer Abstraktion andererseits gekennzeichnet. Hierbei behindere v. a. der ungeklärte theoretische Zusammenhang von Trieb- und Affektkonzeption eine eigenständige Besinnung auf die klinische Erlebnisvielfalt der Emotionalität. Dieses Dilemma ist bis in unsere Gegenwart grundlegend geblieben für zahlreiche Klärungsversuche innerhalb der psychoanalytischen Theoriediskussion zur Affektivität (vgl. Green 1979).

Tatsächlich wiesen J. Breuer und S. Freud (1895 a) die Psychoanalyse zunächst noch als ein therapeutisches Verfahren aus, das unter hysterischen Symptomen leidenden Patienten helfen sollte, „die Erinnerung an den veranlassenden Vorgang zu voller Helligkeit zu erwecken" und „den begleitenden Affekt wachzurufen". Sie waren überzeugt, daß „affektloses Erinnern fast immer völlig wirkungslos" sei (S. 85). Gut 20 Jahre später kommentierte Freud (1916/17) nüchtern: „In der analytischen Behandlung geht nichts anderes vor als ein Austausch von Worten zwischen dem Analysierten und dem Arzt" (S. 9).

Beide therapeutischen Programme kennzeichnen entscheidende Abschnitte in der historischen Entwicklung der Psychoanalyse weg von einer Disziplin der kathartischen Wiederbelebung traumatischer Affekte hin zu einer intellektuellen Deutungskunst unbewußten Triebgeschehens. Diese Polarisierung mag sich freilich zunächst nur auf einem hohen Abstraktionsniveau der psychoanalytischen Theorienbildung so kühl niederschlagen, dem in der realen psychoanalytischen Arbeit zahlreiche aufgelockerte Spielformen entsprechen können (vgl. Cremerius 1979). So gilt nach wie vor der klinische Grundsatz, daß ohne eine entscheidende Affektänderung kein günstiges Therapieergebnis zu erzielen sei. Die aber häufig zugrunde gelegte Annahme, das Aufdecken der kognitiven Aspekte eines Konfliktes erledige automatisch das Problem vermeintlich im Schlepptau assoziierter pathologischer Affekte, erscheint aber nur wenig begründet (Krystal 1977). Eine psychoanalytische Technik, die nur jenen Aspekt der Affektivität erfassen will, der sich auch unmittelbar in der Sprache mitteilen läßt, verfehlt notgedrungen Wesentliches der affektiven Kommunikation und Erfahrung.

Psychoanalytische Beiträge zur Phänomenologie der Emotionalität selbst bleiben gleichfalls unbefriedigend, solange sie Affekte, Gefühle, Stimmungen und Leidenschaften undifferenziert einander gleichsetzen, wie Kutter (1978,

1980) zu Recht kritisierte. In einer klinischen Analyse unterstrich R. Schafer (1964) wieder die Vielschichtigkeit affektiver Erscheinungsweisen im psychoanalytischen Prozeß. Trotz einer auffälligen formalen Strenge könnten seine skizzierten Affektkategorien sowohl den klinischen Ausgang für eine subtile psychoanalytische Affekttheorie bilden als auch für eine engere entwicklungspsychologische Betrachtung dienlich sein:

Affektexistenz: Zeigt ein Patient in seinem mimischen Ausdruck eine Affektregung, so muß zunächst noch offenbleiben, ob dieser Affekt echt oder falsch ist. Spricht er über Affekte, beweist dies nicht notwendigerweise, daß er sie im Moment auch tatsächlich verspürt. Gibt er an, augenblicklich nichts zu fühlen, mag dies zutreffen. Möglicherweise hält er aber Gefühle nur kontrollierend zurück, oder er hat sie verdrängt.

Affektbildung: Kristallisieren sich Gefühle im augenblicklichen Erleben, so können sie das Individuum mit echter Vitalität erfüllen und zu einer erhöhten Selbsterfahrung beitragen. Bewußtwerden und freier Ausdruck von Affekten und Gefühlen stellen mitunter hohe Anforderungen an seine seelische Integrationsarbeit dar. Sie schließen eine Sensibilität für bedeutsame Auslöser ein, setzen eine genügende Spannungstoleranz und auch Angstfreiheit vor innerem Affekterleben voraus. Sie erfordern Mut, sich mit seinen Gefühlsäußerungen anderen Personen gegenüber zu zeigen und so verletzlich zu werden.

Affektstärke: Sie kann von emotionaler Überflutung bis hin zum orientierenden Signal reichen. Eine optimale Stärke erlaubt eine funktionstüchtige Realitätskontrolle und vermittelt ein inneres Gefühl der Lebendigkeit. Sie ist stets eine sehr individuelle Größe.

Affektstimuli: Sie verweisen auf Quelle und Richtung einer gefühlshaften Bewegung. Doch nur im Kontext bisher entwickelter innerer Subjekt- und Objektbilder läßt sich die eigentliche Affektdynamik erfassen.

Affektkomplexität und Affektparadoxon: Affektive Äußerungen tragen nur selten die Gestalt reiner Primäraffekte. Vielmehr sind sie von vielfältigen Einflüssen geprägt. So verbinden sie ambivalente Bestrebungen, weisen eine verwirrende Mischung von erotischen und aggressiven Elementen auf und sind durch verinnerlichte oder äußerliche Normen modifiziert. Sie beschreiben die Strukturiertheit der Affektzustände zwischen den Polen der Selbstbestimmung und Anpassung bzw. Abwehr.

Affektlokalisierung: Sie umfaßt die zeitliche Abfolge einzelner Komponenten affektiven Erlebens, bezeichnet die gerade aktualisierte Schicht innerhalb eines hierarchisch organisierten seelischen Funktionssystems. Sie betrifft grundlegende Identifikationen einer Person in der dynamischen Gestaltung von

Übertragung und Gegenübertragung. Sie verweist aber auch auf individuumsspezifische Zonen des Körpers. Sie hebt somit psychosexuelle und psychosoziale Faktoren hervor.

Affektkommunikation: Sie beinhaltet eigenständige Dimensionen eines intrapsychischen wie interpersonalen Dialogs.

Affektgeschichte: Sie beschreibt eine eigenständige Sozialisationslinie eines Individuums. Sie kennzeichnet Verbindungen affektiver Regungen zu Kernsituationen seiner subjektiven Entwicklung.

2 Wichtige Affektmodelle

2.1 Grundlegende Affektkonzeptionen bei Freud

Die unauflösbare Verschränkung von geistigem Schaffen und motivationaler Triebnatur des Menschen erkannt und fruchtbar interpretiert zu haben, ist ein Hauptverdienst S. Freuds. Diese Grundhaltung prägte nicht nur seinen Ansatz, klinische Psychopathologie zu verstehen, sondern auch seinen intellektuellen Zugriff auf höchste kulturelle Werte und künstlerische Leistungen. Diese Einstellung spiegelte sich auch in seinen zahlreichen Ausführungen zu den „Affekten" wider, denen er innerhalb seines wissenschaftlichen Werkes eine unterschiedliche Bedeutung zusprach. Ihr wechselnder theoretischer Status ergab sich aus seinem Bemühen, die Psychoanalyse von ihren neurophysiologischen Ursprüngen zu lösen und sie als psychologische Disziplin zu begründen, ein metapsychologischer Versuch, der in einer heutigen wissenschaftstheoretischen bzw. -historischen Bewertung wenngleich als revolutionär, so doch als in weiten Passagen zum Scheitern verurteilt angesehen werden muß (Habermas 1968, Sulloway 1979, Grünbaum 1984).

Charakteristisch für alle Affektkonzeptionen ist, daß Freud sie in engem Kontakt, ja in direkter Abhängigkeit von der Triebtheorie entwickelte (Compton 1983a, b, Krause 1983). In den Anfängen des Freudschen Denkens (1893) erscheinen Affekte noch als rein somatisch begründete Erregungen, die aus einem gestörten Funktionszustand des Organismus resultieren. Sie sind beispielsweise durch Hunger, Durst oder endogene sexuelle Impulse entstanden. Dieser objektiven Charakterisierung der Affekte als triebhaften Energiequanten entsprechen im subjektiven Erleben zwei elementare Empfindungen, je nach triebenergetischem Anstieg bzw. Abfall als ein Unlust- bzw. ein Lustgefühl. Doch bereits in den frühen Freudschen Schriften ist der Vorrang der objektiven Dimension des Affektes, der „Affektbetrag", gegenüber der subjektiven Erlebnisqualität eines Affektes unverkennbar.

Als körperliche Spannungsmomente drängen Affekte nach Abfuhr. Es ist die Aufgabe einer zentralen Regulationsinstanz, nämlich des Ichs, diese Spannungen zu erledigen, um so eine ungestörte psychische Leistungsfähigkeit des Individuums zu sichern. Affektive Erregungen können hierbei angeborenen oder biographisch erworbenen Abfuhrkanälen folgen. Dies ist über motorische und viszerale Innervationen („spezifische Aktion") oder aber in geistiger, gedanklicher wie sprachlicher Tätigkeit („Bindung durch Assoziationsarbeit") möglich.

Zentrale Aussagen S. Freuds zu einer Theorie der Affekte

Der Affekt ist als energetisches Quantum, als „Besetzungsenergie" oder „Triebkraft" zu definieren, die aus endogenen Reizquellen stammt. Das Ich registriert auffällige Schwankungen des energetischen Niveaus und ist bemüht, einen andrängenden Affektbetrag zu reduzieren. Dies geschieht vorzugsweise in einer „spezifischen Aktion", d. h. in einer triebbefriedigenden Handlung oder in einer geistigen Assoziationsarbeit.

(„Studien über Hysterie", 1895a)

Der Affekt gilt zum einen als potentieller Desorganisator psychischer Tätigkeiten, da er bei einem störenden Triebungleichgewicht auftritt. Dies unterstreicht seinen biologischen Aspekt. Er kann zum anderen aber auch wichtige Erlebnisse der frühen Lebensgeschichte, möglicherweise auch phylogenetische Reaktionsmuster von Anpassungswert wiederbeleben. Er bildet so eine urtümliche Erinnerungsmodalität. Dies unterstreicht seinen semantischen Aspekt.

(„Entwurf einer Psychologie", 1895b)

Während der Affekt eine sichere Auskunft über den inneren Zustand des Körpers erlaubt, birgt der Vorstellungsinhalt eines Wunsches immer auch die Möglichkeit einer Täuschung.

(„Die Traumdeutung", 1900)

Triebe und Affekte zeigen, daß psychische Funktionsweisen und somit auch das Denken an den Körper gebunden sind. Sie drücken gleichsam eine Arbeitsforderung des Organismus an den psychischen Apparat aus, um bewußt werden zu können.

(„Triebe und Triebschicksale", 1915a)

Der Affekt besitzt auch die bewußte Qualität einer subjektiven Empfindung. Er kommt einem psychophysischen Abfuhrphänomen gleich, physisch, insoweit er triebhafte somatische Veränderungen aufnimmt, psychisch, insoweit diese Veränderungen auch subjektiv wahrgenommen werden können. Ein Ansteigen der Triebspannung kann affektiv als Unlust, eine Reduktion als Lust erlebt werden.

(„Die Verdrängung", 1915b)

In der Konzeption der Angst als eines moderaten Ich-Affekts mit Signalfunktion hat sich die ursprüngliche Kluft von Affekt und Vorstellung beträchtlich verringert. Signalangst muß aber von einer wiederkehrenden traumatischen Angstüberflutung unterschieden werden. Wichtige psychogenetische Aspekte sind in der Angst vor dem drohenden Objektverlust, vor dem Verlust der Liebe des Objekts und vor dem Gewissen (Über-Ich) zu erkennen.

(„Hemmung, Symptom und Angst", 1926)

Affekte umfassen in ihrer biologischen Verankerung ursprüngliche, phylogenetisch festgeschriebene Handlungssequenzen mit hohem Anpassungs- bzw. Überlebenswert. Hier übernahm Freud (1895b) entscheidende Anleihen aus dem Darwinschen Affektverständnis (1872).

Affekte können in ihrer freien Äußerung gehemmt werden. Dies dient mehreren sowohl biologischen als auch sozialen Zielen, zum einen, um desorganisierenden Schmerz zu vermeiden, zum anderen, um gesellschaftliche Normen zu erfüllen, d. h. die aus einem Verstoß gegen moralische Verbote resultierenden Bestrafungsängste zu kontrollieren (Freud 1895b). Abwehrmechanismen des Ichs führen zu verschiedenen „Affektschicksalen". So können Affekte über eine Konversion in Organsystemen gebunden werden und imponieren dort als körperliche Symptome. Werden sie auf ein anderes Ausdruckssystem verschoben, so können sie wie z. B. in einem Zwangsgedanken zumindest eine Teilentspannung finden. Die Verdrängung wiederum kann Angst auslösen. Diesen Überlegungen inhärent ist die Annahme, daß nicht abgeführte Affekte traumatisch wirken, wie sie v. a. in der theoretischen Figur des „eingeklemmten Affektes" das pathogenetische Modell der „Abwehrneuropsychosen" (Freud 1894), insbesondere der hysterischen Symptombildung (Freud 1895a) kennzeichnet und konsequent zu einem auf Affektabfuhr zielenden Therapieverständnis führt. Die im therapeutischen Gespräch, in der „talking cure" mobilisierten pathogenen Affekte finden über die Sprache als Handlungsersatz eine neue Ausdrucks- und damit Abfuhrmöglichkeit. Besonders wichtig erscheint in diesem Zusammenhang die Bestimmung des Affektes als einer ganz speziellen Erinnerungsmodalität des Organismus, der das ursprüngliche traumatische Erlebnis in der Therapie reproduziert. Da Affekte direkt im biologischen Organismus verankert sind und so auch feine Schwankungen des physiologischen Milieus aufnehmen können, bilden sie die tatsächlichen Bedürfniszustände eines Individuums besonders getreu ab. Wünsche, die rein psychische Vorstellungsbilder oder Erinnerungen an frühere Befriedigungserlebnisse beinhalten, sind da viel leichter subjektiven Täuschungen ausgesetzt (Freud 1900).

In diesen frühen Entwicklungsstadien der psychoanalytischen Theorienbildung sind Affekte und Triebe quasi äquivalent. Den geistigen Leistungen in gedanklicher Vorstellung und sprachlicher Äußerung gegenübergestellt imponiert ein separater, zumindest gleichrangiger, wenn nicht für die innere Homöostase des Individuums höher einzuschätzender konzeptueller Status der Affekte. In späteren Ausführungen Freuds verändert sich nicht nur die Bestimmung der Affekte gegenüber den Trieben, sondern es wird auch das Verhältnis von Affektivität und Vorstellung wiederholt unterschiedlich gesetzt.

Im Jahre 1905 expliziert Freud erstmals seinen Triebbegriff anhand des Sexualtriebs und trifft die bedeutsamen Unterscheidungen in Quelle, Objekt und Ziel eines Triebs. Hierbei erweisen sich die Affekte als das drängende Moment der nach Befriedigung strebenden Triebspannungen, so wie sie sich in typischen erogenen Körperzonen materialisieren. Der Schwerpunkt des Interesses gilt dem Übersetzungsprozeß aus somatischen Abläufen in psychische Prozesse, der wesentlich den Triebbegriff als eine „Arbeitsanforderung, die dem Seelischen infolge seines Zusammenhangs mit dem Körperlichen auferlegt ist" (Freud 1915a, S. 122), definiert. In einem psychologischen Ansatz läßt sich dieser Triebbegriff in eine Vorstellungsrepräsentanz sowie in einen begleitenden Affektbetrag aufschlüsseln (Freud 1915b). Somit erlangen die Ausformungen der Triebbedürfnisse in Phantasien, inneren Vorstellungsbildern, Träumen, Fehlleistungen usw., also die inhaltlichen Qualifikationen und Gestaltungen seelischer Wünsche, ein klares konzeptuelles Übergewicht über die als bloßes energetisches Fundament ausgewiesenen Affekte. Folgerichtig unterliegen die inhaltlichen, d. h. die Vorstellungsrepräsentanzen, und die energetischen, d. h. die Affekte, Triebdimensionen auch unterschiedlichen „Schicksalen". So können Affekte nicht verdrängt werden. Lediglich die kognitiven Repräsentanzen, die Phantasieanteile, lassen sich von den Affektbeträgen abkoppeln und können in unterschiedlichen Abwehrvorgängen transformiert werden. Affekte unterliegen anderen Abwehrprozeduren. So sieht Freud (1915c) in seiner Arbeit über „das Unbewußte" drei „Affektschicksale". Ein Affekt könne ganz oder teilweise bestehen bleiben, sich in einen qualitativ anderen Affekt umwandeln oder aber unterdrückt, d. h. in seiner Entwicklung überhaupt gehemmt werden. Die strikte Auftrennung in unterschiedliche Trieb- und Affektschicksale im Hinblick auf innerseelische Abwehrvorgänge wird aber von Freud selbst nicht immer konsequent durchgehalten. Dies geschieht in einer erneuten Modifikation des Affektstatus, wie sie Freud (1926) am Beispiel der dem Ich zugerechneten Signalangst vorführt. In den Frühschriften löst Verdrängung von Triebenergie noch Angst aus, die im extremen, d. h. traumatisierenden Fall eine geordnete Funktionsweise des psychischen Apparates lähmt. Später ist die Verdrängung nur gegen die Vorstellungsinhalte einer Triebregung gerichtet. Im neuerlichen Verständnis kehrt sich wiederum das Verhältnis von Verdrängung und Angst um. Angst erscheint nunmehr als ein in seiner Intensität gemäßigter Ich-Affekt, der eventuell gefährliche sexuelle oder aggressive Triebimpulse signalisiert und den Verdrängungsmechanismus in Gang setzt. In seiner antizipatorischen Erfassung bestimmter Gefahrensituationen ist dieser Angstaffekt aber auch wieder inhaltlich qualifiziert, also nicht mehr bloß auf ein Energiequantum beschränkt.

Freud machte letztlich keinen theoretischen Versuch mehr, all die verschiedenen Affektkonzepte auf ihre Konsistenz hin zu überprüfen und in einer übergreifenden Perspektive zu versöhnen. Freud legte immer wieder bedeutsame Analysen von Einzelaffekten vor. So schrieb er im Kontext der Sexualentwicklung über Sexualgefühle und deren Hemmung durch Ekel, Scham und Moralität (1908a) und explizierte ferner die Affekte der Trauer (1917), der Eifersucht (1921a), der Schuld (1923). Trotzdem ist Compton (1983a, b) zuzustimmen, daß die psychoanalytische Affekttheorie bei Freud im allgemeineren Sinne eine Triebtheorie blieb, in einem spezielleren Sinne sich auf eine Angsttheorie beschränkte.

Die gedrängt wiedergegebenen Affektkonzeptionen S. Freuds lassen eine Vielzahl von Fragen offen, die gerade für eine spätere entwicklungspsychologische Perspektive von besonderer Relevanz sind:

- Wie kann die Beziehung von Affekt und Trieb, die bei Freud in untrennbarer Verbindung geführt werden, theoretisch schlüssig interpretiert werden? Ist eine lineare Beziehung von so ungleichgewichtigen Begriffen wie ‚Libido' und ‚Liebe' oder ‚Aggression' und ‚Ärger' überhaupt sinnvoll anzunehmen? Sind Trieb- und Affektkonzepte nicht vielmehr unterschiedlichen metapsychologischen Abstraktionsstufen zuzuordnen?
- Wie ist der physiologische Unterbau von Affekt und Trieb zu klären und in eine psychologische Theorie der Psychoanalyse zu integrieren? Ist eine ökonomische Dimension hier unverzichtbar oder eventuell zu modifizieren? Wie unterscheiden sich die bewußten Erfahrungsqualitäten von Affekt und Trieb?
- Können Affekte auch ohne Triebeinflüsse auftreten? Welche Funktionen versehen sie dann? Gibt es auch unbewußte Affekte? Wie steht es mit unterschiedlichen „Affektschicksalen" als Folge unterschiedlicher Abwehroperationen?
- Ist es möglich, aus einer einzigen Erlebnisdimension von Lust und Unlust eine Vielfalt von Affektformen zu erklären? Bilden die beiden Erlebnispole von Lust und Unlust analoge Größen von Spannungsanstieg und -abfall ab, oder gibt es auch Spannungslust und Unlust bei fehlender Spannung?
- Sind die zahllosen Schattierungen des menschlichen Gefühlslebens nur das Ergebnis der mit den Unlust-Lusterlebnissen assoziierten Ideen und sprachlichen Bezeichnungen? Wie ist die Beziehung beider Modalitäten von Affekt und Kognition zu bestimmen?
- Wie beeinflussen unterschiedliche Affektzustände die Wahrnehmungsleistungen? Wie ist es umgekehrt möglich, Affekte an der eigenen Person wahrzunehmen, sie als subjektives Phänomen zu verstehen und bedeutsam auf die affektiven Reaktionen und Ausdrucksformen von Personen der sozialen Umwelt zu beziehen?
- Ist Affekt nur eine individuelle organismische Größe, oder muß nicht auch eine bedeutsame interpersonale Affektdimension berücksichtigt werden? Welchen Einfluß üben Affekte in der Gestaltung von Objektbeziehungen aus? Wie sind konfliktträchtige, wie gelingende Objektbeziehungen in affektiver Hinsicht zu beschreiben?
- Was unterscheidet einen Affekt von einem Gefühl, was drückt eine Stimmung aus, was eine Leidenschaft? Sind diese Begriffe beliebig austausch-

bar, ohne dadurch wesentliche Bestimmungsmerkmale zu verlieren, oder können hierfür eigenständige Erlebniszustände einer unterschiedlichen Entwicklungshöhe gefunden werden? Was hat Angst als traumatische Affektüberflutung mit Angst als handlungsbestimmendem Signal gemein? Wie sind die offenkundigen phänomenologischen Differenzen strukturell zu verstehen?

Dies sind einige Fragen, die sich an den Freudschen Ansätzen zu einer Theorie der Affekte entzünden. Sie betreffen speziell die theoretische Klärung des Zusammenhangs von Affekt und Trieb, von Affekt und Kognition, von Affekt und Wahrnehmung, von Affekt und Objektbeziehung sowie von Affekt und Strukturiertheit innerseelischer Erlebnisweisen.

2.2 Grundlegende Affektkonzeptionen in der unmittelbaren Nachfolge Freuds

Auch die zahlreichen Ansätze der Freudschen Schüler zu einer moderneren Fassung des psychoanalytischen Affektverständnisses sehen sich dem Dilemma der engen Verknüpfung von Trieb- und Affektkonzepten, insbesondere dem Problem der vorrangig energetischen Fundierung der Affekte gegenüber. Dies kennzeichnet nicht nur die im engeren Sinne triebtheoretisch, sondern auch die ich-psychologisch und schließlich objektbeziehungstheoretisch orientierten Psychoanalytiker (vgl. Green 1979).

So finden wir bei *Fenichel* (1941, 1945) im wesentlichen eine Explikation der traumatogenen Wirksamkeit von bestimmten Affekten, vor denen sich der seelische Apparat schützen müsse. „Letzten Endes ist somit jede Abwehr eine Abwehr von Affekten. Ihr erstes und letztes Motiv ist die Vermeidung schmerzhafter Empfindungen“ (1945, S. 230). Als besondere Abwehrbewegungen des Ichs gegen schmerzvolle Affekte werden Blockierung, Aufschub, Verschiebung und Reaktionsbildung erörtert, ohne jedoch die entwicklungspsychologischen Voraussetzungen und metapsychologischen Konsequenzen näher zu beleuchten. Reich (1933) arbeitet in einer subtilen Analyse heraus, wie insbesondere körperliche Vorgänge (z. B. muskuläre Anspannungen, fixiertes mimisches oder gestisches Ausdrucksverhalten) im Laufe der ontogenetischen Entwicklung dazu eingesetzt werden, ein bestimmtes Affekterleben gar nicht erst aufkommen zu lassen, die als integrale Bestandteile eines Charakterwiderstands auch nicht über eine inhaltsorientierte Einsichtstherapie wiederbelebt werden können. Erst in den Arbeiten von Krause (1985, 1988, 1990) werden diese Erkenntnisse Reichs und das bei ihm noch aufscheinende Erbe des Darwinschen Affektverständnisses wieder fruchtbar für eine eigenständige psychoanalytische Affektdiskussion thematisiert.

Wenngleich letztlich der Strukturtheorie Freuds verpflichtet, führt Hartmann (1964) einen eigenständigen „adaptiven" Gesichtspunkt in die theoretische Diskussion über die Affekte ein. Das Ich versieht bei ihm die zentrale Aufgabe, Affektäußerungen als Manifestationen zugrundeliegender Triebprozesse so zu modulieren, zu „zähmen", daß sie die Anpassung des Individuums an seine soziale Umwelt nicht gefährden. In dieser strikten Sichtweise einer Affektbeherrschung bleibt selbstverständlich nur wenig Raum für die Beachtung eines vielschichtigen, subjektiven Affekterlebens. Bedeutsam erscheint immerhin der klinische Sachverhalt eines Affektausbruchs bei einem bedrohten Selbst, einer von Hartmann erstmals gesondert betrachteten Persönlichkeitsstruktur.

Auch *Jacobson* (1953) bewegt sich in ihrer sonst sehr differenzierten Arbeit „zur psychanalytischen Theorie der Affekte" noch weitgehend im erlebnisfernen, metapsychologischen Rahmen der Freudschen Strukturtheorie. Sie widmet sich besonders der ökonomischen Fragestellung der Affekte, die nach Freud zwar meist implizit angenommen, theoretisch aber weitgehend ausgeklammert worden ist (Berns 1981). Ihrer Ansicht nach ist es unrichtig, die Lust- und Unlustqualität von Affekten linear mit einem Anstieg bzw. einem Abfall triebenergetischer Spannungen zu korrelieren. Lusterlebnisse sind vielmehr zu verschiedenen Zeitpunkten eines mehr ganzheitlich, prozeßhaft zu verstehenden Spannungsverlaufs zu beobachten. Sie sind als Spannungslust, als Lust am Spannungshöhepunkt und als Entspannungslust zu charakterisieren. Bereits die Erwartung einer künftigen Befriedigung ruft lustvolle Affektkomponenten hervor. Ursprüngliche, biologisch programmierte Lustzyklen müssen jedoch durch das Realitätsprinzip modifiziert werden und dadurch zwangsläufig Unlust hervorrufen. Die Hemmung ungezügelter Triebabläufe ist aber nur ein wesentliches Entwicklungsziel. Bedeutsamer ist die Errichtung neuer Ausdrucksmedien für Triebspannungen. In diesem Zusammenhang schenkt Jacobson der Ich-Entwicklung mit der Vielfalt funktionstüchtiger Abwehr- bzw. Anpassungsmechanismen und flexiblen kognitiven Prozessen wie beispielsweise der Phantasie eine besondere Beachtung. Gleichzeitig macht sie hier auf die enge Verflechtung des ökonomischen mit dem psychogenetischen Standpunkt der Affekte aufmerksam. Ambitioniert ist auch ihr Versuch, aus intrasystemischen und intersystemischen Spannungen zu einer Klassifikation der unterschiedlichen Affekte zu finden und aus Spannungen z. B. innerhalb des Es etwa sexuelle Erregung oder Wut, aus Spannungen zwischen Es und Über-Ich etwa Schuldgefühle abzuleiten. Von klinischer Relevanz ist ihr Hinweis auf (normale und pathologische) Stimmungen als Ausdruck diffuser, zeitlich vorübergehend fixierter Affektzustände mit Einflüssen auf Wahrnehmungs- und Denkprozesse.

Bei *Brenner* (1974, 1982) sind Affekte komplexe seelische Phänomene, die aus einer nicht näher bestimmten Verknüpfung von elementaren Lust- und Unlustempfindungen mit bildlichen und gedanklichen Vorstellungsinhalten resultieren. Die Differenziertheit der subjektiven Affekterfahrungen ist bei ihm lediglich von der Subtilität der kognitiven Entwicklung eines Individuums abhängig. Eine Würdigung des spezifischen Affektgehaltes alleine scheint ihm unmöglich zu sein. Triebe, libidinöse wie aggressive, sind die eigentlichen Motivkräfte des menschlichen Seelenlebens und stellen Verallgemeinerungen aus der psychoanalytischen Erforschung der Wünsche dar. In einer entwicklungspsychologischen Perspektive werden sie wesentlich durch Erfahrungen im Umgang mit Objekten geformt. Ein psychischer Konflikt entsteht, wenn die Befriedigung eines Triebabkömmlings mit einem intensiven Unlusterlebnis, mit Angst (Unlust und Vorstellung einer Gefahr) oder mit einem depressiven Affekt (Unlust und Vorstellung einer bereits eingetretenen Katastrophe) verknüpft wird.

Greens (1973, 1979) originellen Beiträgen zur psychoanalytischen Affekttheorie ist die intensive Auseinandersetzung mit dem Versuch Lacans anzusehen, die Psychoanalyse als eine Sprachtheorie zu rekonstruieren. Sein Verweis auf den Freudschen Ausspruch: „Das Unbewußte spricht mehr als einen Dialekt" (Freud 1913, S. 405) macht aber deutlich, daß sich Green nicht nur den linguistischen Leistungen des menschlichen Geistes zuwendet. Vielmehr sind ihm Affekte, Triebe, Körperzustände, Sprache, Denken und Handlungsweisen gleichberechtigte Modi des psychischen Apparates, die für sich in ihrer Eigenständigkeit gewürdigt werden müssen (Green 1986). Ihre Integration in eine übergeordnete Struktur, in eine „symbolische Kette" (in Anlehnung an Lacan) setzt aber eine erhebliche „Repräsentationsleistung" voraus. Dieses Moment der „psychischen Arbeit" darf aber nicht als ein bloßer innerseelischer Vorgang gesehen werden, in dem das Individuum versucht, sich langsam seinen Körper mit den unterschiedlichen Triebbedürfnissen und Affektäußerungen als bedeutungsvoll anzueignen und sie mit erworbenen Sprach- und Denkstrukturen zu vereinen. Es verweist notwendig auf bedeutsame Objektbeziehungen des Individuums, die den eigentlichen dynamischen Motor für diese Strukturbildung stellen. Gleichzeitig ist hiermit auch eine entscheidende Entwicklungsdimension angesprochen. Nur wenn die Repräsentation der unterschiedlichen Erfahrungsweisen (körperlich, affektiv, triebmäßig etc.) hinreichend fortgeschritten oder relativ ungestört verlaufen ist, können die psychischen Reaktionen des Individuums, beispielsweise heftige Angstzustände in bestimmten Gefahrensituationen, auch symbolisch verstanden werden. Häufig sieht sich aber ein Psychoanalytiker mit Patienten konfrontiert, die erhebliche Mängel in ihren symbolischen Strukturen aufweisen. Affektive Äußerungen dieser Patienten lassen dann oft eine innere Verbindung zu einem geordneten innerseelischen Gesamterleben vermissen. Sie erfolgen in impulsiver Heftigkeit und tragen den Charakter einer bloßen Spannungsentladung, wie es in den frühen Freudschen Ansichten zum Ausdruck kam. Sie machen eine psychoanalytische „Übersetzung" fürs erste fast unmöglich. Noch schwieriger sind solche „Affektschicksale" zu verstehen, bei denen das Individuum durch den Einsatz primitiver Abwehrmechanismen, wie beispielsweise der Spaltung, versucht, unerträglicher Affekterregungen dadurch Herr zu werden, daß es sie erstickt. Die klinischen Bilder zeigen hier ein stummes somatisches Leiden oder eine unbewegliche Charakterpathologie, bei der ein erlebnismäßig affektarmer, teilnahmsloser Vollzug äußerer Verhaltenserwartungen auffällt. Solche Patienten klagen allenfalls über eine quälende innere Leere oder eine sinnlose Langeweile. Erst in einem mühevollen und langwierigen Therapieprozeß können diese Patienten wieder an die traumatisch verschütteten Quellen ihres affektiven Erlebens herangeführt werden. Das Gelingen dieser psychoanalytischen Arbeit hängt nach Green weitgehend davon ab, inwieweit ein Analytiker bereit und fähig ist, als Projektionsschirm für heftigste Affektausbrüche seiner Patienten zu dienen, die auch bei sich auftretenden Spannungen zu ertragen, sie als potentiell bedeutungsvolle Gegenübertragungsreaktionen zu verstehen und sie geduldig allmählich an seine Patienten zurückzuvermitteln. Gleichermaßen wichtig wird seine Begabung sein, auch affektive Leerstellen in den Äußerungen seiner Patienten wahrzunehmen und eigene Gefühle unaufdringlich als therapeutische Hilfe anzubieten. Wenngleich sich Green in erster Linie auf eine innerseelische Betrachtung dieser Affektvorgänge konzentriert, ist auch bei ihm längst ein ausschließlich individualisierender Standpunkt zugunsten einer objektbeziehungstheoretischen Perspektive aufgegeben.

In der Freudschen Triebdefinition (1905) erweist sich die Komponente der Objektbezogenheit noch als die variabelste, in direkter Abhängigkeit hiervon das Affektverständnis also weitgehend als frei von einer stabilen objektalen Qualität. Auch im ich-psychologischen Ansatz besitzt z. B. die Befriedigung des primären oralen Bedürfnisses, somit die Abfuhr einer endogenen Triebspannung noch ontogenetischen Vorrang vor einem primär auf ein fürsorgliches mütterliches Objekt gerichteten Affektzustand. „Liebe" ist hier noch das selige Gefühl der Bedürfnisbefriedigung, dem erst nach dem Konzept der „anaklitischen" Beziehung eine Bindung an die Mutter folgt (vgl. Cicchetti und Pogge-Hesse 1981). Diesem Verständnis von „Libido" als primärer Lustsuche ist die objektbeziehungstheoretische Sichtweise von „Libido" als einer primären Objektsuche kontrastreich entgegengesetzt (Balint 1937), insbesondere die kommunikative Funktion der Affekte hervorgehoben (Fairbairn 1952). Auch Brierley (1937) betont die affektive Entwicklung in einem Kontext primärer Objektbeziehungen. Ähnlich sind für Modell (1974) „Affektkommunikation" und „Objektsuche" Synonyme.

In verschiedenen theoretischen Entwürfen bemüht sich *Kernberg* (1976, 1982, 1990a), einerseits das metapsychologische Dilemma der unzulänglichen Vermengung trieb- und affektpsychologischer Konzepte zu lösen, andererseits eine primäre motivbildende Funktion der Affekte in frühester Objektbezogenheit herauszuarbeiten. „Libido" und „Aggression" werden als übergreifende seelische Motivationssysteme ausgewiesen, die sich selbst erst einer psychischen Entwicklung verdanken. Biologisch programmierte Affektdispositionen des Kleinkindes bilden den Ausgang dieses Prozesses. Zusammen mit gleichfalls angeborenen Wahrnehmungs- und motorischen Reaktionsmustern werden sie als bedeutungsvolle Affektzustände im Kontext seiner frühen Objektbeziehungen aktiviert. Diese Affektzustände sind entweder positiv, lustvoll, belohnend oder negativ, unlustvoll, frustrierend. Die jeweiligen Objektbeziehungen erhalten so im Erleben eine grundlegende Qualifizierung als „gut" und als „böse". Sie werden als Selbst- und Objektbilder internalisiert, die wiederum in typischen Affektkonfigurationen aufeinander bezogen sind. In einer fortschreitenden Differenzierung und allmählichen Integration werden diese affektvollen „Repräsentanzen" auf einer abstrakteren Stufe der psychischen Hierarchie zu übergeordneten Motivationssystemen von „Libido" und „Aggression". „Libido" und „Aggression" stellen also in dieser theoretischen Konzeptualisierung von Kernberg keine klinischen Erfahrungskategorien mehr dar. Es sind vielmehr stets die im subjektiven Erleben auftretenden Affektzustände, an denen klinisch-psychoanalytische Arbeit ansetzt.

3 Entwicklungstheoretische Voraussetzungen einer psychoanalytischen Entwicklungspsychologie der Emotionalität

3.1 Entwicklungspsychologische Annahmen in psychoanalytischen Modellen

Dem allzu sehr auf das energetische Moment eingeengten Affektverständnis Freuds entsprechen im klassischen *triebtheoretischen Modell* der Psychoanalyse auch zentrale entwicklungspsychologische Annahmen über das Wesen des neugeborenen Kindes. Es verhalte sich primär passiv, sei auf die Vermeidung von störenden inneren und äußeren Wahrnehmungsreizen bedacht, lediglich mit einer geringen Anzahl von angeborenen Reflexmustern ausgestattet, denen weder kognitive noch affektive Qualität zukomme (Emde und Robinson 1979). Erst unbeherrschbare endogene Triebspannungen motivierten das Kleinkind, seine primäre narzißtische Position aufzugeben, mit der Umwelt Wahrnehmungskontakt aufzunehmen, um über äußere Objekte wieder eine ausgeglichene organismische Homöostase zu erlangen. Es erwerbe also erst sekundär Wissen über die Außenwelt mit seinen Gefahren und Befriedigungsmöglichkeiten. Die anfänglich nur als undifferenzierte Unlust-Lustsensationen registrierten Triebspannungen würden sukzessiv in immer komplexere kognitive Lernzusammenhänge eingebettet, in denen Affekten aber nur die Rolle der Erlebnisschattierung und Motivenergie zukomme. Da die in Affekten vermittelte sexuelle und aggressive Triebnatur des Menschen in der anthropologischen Sicht Freuds (1912/13, 1930) durch ein ursprünglich egoistisches, die soziale Kommunität bedrohendes Potential gekennzeichnet ist, wird in einer sozialisationstheoretischen Perspektive die „Zähmung" der individuellen Affektivität zu einem vorrangigen Erziehungsziel erklärt (Fenichel 1945). In dieser Betonung eines stets impliziten Konfliktcharakters von starken Affekten, in der Konzentration auf deren potentiell desorganisierende Eigenschaften wird die für eine psychoanalytische Betrachtungsweise so typische Nähe zur Psychopathologisierung seelischer Funktionsabläufe hergestellt. Affekte erlangen also ihre besondere klinische Relevanz, indem sie, wie im Falle des Traumas, auf ein Versagen von Abwehroperationen hinweisen oder, im Falle einer reifen Ich-Antwort, das Einsetzen eines Abwehrvorgangs gegen antizipierte Gefahren signalisieren. Wenngleich in dieser gewählten Perspektive die überragende Organisationsfunktion der Affekte übersehen, der entwicklungspsychologischen Bedeutung einer eigenständigen emotionalen Erlebnisvielfalt des heranwachsenden Individuums kaum Beachtung geschenkt wird, so bietet doch die Einbettung bestimmter Affekte in einen (sexuell) reifenden Körper wertvolle Anregungen für unsere Diskussion. Das Modell der Affektentstehung am eigenen lustvoll erlebbaren Körper beinhaltet nämlich immer die Möglichkeit der Selbstentdeckung, der sinnlichen Diskrimination und Eigenkontrolle und stellt eine besonders intensiv verspürte, weil auch prinzipiell konfliktträchtige Brücke zu bedeutsamen Objekten dar.

Auch im *ich-psychologischen Modell* überwiegt letztlich ein kognitiver Zugriff auf die Affekte. Ihre entwicklungspsychologische Dynamik ergibt sich aus der sukzessiv raffinierteren Ausgestaltung primär undifferenzierter Lust- und Unlustsensationen. Der von Freud (1923) vorbereitete und von Hartmann (1939) wesentlich erweiterte ich-psychologische Standpunkt der Psychoanalyse führt aber zur wichtigen Unterscheidung in einen konflikthaften und einen konfliktfreien, d. h. primär autonomen Sektor der menschlichen Entwicklung. Dies berührt in der Herausarbeitung einer „adaptiven Funktion" ganz besonders auch die Affektentwicklung (Noy 1982). So können Affekte schon während der frühen Entwicklungsabschnitte auch als Organisationsphänomene erkannt werden. Gerade in diesen ersten Monaten manifestieren sie sich in einer globalen, aktivierenden und universellen Natur, die allmählich durch die ganz spezifischen Sozialisationseinflüsse, denen das heranwachsende Kleinkind ausgesetzt ist, idiosynkratisch überformt wird. So zeichnen sich Affekte dadurch aus, daß sie ein sofortiges Arousal bewerkstelligen, über einen Zeitraum zielgerichtet bestehen bleiben und für diese Weile eine Anpassung an die dynamischen Verhältnisse von Individuum und sozialer Umwelt garantieren. In dieser prompten Verfügbarkeit, quasi in ihrer „autonomen" Dimension liegt aber auch die Begrenztheit der Anpassungsleistungen der Affekte, da sie eben auf sehr allgemeine Situationen abgestimmt sind, den ganz individuellen Erfahrungsaspekten aber nicht Rechnung tragen können. Dies unterstreicht ein inhärent widersprüchliches Moment der menschlichen Affekte. Einerseits kann auch diese „autonome", „adaptive" Funktion der Affekte prinzipiell immer von Konflikten bedroht sein. Andererseits bedingt gerade die Notwendigkeit einer individuell zu gestaltenden Entwicklung, daß den Steuerungsmöglichkeiten über die Affekte stets ein korrigierendes System, nämlich das der Kognitionen entgegengesetzt werden muß. Daraus folgt, daß das Verhältnis von Affekten und Kognitionen in einer Entwicklungsperspektive nicht, wie es der ich-psychologische Standpunkt oberflächlich vorschlägt, einfach nur linear gedacht werden kann, sondern stets dialektisch bestimmt werden muß. Das Zusammenspiel beider Systeme unterliegt aber einer übergeordneten Instanz, traditionell dem Ich, in einer moderneren Konzeption einer Selbstorganisation (Gedo 1979). Da diese aber auch erst Ergebnis eines unverwechselbar individuellen Entwicklungsverlaufs sein kann, muß also stets der regulierende Kontext wichtiger primärer Objektbeziehungen mitgedacht werden. Auch dies führt zu dem Paradox, daß heftig verspürte Affekte einerseits ganz urtypisch ein Gefühl subjektiven Lebendigseins begründen, andererseits als von wichtigen Bezugspersonen abhängig, gesteuert, verwehrt oder geschenkt erlebt werden können. Dieser Eindruck wird zusätzlich verstärkt, als Affekte auch nicht beliebig über Willensanstrengungen und Intentionen vergegenwärtigt werden, sondern eben zunächst nur über einen direkten Handlungsvollzug mit bestimmten Objekten wiederbelebt und später über bestimmte Kognitionen aktiviert werden können. Diesem engen Zusammenhang von Kognition und Handlung kommt also im Hinblick auf die subjektive Aneignung von Affekten und deren Kontrolle eine besondere entwicklungspsychologische Relevanz zu.

Konsequent im ich-psychologischen Modell ist aber auch die Erweiterung des Affektspektrums. Rapaport (1960) berichtet noch in seiner Motivationslehre von der Schwierigkeit, den Interesseaffekt adäquat zu behandeln, würde er ausschließlich die triebtheoretische Sichtweise S. Freuds beibehalten. Schachtel (1959) hingegen unterscheidet schon „Affekte des Eingebettetseins“ mit Gefühlen der Sicherheit, der körperlichen Nähe und Befriedigung von eigenständigen „Aktivitätsaffekten“. Dieser Sichtweise schließt sich auch White (1959) mit der Einführung eines eigenständigen „Kompetenz“-Konzeptes in die Psychoanalyse an. Die so um einen wichtigen Affektbereich erweiterte ich-psychologische Basis erlaubt nun Fragen nach der entwicklungspsychologischen Bedeutung des Manifestationszeitpunkts von bestimmten Affekten, nach der inneren Beziehung von Affekt und Kognition und schließlich auch nach Aspekten der Affektregulation. So zeigt die genetische Feldtheorie der Ich-Entwicklung von Spitz (1959, 1965) wie auch die spätere Modifikation durch Emde et al. (1976), daß die anfänglich noch wenig koordinierten sensoriaffektiven und sensorimotorischen Reaktionen des Kleinkinds auf eine gestörte organismische Homöostase sukzessiv durch geeignetere Verarbeitungsmechanismen in der Mutter-Kind-Dyade ersetzt werden. Die angeborenen affektiven Grundmuster werden allmählich in komplexere Gefühlszustände übergeführt, fördern dadurch die Strukturierung der Wahrnehmung und des Gedächtnisses, ermöglichen eine Integration von Objektbeziehungen und öffnen den Weg zu einer semantischen und sprachlichen Kommunikation. Typische Affekte (soziales Lächeln, Furchtsamkeit vor fremden Personen, Geste des „Nein“) zeigen in einer epigenetischen Abfolge den Transformationsprozeß auf ein jeweils komplexeres Niveau der physiologischen, verhaltensmäßigen und kognitiven Organisation an. Die anfänglich nur biosozial wirksamen Affektsignale erlangen eine zunehmende psychologische Bedeutung für die Mutter-Kind-Beziehung. Parallel hierzu gewinnen die Affektsignale auch an steuerndem Einfluß auf eine allmählich entstehende Selbstorientierung.

Im *objektbeziehungstheoretischen Modell*, wie es insbesondere von Mahler et al. (1975) vorgelegt wurde, ist die frühkindliche Affektentwicklung in einen engen Zusammenhang mit den frühesten Mutter-Kind-Interaktionen und dem hiermit korrelierten intrapsychischen Prozeß einer Ausdifferenzierung von grundlegenden Selbst- und Objektbildern gestellt. Bereits in dieser Ausgangsposition eröffnen sich wichtige Fragen nach dem Verhältnis einer Beobachtungsebene, auf der mit großer Exaktheit die Austauschvorgänge zwischen Mutter und Kind erfaßt und beschrieben werden können, und der Ebene der innerseelischen Bedeutungszuschreibung, der intrapsychischen Strukturierung. In der psychoanalytischen Literatur herrscht Einigkeit darüber, daß dieser Prozeß zunächst seinen Ausgang von einer Beziehungsbasis ganz unverwechselbarer Gemeinsamkeit und Intimität nimmt, allmählich aber das Kleinkind befähigt wird, eine erste Selbständigkeit zu wagen, schließlich der hiermit verbundene innerseelische, affektiv-sensorimotorische Strukturrahmen bedeutsam in Richtung größerer Selbstregulierung verschoben wird. Hierbei dominierende Affekte und Stimmungszustände begleiten als Indikatoren, hierin durchaus dem Verständnis von R. Spitz vergleichbar, entscheidende Akzentverschiebungen in diesem ersten Trennungs-Individuationsprozeß. In dieser Betrachtung sind es vor allem die Gefühle einer illusionären, weil mütterlich gelenkten Gehobenheit, von stolzer Freude über die Wahrnehmung eigener Funktionstüchtigkeit, aber auch in der allmählich realistischeren Einschätzung tatsächlicher Abhängigkeit die Gefühle eines unwiederbringlichen Verlusts, von Trauer, Wut, Verzweiflung und Entwertung, welche den vorrangigen Fokus einer psychoanalytischen Betrachtung darstellen. Es besteht ferner Einigkeit darüber, daß die großartig, aber prinzipiell auch bedroht erlebte erste Selbsterfahrung entscheidend von der Fähigkeit des Kindes abhängt, äußere und innere Trennungserlebnisse zu ertragen, daß der implizite Trauervorgang im günstigsten Fall zu autonomiefördernden, kreativen innerseelischen Leistungen führen, im ungünstigsten Fall zu einer Kernsituation künftiger Psychopathologie werden kann. Große Uneinigkeit herrscht hingegen in der Frage, unter welchen kognitiv-perzeptiven Voraussetzungen diese äußere Beziehungsdramatik und die hierzu parallele innerseelische Dynamik beginnen und sich allmählich differenzieren, und welcher Stellenwert hierbei den Affekten zukommt.

3.2 Erweiterungen der entwicklungspsychologischen Voraussetzungen für eine psychoanalytische Betrachtung der Affektentwicklung

Freud betont insbesondere in seiner ersten Affektkonzeption die tiefe Verwurzelung der Affekte in der Biologie des Menschen. Die unmittelbar nach der Geburt anzutreffenden einzigen Affektzustände seien seiner Meinung nach undifferenzierte Unlust-Lustempfindungen, die durch einen Anstieg bzw. einen Abfall endogen verursachter Triebspannungen ausgelöst würden. Neuere psychophysiologische Forschungsergebnisse bestätigen hingegen, daß Kleinkinder schon von Geburt an trotz einer äußerlichen psychomotorischen Hilflosigkeit über ein erstaunlich differenziertes affektives Ausdrucksvermögen verfügen, das offensichtlich kulturinvariant ist. Die universale Organisation des emotionalen Ausdrucks überläßt es also nicht dem Zufall, wie Mutter und Kind wechselseitig ihre emotionalen Zustände vermitteln, verstehen und aufeinander abstimmen (Izard und Malatesta 1987, Barrett und Campos 1987).

Eine Affekttheorie, die einerseits diese empirischen Befunde kohärent in ein System stellt, andererseits in stimulierender Weise an frühen Freudschen Gedankengängen ansetzt, aber in wesentlichen Teilen darüber hinausführt, v. a. zu einer Verkehrung des inneren Zusammenhangs von Trieben und Affekten führt, stammt von *Tomkins* (1962, 1963, 1980, 1981). In moderneren psychoanalytischen Theorieansätzen wird sie zunehmend als die grundlegende Referenzbasis für eine eigenständige Affektpsychologie ausgegeben (vgl. Basch 1976, 1983 Demos und Kaplan 1987, Lichtenberg 1983, 1989). So unterscheidet Tomkins für die frühkindliche Entwicklung distinkte Primäraffekte wie „Überraschung/Erstaunen“, „Interesse/Aufregung“, „Vergnügen/Freude“, „Distreß/Angst“, „Verachtung/Abscheu“, „Ärger/Wut“, „Furcht/Schrecken“, „Scham/Erniedrigung“, „Ekel“. Diese Primäraffekte können anhand eines subtilen Mienenspiels identifiziert werden. Gleichzeitig sind sie aber auch mit allgemeineren physiologischen und neuromuskulären Reaktionsbereitschaften des Organismus gekoppelt, führen beispielsweise zu typischen Veränderungen des Blutdrucks, der Pulsrate, der Atmungsfrequenz oder der Wachheit. Diese affektiven Hauptstrukturen sind ganz bestimmten adaptiven Zielen zugeordnet und besitzen deshalb für die frühkindliche Entwicklung einen hohen ontogenetischen Wert. So richten sie u. a. die Aufmerksamkeit eines Säuglings auf neue bedeutsame Reize, helfen ihm, ein Signal mit seinen Sinnesorganen zu verfolgen oder sensorimotorische Muster aufeinander abzustimmen. Sie ermöglichen es ihm, auf schädliche Reize automatisch mit Abwendung und Flucht zu reagieren, enttäuschende Objekte sofort wiederzuerkennen und nicht-stimmige, zu diskrepante Reize oder auch negativ besetzte Wahrnehmungskonfigurationen zu meiden. Und sie sichern vor allem einen anhaltenden, überlebensnotwendigen Kontakt zur fürsorglichen Mutter.

Affekte stellen die tragende Basis für die frühesten Lernvorgänge dar, sie sind als das primäre Motivationssystem anzusehen. Nach Tomkins werden diese angeborenen primären Affektprogramme durch charakteristische neuronale Aktivationsfolgen im Anschluß an sensible und sensorische Wahrnehmungsvorgänge ausgelöst. Entscheidend sind hierbei die Gradienten in der Zu- und Abnahme, also die Plötzlichkeit in den Stimulusveränderungen, das erreichte und auch aufrecht erhaltene Niveau, d. h. die Reizintensität in ihrer absoluten Höhe und in ihrer zeitlichen Dimension. Je nach Ausmaß der Plötzlichkeit führt z. B. ein Stimulusanstieg zu Überraschung, Furcht oder Interesse, ein nicht-optimal hohes Stimulusniveau löst Distreß oder Ärger aus, ein Absinken der Stimulusintensität aktiviert Freude. Die biologische Funktion dieser Affekte ist es, das Ausmaß einer jeweiligen Stimulierung in einer

Komplexität der affektiven Erfahrung und Entwicklung im Modell von Tomkins (nach: Demos und Kaplan 1987)

Tomkins unterscheidet zwischen dem Affekt als solchem, der Affekt-bezogenen Information wie dem wahrgenommenen Auslöser oder der Ursache eines Affektes und der Reaktion auf einen Affekt wie Erinnerungen, Pläne, Phantasien, Wahrnehmungen und motorische Bereitschaften, die alle zu einem gegebenen Zeitpunkt mit dem Affekt einhergehen können. Tomkins spricht von „Affektkomplexen" oder „ideoaffektiven Organisationen".

- Die Entwicklung umfaßt zunächst eine Ausdehnung auf eine Anzahl von Stimuli, welche bestimmte Affekte auslösen können, und führt zum Aufbau von Erwartungen in einer sich immer weiter ausdehnenden Umwelt.
- Die ursprüngliche Affekterfahrung bezieht sich auf bestrafende und belohnende Qualitäten eines jeden Affekts. Obwohl diese häufig als konstant während eines Lebens angesehen werden, können auch sie modifiziert werden, wie die Kontrolle des mimischen und vokalen Ausdrucks, die Gestaltung des Bereichs von Intensität, Zeitdauer und Dichte eines Affekts, das Beleben von Erinnerungen an frühere Affektereignisse und verschiedene Affektmischungen und -sequenzen belegen.
- Von besonderer entwicklungspsychologischer Bedeutung sind verschiedene Wege, den Affektausdruck zu gestalten und zu kontrollieren:
  a) Die Qualifikation eines Affektausdrucks durch Hinzufügen eines anderen Ausdrucks, der als affektiver Kommentar für den vorangegangenen dient, z. B. ein Lächeln nach einem Ärger, um mitzuteilen: „Ich ärgere mich, aber ich haben den Ärger unter Kontrolle."
  b) Die Modulation einer Affektintensität führt dazu, daß mehr oder aber auch weniger von dem ausgedrückt wird, was tatsächlich gefühlt wird. Dies kann durch die Anzahl der aktivierten Gesichtsareale, die Dauer des Ausdrucks, die Stärke der muskulären Innervation geschehen.
  c) Die Falsifikation eines Affektausdrucks ist durch die Simulation eines Ausdrucks möglich, z. B. ein Gefühl zu zeigen, wenn nichts gefühlt wird, nichts zu zeigen, wenn etwas gefühlt wird oder einen Affektausdruck durch einen anderen zu maskieren.

Intensität, Zeitdauer und Dichte einer Affekterfahrung sind aber nur teilweise einer willentlichen Kontrolle zugängig. Dies gilt besonders für negative Affekterfahrungen. Da auch sie von entscheidender adaptiver Wertigkeit sind, ist es für das heranwachsende Individuum eine vorrangige Entwicklungsaufgabe, eine adäquate Affektkontrolle und Affekttoleranz zu erreichen. Hierbei ist es zunächst noch stark vom Erziehungseinfluß der Eltern abhängig, die modulieren, trösten und beruhigen. Sowohl das Temperament des Kindes als auch die affektive Reaktionsbereitschaft der Eltern spielen in der affektiven Entwicklungsdynamik zusammen.

Reaktionen auf eine bestimmte Affekterfahrung, z. B. Ärger, können zum einen in einer Reihe von Verhaltensweisen bestehen, wie z. B. schreien, einen Gegenstand zerstören usw., zum anderen zu einer Fülle von kognitiven Aktivitäten anregen, wie z. B. Rachephantasien schmieden, Fluchtpläne aushecken, um künftige ärgerliche Situationen zu vermeiden. Kulturelle Normen, aber auch ganz idiosynkratische Sozialisationserfahrungen prägen die individuelle Affektentwicklung.

allgemeinen und abstrakten Weise zu verstärken und eine spezifische analoge Qualität hinzuzufügen. Ein ausgelöster Affekt schafft eine Empfindung der Dringlichkeit, motiviert den kindlichen Organismus zu Reaktionen, die sich zumindest über eine kurze Zeitdauer in analoger Weise dem auslösenden Reiz gegenüber verhalten. Affekte übersetzen und verstärken hierbei unterschiedliche Stimulusquellen, die sowohl in einzelnen Triebsystemen wie Hunger, Durst usw., in Schmerzsignalen, in Wahrnehmungen, Gedanken, Vorstellungen, aber auch in anderen Affekten bestehen können. Im Unterschied zu „Trieben", die in der Konzeptualisierung von Tomkins als präformierte „Transportsysteme" des Körpers mit spezifischen Informationen über Ort, Zeit und Abfolge, d. h. über Aufnahme und Ende einer konsumatorischen Handlung zu verstehen sind, vermitteln Affekte sehr viel allgemeinere biologische Motive. Sie erfüllen eben jene analog verstärkende Rolle und bedingen in diesem Transformationsprozeß eine Fülle distinkter Erlebnisqualitäten. Nach Tomkins ist es wichtig, den Affekt per se, die affektbezogenen Informationen und die Reaktionen hierauf zu unterscheiden. Reaktionen umfassen das Wiederbeleben von Erinnerungen an vergangene Erlebnisse, aber auch motorische wie kognitive Aspekte, z. B. Phantasien, Copingstrategien. Diese Komponenten können als Affektkomplexe, als ideoaffektive Organisationen zusammengefaßt werden. Die Komplexität der affektiven Erfahrung eines jeden Individuums unterliegt vielschichtigen Lernvorgängen.

Den ich-psychologischen Ansätzen zu einem psychoanalytischen Affektverständnis ist es eigen, zunächst noch von einer kognitiv undifferenzierten Affektmatrix bei Geburt auszugehen, aus der sich durch sukzessive Desomatisierung, Differenzierung und Verbalisierung in Lernvorgängen bedeutsame Inhaltsaspekte, d. h. eine eigentliche kognitive Dimension im Affekterleben erst herauskristallisiere (Schur 1955, Krystal 1974, 1977). Aus der Annahme einer Anzahl von Primäraffekten und deren reliabler Erkennbarkeit in einem fein abgestimmten Interaktionssystem zwischen Mutter und Kind ergibt sich aber folgerichtig, daß dieses affektive Signalsystem notwendigerweise auch mit ganz distinkten kognitiven Qualifikationen operieren muß. Die adaptive Funktion der in den frühen Mutter-Kind-Interaktionen ausgetauschten Affekte beruht geradezu auf diesen im Affektausdruck enthaltenen Informationen, die den Zustand des Kindes möglichst exakt beschreiben und den Wunsch nach Fortführung oder nach Abänderung der aktuellen Beziehung unverwechselbar artikulieren soll. Neben der kognitiven Bedeutung der Affekte für das interpersonale System von Geburt an (d. h. ihren biosozialen Aspekt) erscheint es auch plausibel, eine analoge Signalfunktion für das entstehende Selbstsystem des Kindes anzunehmen (d. h. ihren psychologischen Aspekt). In „biosozialer" Hinsicht ist die Position gerechtfertigt, daß die Primäraffekte von Anfang an phylo- und ontogenetisch der Gestaltung einer Beziehungsmatrix zwischen Mutter und Kind dienen. De Rivera (1977) und Dahl (1979) betonen in diesem Zusammenhang vor allem den propositionellen Charakter der Affekte und gelangen zu einem interessanten Klassifika-

Signaleigenschaften von Affekten: Adaptive Funktionen (nach Malatesta und Wilson 1988)

Affekt	Auslöser	Funktion innerhalb des Selbst-Systems	Funktion innerhalb des interpersonalen Systems
Ärger	Enttäuschung eines Ziels	bewirkt die Entfernung von Schranken oder Quellen einer Enttäuschung	warnt vor einem nahenden Angriff, vor Aggression
Traurigkeit	Verlust eines geliebten Objekts	fördert auf einem niedrigen Niveau Empathie; immobilisiert auf einem heftigeren Niveau das Individuum	bewirkt Fürsorge, Empathie, Beistand
Furcht	Wahrnehmung einer Gefahr	identifiziert eine Bedrohung, bewirkt Flucht oder Angriff	signalisiert Unterwerfung, wehrt Angriff ab
Verachtung	Wahrnehmung einer Überlegenheit	organisiert und hält das Bewußtsein von sozialer Stellung und Dominanz aufrecht	signalisiert Dominanz über andere
Scham/ Scheu	Wahrnehmung, daß das Selbst im Fokus einer intensiven Prüfung ist	führt zu Verhalten, welches das Selbst gegen weitere Verletzungen der Privatheit schützt	signalisiert das Bedürfnis nach Privatheit
Schuld	Erkenntnis, falsch gehandelt zu haben und nicht entweichen zu können	fördert Versuche der Wiedergutmachung	produziert unterwürfige Gesten, welche die Wahrscheinlichkeit von Angriffen verringern
Ekel	Wahrnehmung von schädlichen Substanzen/Individuen	weist schädliche Substanzen/ Individuen zurück	signalisiert eine fehlende Aufnahmebereitschaft eines Individuums
Interesse/ Aufregung	Neuigkeit/diskrepante Erwartungen	öffnet die sensorischen Systeme für eine Informationsaufnahme	signalisiert Aufnahmebereitschaft
Freude	Vertrautheit, lustvolle Stimulation	signalisiert dem Selbst, mit der augenblicklichen Tätigkeit fortzufahren	fördert soziale Bindungen durch Weitergabe eines guten Gefühls
Überraschung	Wahrnehmung von Neuheit, Verletzung einer Erwartung	dient dazu, den Organismus für neue Erfahrungen vorzubereiten	zeigt die Naivität des Organismus und schützt ihn vor Angriff

tionsvorschlag, der Affekte in den Objektbeziehungen nach den intendierten Ortsveränderungen (Bewegung des Subjekts weg oder auf das Objekt hin), dem gesammelten Objektwissen (gute wie schlechte Erfahrungen im Umgang mit dem Objekt) sowie der Attribuierung von Handlungsmacht (angenommene Unter- bzw. Überlegenheit des Subjekts gegenüber dem Objekt) ordnet. Die Arbeiten von Krause (1983, 1985, 1988, 1990) stellen eine fruchtbare Fortführung dieses Ansatzes dar. In „psychologischer" Hinsicht wiederum ist es sinnvoll, auch in dem „Signal für das (entstehende) Selbst" einen inhaltlich differenzierten subjektiven Erlebnisaspekt auf einer elementaren Empfindungsebene von Geburt an anzunehmen und von einer selbstreflexiven, erst später erworbenen, aber direkt auf den Erlebnisaspekt bezogenen Komponente zu unterscheiden. Malatesta (1985) sowie Malatesta und Wilson (1988) explizierten diesen Standpunkt.

Die aufgeführten Primäraffekte sind aber nicht alle schon bei Geburt in gleicher Weise voll ausgebildet (Sroufe 1979). Auch in ihrer Hauptfunktion einer besonders klaren, appellativen Übermittlung der kindlichen Bedürfniszustände an die Mutter weisen sie eine unterschiedliche Strukturhöhe auf. Die Studien von Emde et al. (1976) oder die von Freedman (1979, 1980) liefern hierzu aufschlußreiche Daten. Sie belegen, daß einzelne Affekte in einer planvollen Entwicklungssequenz auftreten. Neue affektive Ausdrucksformen besitzen ihre entwicklungsmäßigen Vorstufen. Ihre ausgereifte Gestalt erhalten sie typischerweise zu Zeiten einer umfassenderen Reorganisation zentraler psychophysischer Regelkreise. Sie sind mit überraschenden Verhaltensmöglichkeiten des Kleinkindes verknüpft und künden eine dramatische Veränderung in seiner sozialen Kontaktfähigkeit an. Gerade die Forschungsergebnisse Emdes bestätigen eindrucksvoll auch eine frühe Hypothese von R. Spitz (1959), nach der die frühkindliche Entwicklung nicht harmonisch und linear verläuft, sondern sich in abgesetzten, qualitativ neuartigen Niveaus vollzieht. Auch für eine psychoanalytische Entwicklungspsychologie der Affekte sind hieraus wertvolle Erkenntnisse zu beziehen:

- Es gibt unterscheidbare Grundaffekte schon während der frühesten Entwicklungsabschnitte. Sie verweisen auf ganz bestimmte interne psychophysische Zustände des Kleinkindes und gehen mit besonderen Aktivitäts- und Reaktionsbereitschaften einher. Stets beinhalten sie diskrete Botschaften an die Mutter. Sie formen die frühen Mutter-Kind-Beziehungen wesentlich.

- Das augenblickliche Befinden des Kleinkindes wird durch endogene Schlaf-Wach- und Aktivitätsrhythmen vorbestimmt. Primäraffekte signalisieren diese Veränderungen an die Mutter und laden sie zu einer verstärkten empathischen Zuwendung ein. Die inneren Zustände des Kleinkindes werden so wiederum maßgeblich von dem Erfolg oder Mißerfolg dieser affektiven Austauschprozesse zwischen Mutter und Kind mitbestimmt. Neben dieser dialogischen Funktion spielen Affekte auch eine wichtige Rolle in der

Wahrnehmungsregulierung des Kindes selber. Schreien begrenzt die Kapazität seiner Informationsaufnahme, lustvolle Wachheit hingegen fördert sie.

- Die Primäraffekte spiegeln in ihrer Entwicklung Reifungsvorgänge des kindlichen Gehirns und gleichzeitige Erfahrungseinflüsse wider. Sie treten aber nicht kontinuierlich, sondern sprunghaft auf. Sie zeigen einen schnellen Wechsel in der verhaltensmäßigen und physiologischen Organisation des Kleinkindes an.
- Während die Primäraffekte in den Anfangsmonaten ausschließlich biosoziale Signale einer raschen Übermittlung des kindlichen Befindens an die Mutter darstellen, erlangen sie später auch für das Kind selbst ein zunehmendes psychologisches Gewicht. Sie werden bedeutsam für eine allmählich sich etablierende Selbstorganisation und für eigenständige Intentionen. Hier lassen sich Verbindungen zur kognitiven Entwicklung herstellen.

Die Aufgabe der Position von einer affektiv-kognitiven Undifferenziertheit zugunsten einer erstaunlichen Differenziertheit sowohl im frühen Interaktionsverhalten als auch im subjektiven Erleben des Kleinkindes macht es notwendig, sich vor einer psychoanalytischen Ausführung den Prinzipien der Entwicklung aus diesem neu konzipierten Ausgangszustand näher zu widmen. Von *Piaget* (1954, 1973) stammen hierzu bedeutsame Aussagen.

Wenn er „Kognition" als den ‚strukturellen' Aspekt, und „Affektivität" als den ‚energetischen' Aspekt eines sensorimotorischen, symbolischen oder allgemein einer jeden geistigen Tätigkeit ausweist, so erinnert dies zunächst überraschend an frühe Freudsche Affektkonzeptionen. Auch Freud hebt den energetischen Grundzug der Affekte hervor. Doch bleiben bei ihm erlebte und geäußerte, vor allem auch unterdrückte Affekte relativ unverändert über die Zeit hin bestehen. Piaget hingegen konzipiert auch eine Entwicklungslogik der Affekte. Doch bringt seine Unterscheidung von ‚Struktur' und ‚Energie' mit sich, daß die systematischen Veränderungen von Form und Inhalt der Affekte in erster Linie die kognitive Entwicklung eines Kindes reflektieren. Denn Affektivität ist für Piaget kein eigentlich epistemologisches Thema. Affekte schaffen in seinem Verständnis keine neuen geistigen Operationen. Wohl aber können sie den Ausbau geistiger Schemata beschleunigen, verzögern oder gar verhindern. Auch auf den Inhalt geistiger Strukturen haben sie entscheidenden Einfluß. Piaget räumt zwar in seinen Studien den intellektuellen Prinzipien eine gewisse Vorrangstellung ein. Dies erklärt sich wohl aus seiner Vorliebe für den Sektor des kindlichen Erlebens, der die sukzessive Aneignung der gegenständlichen Objektwelt beinhaltet. Aber auch hier bezieht er sich erstaunlich häufig auf Interesse, Neugier oder Überraschung als wichtige affektive Voraussetzungen eines neuen Wissenserwerbs (vgl. Decarie 1965, Haviland 1976).

Umgekehrt betont er das besondere Gewicht der Affekte in dem Erfahrungsbereich des Kindes, der seine Beziehungen zu den wichtigsten Personen der sozialen Umwelt betrifft. Piaget (1973) weiß sich in dieser Argumentation dem psychoanalytischen Standpunkt sehr verwandt. „Kognition" und „Affektivität" verweisen als untrennbare Aspekte der kindlichen Erfahrung stets dialektisch aufeinander.

Es ist ein Grundpostulat des Piagetschen Ansatzes, daß bei jedem neuen Typus der affektiven Regulation auch eine besondere Struktur zu finden ist, die dem jeweils erreichten Intelligenzniveau entspricht. In folgender Übersicht sind beide Aspekte in ihrer Entwicklungssequenz einander zugeordnet. Der Erwerb der Sprache markiert die Grenze zwischen den entscheidenden Entwicklungsabschnitten der Präverbalität und der symbolischen Repräsentation. Für den Bereich der vorsprachlichen Affektentwicklung bedeutet dies, daß das Kleinkind konkrete Gefühle verspürt, während es entsprechend seiner angeborenen Schemata wahrnimmt und handelt. Ihm ist es hierbei nicht möglich, schon die Bedeutung dieses affektiven Erlebens zu erfassen oder gar seine Auswirkungen z. B. auf die Mutter reflexiv zu verstehen. Im Unterschied zum ursprünglichen Konzept eines „Reizschutzes" (Freud 1895b) zeichnet es das Bedürfnis nach adäquater Stimulierung aus. Zur Abwehr von Wahrnehmungseindrücken kommt es erst dann, wenn eine optimale sensorische Schwelle gravierend über- oder unterschritten wird. Die Wahrnehmung des Kindes kann deshalb auch unabhängig von der aktuellen Trieblage aktiviert werden. Sie ist durch eigene (d. h. affektive) Prioritäten und Gesetzmäßigkeiten ausgezeichnet. Vertrautheit und Neuheit sind korrespondierende Erfahrungskategorien vollzogener Handlungen, Lust oder Unlust vorherrschende affektive Qualitäten.

Wesentliches Strukturmerkmal kindlicher Erkenntnisprozesse im sensorimotorischen Stadium ist die aktive Wiederholung in konkreten Handlungen. Analog bleiben die Affekte und Gefühle des Kindes an direkte Handlungen mit sich allein oder an Interaktionen mit Personen seiner Umgebung geknüpft. Erst wenn es imstande ist, sich diese Personen auch in deren Abwesenheit vorzustellen, erlangen auch die Gefühle zu ihnen eine zusätzliche zeitliche Stabilität. Nach Piaget (1966) sind für die neue präoperationale Periode drei kognitive Voraussetzungen zu erfüllen: ein schnelleres Ablaufen der einzelnen Phasen des Intelligenzaktes, das Bewußtwerden einer Handlung im Hinblick auf Ziel und Wirkung und die beträchtliche Vergrößerung der im Bewußtsein verfügbaren räumlichen und zeitlichen Entfernungen. Das „Nein" (vgl. Spitz 1957), der sprachliche Indikator für die Vorstellung „nicht zu handeln", markiert die Grenze zu den sprachlich mitbestimmten weiteren Entwicklungsniveaus.

In seiner genetischen Epistemologie betont Piaget zwar, daß die Überführung von einer Organisationsstufe in die nächst höhere nie vollständig sein kann. Er läßt aber offen, von welchen inhaltlichen, vor allem affektiven Faktoren dieser Transformationsprozeß bestimmt wird.

Stufen der kognitiven und affektiven Entwicklung nach Piaget (1981)

A)	Sensorimotorische Intelligenz	Intraindividuelle Gefühle
I	*Angeborene Organisationen* angeborene Reflexe und Instinkte, minimale Generalisierung, Akkommodation	*Angeborene Organisationen* angeborene Triebe und affektive Reaktionsmuster
II	*Erste erworbene Schemata* erste Gewohnheiten und differenzierte Wahrnehmungen, beginnende Koordination von einzelnen sensorimotorischen Schemata	*Erste erworbene Schemata* Freuden, Bekümmernisse, Lust- und Unlustgefühle, die mit bestimmten Wahrnehmungen verbunden sind, differenzierte Gefühle der Zufriedenheit und Enttäuschung, die einzelne Handlungen begleiten
III	*Sensorimotorische Intelligenz im engeren Sinne* geistige Strukturen, die zwischen dem 6. und 8. Monat und dem Spracherwerb im 2. Lebensjahr errichtet werden (Wiedererkennen im Handlungsvollzug, Mittel-Zweck-Relationen, Problemlösung nach „Versuch und Irrtum“)	*Affekte, die intentionales Handeln steuern* Gefühle, die Handlungen aktivieren oder verzögern oder sich nach deren Beendigung als Gefühle des Erfolgs oder Versagens einstellen
B)	Verbale Intelligenz	Interpersonale Gefühle
IV	*Präoperationale Operationen* allmählich internalisierte Handlungen ermöglichen zwar gedankliche Vollzüge; diese sind aber noch nicht reversibel (Sprache, bewußte Imitation, symbolisches Spiel, Phantasie)	*Intuitive Affekte* elementare interpersonale Gefühle, erste moralische Gefühle
V	*Konkrete Operationen* Erwerb von Klassen- und Beziehungsoperationen, formale Gedankenoperationen noch nicht möglich, Dauer vom ca. 7./8. bis 10./11. Lebensjahr	*Normative Gefühle* autonome moralische Gefühle mit willentlicher Bestimmung, Aufgabe eines ausschließlichen Regelgehorsams als Kriterium für moralisches Handeln
VI	*Formale Operationen* Freie Manipulation der Gedankenentwürfe nach logischen Gesetzmäßigkeiten ohne Rekurs auf den Inhalt	*Idealistische Gefühle* Überlagerung zwischenmenschlicher Gefühle durch kollektive Ideale, Selbstbestimmung des Individuums in der Übernahme sozialer Rollen und Ziele

Für die Entwicklungspsychologie der Affekte ist nach Piaget typisch, daß auf den verbalen Intelligenzstufen moralische Gefühle ein zunehmendes Gewicht erhalten. Den konkreten Denkoperationen können eine stabile Wertehierarchie und autonome Gefühle im moralischen Urteil zugeordnet werden. Die höchste Stufe mit den formal-logischen Operationen weist idealistische Gefühle des beginnenden Jugendalters auf. Piaget erklärt sich diese Tendenz zu einer normativen Korrektur von elementaren Affekten und Gefühlen, wie sie den sprachlich strukturierten Intelligenzstufen inhärent zu sein scheint, als notwendige allgemeine Folge aus den sozialen Interaktionsformen des Kindes mit den Personen seiner sozialen Gruppe. Einzelne Mechanismen der dynamischen Vermittlung faßt er jedoch nicht näher ins Auge.

Verschiedene Arbeiten haben inzwischen den Vorteil einer Integration des psychodynamischen Ansatzes von Freud und der kognitiven Epistemologie von Piaget hervorgehoben (Cicchetti und Pogge-Hesse 1981, Ciompi 1982, Fast 1985, Greenspan 1979, Hesse und Cicchetti 1982, Kegan et al. 1982). Entscheidend für diese Zusammenschau ist die allgemeine Erkenntnis, daß Kognitionen und Affekte auf ein und denselben Entwicklungsprozeß verweisen und ihr unterschiedliches Gewicht wohl nur in bestimmten Erlebnis- und Verhaltensbereichen erlangen. Kognitive Ordnungsschemata organisieren typische Erfahrungen im Umgang mit Dingen und Personen in einer räumlichen, zeitlichen und kausalen Kontingenz, beinhalten aber immer auch eine affektive Komponente, die sich z. B. in der Interessenslage, dem erfolgreichen oder auch frustranen Bemühen des Kindes, also in selbstrelevanten Aspekten widerspiegelt. Affektschemata im engeren Sinne hingegen sammeln zentrale Interaktionserfahrungen zwischen dem kindlichen Subjekt und seinen primären Bezugspersonen sowie Erfahrungen, die sein Handlungspotential betreffen (vgl. Krause 1990). Umgekehrt weisen auch Affektschemata eine kognitive, intensionale („bezogen auf") und konstruktive (nicht einfach nur „gegeben", sondern innerhalb eines Entwicklungskontextes „konstruiert") Dimension als intrinsische Bestandteile auf (Averill 1980, Thompson 1985). In einer entwicklungstheoretischen Perspektive ist bedeutsam, daß die „Logik der Affekte" offenkundig der „Logik des sprachlichen Denkens" unterlagert ist (Riedl 1981), daß also die Affektschemata bereits in den präverbalen Abschnitten maßgeblich geformt, nie vollständig aber in ein sprachlich strukturiertes Symbolsystem transformiert werden und trotzdem an Bedeutung für das Selbst- und Objekterleben nicht verlieren. Doch auch Affekte ohne integrierte Vorstellungsinhalte in früheren Entwicklungsmonaten stellen nicht einfach Entladungsphänomene dar, sondern beinhalten wichtige Erfahrungen direkter sensorimotorischer bzw. sensoriaffektiver Wiederholungen. Angeborene Affektmuster erlauben eine wirkungsvolle und prompte Organisation von Wahrnehmung, Verhalten und Kommunikation während der präverbalen Entwicklungsmonate. Auf der Stufe der symbolischen Repräsentation kündigt sich ein flexiblerer psychischer Modus an. Die Imagination fügt dem affektiven Erleben die Dimension der Vergangenheit und Zukunft hinzu; sie ermöglicht den zielorientierten Einsatz von Erinnerungen und gestattet, die Konsequenzen einer geplanten Handlung abzuschätzen. Gleichzeitig vermischt sie die Phasen der Vorbereitung und eigentlichen Handlung. Sie ist selbst Probehandlung oder lustvolles Substitut einer Wunschhandlung. Das Verlassen des präverbalen Entwicklungsabschnitts stellt gleichzeitig den nunmehr für das Kind bewußt erlebbaren Eintritt in die Welt der sozialen Normen und Verbote dar, die einer unbegrenzten affektiven und triebhaften Selbstbestimmung jetzt auch über innerseelische Zensuren Schranken setzen.

Trotz überragender Hinweise auf ein erstaunlich affektiv-kognitives Ausdrucksvermögens des Kleinkindes, das sich in einer subtilen Beobachtungssituation erschließen läßt, das auch eine klare Absage an die klassische Sicht auf das in einem undifferenzierten primär-narzißtischen Urzustand schwebende „Baby S. Freuds" beinhaltet, ist die Ausgangsposition für eine eigenständige psychoanalytische Entwicklungspsychologie der Affekte doch wesentlich verwickelter. Die Erkenntnis von distinkten Primäraffekten spricht zunächst nur für eine in erster Linie biologisch verankerte Ausstattung des Kleinkindes. Dieser strukturellen Gegebenheit unterschiedlicher affektiver Ausdrucksweisen ist wohl auch auf dem Niveau des körpernahen Empfindens ein differenzierter Erlebnisaspekt beim Kind zuzuordnen, die Annahme eines „chaotischen", unstrukturierten Erlebens also in keiner Weise haltbar (Malatesta 1985, Malatesta und Wilson 1988). Trotzdem ist mit dieser Zuschreibung eines differenzierten Erlebnisaspektes an das Kleinkind nicht zwangsläufig auch ein analoges Bedeutungserleben, ein Bewußtsein im Sinne eines reflexiven Erfassens dieser Erlebnisunterschiede für eine Selbstorganisation zu folgern. Diese Bedeutungszuschreibung im kindlichen Erleben ist zunächst nur sinnvoll auf das Mutter-Kind-Interaktionssystem zu beziehen, ist primär ein Leistung der Mutter, wenngleich von wechselseitiger Stimulierung abhängig. Ein subjektives Bedeutungserleben setzt aber wiederum erst die Entwicklung eines Selbstkonzeptes auf seiten des Kindes voraus. Erst wenn das Kind gelernt hat, eine körperliche Reizveränderung innerhalb seines Körpers zuverlässig wahrzunehmen und sinnvoll zu interpretieren, ist es hierzu fähig. Nach Lewis und Brooks (1978) zeichnen sich die kognitiven Voraussetzungen für ein erstes Selbst-Konzept frühestens ab dem 8. oder 9. Lebensmonat ab. Hiermit ist aber noch keineswegs der sichere selbstreflexive Zugriff auf affektives Erleben gewährleistet, der erst mit symbolischen, v. a. mit sprachlich strukturierten Denkoperationen ab dem 15. bis 18. Lebensmonat gelingt (Basch 1976, 1983, Lichtenberg 1983). Lewis (1990) sowie Lewis et al. (1989) weisen nach, daß mit der Errichtung einer symbolischen Selbstorganisation auch eine erste Identität als entscheidendes Entwicklungsziel erreicht ist. Erst jetzt sei es entwicklungspsychologisch sinnvoll, von einem subjektiven Bewußtwerden von Gefühlen auszugehen. Zuvor sei adäquater von „Affektzuständen" zu sprechen. Ferner ermögliche Identität überhaupt erst das Auftreten von bestimmten Gefühlen. Während das Kind auch in früheren Entwicklungsabschnitten fähig sei, etwa Freude, Ärger, Traurigkeit, Interesse,

Das Auftreten spezifischer Emotionen in Abhängigkeit eines für die Lösung ontogenetischer Entwicklungsaufgaben adaptiven Werts (nach: Izard 1978, 1982)

- Bei der Geburt ist der Säugling fähig, fünf verschiedene Affektmuster auszudrücken: Interesse, Freude, Bedrücktheit, Ekel und körperlichen Schmerz. Die Bedeutung dieser Affektsignale liegt in ihrem eindeutigen Überlebenswert und der unverzüglichen Sicherung des kindlichen Wohlbefindens.
- Mit dem 2. Lebensmonat tritt zunehmend das soziale Lächeln hervor. Während es anfänglich prinzipiell um jede Betreuungsperson wirbt, also noch nicht selektiv auf die Mutter bezogen ist, wird es sehr bald mit dieser in besonderer Weise verknüpft. Seine Hauptfunktion ist, die Mutter zu anhaltenden sozialen Interaktionen einzuladen und die affektive Bindung an sie zu stärken.
- In den anschließenden Lebensmonaten tragen neu erscheinende Emotionen wesentlich zur allmählichen Subjekt-Objekt-Differenzierung bei. Erste Anzeichen von Scham oder Scheu bekunden die heranreifende Fähigkeit des Kindes, einen Unterschied zwischen einer „Selbst-vertraute Person"- und einer „Selbst-fremde Person"-Beziehung wahrzunehmen. Während in ersterer Freude und Interesse dominieren, mag letztere leicht ein unbestimmtes Gefühl von Ungeschicklichkeit und Ungenügen, also Wurzeln des späteren Schamgefühls hervorrufen. Scham und Scheu erleichtern die Entwicklung des Selbstbewußtseins, stärken das Gefühl für das Selbst und seine Begrenzungen, motivieren aber auch gleichzeitig zum Erwerb neuer Fertigkeiten und Kompetenzen. Auch Ärger und Verachtung fördern das Selbstgefühl, wenn sich das Kind nicht mehr als rein passives Opfer in enttäuschenden Situationen erlebt.
- Emotionen, welche die Aktivitätssphäre des Kindes ausdehnen helfen, gewinnen ab dem 5. Lebensmonat eine zunehmende Relevanz. Vor allem die freudige Erregung und das Interesse des Kindes in der Eroberung seiner Umwelt fallen auf. Es läßt sich hierbei eine bedeutsame Sequenz von Emotion-Wahrnehmung-Kognition-Handlung ausmachen: Die Wahrnehmung von neuen Reizen erweckt das Interesse des Kindes, motiviert sein Neugierverhalten, löst Überraschung aus, erhöht die Aufmerksamkeit, verstärkt sein Bemühen, die ungewohnte Situation zu erforschen, mit ihr vertraut zu werden; eine erfolgreiche Auseinandersetzung bewirkt Freude und Stolz.
- Furcht und Schuld erleichtern Selbst-Kognitionen und Selbst-Kontrolle. Beiden Emotionen ist gemeinsam, daß sie Verhaltensgrenzen errichten und mit dem Erlernen von Verboten einhergehen. Sie tragen zur körperlichen Unversehrtheit und zur seelischen Integrität bei. Schuld reguliert hierbei als reifere Emotion vor allem die Beziehungen zu wichtigen anderen Personen hinsichtlich zu verantwortender Folgen des eigenen Handelns. Furcht hingegen soll allgemeiner vor unbestimmten Gefahrenquellen schützen. Scham wiederum beruht auf der Fähigkeit, ein visuelles Bild von sich zu erkennen und ein inneres Selbstbild aufrechtzuerhalten. Es erleichtert so selbstbezogene Gefühle und Vorstellungen auf einander abzustimmen.
- Nach der Errichtung eines semantischen Gedächtnisses und der Entwicklung von Symbolisierungsfertigkeiten werden die affektiv-kognitiven Strukturen die vorherrschenden motivationalen Kräfte im Bewußtsein.

Ekel und Furcht zu zeigen, erwerbe es erst mit einer ersten Identität Gefühle wie Stolz, Scham, Empathie, Neid und Schuld. Ähnlich argumentiert Izard (1978, 1982), spezifische Emotionen manifestierten sich erst dann in der menschlichen Ontogenese, wenn sie einen eigenständigen Anpassungswert erlangten, seien also auf sukzessiv zu lösende Entwicklungsaufgaben zu beziehen.

Diese entwicklungspsychologische Differenzierung erlaubt es auch, innerhalb eines psychoanalytischen Ansatzes zu einer feineren Unterscheidung in der Phänomenologie der Affektivität zu gelangen, wie sie z. B. Kutter (1978, 1981) vorschlägt.

- Affekte stellen für Kutter vitale Reaktionsmöglichkeiten dar, die in ihrem heftigen, zeitlich aber kurzen Ablauf von einem physiologischen Erregungszustand begleitet sind. Vor einem entwicklungspsychologischen Hintergrund sind hiermit in erster Linie jene affektiven Äußerungen erfaßt, die auf wichtige innerseelische und körperliche Zustandsveränderungen hinweisen, eine diskrete kognitive Inhaltsdimension besitzen, die sich in erster Linie über eine sozialkommunikative Funktion erschließt. Dieser Inhaltsaspekt ist für die Person erst nach Erreichen einer selbstreflexiven Entwicklungsstufe subjektiv bedeutsam, wenngleich meist erst nach Ablaufen des Affektgeschehens erfaßbar. Dies ist in den Monaten des präverbalen Entwicklungsabschnitts für das Kind noch nicht möglich. Hier ist es sinnvoll, den Begriff der „Affekte" besser als „Affektzustände" innerhalb eines Systems der frühen Mutter-Kind-Interaktionen zu definieren. Der Systemgedanke setzt aber nicht voraus, daß Mutter und Kind im Erlebnismoment tatsächlich miteinander interagieren. Das schreiende Kind kann z. B. seinen aktuellen Bedürfniszustand auch in Abwesenheit der Mutter artikulieren. Die biosoziale Signalfunktion des Distreßaffekts im Schreien verweist aber inhärent auf eine Mutter. In der Charakterisierung der „Affekte" als „Affektzustände" müssen aber notwendigerweise auch jene „ruhigeren" Affekte wie Freude oder Interesse berücksichtigt werden, die weniger auf eine unmittelbare Veränderung des aktuellen Systemzustands drängen, sondern vielmehr eine Fortsetzung des Erlebens, sei es alleine oder in Anwesenheit eines Interaktionspartners, als wünschenswert und lustvoll anzeigen.
- Emotionen bedeuten nach Kutter die Herausbewegung einer lebensgeschichtlich bedingten, spezifisch persönlichen Subjektivität. Sie beziehen sich auf die beiden Pole von Lust und Unlust. Auch sie tragen Zeichen einer körperlichen Erregung, weisen jedoch nicht die Sequenz von „Spannung – Entspannung" auf. Vor einem entwicklungspsychologischen Hintergrund sind hiermit vor allem jene subjektiven Gefühle gemeint, die nach Erreichen einer ersten Identität in einem selbstreflexiven Akt als bedeutsam erlebt werden können. Sie stellen einerseits die auf ein höheres Entwicklungsniveau transformierte Grundlage eines „affektiven Selbstkerns" (Emde 1984, Stern 1985) dar, geraten andererseits durch den Zugewinn eines

Sprach- und Symbolsystems erstmals in eine bewußt erlebbare Spannung zu öffentlichen Standards, Normen und Erwartungen. Fortan können Gefühle entweder in einer vorrangig dem ganz privaten Erleben zugehörigen primärprozeßhaften Kodierung oder in einer vorrangig der Öffentlichkeit zugewandten sekundärprozeßhaften Strukturierung dem Subjekt zugänglich sein. Während in den ersten Entwicklungsmonaten Störungen des affektiven Erlebnisstroms infolge Mißverstehens oder Nichtbeachtung elementarer kindlicher Affektzustände durch die Mutter zu entscheidenden Problemen der Affektregulation werden, denen noch keine symbolhaft vermittelte Repräsentanz zukommt und die somit in den Bereich der präverbalen „Erlebnisinkompatibilitäten" (Klein 1976, Gedo 1979) gehören, ist es erst ab dieser Entwicklungsstufe gerechtfertigt, von konflikthaften Gefühlen zu sprechen. Diese erzwingen einerseits eine kontrollierte, an „Display-rules" (Saarni 1978) orientierte Ausdrucksform, können innerseelisch andererseits aber auch den Einsatz von bestimmten Abwehrmechanismen notwendig machen.

- Leidenschaften sind für Kutter intensive, lang andauernde, auf ein Ziel konzentrierte, triebhafte Erregungsformen. Auch sie weisen keinen zyklischen Verlauf auf. Vor einem entwicklungspsychologischen Hintergrund spielen erotische und aggressive Phantasien in ihnen eine entscheidende Rolle. Sie können einerseits ein unverwechselbares Gefühl autonomer Stärke und sexuell-aggressiver Vitalität vermitteln (Lichtenstein 1961, Stoller 1975), aber auch infolge ihres inhärenten Bedrohungspotentials auch besondere intrapsychische Abwehroperationen nötig machen, um eine äußere Affektentwicklung nicht zu gefährden (Wurmser 1987, Edelson 1990).

3.3 Ordnungskriterien für die Darstellung einer psychoanalytischen Entwicklungspsychologie der Emotionalität

Eine psychoanalytische Darstellung der Affektentwicklung, welche zunächst eine prospektive Sichtweise einnimmt, sich also an die Beschreibung von affektiven Phänomenen in einer voranschreitend offenen Zeitdimension wagt, sieht sich immer vor ein Dilemma gestellt. Wie S. Freud (1914) betont hat, bilden das „Erinnern, Wiederholen und Durcharbeiten" prägender Lebenserfahrungen eines Individuums, die sein Fühlen, Denken und Handeln mitbestimmt und vor allem sein Leiden wesentlich aufrecht erhalten haben, das Kernstück einer jeden psychoanalytischen Arbeit. In einem langwierigen, meist schmerzvollen Wiederbeleben der eigenen Vergangenheit wird ein vielschichtiges Bild der persönlichen Entwicklung seit früher Kindheit faßbar.

Dieser für die psychoanalytische Vorgehensweise so typische „genetische Standpunkt" (Rapaport und Gill 1959) erfolgt aus der subjektiven Sicht des erwachsenen Analysanden, der längst über sprachliche Fertigkeiten und ein hinreichendes Maß an kritischer Selbstreflexion verfügt. Doch lassen sich diese rekonstruierten und bewußt gemachten Kindheitserinnerungen so ohne weiteres mit den „tatsächlichen" Erlebnissen des früheren Kindes gleichsetzen? Falls ja, trifft dies auch für die Ereignisse in der präverbalen Entwicklungszeit zu, in der affektive und körperliche Ausdrucksformen überwiegen und sich klar von einer späteren symbolischen, vor allem sprachlichen Kommunikation unterscheiden? Und können weiter aus Einzelanalysen, die das unverwechselbare Lebensschicksal eines Individuums zum Thema haben, abgesicherte Allgemeinaussagen über die frühkindliche Entwicklung erzielt werden?

Hartmann und Kris (1945) haben dieses Problem sehr klar erkannt und schon früh in der psychoanalytischen Theorieentwicklung gefordert, daß die Erkenntnisse aus dem psychoanalytischen Interview notwendig durch direkte Beobachtungen des frühkindlichen Verhaltens und Erlebens ergänzt werden müßten. Genetisch-rekonstruktive wie entwicklungsbeobachtungsmäßige Dimension sollten sich ihrer Meinung nach komplementär in eine psychoanalytische Entwicklungspsychologie integrieren.

Für den entwicklungspsychologisch orientierten Psychoanalytiker bleibt aber die Frage, wie er die mit derart unterschiedlichen Methoden gewonnenen Informationen fruchtbar verknüpfen kann. In seiner analytischen Arbeit konzentriert er sich ganz auf ein innerseelisches Geschehen und widmet sich den vielfältigen symbolischen Transformationen frühkindlicher Traumata. Beschränkt er sich andererseits wiederum nur auf eine objektive Verhaltensbeobachtung von Kleinkindern, so bleibt ihm wiederum verschlossen, wie von außen registrierbare Ereignisse sich in subjektiven Bildern der frühkindlichen Erfahrungswelt verdichten.

Einen wertvollen Ausweg in der Wahl eines eigenständigen entwicklungspsychologischen Standpunkts, der sich also auch auf eine prospektive Sichtweise verpflichtet, versprechen Ansätze, die für sich eine interpretierende und eine teilnehmende Beobachtung zu verbinden suchen (Freud 1975, Kestenberg 1977, Köhler-Weisker 1980). Die Position der subtilen Wahrnehmung eines äußeren Interaktionsgeschehens z. B. zwischen Kleinkind und Mutter in einer ganz konkreten Situation und des gleichzeitigen Versuchs einer empathischen Aufnahme der innerseelischen Prozesse in den beiden Dialogpartnern trachtet zwar danach, diese Kluft zwischen einem „genetisch-rekonstruktiven" und einem „empirisch beobachtenden" Standpunkt zu überwinden. Doch entsteht bei dieser Haltung leicht die Gefahr einer zirkulären Schlußfolgerung, wenn die zugrunde gelegten theoretischen Konzepte unreflektiert die Maßstäbe der Beobachtung, des inneren Organisierens und Verstehens festschreiben, ohne sich der Eigenständigkeit der neuen psychosozialen Situation einer Beobachtung von Mutter-Kind-Interaktionen bewußt zu werden.

Letztlich ist innerhalb der psychoanalytischen Theorienansätze m. E. noch kein geschlossener Versuch vorgelegt worden, der für eine eigenständige psychoanalytische Entwicklungspsychologie dieses Dilemma fruchtbar gelöst hätte. Positionen, die auf die Integration einer entwicklungspsychologischen Betrachtungsweise außerhalb der engeren „psychoanalytischen Therapiesituation" verzichten, begründen ihre Selbstbescheidung mit der völlig heterogenen Zugangsweise in der Erforschung seelischer Phänomene, die keine sinnvolle Parallelisierung der „narrativen" mit den „historischen Wahrheiten" erlaube (vgl. Brenner 1982, Peterfreund 1983, Schafer 1983, Spence 1984). Positionen, die sich um eine Auseinandersetzung v. a. mit den Erkenntnissen aus der „Kleinkindforschung" für die psychoanalytische Theorienbildung bemühen (vgl. Lichtenberg 1983, 1987, 1989) oder umgekehrt aus einer differenzierten Betrachtung der psychoanalytischen Therapiesituation zu entwicklungspsychologisch relevanten Hierarchiemodellen der seelischen Funktionsweisen gelangen (vgl. Gedo 1979, 1981, 1988), bieten für unsere Diskussion die bislang überzeugendsten Ansatzpunkte. Positionen schließlich, die ihren integralen Ausgang von zunächst rein empirischen Modellen des „baby watching" nehmen, führen leicht vorschnell zu einer verabsolutierenden Aufgabe traditioneller psychoanalytischer Konzepte, ohne die Relativität des eigenen Standpunkts mit analoger Rigorosität zu reflektieren (vgl. Demos 1988, Stern 1985). Trotzdem vermitteln sie entscheidende Anstöße für eine Revision v. a. der entwicklungspsychologischen Voraussetzungen der psychoanalytischen Theorienbildung. Sie bieten insbesondere vorteilhafte Anknüpfungspunkte zum selbstpsychologischen Modell in der Psychoanalyse (vgl. Basch et al. 1988).

Für unsere psychoanalytische Darstellung der Affektentwicklung, die keinen Anspruch auf die Lösung der angedeuteten theoretischen Problematik erhebt, empfiehlt sich also einerseits eine weitestgehende Offenheit gegenüber Ergebnissen aus empirischen Disziplinen, andererseits aber eine eigenständige Reflexion dieser Befunde vor dem Hintergrund der traditionellen psychoanalytischem Entwicklungsmodelle. Hierbei erscheint ein korrelatives Vergleichen zwischen Daten aus Beobachtungsstudien mit Kindern und klinischen Erkenntnissen aus der psychoanalytischen Therapiesituation als durchaus geeignet, wichtige Ordnungskriterien der Darstellung zu liefern. Gerade die Thematisierung der Spannung zwischen den „objektiven" und den „subjektiven" Aspekten in den Eltern-Kind-Beziehungen (vgl. Cramer 1987), die Beachtung des Dilemmas zwischen einer intrapsychischen und einer interpersonalen Dimension in der kindlichen Entwicklung (vgl. Levi und Scharff 1988) sollte grundlegend sein. Denn eine psychoanalytische Entwicklungspsychologie gleich welcher Provenience darf sich nicht mit einer einfachen Assimilierung gerade gefälliger „objektiver" Befunde aus Nachbardisziplinen begnügen. Sie zielt doch letztlich immer auf eine Erhellung der Prozesse und Mechanismen, die zur Errichtung einer innerseelischen Erlebniswelt des Individuums beitragen, dem ursprünglichen Terrain psychoanalytischer Arbeit.

Gleichzeitig fordert dieser stets auch in allgemeineren Untersuchungen mitschwingende „subjektive Faktor“ ein besonderes Augenmerk auf jene kritischen Phasen in der menschlichen Entwicklung zu richten, die eine erhöhte Vulnerabilität für spätere intrapsychische Konflikte, Defizite oder grundlegende Integrationsstörungen aufweisen. Diese prinzipielle Einstellung, die das Wesen der Psychoanalyse als „Psychologie der innersten Vorgänge, des Menschen im Konflikt“ (Kris 1952) beinhaltet, darf gerade bei Projekten nicht vernachlässigt werden, die sich auf eine „durchschnittlich zu erwartende Umwelt“ (Hartmann 1939) beziehen, also von vorne herein auf die Untersuchung stark traumatisierender Sozialisationsbedingungen verzichten. Denn auch zu einer „durchschnittlich zu erwartenden Umwelt“ bemerkte Mahler (1966) treffend, daß sie in aller Regel weit davon entfernt sei, die menschliche Entwicklung optimal zu fördern. Innerhalb der einzelnen psychoanalytischen Entwicklungsmodelle lassen sich also eigenständige Integrationspotentiale, aber auch ganz bestimmte Konfliktkonstellationen der Affektentwicklung nachzeichnen. Eine Thematisierung der Affektentwicklung innerhalb der einzelnen Entwicklungsmodelle darf jedoch eine kritische Stellungnahme zu den impliziten Zielen nicht versäumen:

- Das Modell der psychosexuellen und aggressiven Entwicklung legt den Primat der Genitalität und der sublimierten Aggressivität als höchste Entwicklungsstufe nahe. Eine ausschließliche Konzentration auf dieses Ziel würde die Vielschichtigkeit der affektiven Ausdrucksformen der menschlichen Sinnlichkeit und Aggressivität als unreif, präödipal oder prägenital vernachlässigen.

- Das Modell der ich-psychologischen Entwicklung rückt den Aspekt der Affekttoleranz, -kontrolle und -abwehr in den Vordergrund und droht als Entwicklungsziel einen von jeglicher Affektivität „befreiten“, in seiner Rationalität souveränen Menschen hinzustellen. Stattdessen gilt es der eigenständigen affektiven Erlebnis- und Ausdrucksformen zu erinnern.

- Das Modell der Trennung-Individuation konzentriert sich auf den konflikthaften Weg des menschlichen Individuums zu einer umfassenden Autonomie. Hierbei geraten zwangsläufig jene Bemühungen eines Individuums aus dem Brennpunkt des psychoanalytischen Interesses, gerade die Grenzen eines autarken Erlebens zu überwinden und eine zwischenmenschliche Bindung und Intimität herzustellen.

- Das selbstpsychologische Modell wiederum neigt dazu, die lebenslange Notwendigkeit der selbst-objekthaften Beziehungen für ein kohäsives Selbsterleben zu überbetonen, die Ausdrucksformen triebhafter Regungen fast ausschließlich in den Kontext einer bedrohten Selbstkohäsivität zu stellen.

Die zitierten psychoanalytischen Entwicklungsmodelle eignen sich hervorragend für die Darstellung der (früh-)kindlichen Affektentwicklung, bieten jedoch kaum Anhaltspunkte für eine eigenständige Würdigung des Beitrags späterer Abschnitte des Lebenszyklus (Kapfhammer und Ulich 1991). Einzige Ausnahme stellt das Modell der psychosozialen Entwicklung von Erikson (1959, 1982) dar, das nicht nur den epigenetischen Phasen des Lebenszyklus mit immer neuen Entwicklungsaufgaben, -krisen und -potentialen einen selbständigen Einfluß auf die individuelle Entwicklung zuspricht, sondern insbesondere auch auf die notwendige dialektische Auseinandersetzung des Individuums mit den je typischen sozialen Kontexten hinweist, die eine Aktualisierung von subjektiven Entfaltungsmöglichkeiten erst sinnvoll relativieren.

4 Entwicklung der Emotionalität nach Lebensabschnitten

4.1 Die frühe Kindheit

4.1.1 Erstes Lebensjahr

Zunächst einige orientierende Fragen:

1. Was sind die Voraussetzungen zu Beginn dieses Entwicklungsprozesses? Welche Bedingungen bringt der Säugling, welche die Mutter in die als grundlegend anzusehende Beziehungsdyade mit ein?
2. Welche dominanten Affektstrukturen zeichnen sich im Verlauf des ersten Lebensjahres ab? Welchen Beitrag zur Erhellung dieser Entwicklungssequenz leisten die beiden psychoanalytischen Modelle von R. Spitz und M. Mahler? Wie lassen sich ihre Ansätze vor dem Hintergrund modernerer Forschungsergebnisse verstehen?
3. Welche Konsequenzen sind aus einer affektiven Erlebnisdifferenziertheit des Kleinkindes für die Gestaltung der Interaktionsmatrix zu ziehen? Was sind Mechanismen der Affektvermittlung, des Affektverständnisses, der affektiven Bedeutungszuschreibung, der affektiven Einstimmung? Wie sind die frühen Prozesse der Empathie zu skizzieren?
4. Welchen Stellenwert können triebtheoretisch orientierte Modelle der frühkindlichen Affektentwicklung z. B. von M. Klein in einem modernen psychoanalytischen Verständnis noch einnehmen?
5. Lassen sich Anhaltspunkte für eine geschlechtstypische Affektentwicklung bereits im ersten Lebensjahr finden?
6. Wie können einige zentrale Bedingungen für ein frühes Entgleisen des affektiven Dialogs von Mutter und Kind beschrieben werden? Welche psychopathologisch relevanten Konsequenzen für die weitere Affektentwicklung können hieraus resultieren?

4.1.1.1 Entwicklungsvoraussetzungen zu Beginn der frühkindlichen Affektentwicklung

Während Freud (s. o.) in seiner Charakterisierung der frühkindlichen Affektentwicklung zunächst nur von einer qualitativ nicht näher beschreibbaren, unspezifischen Triebenergie ausging, die seiner Meinung nach in unkontrollierten Entladungsphänomenen eine undifferenzierte Affektivität des Säuglings anzeige, bestätigen neuere psychophysiologische und allgemeinpsychologische Beobachtungsstudien der Kleinkindforschung, daß Säuglinge vielmehr schon von Geburt an trotz ihrer äußerlichen Hilfs- und Schutzbedürftigkeit über ein sehr nuanciertes affektives Ausdrucksvermögen verfügen.

So beschreiben etwa Tomkins (1962) und Izard (1982), daß der Säugling von Anfang an fähig ist, fünf verschiedene Affektmuster auszudrücken, nämlich Interesse, Freude, Bedrücktheit, Ekel und körperlichen Schmerz. Die Bedeutung dieser differenzierten biosozialen Affektsignale liegt in ihrem eindeutigen Überlebenswert. Sie ermöglichen es der Mutter, die verschiedenen Gestimmtheiten und Bedürfnisveränderungen des Säuglings verständnisvoll wahrzunehmen und adäquat zu beantworten. Sie helfen somit das frühkindliche Wohlbefinden zumindest prinzipiell unverzüglich zu sichern.

Der bereits in den ersten Lebenstagen erkennbare kommunikative Aspekt dieser affektiven Ausdrucksmuster spricht für eine primäre Objektbezogenheit des Säuglings. Er ist eng mit der Organisation seiner körperinternen Zustände verbunden. Dies läßt sich am günstigsten in einem 24-Stunden-Beobachtungssetting demonstrieren, das exakt die Art und den Wechsel aller Interaktionsformen zwischen Mutter und Kind registriert und simultan in den Rahmen der biorhythmisch schwankenden physiologischen Zustände des Neugeborenen stellt (Sander et al. 1972). Die über diesen Forschungsansatz gewonnenen Daten unterstreichen folgendes (Sander 1980):

- Bereits die ersten drei Lebenstage stellen eine entscheidende Zeitspanne dar, in welcher in den Austauschformen zwischen Säugling und Mutter eine optimale 24-Stunden-Organisation der endogenen Abläufe in den diversen physiologischen Subsystemen gelingen kann. Bahnende mütterliche Schlüsselreize und Reaktionen, welche konsistent auf die Zustandsveränderungen des Säuglings erfolgen, setzen die notwendigen Bedingungen für die Anordnung der Biorhythmen des Säuglings. Sie führen zu einem ersten tragenden, zeitlichen Regulationsprinzip in dem sich erst entfaltenden Interaktionssystem von Mutter und Kind.
- Der Säugling läßt hierbei zunächst noch beträchtlich schwankende circadiane Periodizitäten und Veränderungsraten erkennen, die hohe Anforderungen an ein flexibles Betreuungsverhalten der Mutter stellen. Es ist erstaunlich, wie unter günstigen Umständen die Beziehungsdyade bereits am 10. Lebenstag trotz wiederkehrender kritischer Kontaktmomente zu einer hoch spezifischen, regulatorischen Abstimmung finden kann.

Die affektiven Ausdrucksweisen des Säuglings stellen also nicht bloße triebenergetische Entladungsphänomene dar, die für die Mutter nur zufälligen Informationswert hätten. Die schon nach den ersten Lebenstagen beobachtbare Verhaltenssynchronizität, die feine Abstimmung der affektiven Austauschprozesse verrät vielmehr eine bedeutsame biologische Prädisposition dieses frühen Dialogs, der eindrucksvoll ein „Prinzip von Wechselseitigkeit" verdeutlicht (Emde 1980).

Gerade die hochentwickelten affektiven Ausdrucksweisen wie Freude und harmonische Zufriedenheit verweisen neben einer genetisch-biologischen Fundierung aber auch auf eine überragende Rolle zwischenmenschlicher Erfahrungen und Lernprozesse schon in den ersten Stadien der Affektentwicklung. Basch (1976) betont daher zu Recht, daß die affektiven Äußerungen des Säuglings von der Mutter verstanden, aber auch fehlinterpretiert werden können und vergleichbare Konsequenzen wie eine erfolgreiche oder fehlschlagende Verständigung im späteren Leben haben. Diese affektive Kommunikationsform unterscheidet sich deshalb hierin von Anfang an klar von einem ausschließlich biologisch-instinktgelenkten Verhaltenstypus.

Es käme einem mechanistischen Verständnis nahe, würde man die innerseelischen Voraussetzungen einer Mutter für ihre Aufgabe, spezifisch auf ihren Säugling einzugehen, ohne Berücksichtigung ihrer ganz individuellen Lebensgeschichte auf die ausgereiften affektiven Wahrnehmungskapazitäten einer erwachsenen Frau reduzieren zu wollen. In Wirklichkeit aber haben ihre eigenen frühkindlichen Erfahrungen mit ihren Eltern, speziell im prägenden Umgang mit ihrer Mutter, ihre individuell gefunden Lösungen in der ödipalen Triangulation, ihre Antworten auf die Fragen der weiblich-sexuellen Identität, der Ablösungsprozeß vom Elternhaus, die außerfamiliär aufgenommenen sexuellen Kontakte, die aktuelle intime Beziehung mit einem männlichen Partner zu einem hoch komplexen, bewußten wie unbewußten Modell einer individualtypischen Mutter-Kind-Beziehung geführt. Dieses innere Modell steckt den psychodynamischen Rahmen ab, in dem sich die schwangere Frau nicht nur in einer phantasierten Beziehungsaufnahme allmählich auf den heranwachsenden Fötus einstellt. In ihm sind auch die vorrangig unbewußten Motive für den Kinderwunsch selbst zu suchen. Brazelton und Cramer (1990) beschreiben hierfür eine Reihe hoch bedeutsamer Motive:

Identifikationswunsch: In ihm drückt sich die Summe der Erfahrungen aus, einmal selbst Kind einer Mutter gewesen zu sein, die frühen Phantasien, künftig ebenfalls ernährende und fürsorgende Mutter eines eigenen Babys zu werden, so ähnlich wie oder auch ganz anders als die Mutter sein zu wollen, die frühen Rollenspiele mit Puppen, ihre Vorstellungen von einem „guten" und einem „bösen Baby", die späteren Konzepte einer eigenen Familie, die Übernahme sozialer Rollenerwartungen als Frau und Mutter in ihren vielfältigen affektiv-kognitiven Schattierungen und Konfliktmöglichkeiten während einer sekundären und tertiären Sozialisation.

Wunsch nach Vollständigkeit und Omnipotenz: Der Wunsch nach einem Kind bedeutet hier das narzißtische Verlangen, zu einem idealisierten Bild von sich selbst zu gelangen, sich zu verdoppeln, den Ansprüchen eigener Ideale zu entsprechen. Er kann Ausdruck einer konflikthaften Verleugnung sein, in der Befriedigung von Bedürfnissen immer wieder auf die Zuwendung durch andere Personen angewiesen zu sein, dadurch mit realen Unzulänglichkeiten und kränkenden Abhängigkeiten konfrontiert zu werden. Eine Schwangerschaft kann nun die Illusion bestärken, zu autarker Selbstgenügsamkeit und schöpferischer Potenz gefunden zu haben, kann Gefühle von Leere und Unvollständigkeit kompensieren, ein grandioses Körperbild entfalten.

Wunsch nach Verschmelzung und Einswerden mit einem Anderen: Dieser Wunsch nach einer symbiotischen Beziehung aktiviert das unbewußte Modell einer Rückkehr zur frühesten intimen Kontaktform mit der eigenen Mutter. Das künftige Kind verspricht eine ähnlich innige Beziehung, eine Erfüllung dieser frühen Kindheitsphantasien und Träume.

Wunsch, sich im Kind zu spiegeln: Ein Kind bestärkt die Hoffnung, ein Gefühl von Unsterblichkeit aufrechtzuerhalten, in seiner entstehenden Existenz fortzuleben, die Kontinuität der eigenen Ideale zu garantieren, eine Familientradition in festumschriebenen Werten und Aspirationen weiterzuführen.

Wunsch nach Wiederaufnahme und Erfüllung eigener vertaner Ambitionen und Entwicklungsmöglichkeiten: Auch hier soll das künftige Kind für die schmerzliche Erkenntnis entschädigen, selbst nicht all die hohen Ansprüche und Erwartungen von Stärke, Schönheit, beruflichem Erfolg und partnerschaftlichem Glück im eigenen Leben erfüllt zu haben, stattdessen u. U. enttäuschende Begrenzungen und Kompromisse eingegangen zu sein. Das Kind trägt die Hoffnung, aber auch die Verpflichtung für eine stellvertretende Perfektionierung dieser Ideale.

Wunsch nach Wiederbelebung alter Beziehungen: Das Kind verspricht, verlorene Bande wieder aufzunehmen, vor allem die ambivalent geliebten Elternfiguren der Kindheit zu ersetzen. Konsequent wird es mit typischen Attributen dieser Personen ausgestattet. Häufig entsteht der Wunsch nach einem Kind im Anschluß an den Verlust einer nahen Bezugsperson. Das phantasierte Kind wird mit magischen Eigenschaften ausgestattet, mit der Macht, frühere Trennungen ungeschehen zu machen, hierdurch das Verstreichen der Zeit zu negieren, den Schmerz von Tod und persönlichem Verschwinden zu leugnen.

Wunsch nach gleichzeitiger Ersetzung und Trennung von der eigenen Mutter: Dieser Wunsch beinhaltet eine einzigartige Form einer doppelten Identifikation mit der Mutter und dem Baby. Er bietet die simultane Möglichkeit in der Phantasie sowohl die Attribute einer Mutter als auch eines Kindes spielerisch aufzunehmen und auf der Basis der Erfahrungen mit der eigenen Mutter und von sich selbst als Kind nochmals durchzuarbeiten, sich mit einem mächtigen Mutterbild zu identifizieren, die ödipale Rivalität erneut auszutragen, Gefühle von Neid, Eifersucht, Schuld und Unterlegenheit zu beleben, alte Konflikte günstiger zu lösen und zu neuem Selbstwert zu finden.

Die beiden Autoren betrachten diese prototypischen Wunschkonstellationen, die sich durchaus noch ergänzen ließen, keineswegs schon als pathologisch bedeutsame Motive. Sie sehen hierin vielmehr auch bei seelisch gesunden Frauen häufig wiederkehrende Themen in einem Kinderwunsch, welche die bewußte und unbewußte emotionale Erwartungshaltung der werdenden Mütter auf ihr künftiges Baby einstimmen, aber durchaus konflikthaft die sich entfaltenden Austauschprozesse beeinflussen können. Sie geben lebendige Beispiele für eine Forschungsrichtung, die sich bereits in Bowlbys (1969) „internen Arbeitsmodellen", in den „elterlichen Phantasien" bei Fraiberg und Mitarbeitern (1975), in der Konstruktion eines „imaginären bzw. phantasmatischen Babys" bei Lebovici (1983), in den „internalisierten Rollenbeziehungen" der beiden Sandlers (1978) artikulierte und schließlich einen eigenständigen Ansatz von „Baby watchers" zur Untersuchung „innerer Repräsentationen von Eltern-Kind-Beziehungen" begründete (vgl. Zeanah und Barton 1989). Gleichzeitig lassen sich hier auch Nahtstellen vermuten, wichtige Daten der Kleinkindforschung und zentrale Erkenntnisse der Psychoanalyse fruchtbar aufeinander zu beziehen.

Es sei hier nur kurz angedeutet, daß dieser von zentralen Emotionen und Phantasien getragene Einstimmungsprozeß der werdenden Mutter selbstverständlich auch maßgeblich von der Beziehungsqualität zum anwesenden oder auch fehlenden leiblichen Vater des künftigen Babys mitbeeinflußt wird. Seine emotionale Verfügbarkeit, seine eigene innerseelische Antwort auf die ihm eröffnete Vaterschaft, seine konflikthafte Regressionsbereitschaft, seine Neidgefühle auf die mütterliche Potenz seiner Partnerin, seine Eifersucht auf den neuen Konkurrenten usw. setzen auch bei ihm einen vielschichtigen Entwicklungsprozeß in Gang (Brazelton und Cramer 1990, Gurwitt 1976). Das Ergebnis dieser inneren und äußeren Anpassungsleistungen steckt von Anfang an also einen triangulären Rahmen für die entstehende Mutter-Kind-Dyade ab. Die besondere Bedeutung dieses triangulären Rahmens besteht nun gerade in seinen Hintergrundqualitäten, die das figürliche Hervortreten der einzigartigen Mutter-Kind-Beziehung erst gestatten. Die vorrangige Konzentration auf diese Dyade fortan ist also immer eine methodisch bedingte Beschränkung in den Darstellungsmöglichkeiten.

Die Fähigkeit zu einer „primären Mütterlichkeit" (Winnicott 1956) wird aber nicht nur von den fundamentalen Schwangerschaftsphantasien und den geforderten affektiven Umstellungsleistungen in der Beziehung zwischen den jungen Eltern gebahnt, oder auch behindert. Sie trifft in der Entbindung sowie der unmittelbaren postpartalen Situation bereits auf entscheidende Entwicklungsaufgaben, welche die Mutter konstruktiv lösen muß. Mit Winnicott (1986) muß die Mutter eine Reihe von bedeutsamen Veränderungen integrieren (vgl. Brazelton und Cramer 1990):

- ein abruptes Ende des Gefühls vom Einssein mit ihrem Baby, der Phantasien von Vollständigkeit und Omnipotenz
- Gefühle der Befremdung gegenüber dem neuen Wesen

- eine Trauer um das möglicherweise verlorene perfekte imaginäre Kind, eine Anpassung an die spezifischen Charakteristika des realen Babys
- Ängste das hilflose Kind verletzen zu können
- zu lernen, die enormen Bedürfnisse des völlig von ihr abhängigen Kindes zu ertragen und auch Freude hierüber zu entwickeln

4.1.1.2 Affektentwicklung im ersten Lebensjahr nach R. Spitz

R. Spitz (1957, 1959, 1965) formulierte in der Tradition der psychoanalytischen Ich-Entwicklung erstmals ein detailliertes Modell der frühkindlichen Entwicklung, in welchem der Affektivität eine zentrale Stellung eingeräumt ist. Sein theoretisches Modell fußt noch auf dem Dualismus eines angeborenen Sexual- und Aggressionstriebs. Es ist psychobiologisch, insofern es der genetisch programmierten Entfaltung der organismischen Anpassungsfunktionen des Säuglings wie auch der allmählichen Ausweitung seiner Erfahrungsmöglichkeiten gleichberechtigtes Interesse widmet. Es ist vor allem aber ein interaktionelles Modell, wenn der Entwicklungsprozeß des Kindes von Geburt an in einer direkten Beziehungsvielfalt zur Mutter beschrieben wird. Der Mutter kommt eine überlebensnotwendige „Außen-Ich-Funktion" zu, ohne die der Säugling einer selbstzerstörerischen, inneren und äußeren Reizüberflutung ausgesetzt wäre und elend zugrunde ginge, wie dies Spitz (1946) in bestürzenden Bildern eines Marasmus bei isolierten Heimkindern schilderte (s. u.).

Die Reifungsvorgänge der biologischen Ausstattung des Kindes vollziehen sich nach Spitz nicht linear, sondern sukzessiv in epigenetischen Schritten. Da Reifungsprozesse und begleitende Lernerfahrungen nicht immer synchron verlaufen, treten an entscheidenden Knotenpunkten der Entwicklung potentiell gefährliche Spannungen auf. Diese können ein gerade zwischen Mutter und Kleinkind hergestelltes Gleichgewicht wieder bedrohen. Sie erzwingen auf Seiten des Kindes einen innerseelischen Anpassungsakt durch die Errichtung einer neuen psychischen Struktur. Spitz zeigt, wie die anfänglich noch wenig koordinierten und eher generalisierten Reaktionsmöglichkeiten des Säuglings auf seine gestörte organismische Homöostase schrittweise durch geeignetere Verarbeitungsmechanismen in der Mutter-Kind-Dyade ersetzt werden. Er sieht das Auftreten von neuen affektiven Ausdrucks- und Erlebnisweisen auf das engste mit diesen notwendig gewordenen innerseelischen Strukturveränderungen verknüpft. Hinzugewonnene Affektmuster signalisieren hierbei das Erreichen eines jeweils höheren Entwicklungsniveaus. Als „psychische Organisatoren" strukturieren diese neuen Affekteinheiten die Wahrnehmung des Kindes und stabilisieren seine Gedächtnissysteme. Sie tragen so zu einer allmählichen Integration der vielfältigen und auch widersprüchlichen Objektbeziehungseindrücke v. a. im Umgang mit seiner Mutter bei. Sie ebnen schließlich auch den Weg zu einer sprachlichen Kommunikation.

Affekte werden von Spitz grundsätzlich als eigenständige Modalitäten der sich herausbildenden Ich-Instanz der kindlichen Psyche gesehen. Als solche

Affektentwicklung während der ersten beiden Lebensjahre im Modell der genetischen Ich-Entwicklung von R. Spitz

Das koenästhetische Fühlen des Kleinkindes vermittelt in den mannigfaltigen Situationen einer zärtlich haltenden, beruhigenden, tröstenden, fütternden Begegnung mit der Mutter erste taktile und viszerale Erinnerungsspuren von einem befriedigenden, guten Mutterobjekt. Sein aber gleichfalls schon von Geburt an bestehender Kontakt zu ihrem Gesicht wird im zweiten Lebensmonat noch verstärkt, wenn der Säugling nun ein sich bewegendes Gesicht zuverlässig verfolgen kann. Durch den rhythmischen Wechsel von Lust und Unlust oder zutreffender des sicheren Wohlbehagens und der bedrückenden Spannung („distress") kann es ein erstes „Außen" erahnen, das es mit Befriedigung, aber auch mit Versagung verbindet.

Seine Wahrnehmung ermöglicht ihm die Sondierung nach Eindrücken mit „positiver" und „negativer" Gefühlsvalenz. Allmählich gelingt ihm das zuverlässige Erkennen des mütterlichen Gesichts. Die Verschiebung eines zunächst betont passiven Registrierens endogener Vorgänge zu einer immer stärkeren aktiven Wahrnehmung von Umweltvorgängen bewirkt einen neuen „modus operandi". Ein erster psychischer Organisator wird im Affekt des spezifischen Lächelns angezeigt. Der Übergang vom Regulationsniveau angeborener, unbedingter sensorimotorischer Schemata auf das von klassisch konditionierten Schemata bedeutet schon den Zugewinn einer kurzen Antizipationsspanne sowie die aktive Aufnahme eines Dialogs mit der Mutter.

Die „Acht-Monats-Angst" signalisiert eine zweite Reorganisation der psychischen Funktionalität des Kleinkindes. Sein früher ubiquitäres Lächeln beschränkt es nun selektiver auf vertraute Gesichter. Anzeichen von Angst sind typische Reaktionen auf unbekannte Personen in der Abwesenheit der Mutter. Unter ihrem konkreten Schutz sind sie aber keineswegs obligatorisch.

Die Lösung des Konfliktes, auf ein „gutes Mutterobjekt" angewiesen zu sein, das zugleich auch als „böses Mutterobjekt" aggressiv erkannt wird, ist auf der dritten Organisationsebene mit dem affektiven Indikator des „Nein" möglich. Dieses „Nein" wird in der semantischen Geste des Kopfschüttelns ausgedrückt. Sie ermöglicht auch eine Identifikation mit der aggressiven Mutter. Somit kann sie als ganzes Objekt bewahrt bleiben und gleichzeitig hierüber eine weitere selbstregulierende intrapsychische Struktur geschaffen werden.

unterliegen auch sie einer Entwicklungssequenz. Hierbei werden zunächst einfache angeborene Affektdispositionen sukzessiv in komplexere, bald auch subjektiv bedeutsame Emotionen übergeführt. Von Geburt an sind Affektstrukturen und Wahrnehmungsfunktionen untrennbar miteinander gekoppelt. Spitz (1974) hält fest:

„Wahrnehmung im Sinne der bewußtseinsfähigen Wahrnehmung kann ohne die Intervention vom Affekt nicht stattfinden, und ohne die Interventionen des Affektes können keine Erinnerungsspuren im psychischen Apparat niedergelegt werden ... Das Band zwischen Affekt und Wahrnehmung ist eine Brücke, die aus Dauer, Erwartung und Bedeutung gebaut ist."

Affekte sind als „psychische Organisatoren" im Verlauf der ersten beiden Lebensjahre wiederholt an der Reorganisation der kindlichen Wahrnehmungsprozesse beteiligt. Sie begleiten die allmähliche Umschichtung von einem „koenästhetischen" zu einem „diakritischen Wahrnehmungsmodus" (vgl. Kapfhammer 1994a):

- Das „Lächeln" des Säuglings zeigt hierbei an, daß seine visuellen Funktionen gegenüber der ursprünglichen Erfahrungsweise des Befühlens und Betastens, des Verspürens von Wärme- und Kälteunterschieden, des Registrierens von Schmerzreizen und Schattierungen der Tiefensensibilität langsam Vorrang in der Kontaktaufnahme mit der Umwelt, in seiner individuellen Realitätskonstruktion erhalten wird.
- In der „Acht-Monats-Angst" wird dieser diakritische Modus weiter akzentuiert, als nunmehr die visuell-analytische Sondierung von möglichen Gefahrenquellen und Sicherheitsorten zuverlässig gelingt.
- Eine relative Unabhängigkeit von ständig dominierenden Gesichtseindrücken erlangt das Kind in dem freudigen, aber auch trotzigen Erproben der eigenen Stimme und dem Hören seiner selbstproduzierten Laute im Laufe des zweiten Lebensjahres. Diese sprachlichen Leistungen können momentweise sogar in Widerstreit zu den visuell wahrgenommenen Objekten seiner Umwelt treten. Prototypisch äußert sich dies in der semantischen Geste des „Nein".

Auch in kognitiver Hinsicht drücken die aufeinanderfolgenden Affektstrukturen unterschiedliche Verhaltensniveaus aus. So lassen sich das Wiedererkennen eines menschlichen Gesichts mit dem eigentlichen Beginn des „Dialogs" von Mutter und Kind, die später folgende klare Unterscheidung der Mutter von anderen Personen mit der Erkenntnis einer nun möglichen Gefahr, die Mutter als wichtigstes emotionales Objekt auch verlieren zu können, sowie im zweiten Lebensjahr die willentliche Bekundung des Kindes von eigenen Wünschen gegen mütterliche Forderungen mit dem Problem einer ersten Selbstbehauptung jeweils als kognitive Pendants diesen drei affektiven Organisatoren zuordnen.

Wenngleich Spitz (1974) den Querverbindungen von Affektsystem und perzeptiv-kognitiven Strukturen in echter ich-psychologischer Tradition weitreichende allgemeinpsychologische Abhandlungen gewidmet hat, so bekundet er doch immer sein besonderes Interesse an der ganz individuellen Prägung dieser Ich-Funktionen des Kindes im Umgang mit dem wichtigsten Objekt seiner sozialen Umwelt, nämlich der Mutter. Ihr gilt in erster Linie die zärtliche Zuneigung des Kindes, auf sie richtet sich vorrangig sein sinnlich-lustvolles Spielen, mit ihr verbindet es bald vielfältige „libidinöse" Bestrebungen. Gleichzeitig muß es die Mutter aber im Verlauf seiner Entwicklung immer wieder auch als Quelle unlustvoller Reglementierung, schmerzlicher Enttäuschung und unverständiger Zurückweisung erleben. Das zentrale psychoanalytische Thema der Liebe-Haß-Beziehungen in der frühkindlichen Erlebniswelt findet sich somit auch in der Affekttheorie von R. Spitz wieder. Die geschilderten Hauptaffekte drücken folglich als psychische Organisatoren immer auch das gerade erzielte Gleichgewicht der „libidinösen" und „aggressiven" Motive im Beziehungsfeld von Kind und Mutter aus. Es ist mit Spitz besonders wichtig zu betonen, daß die langsame Loslösung des heranwachsenden Kindes aus dem unmittelbaren Wirkkreis der Mutter und somit sein Selbständigwerden wesentlich von der erfolgreichen Verarbeitung gerade seiner aggressiven Gefühle abhängt. Es ist gleichermaßen bedeutsam, daß im Verlaufe des zweiten Lebensjahres hiermit zunehmend auch die Errichtung erster symbolischer Strukturen einhergeht, und affektive Erfahrungen nunmehr auch als persönliches Gut, als innere Orientierungsmaßstäbe für das Kind verfügbar werden.

4.1.1.3 Beiträge zur frühkindlichen Affektentwicklung in der Nachfolge von und Auseinandersetzung mit R. Spitz

Die Forschungsergebnisse von R. Spitz haben außerordentlich fruchtbare Impulse für weitere Untersuchungen zur frühkindlichen Affektentwicklung gegeben. Hierbei war es weniger sein an trieb- und ich-psychologischen Konzepten der traditionellen Psychoanalyse orientiertes theoretisches Verständnis, sondern vielmehr seine systematischen Verhaltensbeobachtungen, sein Fokus auf die sich entfaltende Mutter-Kind-Dyade, die beispielgebend wirkten. Wenngleich vorrangig auf ein empirisch-experimentelles Forschungsinstrumentarium gestützt vermitteln sie auch wichtige Anstöße für psychoanalytische Reflexionen zur frühkindlichen Affektentwicklung.

In diesen Forschungskontext fallen zunächst Studien, die explizit eine Affektstruktur aus der frühen Interaktionsdyade von Kind und Mutter herausgreifen, z. B. das Schreien (Wolf 1969, Demos 1986), das Lächeln (Emde und Harmon 1972, Sroufe und Waters 1976) oder die Fremdenangst (Ainsworth et al. 1978, Sroufe 1977), und sie zu einem eigenständigen Forschungsparadigma machen. Trotz einer bewußten methodischen Konzentration auf die experimentelle Manipulation von Situationsvariablen resultieren stets auch bedeutsame Aussagen über bis zum Untersuchungszeitpunkt zwischen Mutter und Kind erzielte Beziehungsqualitäten, in deren entwicklungsfördernden, aber auch deren vulnerablen Aspekten. Ein eigentliches Verständnis dieser im Forschungslabor gesammelten Beobachtungen ist also nur über einen Rekurs auf die bisher gelebte Interaktionspraxis von Mutter und Kind möglich, spielt sich also nicht in einem leeren psychosozialen Raum ab. Dennoch gelingt über diesen Forschungsansatz die Skizzierung einer normativen Sequenz der frühkindlichen Affektentwicklung (Emde et al. 1976, Freedman 1979, 1980, Greenspan und Greenspan 1985, Sroufe 1982) sowie eine Einsicht in die entscheidenden psychobiologischen Entwicklungsziele dieser ersten Lebensmonate, nämlich zum einen die Regulation der Homöostase des Säuglings, zum anderen die Etablierung einer Bindung zwischen Mutter und Kind (Brazelton und Als 1979, Brazelton und Cramer 1990, Greenspan und Porges 1984, Lichtenberg 1989).

Zur beispielhaften Illustration seien einige Ergebnisse aus Studien der Arbeitsgruppe des Psychoanalytikers, Kinderpsychiaters und Entwicklungspsychologen R. N. Emde herausgegriffen, die gleichzeitig auch die Verbundenheit zu frühen Forschungsintentionen von R. Spitz unterstreichen (Emde 1980, 1983, Emde und Buchsbaum 1989, Emde und Robinson 1979, Emde et al. 1976):

Die Studien Emdes zu den ersten ontogenetischen Formen der Affektivität wenden sich klar gegen den traditionellen psychoanalytischen Mythos der „Passivität", „Undifferenziertheit" oder bloßen „Triebreduktion" als den bestimmenden Wesensmerkmalen der frühkindlichen Entwicklung. Die gefundenen Beobachtungsdaten sprechen vielmehr für einen aktiven, wechselseitigen, dynamisch sich verändernden Austauschprozeß innerhalb der frühen Mutter-Kind-Dyade. Emde formuliert bereits für die früheste Entwicklung des Säuglings als bestimmende Motive die Prinzipien einer Aktivität, einer Selbstregulierung, einer sozialen Bezogenheit sowie einer fortlaufenden Kontrolle entsprechend einer inhärenten Lust-Unlustdimension in den Primäraffekten. Er postuliert hierüber einen affektiven Selbstkern des Kindes, der in wiederkehrenden Affektzuständen eine Lebenskontinuität trotz fortlaufender Veränderungen in biologischer Reifung und Erfahrungsvielfalt garantiert. Dieser affektive Selbstkern des Kindes wird aber auch über die Äußerung von Primäraffekten universell verstehbar. Er stellt die Basis dafür dar, von seiner Mutter auch differenziert verstanden werden zu können.

Für den Bereich der vorsprachlichen Affektentwicklung bedeutet dies nun nach Emde zunächst, daß das Kleinkind diskrete Gefühlserlebnisse verspürt, während es gemäß angeborener Schemata handelt oder reagiert. Ihm ist es hierbei noch nicht möglich, schon die Bedeutung dieses affektiven Erlebens zu erfassen oder gar seine Auswirkungen auf die Mutter zu verstehen. Denn die sensorimotorische Funktionalität dieses Entwicklungsabschnitts zeichnet sich ja gerade durch das Fehlen einer reflexiven Steuerungsfähigkeit aus. Primäraffekte des Kindes sind Bestandteile seiner angeborenen Handlungsbereitschaften, denen ein je spezifischer sensorischer Input zukommt. Wenn das Kind wahrnimmt, ordnet es aktiv, reagiert es selektiv und sortiert es einen besonderen Aspekt aus seiner Umwelt aus. Es zeigt hierbei ein inhärentes Interesse an Neuheit. Seine unterschiedlichen affektiven Reaktionsweisen auf fremdartige und vertraute Reize ermöglichen es ihm überhaupt erst, zu lernen. Die ursprüngliche psychoanalytische Konzeption von einem dominierenden Reizschutz in den ersten Lebensmonaten wird also von Emde klar zurückgewiesen. Nicht einfach Reizvermeidung, sondern Bedürfnis nach adäquater Stimulation ist für das Kleinkind kennzeichnend. Zur Abwehr von Eindrücken kommt es erst dann, wenn die optimale sensorische Schwelle gravierend über- oder auch unterschritten wird. Seine Wahrnehmungsvorgänge können sich also auch unabhängig von der aktuellen Trieblage entfalten. Sie sind durch eigene Prioritäten und Gesetzmäßigkeiten ausgezeichnet. Vertrautheit und Neuheit sind korrespondierende Erfahrungskategorien vollzogener Handlungen, Lust oder Unlust die vorherrschenden affektiven Grundqualitäten.

Entscheidende Bedeutung erlangen jene zeitlichen Abschnitte, in denen sich die Organisation des kindlichen Verhaltens sprunghaft verändert, die aber stets auch Zeiten einer erhöhten Vulnerabilität in den Austauschprozessen zwischen Mutter und Kind mit einem traumatischen Potential für die weitere Entwicklung anzeigen. Sie belegen eindrucksvoll die ursprüngliche These von Spitz (1965), daß an Knotenpunkten der frühkindlichen Entwicklung eine asynchrone Reifung angeborener sensorimotorischer und -affektiver Schemata eine Umgestaltung der bestehenden psychischen Strukturen notwendig macht, um die Homöostase des kindlichen Organismus sicherzustellen. Sie unterstreichen ferner auch die „proleptische Funktion“ der Affekte (Spitz 1963), also ihre einen psychischen Entwicklungsfortschritt ankündigende Eigenschaft. Sie heben ihre grundlegende Indikatorfunktion für tiefgreifende Reorganisationen psychophysischer Regelkreise z. B. der Wahrnehmung, des Wach-Schlaf-Rhythmus, der Aktivität-Ruhe-Zyklen in besonders sensiblen Abschnitten der Entwicklung hervor.

Die qualitativen Verhaltensübergänge mit neuen affektiven Ausdrucksformen weisen interessante entwicklungsmäßige Vorstufen auf und künden eine dramatische Veränderung der sozialen Kontaktfähigkeit an.

Auf eine Störung seines psychophysischen Gleichgewichts reagiert der Säugling in den ersten beiden Lebensmonaten vorrangig mit einem Schreien. Hunger oder unspezifischer Schmerz lösen dieses affektive Grundmuster aus. Es beinhaltet eine universelle und drängende Botschaft an die Mutter („komm, verändere“), mit gezielten Maßnahmen die Not unverzüglich zu beseitigen. Der überragende Einfluß von Erfahrung und zwischenmenschlichem Kontext wird aber bereits jetzt sichtbar, wenn die Mutter hierauf nicht in schablonenhaften Reflexen, sondern in ihrer ganz persönlichen Eigenart reagiert. Ein nicht klar auf physiologische Bedürfnisse oder externe Störungen bezogenes Unwohlsein („fussing“) läßt sich in diesem Entwicklungsabschnitt als eigenständiger affektiver Zustand abgrenzen. Es dürfte wohl ganz allgemein geringe

Unebenheiten in der sich erst erprobenden Mutter-Kind-Beziehung oder aber endogene Irritationen anzeigen. Interessanterweise verschwindet es langsam um die 10. Lebenswoche, wenn das Kind plötzlich das typische Lächeln zeigt.

Entwicklungsmäßige Vorläufer finden sich bereits kurz nach der Geburt in einem endogenen Lächeln, das als festes Korrelat zu Hirnstamm-vermittelten motorischen Gesichtsbewegungen und spontanen REM-Schlafmustern auftritt. Es weicht einem frühen exogenen Lächeln, das durch vielfältige unspezifische Reize getriggert werden kann. Es folgt ein soziales Lächeln, das über visuelle Stimuli besonders solchen des menschlichen Gesichts auslösbar ist und sich schließlich in einem frühen differenzierten Lächeln beim Wiedererkennen des mütterlichen Gesichts stabilisiert. Hier deutet sich der Übergang von einer endogenen zu einer exogenen Kontrolle der organismischen Homöostase des Kleinkindes an.

Lächeln vermittelt im Gegensatz zum Schreien keine unaufschiebbare Botschaft. Es drückt schon in seinen Vorstufen einen Zustand der Zufriedenheit, einer freudigen Aufmerksamkeit und eines Interessiertseins aus. Die Mutter wird durch das Lächeln ihres Kindes belohnt und ermuntert, den Kontakt zu ihm lustvoll aufrechtzuerhalten („fahre fort"). Lächeln bereitet so die Ausgangslage für eine weitere Differenzierung und Strukturierung zahlreicher soziokommunikativer Fertigkeiten des Kindes. Die Affektstruktur des Lächelns spricht also weniger für die traditionelle Hypothese eines Erwerbs einer „aktiven Reizschranke", also einer fortschrittlicheren Stimulusvermeidung (Benjamin 1961), sondern im Gegenteil gerade für die Annahme eines vorteilhafteren, entwicklungsfördernden Reizsensibilisierungssystems in der Mutter-Kind-Dyade.

Ein neuer Wechsel auf ein höheres Organisationsniveau erfolgt um den 7. bis 9. Lebensmonat und manifestiert sich in der sog. „Acht-Monats-Angst". Auch diese Affektstruktur ist begleitet von fundamentalen Umschichtungen des Wach-Schlaf-Rhythmus, der kardialen Reaktionsfähigkeit mit Dezeleration-Akzeleration angesichts fremdartiger Reize. Bestand in den ersten Lebenswochen zunächst eine nach außen global wirkende psychophysische Erregung im Schreien, die von einer allmählichen präventiven Funktion des Lächelns abgelöst wurde, so sind jetzt differenzierte Reaktionen auf spezifische visuelle und akustische Reize möglich. Auftretenden Schmerz sucht das Kleinkind nun mit motorischen Handlungen zu vermeiden, indem es beispielsweise von dem Gefahrenherd wegläuft. Dies setzt bereits eine kognitive Bewertung einer bestimmten Situation voraus. Auch die Struktur der Affektinformation an die Mutter hat sich in der Furchtsamkeit z. B. vor fremden Personen verändert. Sie beinhaltet eine zweiteilige Botschaft, nämlich daß sich das Kind im Beisein der Mutter wohl fühlt, aber die Mutter gleichzeitig bittet, diesen Schutz bei drohenden Gefahren nicht vorzuenthalten („ich fühle mich nur bei dir sicher, Mutter. Laß mich nicht allein mit diesen fremden Personen!").

Von ganz besonderer Wichtigkeit ist, daß sich Furchtsamkeit nicht nur an die schützende Mutter wendet, sondern jetzt auch für das Kleinkind selbst bedeutungsvoll wird, das nunmehr zu innerer Bewertung und eigenständigem Handeln fähig wird.

Die Affektentwicklung dieses ersten Lebensjahres unterstreicht auch eindrucksvoll, wie eng Fortschritte in der affektiven Expressivität und dem kognitiven Verarbeitungsniveau ineinandergreifen. Es kann hier das Grundpostulat von Piaget (1954, s.o.) gelten, daß bei jedem neuen Typus einer affektiven Regulation auch eine gesonderte kognitive Struktur zu finden ist, die dem gerade erreichten Intelligenzniveau entspricht. Mit Ciompi (1982) kann deshalb auch von „affektlogischen Schemata" gesprochen werden.

Betrachten wir die zwei bedeutsamen affektiven Muster des spezifischen Lächelns und der Furchtsamkeit im ersten Lebensjahr, so können auch die jeweiligen kognitiven Voraussetzungen angegeben werden. Erst wenn es dem Kind gelingt, einzelne sensorische Schemata wie das mütterliche Gesicht, ihre Stimme, ihren Körperduft, ihr lustvolles oder tröstendes Streicheln erfolgreich aufeinander abzustimmen, wird es ein zuverlässiges soziales Lächeln zeigen. Mißlingt ihm dieses Manöver, fühlt es sich innerlich beunruhigt, ängstlich irritiert und fängt schließlich zu weinen an.

Die Furchtsamkeit um den 7. bis 9. Lebensmonat ist hingegen wesentlich komplexer strukturiert. Das Kind nimmt jetzt prüfend wahr, hält zögernd inne, orientiert sich vorsichtig und kann die unangenehme Situation dadurch aktiv vermeiden, daß es wegläuft und beispielsweise Schutz bei der Mutter sucht. Diese affektive Verhaltenssequenz trägt eindeutig die Merkmale einer planvollen Handlung, einer beginnenden Antizipation und Intentionalität. Sie ist frühestens auf der sensorimotorischen Stufe der „Mittel-Zweck-Relationen" (Piaget 1966) möglich. In affektiver Hinsicht hat das Kind mittlerweile gelernt, daß die Personen seiner Umwelt eine eigenständige Existenz führen. Parallel hierzu zeigt es allmählich auch Zeichen einer beginnenden „affektiven Dezentrierung". Seine anfänglich globalen Affekterlebnisse erscheinen jetzt objektgerichteter und spezifischer. Es entwickelt zunehmend auch zwischenmenschliche Gefühle. Diese erlangen erst dann eine relative Stabilität, wenn das Kind wiederum eine „Objektpermanenz" (Piaget 1966) konstruieren kann, die freilich nicht mit der psychoanalytischen Konzeption einer „libidinösen Objektkonstanz" einer späteren Entwicklungsphase zu verwechseln ist (s.u.). Die Furchtsamkeit beim „Fremdeln" verdeutlicht also zum einen die kognitive Objektpermanenz der Mutter für das Kind und unterstreicht die relative Stärke der affektiven Bindung zwischen beiden. Zum anderen zeigt sich in ihr die zunehmende Bedeutung der Affekte für ein inneres Erleben des Kindes.

Im Unterschied zur theoretischen Einschätzung von R. Spitz, der im „Fremdeln" eine depressiv getönte Furcht, die Mutter zu verlieren, erblickt, betont Emde vorrangig den Aspekt einer die kindlichen Copingfähigkeiten bedrohenden neuartigen Sozialsituation. Er weist auf eine bemerkenswerte Korrelation hin, die sich zwischen dem Ausmaß des frühkindlich gezeigten körperlichen Unbehagens („Fussing“) und dem Fremdeln findet, was für eine individuelle Konsistenz im Distreßverhalten sprechen könnte.

Interessanterweise sieht Nathanson (1987) in der „Acht-Monats-Angst“ eine sehr frühe Wurzel der Schamangst, wenn das Kind antizipiert, es könne ohne die mütterliche Sicherheit in den Augen von Fremden in seinem unbekümmerten Interesse bloßgestellt werden, und sich deshalb abwendet. Ganz analog argumentiert auch Broucek (1982). Es ist jedoch wichtig darauf hinzuweisen, daß die „Acht-Monats-Angst“ gegenüber fremden Personen keineswegs obligatorisch auftritt, wenn die Mutter anwesend ist. Eine bislang in der Beziehung zu ihr genossene Sicherheit und ein erworbenes Urvertrauen können sogar ein neugieriges visuelles und taktiles Erforschen des fremden Erwachsenen fördern. Brody und Axelrad (1970) sprechen dann von einer sog. „Zollinspektion“. Die Dimension eines reifenden Bewußtseins für die eigene Person in schamanfälligen Aspekten wird ebenfalls von Gibello (1982) aufgegriffen, wenn er das begeisterte Interesse des Kindes für sein Spiegelbild, seine freudige Imitation und Wiederholung selbstproduzierter Laute, die lustvollen Kitzelspiele mit Betreuungspersonen in diesem Entwicklungsabschnitt hervorhebt. Ähnliches hat wohl auch A. M. Sandler (1977) im Auge, wenn sie zu diesem Zeitpunkt erstmals eine Art Dialog des Kindes mit sich selbst erkennt, der eine bedeutsame Rückversicherung, Selbstbestärkung und Selbstorientierung darstellen kann („refuelling dialogue“).

4.1.1.4 Affektentwicklung im ersten Lebensjahr nach M. Mahler

Die von Meissner (1979) getroffene Unterscheidung von Objektbeziehung („object relation“), einem empathisch zugängigen innerseelischen Prozeß, und Objektbezogenheit („object relatedness“), einem äußerlich wahrnehmbaren Interaktionsgeschehen ist auch grundlegend für das Werk von M. Mahler. Das zentrale Thema ihres Forschungsinteresses ist die allmähliche Loslösung des Kleinkindes aus der völligen Abhängigkeit von der Fürsorge der Mutter. Zwar entstammen ihre Daten sorgfältig protokollierten Verhaltensbeobachtungen, doch gilt ihr Hauptaugenmerk gerade den innerseelischen Konsequenzen dieses kindlichen Selbständigwerdens. Die Entwicklung neuer Affektmuster des Kindes erfolgt hierbei für sie mit der schrittweisen Ausformung subtiler intrapsychischer Subjekt- und Objektbilder. Ihrer Meinung nach ist es für das heranwachsende Kind entscheidend, sich mit den Gefühlen einer Unterscheidung vom primären Objekt und schließlich auch des Objektverlustes erfolgreich auseinanderzusetzen, die unweigerlich auf dem Weg der inneren Trennung von einem „symbiotischen Mutterobjekt“ auftreten müssen. Die Individuation des Kindes bedeutet wiederum die Integration der affektiven Auswirkungen eben dieses Loslösungsprozesses, der an Hand zahlreicher Entwicklungslinien verfolgt werden kann. Er zeigt sich insbesondere in der Entfaltung der frühkindlichen Gefühlswelt.

Wenngleich Mahler speziellen Affekten wie z. B. der Angst oder der depressiven Niedergeschlagenheit einen besonderen Stellenwert einräumt, konzentriert sie sich in ihrem entwicklungspsychologischen Projekt vielmehr auf allgemeinere Mechanismen der Affektdifferenzierung. Sie weist neue affektive Erlebnis- und Reaktionsmuster des Kindes als charakteristische Begleitumstände des Hauptziels der einzelnen aufeinanderfolgenden Entwicklungsphasen aus. Diese zentralen affektiven Erfahrungen werden für die Ausbildung bestimmter Stimmungen, individuell-charakteristischer Reaktionsbereitschaften bedeutsam, die weit über eine nur singuläre Affektäußerung hinausgehen. Mahlers Phasenkonzept bezieht sich aber nicht auf die Totalität der frühkindlichen Erfahrungen, sondern erfaßt zeitliche Abschnitte mit intensiven Erlebnissen und entscheidenden Umwälzungen in der frühkindlichen Entwicklung (Pine 1981). Diese beinhalten häufig, jedoch nicht immer äußerlich beobachtbare, dramatische Verhaltensänderungen, die einem empathischen Beobachter als Orientierungsmarken dienen können. Es folgt ein summarischer Überblick über die aufeinanderfolgenden Entwicklungsabschnitte und Subphasen mit ihren Konsequenzen für die affektive Entwicklung im ersten Lebensjahr (Mahler et al. 1975):

Die **„normale autistische Phase" (1. Monat)** bedeutet nicht etwa ein Fehlen von differenzierten Austauschprozessen zwischen Säugling und Mutter während dieses postnatalen Entwicklungsabschnittes. Sie bedeutet in der Einschätzung von Mahler auf Seiten des Säuglings lediglich ein Fehlen von innerseelisch organisierenden Konzepten, die es ihm gestatteten, aus den Unterschieden in den frühen Interaktionen schon subjektiven Sinn ziehen zu können. Die bereits geschilderten affektiven Ausdrucksweisen des Schreiens und der drängenden Unmutsäußerung („fussing") unterstützen funktional einen angeborenen Reizschutz des Säuglings. Sie fordern die Mutter zu einer fortwährenden Betreuung auf und garantieren in der Regel sein homöostatisches Gleichgewicht. Ein vorübergehendes Mißlingen dieses Zusammenspiels drückt er mit globalen, noch relativ undifferenzierten Unlustreaktionen aus. Diese körperliche Pein („organismic distress") bildet das Grundmodell traumatischer Angst vor Reizüberflutung. Ein generelles Versagen in der frühen Interaktionsdyade aber, das vielfältig verursacht sein kann, führt in der Tat zu psychopathologisch relevanten autistischen Verhaltensweisen des Kleinkindes oder bedingt gar seinen physischen Tod (Mahler 1968).

In der **„normalen symbiotischen Phase" (1.–5. Monat)** beginnt das Kind allmählich zu ahnen, daß Befriedigung und Lust von einer Quelle abhängig sind, die außerhalb seines Körpers ist, wenngleich noch als unmittelbar und unbedingt zu ihm gehörig erlebt wird. Idealerweise sorgt die Mutter für Bedingungen einer umfassenden somatopsychischen Beziehungsharmonie. So nimmt sie schützend für ihr Kind eine Reizvielfalt auf, vermittelt sie portioniert oder weist sie auch ab. So fungiert sie gleichsam als ein symbiotischer Reizschild und ergänzt den angeborenen Reizschutz des Kleinkindes, der infolge mächtig einsetzender Reifungsschübe nicht mehr automatisch funktioniert. Eine enge Verbindung zwischen der allmählichen Errichtung von inneren Objektbildern und der Affektdifferenzierung wird ersichtlich, wenn das Kind seine frühen sensorischen Eindrücke zu affektiv besetzten Objekteindrücken gruppiert (Sandler und Sandler 1978). Diese tragen noch lange keine persönlichen Charakteristika. Aber das Auftreten des „sozialen Lächelns" signalisiert immerhin, daß der symbiotische Partner, in der Regel die Mutter, für das innere Erleben des Kindes nicht mehr beliebig austauschbar ist, folglich ihr Verlust von grundlegender Bedeutung für die weitere innerseelische Entwicklung sein kann. Die Symbiose zwischen Mutter und Kind vermittelt prototypische Verschmelzungsaugenblicke. Der aus beobachtbaren Verhaltenssequenzen abgeleitete innerpsychische Zustand spricht nach Mahler nach wie vor für ein noch diffus strukturiertes affektiv-kognitives Innenleben des Kindes gemäß den Polen „lustvoll-gut" und „schmerzlich-schlecht". Und doch wird schon jetzt der entscheidende gefühlsmäßige Grundstock für spätere narzißtische Entwicklungsmöglichkeiten gelegt. Ihre idealen Kennzeichen sind eine unerschütterliche Sicherheit, eine Überzeugung von der eigenen Stärke und einem bedingungslosen Geliebtsein.

In der sich nun anschließenden **„Subphase der Differenzierung" (5.–9. Monat)** zeichnen sich erstmals die zwei miteinander verwobenen Entwicklungsstränge der Loslösung von der Mutter einerseits und der Evolution autonomiefördernder Strukturen andererseits ab. Wachheit und zielgerichtete Aufmerksamkeit ermöglichen es dem Kind, seine unmittelbare Umgebung neugierig abzusuchen. Langsam erforscht es auch aktiv und lustvoll seinen eigenen Körper. In einem ständigen Vergleichen und fortgesetzten Rückversichern grenzt es ihn allmählich von der Mutter ab. War die „primäre Fürsorge" der Mutter für ihr Kind aber nicht vorhersagbar, unstabil, angstbesetzt oder gar feindlich, dann besitzt das sich individuierende Kind keinen zuverlässigen Bezugsrahmen für das wahrnehmungsmäßige und emotionale Rückversichern beim symbiotischen Partner (Mahler, McDevitt 1980). Da trotzdem seine autonomen, motorischen und perzeptiven Ich-Apparate kontinuierlich weiterreifen, kann es sich einer verwirrenden neuen Reizvielfalt gegenübersehen und dann bei weiterer Eskalierung von Fragmentierungsängsten bedroht werden (Mahler 1952).

Eine spätere „Acht-Monats-Angst" ist auch bei Mahler nicht obligatorisch. Es scheint sogar eine umgekehrte Relation zwischen einem Urvertrauen und einer Fremdenangst zu bestehen (Mahler, McDevitt 1968). Wird sie aber doch aktiviert, so weist sie deutliche Unterschiede zur früheren traumatischen Angst auf. Während diese von der ohnmächtigen Erfahrung der Hilflosigkeit geprägt ist, weist jene schon Signaleigenschaften für aktive Abwehrmaßnahmen auf. Signalangst beruht also auch bei Mahler auf dem kognitiven Erkennen eines potentiell gefährlichen Objekts, auf der Erinnerung traumatischer Erlebnisse und der Antizipation bedrohlicher Folgen.

Von besonderer Bedeutung ist der Beginn eines affektgeleiteten Dialogs des Kleinkindes mit sich selbst, in dem es zum Ausdruck bringt, daß „sein Selbst sein altes, vertrautes Selbst ist und ihm nicht fremd ist“ (Sandler 1977, s.o.).

Die **„Subphase der Übung“ (10.–16. Monat)** liefert die Basis für die emotionale Reaktionsbereitschaft zu einer gehobenen Stimmungslage („elation“). Ihre Vorläufer liegen in Zuständen einer freudigen Aufregung oder seligen Sättigung. Durch sich allmählich weitende motorische Kapazitäten, durch ein Verspüren von Funktionslust in Bewegungen und körperlicher Geschicklichkeit werden nunmehr aber ganz neuartige Erlebnismöglichkeiten für das Kleinkind möglich. Eine übermütige Flucht aus der Verschmelzung mit der Mutter charakterisiert jetzt sein „Liebesverhältnis mit der Welt“ (Greenacre 1957). Seine Hochstimmung kann vorübergehend sogar das reale Abhängigkeitsverhältnis von der Mutter leugnen. Nicht selten aber kann auch ein wiederkehrender Stimmungsabfall beobachtet werden. Er belegt eine leichte Anfälligkeit dieser kindlichen Illusion von Selbstgenügsamkeit in der Übungsphase. Ein zuverlässiges und bedingungsloses „emotionales Auftanken“ bei der Mutter ist deshalb von besonderer Wichtigkeit, eine gefährdete innere Stabilität wiederzuerlangen. Anderenfalls droht ein stimmungsmäßiges Abgleiten in den Zustand einer „anaklitischen Depression“ (Spitz 1946).

Das Werk von M. Mahler läßt auch bedeutsame strukturelle Unterschiede in den affektiven Erlebnis- und Ausdrucksweisen erkennen. So stellen „Affekte“ für sie angeborene vitale Reaktionsformen auf elementare Reizsituationen dar. Sie sind heftig, zeitlich kurzdauernd und von einem physiologischen Erregungszustand begleitet. Trotz einer sensorimotorischen Komplexität beinhalten sie noch keine symbolische Überformung, die entwicklungsgeschichtlich erst später möglich wird. „Gefühle“ hingegen weisen gerade dieses Kennzeichen einer intrapsychischen Repräsentierung auf. Sie organisieren die spezifischen Beziehungen der eigenen Person zu wichtigen Objekten der Umwelt aus einem inneren Erleben heraus. Sie sind bedeutungsvoll vor dem Hintergrund der bisherigen persönlichen Entwicklung. Einen weiteren wichtigen Beitrag leistet Mahler (1966) in der Erforschung grundlegender „Stimmungen“. Diese zeichnen sich durch eine länger anhaltende psychosomatische Befindlichkeit aus und können weite Bereiche des aktuellen Erlebens erfassen. Mahler verknüpft sie als übergreifende emotionale Reaktionsbereitschaften mit dem Verlauf und dem Ausgang bestimmter Unterphasen des Trennungs-Individuationsprozesses. So ordnet sie die gehobene Stimmung der „Übungs-“, die depressive Stimmung der „Wiederannäherungsphase (s.u.) zu. Die Frohgestimmtheit der Übungsphase umfaßt ganz typische Merkmale eines frühen unrealistischen Selbsterlebens und Umweltbezugs, wobei Selbstliebe, unkritische Bewertung der eigenen Leistungsmöglichkeiten sowie eine Neigung zu Omnipotenzgefühlen vorherrschen sollen. Sie kann bei psychobiologischer Veranlagung und gravierenden Entwicklungsdefiziten zu späteren Zuständen einer maniformen Verstimmung prädisponieren und von unreifen Abwehroperationen der Leugnung und Idealisierung begleitet sein. Ein depressiver Stimmungswandel mit fluktuierenden Subjekt- und Objektbildern kennzeichnet wiederum die „Wiederannäherungsphase" (s. u.), wobei gerade das schmerzliche Erkennen einer Abhängigkeit von einem übermächtig erlebten Objekt und der aggressive Protest aus Hilflosigkeit und gekränktem Stolz grundlegend sind. Abwehrmechanismen der Spaltung, Introjektion und Projektion können hier klinisch relevante depressive Verstimmungen beherrschen. Die Arbeiten u. a. von Jacobson (1977) und Weeinshel (1970) zu den normalen und pathologischen Stimmungen greifen auf diese entwicklungstheoretischen Einsichten von M. Mahler zurück.

4.1.1.5 Beiträge zur frühkindlichen Affektentwicklung in der Nachfolge von und Auseinandersetzung mit M. Mahler

Auch die im Werk von M. Mahler und Mitarbeitern formulierten Erkenntnisse über die frühkindliche Entwicklung im allgemeinen, die Entfaltung der affektiven Erlebnisprozesse in den ersten Lebensmonaten im speziellen entfachten in den Folgejahren eine heftige Diskussion. Hierbei lassen sich Argumente einer pointierten Zurückweisung, einer differenzierten Parteinahme sowie einer konstruktiven Kritik unterscheiden.

Zentrale Einwände richten sich zunächst gegen das Bestreben Mahlers, ihre Beobachtungsbefunde in das Korsett einer veralteten Metapsychologie zu zwängen, ihren Rückgriff auf psychopathologische Konzepte wie z. B. frühkindlichen Autismus oder symbiotische Psychosen des Kindesalters zur Erklärung normalpsychologischer Entwicklungsphänomene, ihre Extrapolation von hochdifferenzierten Kognitionen im Erwachsenenalter z. B. von Verschmelzungsphantasien oder wahnhaften Gebilden einer interpersonalen Grenzauflösung auf analoge Erlebniszustände während frühester Entwicklungsabschnitte. In den Schlagworten einer „Adultomorphisierung und Psychopathologisierung" findet diese Kritik ihre Zuspitzung (Peterfreund 1978, Milton Klein 1981). Noch schwerer aber müssen Kommentare aus dem Lager führender Kleinkindforscher wiegen. Durch den experimentellen Nachweis einer äußerst komplexen perzeptiv-kognitiven Ausstattung bereits des Säuglings, die zunächst aber nur auf einer sensorimotorischen Organisationsstufe anzusiedeln ist, wenden sie sich einerseits gegen so zentrale Annahmen Mahlers von einer primären Wahrnehmungsundifferenziertheit, einem anfänglichen Ungeschiedensein von Selbst- und Objekteindrücken in den ersten Wahrnehmungsprozessen. Sie richten sich andererseits aber ebenso entschieden gegen gleichzeitig dem kindlichen Innenleben unterstellte, von der äußeren Interaktionsrealität unabhängige Phantasievorgänge einer erstaunlichen Strukturiertheit, wie dies beispielsweise in Ausführungen Mahlers über das symbiotische Erleben des Kindes anklingt (Beebe und Lachmann 1988, Eagle 1984, Lichtenberg 1993, Silverman 1986, Stern 1983, 1985).

Prominentester Vertreter dieser Forschungsrichtung ist der Psychoanalytiker und Entwicklungspsychologe *D.N. Stern* (1985), der in eigenen einfühlsamen Beobachtungsstudien und in einer kreativen Interpretation der vorliegenden Befunde der Kleinkindforschung zu einer ganz anderen Sichtweise auf die Entwicklungsprozesse des Säuglings in den ersten Lebensmonaten gelangt. Dieses „beobachtete Baby" in Abgrenzung zum „rekonstruierten Baby", wie es im naturalistischen Beobachtungssetting bei Mahler noch vorherrscht, kann sich von Geburt an auf eine Fülle von perzeptiven und affektiven Kompetenzen stützen, die ihm eine klare Unterscheidung der subjekt- und objektgerichteten Eindrücke ermöglichen. Nicht eine primäre, ungeschiedene Verbundenheit, die erst sekundär zur Differenzierung von Subjekt- und Objektbildern wie bei Mahler führe, sondern diese beobachtbare perzeptiv-affektive Differenziertheit schaffe in fein abgestimmten Austauschprozessen zwischen Mutter und Kind das Phänomen von Bindung. Erst hierauf bezögen sich später etablierte Phantasien von Verschmelzung und Einswerden in einer intendierten Gefühlsharmonie.

Sieht man von gewichtigen methodologischen Unterschieden ab, die in den Forschungsprojekten von Mahler und Stern aufscheinen, wie Baumgart (1991) in einer aufschlußreichen Analyse nachgewiesen hat, muß aber auch noch folgendes berücksichtigt werden. Zu Recht weisen Kaplan (1987) und Applegate (1989) darauf hin, daß Sterns Ergebnisse in der Tat nur einen, wenngleich äußerst aussagekräftigen Ausschnitt des frühkindlichen Alltags beträfen, nämlich den der „inaktiven und der aktiven Wachheit". Erst hier könnten überhaupt jene originellen Experimente mit einem Säugling in einem Laborsetting durchgeführt werden. Ausgeklammert würden die zahlreichen anderen Erlebnis- und Reaktionszustände z. B. in denen mit erhöhter endogenen Triebspannung oder aber einer Schläfrigkeit, wie dies mustergültig bereits P. Wolff (1966) beschrieben hat. Eine Bestärkung a fortiori erfährt ihre Relativierung der Sternschen Befunde, wenn sie darauf hinweisen, daß die Zeitspannen, in denen ein Säugling die Gestimmtheit einer „inaktiven oder aktiven Wachheit" zeige, in den ersten Lebenswochen allenfalls wenige Stunden betragen. Mahler (1983) selbst hatte in einer Bewertung ihres Entwicklungsmodells angesichts der Fülle überraschender Kompetenzen des Säuglings, wie sie die Kleinkindforschung vorlegte, ganz ähnlich argumentiert und hierbei auf die frühen Untersuchungsergebnisse von Escalona (1968) verwiesen.

Auch Mahlers früherer Mitarbeiter *F. Pine* (1986, 1990), der keineswegs die Befunde Sterns in Abrede stellen möchte und die implizite Kritik an einigen Mahlerschen Theoriekonzepten sehr wohl aufnimmt, legt klar, daß die von Stern herausgestellten frühkindlichen Kompetenzen keineswegs unabhängig von der konkreten Realitätserfahrung des Kindes in einem bestimmten Augenblick zu beurteilen seien. So sieht er im Kontext der variierenden Erlebniszustände des Kleinkindes, gerade im Übergang von aktiver und fokussierter Wachheit zu schläfriger Entspanntheit durchaus prototypische Augenblicke, die auf einer sensorimotorischen Organisationsstufe intensive Momente einer

Stufen der Selbstentwicklung in den ersten beiden Lebensjahren nach Stern (1985)

I. Das erwachende Selbst(0–3 Monate)

Das Baby zeigt bereits von Geburt an eine hohe Begabung, die Fülle an Sinneseindrücken aus seiner Erfahrungswelt kreativ zu organisieren. Es gibt keinen empirisch gestützten Befund für die Annahme, daß es während dieses aktiven Erlebens von einem Gefühl der subjektiven Undifferenziertheit beherrscht werde. So besitzt es die Fertigkeit zu einer „amodalen Wahrnehmung", die es ihm gestattet, bestimmte Charakteristika eines Wahrnehmungserlebnisses z. B. beim ausschließlichen Betasten eines Gegenstandes sofort wiederzuerkennen, wenn ihm dann dieses Objekt erstmals visuell dargeboten wird. Die Verarbeitung seiner Wahrnehmungseindrücke zielt also immer schon auf die Ausbildung höherrangiger Perzepte, die eine Übersetzung, einen Vergleich, ein Wiedererkennen in den unterschiedlichen Sinnesmodalitäten erlaubt.

Für diese frühen Lernprozesse sind sog. „Vitalitätsaffekte" von besonderer Bedeutung. Diese vermitteln im Gegensatz zu den kategorialen Affekten wie Freude, Überraschung, Ärger Ekel usw. wichtige Veränderungen von Bewegungs- und Intensitätsabläufen im affektiven Erleben. Sie zeigen typische Crescendo- und Decrescendomerkmale, übertragen quasi die allgemeineren affektiven Konturen von bestimmten Erlebnissituationen. „Vitalitätsaffekte" tragen ähnlich wie die „amodale Wahrnehmung" dazu bei, eine abstraktere Form der konkreten Ereignisse niederzulegen und auf diese Weise sehr verschiedene Gefühlsmodi und zwischenmenschliche Verhaltensstile miteinander zu verknüpfen. Während dieser Lernvorgänge kristallisiert sich allmählich ein erstes Gefühl einer Selbstorganisation heraus.

II. Das Kernselbst (2/3–7/9 Monate)

Eine Klasse ganz spezifischer Erfahrungen begründet während dieses Entwicklungsabschnitts das „Kernselbst": das Gefühl, der Initiatior der eigenen Handlungen, aber nicht der von Handlungen anderer Personen zu sein („self-agency"), das Gefühl, ein ganzes Wesen mit eigenen Grenzen zu sein, in sich ein Handlungszentrum zu besitzen und zu erkennen, daß Andere ganz ähnlich ausgestattet sind („self-coherence"), die Wahrnehmung zusammengehöriger innerer Gefühlsqualitäten bei sich und hierzu korrespondierender Affektzustände anderer Personen („self-affectivity"), das Gefühl für eine zeitliche Kontinuität („self-history").

Diesen prototypischen Selbsterfahrungen sind jeweils bestimmte Invarianten unterlagert. So begründen die Bildung eines motorischen Plans bei jeder Handlung, das zugehörige propriozeptive Feedback sowie die Wahrnehmung von Konsequenzen aus den Handlungen das Gefühl, ein eigenständiges Handlungszentrum zu besitzen. Das Gefühl einer Selbst-Kohärenz resultiert aus der Einheit des Ortes, der Kohärenz von Bewegung, von zeitlicher, Intensitäts- und formaler Struktur, welche die einzelnen Wahrnehmungsvorgänge bei sich, aber auch die unverwechselbaren Reaktionsformen bei der Mutter begleiten. Eine ärgerliche Mutter beispielsweise wird in ganz typischer harter Stimme sprechen, sich abrupt auf das Baby zubewegen und es ohne feine Abstimmung anfassen. Das hungrige Kind wiederum vermittelt eine kohärente Einheit von motorischen, affektiven und vokalen Verhaltensweisen einer vergleichbaren Intensität. Selbst-

Affektivität wird begleitet von einem propriozeptiven Feedback aus den Affekt-assoziierten motorischen Verhaltensweisen, von inneren Sensationen eines affektiven Arousal sowie von spezifischen Affektqualitäten, die sowohl kategoriale als auch Vitalitätsaffekte umfassen. Selbstkontinuität setzt wiederum bestimmte Gedächtnisleistungen voraus, die es dem Baby erlauben, die Erfahrungen von Handlung, Kohärenz und Affektivität in Erinnerung zu rufen. Eine Vielzahl von Begegnungen hinterläßt bei ihm Gedächtnisspuren, wobei wiederkehrende interpersonale Erfahrungen, z. B. immer wenn es an der mütterlichen Brust saugt, zu einem allgemeineren Erinnerungsmodell kondensiert werden, das fortan als Vergleichsbasis für spätere Erlebnisse dient.

III. Das subjektive Selbst (7/9–15 Monate)

Allmählich erfaßt das Kleinkind, daß seine innere Erfahrungswelt von anderen Personen geteilt wird, daß es selbst sich dieser inneren Erfahrungen bewußt wird und sie auch mit jemandem austauscht. Seine Interaktionen sind nun von Merkmalen einer interpersonalen Bezogenheit gekennzeichnet. So sammelt es Erfahrungen, in bestimmten Situationen mit der Mutter eine gemeinsame Aufmerksamkeit, abgestimmte Intentionen und Affektzustände zu teilen. Während die Mutter in den ersten Lebensmonaten bemüht ist, die inneren Zustände ihres Baby adäquat zu erfassen, indem sie es in verschiedenen Variationen zu imitieren versucht, begleitet sie es ab ca. dem 9. Monat mit eigenständigen affektiven Kommentaren. So vermittelt sie ihm eine kreative affektive Resonanz, wenn es z. B. zu einer bestimmten Handlung des Kindes singt, sich mit analogen Körperbewegungen auf seinen innerseelischen Zustand einstimmt. In wechselseitiger Bezogenheit werden erste Spiele, Regeln, Handlungssequenzen eingeübt. Gelingt dieser Abstimmungsprozeß, so erwirbt das Kind ein grundlegendes Gefühl einer zwischenmenschlichen Sicherheit. Befindet es sich später in emotional unklaren Situationen, wird es immer wieder nach bestätigenden Gefühlssignalen der Mutter suchen, um mit ihr diese Unsicherheit durch „soziale Bezugnahme" zu klären. In der Herstellung dieser affektiven Resonanz spielen die Vitalitätsaffekte eine entscheidende Rolle.

IV. Das verbale Selbst (ab 15. Monat)

Im Laufe des 2. Lebensjahres erwirbt das Kleinkind allmählich sprachliche Fertigkeiten. Mit etwa 15 Monaten werden ihm Zeichen und Symbole möglich, es übt Imitationsspiele in Abwesenheit wichtiger Personen. Es kann schließlich eine zunehmend objektive Sicht auf die eigene Person einnehmen und beginnt, die sprachlichen Pronomina von „ich", „mich", „mein" zu benützen. In der Sprache verfügt es über eine gemeinsame Menge von verhandelten Bedeutungen, die auch in der Erwachsenenwelt Gültigkeit besitzen. Das „Kernselbst" ist zunächst primär nicht sprachlich strukturiert, Teile davon können aber in einer öffentlichen Version repräsentiert werden, während andere aus dem Bewußtsein gedrängt werden. Mit der Sprache, die fortan eine dominierende Rolle in der Organisation der subjektiven Erfahrenswelt einnimmt, erlangen die kategorialen Erlebnisqualitäten ein Übergewicht vor den amodalen. Im Extremfall können so gerade die über die Vitalitätsaffekte vermittelten Informationen verloren gehen, so daß große Unterschiede zwischen dem, was gesagt, und dem, was tatsächlich gemeint ist, auftreten können. Während die Sprache den Eintritt des Kindes in eine soziale Kommunität fördert, kann sie aber gleichzeitig auch seine ursprüngliche Selbststruktur pathologisch einengen.

double bind

interpersonalen Versunkenheit oder symbiotischen Verschmelzung bahnen könnten. Als Beispiele zitiert er das selige Sichanschmiegen nach dem Füttern an der mütterlichen Brust, das in den Schlafgewiegtwerden in den Armen der Mutter, aber auch im wechselseitigen, innigen Augenkontakt oder in lustvoll erregter Synchronie mit mütterlichen Bewegungen. Andererseits erscheint es ebenso plausibel, daß auch in Augenblicken einer heftigen Affektdynamik, z. B. wenn das Baby unmutig vor Hunger schreit, eine im Vergleich zu ruhigen Erlebniszuständen mögliche kognitive Differenziertheit gerade nicht mehr möglich ist. Eine besondere Relevanz dieser Momente von reduzierter kognitiv-perzeptiver Differenziertheit ergibt sich aber dann, wenn sie auf eine wichtige, konflikthaft besetzte oder auch stark positiv bewertete, affektive Gestimmtheit der Mutter treffen. Eine Mutter z. B., für die ein sanftes Sichanschmiegen des Säuglings an ihren Körper von vitaler Gefühlswichtigkeit ist, die aber umgekehrt auf ein Selbständigkeitsbestreben ihres Kindes eher mit einem traurigen Gesichtsausdruck reagiert, wird diesen Momenten einer emotionalen Innigkeit eine ganz typische Konnotation verleihen, die sich sehr wahrscheinlich auch auf nachfolgende Entwicklungsabschnitte auswirken wird.

Einen wichtigen entwicklungspsychologischen Beitrag zum Verständnis der Affektdifferenzierung in diesem ersten Lebensabschnitt leistet *Thompson* (1985) im Kontext der von I. Fast (1985) entwickelten Ereignistheorie (vgl. Kapfhammer 1994a), die für die angesprochene psychoanalytische Diskussion von Belang ist. Thompson anerkennt sehr wohl, daß zahlreiche Elemente des frühkindlichen Affektsystems z. B. der mimischen Affektexpressionen hochdifferenziert sind. Andererseits werden in diesen Lebensmonaten aber Kennzeichen einer Integration in eine hierarchische Struktur z. B. in eine Selbst-Organisation (Gedo 1979), die erst entstehen muß, noch vermißt. In dieser Hinsicht müssen also frühkindliche Affektzustände noch als „undifferenziert" beurteilt werden. In der Terminologie von Werner (1948) wären sie eher als differenziert im Sinne einer „Segregation" anzusprechen, also in einer nichtsystematisierten, nur locker verbundenen Organisation, die durch den Fluß der aktuellen Erlebnisaugenblicke vorgegeben werde. Diese frühe Organisationsform weise durch die höhere Flexibilität einen klaren psychobiologischen Vorteil gegenüber einer schon straffen Systematisierung auf. Wenngleich objektbezogen seien die geäußerten und erlebten Affektzustände des Kleinkindes also noch keineswegs auf ein klares Konzept von Objekt oder Subjekt hin organisiert:

„Wir können nicht annehmen, daß das Konzept des Objekts unabhängig von der sensorimotorischen Situation in ihrem vollsten Verständnis gegen Ende der sensorimotorischen Periode sei. Obwohl es eine Differenzierung innerhalb des affektbesetzten Ereignisses geben mag, ist das Objekt aber nicht von diesem Affektereignis differenziert" (Thompson 1985, S. 160).

Thompsons Sichtweise folgend kann man sich nun leichter vorstellen, daß in Momenten einer innigen Verbundenheit zwischen Mutter und Baby, wie sie Pine anspricht (s. o.), der Grad einer kognitiven Subjekt-Objekt-Differenzierung im Sinne einer „Segregation" stark variieren kann, möglicherweise sogar völlig in dem aktuellen Erlebnis eines gemeinsam geteilten Affektzustands zurücktreten kann.

4.1.1.6 Mechanismen der Affektvermittlung, des Affektverständnisses, der affektiven Bedeutungszuschreibung und der frühen Empathieentwicklung

Winnicott (1988) betont zu Recht, daß es in frühen Stadien der kindlichen Entwicklung unlogisch sei, von einem Individuum zu sprechen. Eine Beschreibung von kindlichen Fertigkeiten in diesem Entwicklungsabschnitt verweise eo ipso auf eine tragende Beziehungseinheit mit einer mütterlichen Person. In dieser Beziehungsdyade spielen Affekte als nonverbale Kommunikationsmittel die tragende Rolle. Sie definieren die besonderen Austauschformen zwischen den beiden Dialogpartnern in einer primären Sozialisation. Studien, die sich auf dieses „Sozialisationsmodell der frühkindlichen Affektentwicklung" (Lewis und Rosenblum 1978) stützen, befassen sich vorrangig mit folgenden Fragestellungen:

- Wie zuverlässig werden die affektiven Austauschformen des Kindes von seinen Eltern, insbesondere von der Mutter verstanden?
- Welche Rolle spielen affektive Signale für die Errichtung einer entwicklungsfördernden Mutter-Kind-Dyade?
- Welche Beziehung besteht zwischen dem Affektausdruck und dem inneren Erlebniszustand? Wann wird aus einem biosozialen Signal ein innerseelisches Gefühl?
- Wie strukturiert die emotionale Verfügbarkeit der Mutter als entscheidende soziale Bezugsebene das sich entfaltende Gefühlsleben des Kindes?
- Wie läßt sich das Problem der Echtheit und Falschheit vor dem Hintergrund der interpersonal geteilten Affektzustände entwicklungspsychologisch angehen?

In einer psychoanalytischen Perspektive interessieren hierbei dann die Fragen:

- Wie kommt es zur Entwicklung einer Empathiefähigkeit?
- Wie lassen sich einzelne Schritte davon in einer psychoanalytisch bedeutsamen Weise z. B. im Entwicklungsmodell der Selbstpsychologie nach H. Kohut oder der „Trennung und Individuation" nach M. Mahler beschreiben?

Affekte und Emotionen müssen als nonverbale Ausdrucksweisen von beiden Dialogpartnern richtig verstanden und interpretiert werden. Stechler und Carpenter (1967) betonen, daß Mütter sehr selten mißverstehen, was beispielsweise das Schreien ihres Babies jeweils bedeutet. Die Subtilität dieses Verständnisprozesses wird klarer, wenn wir berücksichtigen, daß mindestens fünf Formen des Babyschreiens unterschieden werden können, wie Wolff (1969) anhand von Tonanalysen feststellte: Schreien aus Hunger, Ärger, Schmerz, Enttäuschung und unspezifischem Unbehagen („fussing"). Die Untersuchungen von Ekman und Mitarbeitern (1972) belegen ferner, daß offensichtlich eine universale, phylogenetische Grundlage für den Ausdruck und das Erkennen bestimmter Affekte besteht, und daß besondere Ausdrucksmuster des Gesichtes wohl diskreten Affektsystemen entsprechen.

Legt man erfahrenen Müttern Fotos von Kindern unterschiedlicher Altersstufen vor, die einen typischen Affekt zeigen, so können sie diesen auch ohne weitere Kontextinformationen mühelos identifizieren (Emde et al. 1978). Schätzen sie weiter eine Fotoserie verschiedener affektiver Ausdrucksformen nach ihrer Ähnlichkeit ein, so läßt sich schon bei zwei Monate alten Kindern eine Zweidimensionalität des Affektausdrucks bestimmen: eine dominierende Lust-Unlust-Dimension und eine Dimension der Aktiviertheit bzw. der Intensität. Im fünften Lebensmonat zeichnet sich eine weitere Dimension ab, welche die Richtung des Affektausdrucks nach außen bzw. nach innen beschreibt. Dieses dreidimensionale Modell des Affektausdrucks besitzt offensichtlichen Anpassungswert für die frühe Mutter-Kind-Dyade. So regelt die hedonistische Dimension belohnende Interaktionen von Mutter und Kind, oder allgemein ihr Annäherungs- und Vermeidungsverhalten. Die aktivierende Dimension wiederum vermittelt die Dringlichkeit einer affektiven Botschaft (Emde und Scorce 1983).

Mütter sind aber nicht nur imstande, die Affekte ihrer Kinder zutreffend zu verstehen, sondern auch mit adäquatem Betreuungsverhalten zu beantworten. Freude des Kindes lädt sie beispielsweise zum Spielen ein, Interesse ruft ein aufmerksamkeitslenkendes Verhalten hervor, Schläfrigkeit legt behutsames Sichzurückhalten nahe, innere Bedrängnis verlangt Tröstung und Beruhigung. Die Intensität des kindlichen Affektausdrucks setzt hierbei den Zeitpunkt der mütterlichen Intervention fest. Die gerade gezeigte affektive Kategorie, also z. B. Schreien, Lächeln usw. bestimmt die Wahl eines geeigneten Fürsorgeverhaltens (Score und Emde 1982).

Die frühe Mutter-Kind-Beziehung stützt sich hierbei auf ein vielfältiges System wechselseitiger Belohnungen (Bell und Harper 1977, Stern 1977). Schon das äußere Erscheinungsbild des Säuglings mit seinem „Kindchenschema" und seinen drolligen Bewegungen der Arme und Füße übt normalerweise auf den Erwachsenen eine große Faszination aus und bewirkt eine freudige Zuwendung und Fürsorge. Mutter und Kind finden bereits während der ersten Lebenstage zu einer feinen Abstimmung ihrer körperlich-affektiven Austauschprozesse (Sander 1980). Eine harmonische Verhaltenssynchronizität ist an sich bereits lustvoll für beide Partner. Sie bildet aber auch den Ausgangspunkt für ausgedehntere belohnende Interaktionsfolgen. Affektive Signale spielen hierbei die grundlegende Rolle.

Stern et al. (1982) untersuchten, in welchem Ausmaß vokale und visuelle Affektstimuli der Mutter zu einem befriedigenden Interaktionsspiel mit einem vier bis sechs Monate alten Säugling beitragen. Ihr Repertoire an gezeigten Primäraffekten ist bei diesem Vorhaben begrenzt. Nur Lächeln und Überraschung setzt sie häufig ein. Dies ist wenig erstaunlich, da die Spielszenen einem wechselseitigen Vergnügen dienen sollen. Die Mutter muß folglich die Erregungslage ihres Säuglings in einem Bereich halten, der für eine positive Erfahrung optimal ist. Säuglinge zeigen aber bei redundanter Stimulierung eine rasche Habituation und blenden bald aus der laufenden Interaktion aus, werden sie nicht adäquat angeregt. Die Mutter ist deshalb gezwungen, ständig ihr affektives Ausdrucksverhalten zu verändern und sie der Aufnahmebereitschaft ihres Kindes anzupassen. Mäßige Grade an Neuheit garantieren das Interesse des Kindes und erhalten die Bedingungen für Wahrnehmung und Lernen aufrecht. In der Regel verweilt die Mutter hierbei innerhalb einer Affektkategorie, z. B. dem Lächeln. Die feine Abstufung des Affektausdrucks, die anregende Modulierung der Affektdimensionen erzielt sie hingegen mit ihrer Stimme (Stern et al. 1981). Sie verändert Tonlage und Sprechtempo, variiert Rhythmus und Lautstärke. Sie wechselt erst dann zu einer anderen Affektkategorie, also z. B. vom Lächeln zur Überraschung, wenn sie eine gewichtigere Neuheit benötigt, um die positive Aufmerksamkeit ihres Kindes weiter zu gewinnen. Selbstverständlich trägt die Begabung hierfür, die Art und Weise, wie eine Mutter gerade die dimensionalen Aspekte des Affektausdrucks handhabt, eine ganz persönliche Note.

Mütter leisten aber auch im Bereich der kategorialen Affektdifferenzierung für ihre Kinder aktive Vorgaben. Die Annahme, der Säugling verfüge nur über sehr globale und diffuse Affektäußerungen, ist, wie bereits ausgeführt, längst nicht mehr haltbar. Dennoch sind seine affektiven Ausdrucksmöglichkeiten in der zweiten Hälfte des ersten Lebensjahres im Vergleich zu den Anfangswochen beträchtlich nuancierter und zuverlässiger. Mütter aber entdecken schon während der Neugeborenenperiode an ihren Babies ganz diskrete Emotionen, was objektiv gesehen nicht dem tatsächlichen affektiven Ausdrucksvermögen ihrer Kinder entspricht. Es hat somit den Anschein, als wirkten sie über eine innere „Vorgestimmtheit" auf die weitere Affektdifferenzierung ein, als seien sie imstande, im augenblicklichen affektiv-motorischen Verhalten ihrer Säuglinge bestimmte Emotionen zu „lesen", wo noch gar keine eindeutigen Signale bestehen (Johnson et al. 1982). Emde und Score (1983) argumentieren, daß dieses Vermögen wesentlich die empathischen Verständigungsprozesse von Mutter und Kind bahnt. Auch hier kann begreiflicherweise nicht einfach ein naturgesetzlicher biologischer Vorgang, sondern vielmehr ein subtiler, individuellen Lernerfahrungen unterworfener und somit aber auch konfliktträchtiger Interaktionsmodus angenommen werden.

Ein großes Problem im Studium der vorsprachlichen Affektentwicklung ist die Klärung der Beziehung zwischen dem registrierbaren Affektausdruck und der bei weitem weniger sicher zu erfassenden inneren Affekterfahrung (Kagan

1978). Mit einem Rekurs auf zusätzlich erhobene psychophysiologische Maße läßt sich diesem komplexen Erlebnisaspekt nicht beikommen (Sroufe 1979). Jene bereits erwähnte empathische Reaktionsfähigkeit der Mutter, ihre Fertigkeit, affektive Regungen des Säuglings eindeutig zu erfassen und vor allem lustvoll und befriedigend zu beantworten sowie ferner ihre geduldige und konsistente Bewertung der emotionsauslösenden Situation bilden gewiß entscheidende Voraussetzungen dafür, daß Affektausdruck und bedeutungsvolles Affekterleben schließlich einhergehen können.

Wie bereits ausgeführt ist es nach Lewis und Brooks (1978) und Lichtenberg (1983) erst dann sinnvoll, bei einem Kleinkind von einem subjektiven Gefühl zu sprechen, wenn es über ein erstes Selbstkonzept verfügt (s.o.). Dieses ist entwicklungspsychologisch für das Kind sehr eng mit einer intensiven Erforschung seines eigenen Körpers, mit einem besonderen Interesse für sein Spiegelbild verbunden. In einer epigenetischen Sicht fällt es mit frühen Regungen einer Furchtsamkeit, der sog. „Acht-Monats-Angst" zusammen, die neben ihrer biosozialen Wirksamkeit auch psychologische Bedeutung für das Kind selbst erlangt (Emde et al. 1976). Doch auch diese selbstbezogenen affektiven Fortschritte unterliegen noch relativ lange einer fortgesetzten kognitiven Bewertung durch die Mutter mit Auswirkungen auf das emotionale Erleben und Verhalten des Kindes.

Dies läßt sich beispielsweise in einer freien Beobachtungssituation studieren, wo sich die Mutter von ihrem Kind nach einem gemeinsamen Spiel trennt und nach kurzer Zeit wieder zurückkehrt. Beginnt ein zwölf Monate altes Kind hierbei zu weinen, so hängt die weitere aktualgenetische Entwicklung dieser spezifischen emotionalen Erfahrung in hohem Maße davon ab, wie die Mutter auf das kindliche Weinen reagiert. Bewertet sie es z. B. als Ärger des Kindes über ihr kurzfristiges Weggehen und bekundet sie ihr Urteil ausdrücklich, so wird das Kind in späteren Augenblicken einer Trennung tatsächlich auch mit größerer Wahrscheinlichkeit wütend auf die Mutter reagieren (Lewis und Brooks 1978).

Gerade in kritischen Momenten erlebter Unsicherheit erfordert das noch sehr labile subjektive Gefühlsleben des Kindes eine wichtige Bestätigung und Validierung durch die Mutter. Diese erhöhte Anfälligkeit des Kindes erklärt sich zum einen aus seinem nur in ersten Umrissen etablierten Selbstverständnis, aus seiner hierin gründenden Beschränktheit, eigenes Handeln in seinen Möglichkeiten und Folgen realistisch zu bewerten, zum anderen aber aus seinem immensen Wissensdrang und seiner Forscherneugierde, die es vor allem zu Beginn des zweiten Lebensjahres vor so manches Problem stellen wird. Es ist dann entscheidend, daß die Mutter nicht einfach nur körperlich anwesend ist, sondern zuverlässige und in sich stimmige Bewertungshilfen anbietet. Dies spielt sich vorrangig in einem rückversichernden Abtasten des mütterlichen Gesichtsausdrucks nach klaren Affektsignalen ab. Der Einfluß dieser „emotionalen Verfügbarkeit" der Mutter auf das Kind kann schon mit einfachen Beobachtungsexperimenten veranschaulicht werden (Scores et al. 1982, Emde 1983).

Läßt man beispielsweise Kinder zu Beginn des zweiten Lebensjahres ein „visuell cliff" erforschen, so löst die optische Täuschung eines plötzlich abfallenden Zimmerbodens bei den meisten Kindern zunächst ein zögerndes Innehalten aus und unterstreicht so ein verunsicherndes Wahrnehmungsereignis. Sehr bald bemüht sich das Kind um einen direkten Augenkontakt zur Mutter und macht sein weiteres Vorgehen davon abhängig, was ihm diese durch einen bestimmten Gesichtsausdruck affektiv nahelegt. Blickt diese „angstvoll", so meidet es die „Gefahrenstelle", stimmt sie wiederum „freudig" zu, so wagt es sich ohne Scheu und voller Stolz über das vermeintliche Hindernis. Vermittelt die Mutter hingegen einen „traurigen" Gesichtsausdruck in diesem Augenblick, so ist das Kind zusätzlich verwirrt. Offensichtlich ist „Traurigkeit" in einer Entscheidungssituation „überqueren: ja – nein" für das Kind wenig dienlich, sondern wird als noch zusätzlich verunsichernd erlebt.

Diese einfache experimentelle Anordnung belegt, wie grundlegend eine „emotional verfügbare Mutter" mittels subtiler Affektsignale zur weiteren Ausdifferenzierung des kindlichen Gefühlslebens beiträgt und wie entscheidend sie in das Spiel- und Neugierverhalten ihres Kindes und damit in dessen Selbstwertregulierung eingreift.

Das Ziel der kindlichen Affektentwicklung, allmählich eine Kohärenz zwischen objektiv austauschbaren Affektsignalen und subjektiv verspürten Gefühlserlebnissen herzustellen, erscheint psychobiologisch sinnvoll, ist jedoch beileibe nicht selbstverständlich. Eindeutige Affektsignale, etwa ein klarer emotionaler Gesichtsausdruck der Mutter, verweisen nicht notwendigerweise auf einen analogen unverfälschten Gefühls- oder Motivationszustand. Möglicherweise setzt sie einen bestimmten Affektausdruck lediglich dazu ein, um ihr Kind in eine gewünschte Richtung zu manipulieren. Emotionen, die lediglich ausgedrückt, nicht aber eigentlich verspürt werden, heißen „Embleme" (Ekman und Friesen 1975). Aus der Perspektive des Kleinkindes stellt sich hier die Frage nach der Echtheit oder Falschheit der bei seiner Mutter wahrgenommenen Affektäußerungen und im engen Zusammenhang hiermit auch nach der Bestätigung und Sicherheit eigener Gefühlserlebnisse. Die Aufgabe des Kindes, einen sog. „Authentizitäts-Quotienten" zu entwickeln (Stern et al. 1983), ist zentral, vergegenwärtigt man sich die naturgegebene Asymmetrie der ursprünglichen Mutter-Kind-Interaktionen und damit auch die Möglichkeiten der Mutter, ihr Kind zu eigennützigen Interessen zu mißbrauchen. Aus der Perspektive der Mutter wiederum stellt sich hier die Frage nach ihrer Fähigkeit zur Empathie, als deren Kernerfahrung wir eine sichere, wechselseitige Gefühlsresonanz annehmen dürfen. Und diese Gefühlsresonanz kommt in den einzelnen Entwicklungsabschnitten über unterschiedliche Grundmechanismen zustande.

In einer entwicklungspsychologischen Perspektive sind für ein Verständnis der Empathie die Momente der affektiven Intersubjektivität von Mutter und Kind bereits während der präverbalen Monate grundlegend. Kennzeichen dieser „primären Intersubjektivität" ist ein primäres zwischenmenschliches Verstehen:

„Was zwei bis drei Monate alte Kinder mit ihren Müttern im direkten Gesichtskontakt machen, beweist, daß der Mensch mit einer Bereitschaft, einen anderen Menschen zu verstehen, geboren wird“ (Trevarthen 1980, S. 318).

Der ursprüngliche affektive Austausch zwischen Mutter und Kind wird durch die phylogenetisch angelegten Systeme der Primäraffekte so strukturiert, daß in umschriebenen biosozialen Situationen ein gefühlsmäßiger Gleichklang erleichtert wird. Tomkins (1980) zeigte, daß eine affektive Resonanz in diesem Entwicklungsabschnitt nicht unbedingt höher strukturierte kognitive Verständigungen voraussetzt, sondern meist reflexartig zwischen den Partnern hergestellt werden kann. Der affektive Ausdruck des Kindes übersetzt hierbei analog eine störende Reizquelle in Gradient und Intensität. Auf Seiten der Mutter korrespondiert ein Affekt, der wiederum von anderen konkurrierenden Gefühlen, von der besonderen Bedeutung der kindlichen Reaktion in der jeweiligen Situation, aber auch von inneren Abwehrvorgängen und einer verspürten Verantwortlichkeit bestimmt wird. Die Mutter zeichnet sich in den Wochen nach der Entbindung von ihrem Säugling natürlicherweise durch eine erhöhte Motivation aus, Zeichen von Unlust ihres Kindes gleichfalls mit einem inneren Unbehagen wahrzunehmen und nach rascher Abhilfe zu suchen („sympathetic distress“, Hoffman 1978).

Die sorgfältigen Beobachtungsanalysen von Stern (1983) zeigen, daß die gerade geschilderten Bemühungen der Mutter, die wechselhaften Affekt- und Motivationszustände ihres Kindes adäquat zu beantworten, nur eine Gruppe in den vielschichtigen Mutter-Kind-Interaktionen während dieses ersten Entwicklungsabschnitts, in der Terminologie von M. Mahler während der „symbiotischen Phase“, bilden. Zweifelsohne tragen gelungene „Zustandstransformationen“ entscheidend dazu bei, daß die Zuversicht der Mutter wächst, die affektiven Ausdrucksformen ihres Babys richtig zu identifizieren und hierauf erfolgreich und mit Freude zu reagieren. Aber auch für das Baby kann so allmählich ein tragfähiger Integrationsrahmen entstehen, innerhalb dessen seine affektiven Signale durch vitale Befriedigungserlebnisse als bedeutungsvoll bestätigt werden, auch wenn ihm hierüber noch kein reflexives Bewußtsein möglich ist. Auf einer sensorimotorischen Ebene wird somit das künftige Empathievermögen des Kindes an die grundlegende Erfahrungsstruktur des „Urvertrauens“ (Erikson 1959) oder der „vertrauensvollen Erwartung“ (Benedek 1938) geknüpft. Demos (1984) schildert prägnant die Folgen unterschiedlicher Interaktionstypen von Mutter und Kind für diesen Aspekt der Empathieentwicklung.

Stern (1983) argumentiert, daß der Begriff der „affektiven Kommunikation“ im obigen Verständnis den Austausch von Informationen mit dem Ziel, den Anderen zu beeinflussen, impliziert. Zu Recht weist er aber darauf hin, daß andere Begegnungsformen während der „symbiotischen Phase“ noch viel elementarer zur späteren Empathiefähigkeit beitragen. Er unterscheidet grundsätzlich zwei Interaktionsformen eines reziproken Austausches zwischen

Empathie und Typen affektiver Kommunikation in der frühkindlichen Entwicklung (Demos 1984)

Affektive Resonanz in der frühkindlichen Mutter-Kind Dyade hängt davon ab, wie sicher die Mutter die gesamte affektive Erfahrung des Kindes erfassen kann, d. h. die auslösende Reizsituation, das eigentliche Erleben des Kindes und ihre ganz persönlichen inneren Reaktionen auf die wahrgenommenen Eindrücke identifiziert und in welcher Weise sie hierauf antwortet. Ihr affektiver Reaktionsstil ist aufs engste mit ihrer Persönlichkeit verbunden. Er wird durch ihre eigene emotionale Lerngeschichte und durch ihre aktuellen Abwehrbereitschaften bestimmt. Nur idealerweise gelingt es ihr, einen positiven Affektzustand ihres Kindes möglichst lang aufrechtzuerhalten und einen negativen Affektzustand möglichst rasch und wirksam zu beenden.

In der realen Interaktionssituation lassen sich verschiedene Typen unterscheiden, die zu distinkten Schicksalen der kindlichen Empathieentwicklung beitragen:

Typ 1: Die Mutter nimmt alle drei Komponenten der affektiven Kommunikation verständnisvoll wahr, verstärkt und verlängert positive Erfahrungen ihres Kindes und reduziert und verkürzt negative Erlebnisse. Dies stellt den idealen Interaktionsmodus für eine optimale Entfaltung zu einer reifen Empathiefähigkeit dar. Die Mutter versucht vor allem die Freude und das Interesse zu stärken und Angst, Enttäuschung, Beschämung und Ärger auf ein Minimum zu beschränken.

Typ 2: Die Mutter nimmt korrekt negative Affektzustände des Kindes wahr und identifiziert auch den jeweiligen Inhalt dieser Erfahrung. Ihre Reaktion verhindert oder beendet diese negative Erfahrung aber nicht sofort. Diese Haltung ist von entscheidender Wichtigkeit in jenen unvermeidbaren Situationen, in denen das Kind lernen muß, daß Schmerz, inneres Unbehagen, Ärger usw. unlustvoll sind, jedoch ausgehalten und ohne Kontrollverlust überwunden werden können, und vor allem daß auch negative Affekterlebnisse einem Partner mit der berechtigten Hoffnung auf Annahme und Unterstützung mitgeteilt werden können.

Typ 3: Die Mutter nimmt positive Affekterfahrungen des Kindes richtig wahr. Sie ist jedoch nicht imstande, diese innerlich anzunehmen und zu fördern, z. B. in lustvolle Bestätigungen überzuführen. Sie blockiert damit wichtige Zielbestrebungen des Kindes. Seine Freude und sein lustvolles Handeln werden immer wieder unterbrochen und müssen einem Unbehagen weichen, auf das es mit Scham und Ärger reagieren wird. Es lernt, daß es seine positiven Wünsche, Phantasien oder Affektzustände mit dem geliebten Objekt nicht teilen kann, und daß diese auch von ihm nicht akzeptiert werden.

Typ 4: Die Mutter nimmt korrekt die affektiven Äußerungen des Kindes wahr. Sie reagiert aber in einer Weise, daß sie vor allem die negativen Aspekte einer komplexen Affekterfahrung verstärkt. So mag sie z. B. eine innere Bedrängnis des Kindes durch eigene Überängstlichkeit ungebührlich verlängern. Oder kommt es bei dem Versuch des Kindes, eine schwierige Aufgabe zu erledigen zu begleitenden negativen Gefühlsäußerungen, reagiert sie selektiv auf diese Unmutsbekundungen, tadelt sie und räumt ihnen dadurch einen ungebührlichen Stellenwert ein. Das Kind wird vom eigentlichen Vorhaben abgelenkt. Für es wird es nun wichtiger werden, mit der Mutter oder den Eltern gut auszukommen als Entwicklungsherausforderungen aktiv aufzunehmen und dadurch Autonomie zu gewinnen.

Typ 5: Die Mutter mißversteht die affektiven Ausdrucksformen des Kindes in wichtigen Aspekten und reagiert entsprechend dieser Fehlwahrnehmung. Es leuchtet ein, daß dieser Interaktionstypus zu schweren Empathiedefiziten führen kann. Spielt das Kind beispielsweise zunächst ohne erkennbaren Handlungsplan, weil es sich erst mit einer neuen Situation vertraut macht, so kann die Mutter dieses „ziellose Handeln" als Trödeln oder Unbeholfenheit mißverstehen und die hierbei vom Kind häufig verspürte Experimentierlust übersehen. Mischt sie sich mit eigenen Erwachsenenvorschlägen ein, strukturiert sie das kindliche Erlebnisfeld völlig um und drängt das Kind damit in eine passive Beobachterposition. Zahlreiche Tätigkeiten des Kindes sind mit Stoßen, Werfen, Ziehen, Zerren und dergleichen verbunden. Erblickt die Mutter hierin aber eine feindselige Komponente, was eigentlich ein aktives Erproben darstellt, bestraft sie diese Handlungsweisen des Kindes gar, so mündet die anfängliche Freude am Experimentieren in eine unverständliche negative Auseinandersetzung mit der Mutter ein. Versucht es weiter, diesen Vorfall zu wiederholen, um etwaige zugrunde liegende Ursache-Wirkungszusammenhänge für sich zu klären, kann dieses Bestreben durch neues Unverständnis und negative Sanktionen durch die Mutter weiter blockiert werden.

Typ 6: Die Mutter beachtet die affektiven Reaktionen des Kindes kaum oder überhaupt nicht, obwohl dieses eine adäquate Antwort von ihr erwarten und auch benötigen würde. Dies kann dazu führen, daß es seinen Wunsch mit verstärkten Affekten vorträgt und so eine Intervention der Mutter erzwingt. Ein Verstehen des kindlichen Affektzustands wird also erst über eine Eskalation der affektiven Ausdrucksformen ermöglicht. Das Kind lernt, daß berechtigte Anliegen nur durch übertriebene Affektdarstellungen an jeweilige Partner übermittelt werden können.

Mutter und Kind in zeitlich abgestimmten Folgen von Handlung und Gegenhandlung („self-other complementing") einerseits und eines gemeinsamen Erlebens von seelischen Zuständen bzw. eines „Sichaufeinandereinstimmens" („mental state sharing", „tuning") andererseits.

Zur ersten Gruppe gehören solche reziproken Verhaltensweisen, wie das Sichanschmiegen des Kindes an den mütterlichen Körper oder andere Bewegungs- und Stellungsmuster in der „Holding-Situation" (Winnicott 1965), Grußreaktionen beim Erscheinen des mütterlichen Gesichts, alternierendes Vokalisieren von Lauten und Zuhören, einfache Imitationsspiele.

In der zweiten Gruppe finden sich bei Mutter und Kind synchrone Aktivitäten wie z. B. gemeinsames Summen, sich anlächeln, in die Augen sehen usw. Sie vermitteln ein tiefes Gefühl der Gemeinsamkeit im Erleben. Hierzu sind auch die in der psychoanalytischen Literatur so häufig zitierten Spiegelungserlebnisse zu zählen, die für die frühe Selbstkonstitution des Kindes eine grundlegende Rolle spielen (Kohut 1971, Mahler, McDevitt 1980).

Werden die präverbalen Interaktionszyklen von Mutter und Kind mit mikroanalytischen Aufnahmetechniken untersucht (Condon und Sander 1974), so können die schon von Freud (1921b) als grundlegend für die Empathie angesehenen Imitationsprozesse eindrucksvoll nachgewiesen werden:

Es findet sowohl auf Seiten der Mutter wie auch des Kindes eine aktive Imitation statt. Säuglinge demonstrieren diese Fähigkeit schon nach wenigen Wochen im Gurren, in Lächelreaktionen, in Bewegungen der Lippen, des Kopfes und der Extremitäten (Maratos 1973, Meltzoff, Moore 1977). Stern (1985) weist nach, daß hierbei eine „amodale Wahrnehmung" von eher abstrakten Erlebnisqualitäten wie Gestalten, Intensitäten, Rhythmen oder zeitlichen Verlaufsmustern, ein Registrieren diskreter kategorialer Affekte wie auch vor allem grundlegender „Vitalitätsaffekte" die entscheidende Rolle spielen. Umgekehrt imitiert auch die Mutter Verhaltensweisen ihres Kindes, wobei sie sich an seiner augenblicklichen Wahrnehmungs- und Kommunikationsbereitschaft orientiert (Papousek und Papousek 1977). Die Nachahmungsprozesse erfolgen wiederum in erster Linie im Medium des affektiven Ausdrucks (s. o.). Zu Recht gilt Imitation als Sonderfall einer intersubjektiven Spiegelung (Trevarthen 1980).

Das ausgewogene Zusammenspiel in den beiden elementaren Situationen des reziproken Austausches und des gemeinsamen Erlebens besitzt für Mutter und Kind höchstens emotionalen Wert. Werden diese Interaktionen aus irgendeinem Grund unterbrochen, so protestiert das Kind schnell lauthals, weint unglücklich, versucht verzweifelt die alte Beziehungsform wiederherzustellen und gibt schließlich resigniert auf. „Die Zeichen von Angst und innerer Qual nach dem Zusammenbruch der Kommunikation weisen darauf hin, wie eng subjektive emotionale Zustände und zwischenmenschliche Kommunikationen miteinander integriert sind" (Trevarthen 1980, S. 335).

Wenngleich die Beziehungen zwischen Mutter und Kind hierbei am besten in ihren präverbalen affektiven Anteilen charakterisiert werden, so sind sie trotzdem schon von Geburt an sprachlichen Einflüssen ausgesetzt.

Dies zeigt sich zum einen in der lustvollen Wiederholung und Nachahmung von sprachlichen Lauten. Dies drückt sich ferner darin aus, wie präzise Sprechen und begleitende Körperbewegungen der beiden Partner in einer fortlaufenden Interaktion synchronisiert werden (Condon 1984). Dies wird vor allem aber in begleitenden oder kommentierenden Worten der Mutter deutlich, während sie sich intensiv mit ihrem Baby auseinandersetzt. Zwar erfüllen ihre sprachlichen Äußerungen wohl in erster Linie Funktionen einer Beruhigung, einer Tröstung oder zärtlichen Zuneigung. Doch enthüllen sie auch bedeutsame inhaltliche Momente. Sie zeigen, daß sie ihr Baby als ein sehr ähnliches Wesen wahrnimmt und behandelt. Selbstverständlich wird dieser „Dialog" von vielen bewußten und unbewußten Einstellungen geprägt (Stern 1991).

Trevarthen (1979) zeigt weiterhin auf, daß Mütter hierbei seltener darüber sprechen, was sie gerade tun, um für das körperliche Befinden des Baby zu sorgen, sondern meist darüber, was dieses wohl im Augenblick fühle, denke usw. Es können also bereits auf dieser „symbiotischen Entwicklungsstufe" erste sprachliche Voraussetzungen für ein späteres Modell der „Objektwahrnehmung von innen", einer wesentlichen Grundkomponente des reifen empathischen Verstehens geschaffen werden (vgl. Noy 1984). Dies ist freilich zunächst nur als einseitige Vorgabe der Mutter zu sehen.

Interessanterweise ist dieser Kommunikationsmodus einer „Affektinduktion" auf Imitationsbasis nur auf einen relativ engen zeitlichen Abschnitt der frühkindlichen Entwicklung, nämlich der „symbiotischen Phase" beschränkt, wie Untersuchungen von Endres de Oliviera und Krause (1987) belegen. Dann scheint die hierüber vermittelte „primäre Identifikation" (Krause 1985) seitens des Kindes sehr bald Abwehrbemühungen zu unterliegen und aktiveren Formen des affektiven Austausches zu weichen. Ähnliches postuliert auch Nathanson (1986), wenn er von der entwicklungsmäßigen Notwendigkeit des heranwachsenden Kindes spricht, sich in der Anwesenheit einer starken Affekteinwirkung durch die Mutter allmählich durch eine innere „empathische Grenzziehung" („empathic wall") zu schützen, um eine affektive Selbständigkeit zu behaupten.

Die Reifungsprogression treibt das Kind an, auch die Welt der unbelebten, aber benützbaren Dinge zu erobern und sich mit ihr vertraut zu machen. Eine neue Stufe der Wechselseitigkeit zwischen Kind und Mutter wird erreicht, wenn sich die Erforschung der physikalischen Objekte mit der interpersonalen Kommunikation verbindet. Neben den seit Wochen immer wieder zusammen erlebten Affektzuständen wird so auch eine erste objektgerichtete Aufmerksamkeit und Intentionalität von den beiden Partnern gemeinsam geteilt (Stern 1983). Für die Interaktionen der ersten Lebensmonate ist typisch, daß sie aus der Sicht des Kindes ziemlich einseitig sind und noch kaum die Belange des

Kommunikationspartners, vorrangig der Mutter berücksichtigen. Trevarthen (1980) schreibt, daß

> „die Egozentrizität des Kindes auf dieser Stufe der wesentliche Faktor in der Entstehung von Wissen über Andere ist, vergleichbar der Interpretation des selbstzentrierten Sprechens bei älteren Kindern durch Wygotsky" (S. 329).

Trotzdem lernt das Kind in der Folgezeit sehr rasch, daß die Mutter nicht mehr länger eine unbedingte Quelle von Lust und Unterstützung ist. Die Mutter wird selbst zur interessanten Person, deren eigene Motive zunehmend an Bedeutung für das Kind gewinnen. Der Umgang mit ihr wird nunmehr eher kooperativ. Eine „sekundäre Intersubjektivität" wird eingeleitet:

> „Anstatt sie als bloße Verstärkung, Ausdehnung und Erleichterung bei angestrebten Handlungen und als Quelle persönlicher Zuneigung, Tröstung und triumphaler Freude zu akzeptieren, lädt das Baby sie jetzt durch einen Blick, ein Lächeln, eine Geste, sogar durch die Darbietung eines Objekts dazu ein, die Initiative für eine gemeinschaftliche Interaktion zu einem gemeinsamen Thema zu ergreifen" (Trevarthen 1980, S. 330).

Emde (1988) betonte, daß gegen Ende des ersten Lebensjahres zwischen Mutter und Kind erstmals ein Gefühl des „wir" entstehen kann, eine entwicklungspsychologisch bedeutsame Marke, die Stern (1985) als „intersubjektives Selbst" und Bretherton (1985) als „interfacing of minds" bezeichnete. Mit einem sicheren Wissen einer „geteilten Realität" entsteht für das heranwachsende Kind auch das Motiv, den Partner zu überprüfen, um die eigenen Intentionen mit denen des anderen abzustimmen. Emde (1988) zeigte, daß diese frühen Abgleichungs- und Einigungsprozesse von interpersonal bedeutsamen subjektiven Absichten immer auch die Aufgabe haben, erste moralische Motive zu vermitteln. Es ist leicht einzusehen, daß sich hier einerseits eine moralische Entwicklungslinie über frühe Verbote, Restriktionen, trotzige Selbstbehauptung und Bestrafungsangst abzeichnet, sich andererseits aber auch moralische Motive etablieren können, die jenseits eines konflikthaften Kompromisses stehen und vielmehr Freude und Stolz über gelungene prosoziale Aktionen in einer gemeinsam geteilten Realität ausdrücken.

4.1.1.7 Stellenwert triebtheoretischer Ansätze zum Verständnis der Affektentwicklung im ersten Lebensjahr

Eine triebtheoretische Erörterung der frühkindlichen Affektentwicklung rührt an Kernprobleme psychoanalytischer Konzeptbildung. Auf die enge theoretische Verknüpfung von Triebenergie und Affektmanifestation in den Anfangsjahrzehnten der Psychoanalyse wurde bereits eingangs hingewiesen, gleichzeitig auch die Fragwürdigkeit und das Ungenügen dieser sehr mechanistischen Vorstellungen erwähnt (s. o.).

Mit großer Souveränität werden die hiermit in engem Zusammenhang stehenden Fragen nach der Art der Beziehung von Triebhaftigkeit und Affektivität, dem Einfluß von „Libido" und „Aggression" auf die frühkindliche Affektentwicklung und die allmähliche Organisation innerer Subjekt- und Objektrepräsentanzen in den theoretischen Ausführungen von M. Klein (1952) dargestellt.

Ein konstitutionell verankerter Triebdualismus von „Libido" und „Aggression" bestimmt nach M. Klein von Geburt an eine zwar primitive, aber in den Grundpolaritäten von Liebe und Haß fest strukturierte Phantasiewelt des Kleinkindes. Diese bildet den Motor für die Auseinandersetzung mit ersten inneren Objektbildern und lenkt interpretierend und modifizierend auch die realen Interaktionen mit der Mutter. Der Aggressionstrieb manifestiert sich hierbei im Gewande schablonenhafter Phantasmen, die letztlich auf Vernichtung und Zerstörung des versagenden mütterlichen Objekts zielen oder aber die eigene Person bedrohen. Analog des Entwicklungsniveaus beinhalten sie beispielsweise in oralen Erlebnisszenen ein Beißen, Zerreißen, Verschlingen oder Vernichten der mütterlichen Brust. Infolge primitiver Abwehrmechanismen wie der Introjektion und Projektion können sich diese objektgerichteten Aggressionsphantasien wiederum in gleichgeartete Zerstörungsängste verkehren. Aber auch die „Libido" findet nach M. Klein Ausdruck in typischen Phantasiemustern, die alle auf eine Vereinigung mit und eine lustvolle Befriedigung durch ein „gutes Mutterobjekt" zielen.

Während Affekte bei psychoanalytischen Zeitgenossen üblicherweise noch als kognitive Ausdifferenzierungen einer erlebnismäßig nicht weiter interessierenden Triebenergie fungieren, erfaßt M. Klein qualitativ unterscheidbare, selbständige Affektgestalten als die eigentlich dominierenden Triebkräfte in der Erfahrungswelt des Kindes. Sie liefert subtile Beschreibungen so grundlegender Affektzustände wie der Gier, des Neids, der Eifersucht einerseits, der Dankbarkeit, der Angst, der Schuld andererseits (Klein 1937, 1957). Der theoretisch konzipierte Zusammenhang von Trieb und Affekt ist hierbei sehr vielschichtig. Jeder biologisch begründete Triebimpuls eröffnet im Seelenleben des Kindes ein phantasiertes und reales Spannungsfeld zwischen dem frühen kindlichen Selbst und dem mütterlichen Objekt in der Form primitiver „Emotio-Phantasien" (Kutter 1981), die sich im Laufe der kindlichen Entwicklung in die übergreifenden Motivationssysteme von Liebe und Haß wandeln werden, ganz ähnlich wie dies später Kernberg (1982, 1990a) in einigen Arbeiten darzustellen versuchte.

Es wäre nun ein leichtes, die Ausführungen M. Kleins mit dem Hinweis auf die Unmöglichkeit so hoch strukturierter Phantasiegebilde in den ersten Lebensmonaten (Lichtenberg 1983), auf die Unhaltbarkeit der unterlegten Zeittafeln einzelner Entwicklungssequenzen (Kernberg 1980a) oder die Annahme eines biologischen Vitalismus und Triebmanichäismus (Gedo 1986) als historisch interessant, aber für ein moderneres psychoanalytisches Verständnis der frühkindlichen Affektentwicklung als irrelevant abzutun. Es ergeben sich aber

m. E. einige wichtige Gründe, die Hypothesen M. Kleins gerade in einer entwicklungspsychologischen Dimension neu zu interpretieren bzw. zu relativieren.

Die Ergebnisse der Kleinkindforschung sprechen für eine, wenngleich auf einem sensorimotorischen Niveau angesiedelte, wesentlich komplexere kognitiv-perzeptiv-affektive Kompetenz des Kleinkindes als bisher unterstellt. Es ist zu fragen, ob diese sich aktiv entfaltenden Organisationskräfte des Kleinkindes aus einer konsequent beibehaltenen Innenperspektive nicht auch zu einer modernen psychoanalytischen Version der Triebverständnisse führen müssen. Ogden (1984) legte mit seiner Konzeption der „psychologischen Tiefenstruktur", die er in Anlehnung an Chomskys (1968) Theorie der generativen Grammatik formulierte, ein Modell vor, wie angeborene Interpretationsschemata in frühe Phantasiesysteme transformiert werden, um die konkrete frühkindliche Erfahrungswelt als bedeutungsvoll-bejahend oder aber als aggressiv-gefährdend strukturieren zu können. Diese angeborenen Schemata gehen motivbildend mit aktiven Erwartungshaltungen einher, die nicht von der konkreten Erfahrung bestimmt, aber von dieser modifiziert werden können. Ogden gelingt in seinem Modell zum einen eine höchst originelle Interpretation der Freudschen Triebtheorie, der Kleinschen Annahme eines „phylogenetisch angestammten Wissens" wie auch der Präkonzeptionen nach Bion (1962), ermöglicht zum anderen eine fruchtbare Diskussion und Relativierung unserer vorrangig auf die Interaktionsdyade von Mutter und Kind bezogene Darstellung der frühkindlichen Affektentwicklung. Zu ergänzen ist, daß auch Grotstein (1982, 1985) zu einem ganz ähnlichen theoretischen Verständnis der psychoanalytischen Triebkonzeption gelangt ist. Eine ausführlichere Darstellung dieser Position mit den Auswirkungen auf eine psychoanalytische Wahrnehmungstheorie erfolgt in Kapfhammer (1994a).

Die triebtheoretischen Betrachtungen im Anschluß an M. Klein erhalten aber auch wichtige Anregungen durch psychoanalytische Beiträge, die stärker an empirischen Beobachtungsstandards orientiert sind. Diese schließen vor allem auch Erkenntnisse über ontogenetisch frühe Aggressionsäußerungen des Kindes ein, die in der akademischen Psychologie sehr oft ausgeklammert erscheinen. So weist bereits Spitz (1953) auf Affektäußerungen des Säuglings hin, die als primitive Wutreaktionen bzw. frühe aggressive Verhaltensmanifestationen identifiziert werden müssen. Die variierenden Erlebniskontexte sind hierbei aber zu beachten. Spitz kennt eine frühe „unlustbezogene Destruktivität", etwa wenn das Kind zu lange in einem Zustand von Hunger, Unversorgtsein oder körperlichem Unbehagen verweilen muß, ohne daß die Mutter interveniert. Die Affektäußerungen können sich von einer leichten Irritabilität bis hin zu kräftigem Wutschreien steigern. Hiervon sind Verhaltensweisen abzugrenzen, die aus einem angeborenen Temperament oder reifungsbedingten Veränderungen resultieren. Sie stellen eine „nicht-destruktive Aggressivität" dar. Hierzu zählen nach Spitz einerseits die spontan oder aber auch zyklisch auftretenden Saug-, Schluck- und später verstärkten Beißbewegungen, andererseits aber auch ein früh zu beobachtendes Explorations- und Neugierverhalten in Zuständen einer wachen Aufmerksamkeit. Parens (1979) konnte in seinen subtilen Langzeitverläufen an Babies und Kleinkindern diese Spitzschen Erkenntnisse gut replizieren. Er bezeichnet die drei Aggressionsformen als „unlustbezogene Destruktivität", als „nicht-affektive Destruktivität (Saugen, Beißen) und schließlich als „nicht-destruktive Aggression" (Exploration, Neugier). Ab dem ca. 6. Lebensmonat sind vor allem in den „unlustbezogenen destruktiven" Aggressionsäußerungen bedeutsame Entwicklungsumschichtungen festzuhalten. Ab diesem Zeitpunkt zielen alle affektive Bestrebungen, also auch die Aggressionsbekundungen des Kindes auf ein mütterliches Objekt, das zunehmend klarer als ein Liebesobjekt gewertet wird. Die bisher gesammelten befriedigenden Erfahrungen üben einen wichtigen moderierenden Effekt auf die frühkindliche Destruktivität aus. Befindet sich jetzt das Kind in einem spürbaren Unlustzustand, der vielfältig verursacht sein mag, so ist seine Unmutsäußerung ein objektgerichteter Ärger, solange das Ausmaß seiner Beeinträchtigung noch innerhalb seiner Toleranzgrenzen, seiner Reaktionsmöglichkeiten liegt. Da es kognitiv über erste „Mittel-Zweck"-Relationen verfügt, wendet es sich aktiv an die Mutter um eine Abhilfe seines unlustvollen Spannungszustands. Sein Ärger klingt rasch ab, sowie die Mutter tröstend, sicherheitsstiftend oder befriedigend antwortet. Geschieht dies nicht, und wächst die Unlust exzessiv an, so resultiert wieder eine bereits auch früher zu beobachtende Wut. Die Möglichkeiten des Kindes, diese objektgerichtete Feindseligkeit zu bewältigen, sind noch äußerst begrenzt. Seine aggressiven Reaktionen eskalieren und können allenfalls in einem Erschöpfungszustand abflauen, führen zu einer Kontaktabwehr, zu sozialem Rückzug und depressiver Leere. Prägen sie ein Grundmuster in der Beziehung zur Mutter, so sind bedeutsame Auswirkungen auf die nächsten Entwicklungsabschnitte speziell in der Übungs- und Wiederannäherungsphase zu erwarten (Ainsworth et al. 1978, s.u.).

In der Auseinandersetzung mit dem Beitrag von M. Klein ist ein weiterer Aspekt ihres Werkes für unsere Affektdiskussion von Relevanz. Für eine psychoanalytische Entwicklungspsychologie der Affektivität ist es nämlich unverzichtbar, an die besondere Qualität bestimmter kindlicher Affekterlebnisse zu erinnern, die sich aus einer untrennbaren Assoziation gerade mit triebhaften, sexuellen wie aggressiven Impulsen ergibt. Hier mag beispielsweise der grundlegende Unterschied von Gier, Neid oder Eifersucht zu anderen Affektäußerungen wie etwa des Lächelns, der Freude, der Neugier usw. liegen, die wohl eher einer „primär-autonomen" Anpassungsfunktion dienen. Dies ist umso wichtiger zu betonen, als gerade durch die Kleinkindforschung ein auch sozialpsychologisch zu relativierender Beobachtungsrahmen gewählt wird, der Auswirkungen auf „durchschnittlich zu erwartende" Formen eines affektiven Austausches zwischen Mutter und Kind besitzt, also bestimmte Affekterlebnisse auch konsequent ausklammert. Die Fülle der über diesen Zugang gesammelten Beobachtungsdaten der Kleinkindforschung hat

E. H. Erikson (1983) in einem Kommentar zu der Frage angeregt: „Was mag wohl aus der oralen Phase geworden sein?" Er beklagt das weitgehende Fehlen systematisch erhobener Daten zu diesem nicht zuletzt auch von ihm detailliert beschriebenen kognitiv-perzeptiven Modus der frühkindlichen Erfahrungsorganisation, der in seiner Konzentration auf eine intime, sinnlich-affektive Kontaktform mit der Mutter in einer zentrierten Körperzone jene unverwechselbaren Aspekte der passiven Aufnahme einerseits, der aktiven Aneignung andererseits in sich vereint.

D. Winnicotts (1945, 1950) detaillierten klinischen Beobachtungen verdanken wir zu diesem Themenkomplex bedeutsame Ausführungen. Er wies beispielsweise auf die eminent wichtige Beziehung zwischen aggressiven Impulsen und der frühen Gefühlsentwicklung hin. Nach ihm existieren beim Baby aggressive Regungen, die in einer primären Motilität, Impulsivität und Spontaneität ein ursprüngliches Liebesbestreben der Mutter gegenüber charakterisieren. Diese frühe aggressive Manifestationsform entstammt seiner organismischen Lebendigkeit seiner angeborenen Tendenz zu persönlichem Wachstum (Stork 1983). Sie stellt sich als eine primitive, „erbarmungslose" (also ohne Zeichen einer Ambivalenz), fordernde Liebe dar. Sie bildet die Wurzel zu einer möglichen „oralen Gier", jener typischen oralen Aggressionsform, die sich auf späteren Entwicklungsstadien noch in archaischen Phantasien der gierigen Vereinnahmung und gleichzeitigen Zerstörung des inkorporierten Objekts ausdrückt, dabei libidinöse und aggressive Elemente in typisch untrennbarer Manier zusammenhält. Sie trägt ferner zu einem vitalen Wirklichkeitsgefühl bei, das eine entstehende Selbstorganisation mitbegründet. Hierzu muß sie auf äußere Widerstände in der emotionalen Reaktion der Mutter stoßen. Der Mutter obliegt es aber, in fein abgestimmter Toleranz dieses „Angriffs" auf ihren Körper die aggressiven Impulse anzuerkennen, sie zu modulieren und mit erotisch-sinnlichen Elementen zu verbinden. Die entwicklungspsychologische Bedeutung ist vor dem Hintergrund der Entwicklungsaufgabe zu ermessen, die sich ihr stellt, nämlich für ihr Kind eine „Illusion einer unsichtbaren Einheit" (Winnicott 1953) zu schaffen, in der innere und äußere Realität sich in den ersten Lebensmonaten entsprechen können. Hierzu ist es entscheidend, den aggressiven Komponenten der kindlichen Beziehungsaufnahme Raum zur dosierten Entfaltung zu geben, zu einem subjektiven Wirklichkeitsgefühl zu verhelfen, ohne einerseits in einer abrupten Abweisung ein verfrühtes Gefühl von Getrenntheit zu schaffen und ohne andererseits in einer zu permissiven oralen Befriedigungshaltung diese frühe vitale Selbstbehauptung zu ersticken (Ogden 1985). Winnicott unterstreicht, daß diese „genügend gute Mutter" („good enough mothering") es schaffen muß, dem kindlichen Bestreben nach triebhafter Befriedigung in ihrem Kontaktverhalten den Schutz vor einem verfrühten Bewußtsein von Getrenntheit, aber auch den nötigen Widerstand zu vermitteln, daß ein seelisch bedeutsamer Wunsch überhaupt bei ihm erst entstehen kann. Hierzu muß sie es zulassen, daß sie von ihrem Kind auf diese unverwechselbare Weise „benutzt" wird, in der Terminologie von Winnicott als „Objekt zerstört werden“ kann, aber diese „Zerstörung überleben“ muß. Es ist leicht einzusehen, daß eine Mutter auf diese aggressiven Affektäußerungen ihres Babys nicht nur mit liebevoller Zuwendung reagiert, sondern selbst auch mit aggressiver Abgrenzung, gekränktem Rückzug, tadelnder Vorwurfshaltung ob dieser kindlichen Gier antworten kann. Auch auf ihrer Seite werden frühe konflikthaft besetzte Phantasiesysteme aktiviert, die auf unbewußter Ebene steuern, wie sie die emotionalen Signale ihres Kindes „liest“. Es verschränken sich also von Anfang an objektive Beziehungsrealität mit phantasierten inneren Beziehungsmodellen (Stern 1991).

Wenngleich sich hier durchaus Parallelen zu einigen theoretischen Positionen der Kohutschen Selbstpsychologie andeuten, müssen auch ebenso klare Unterschiede vermerkt werden. In selbstpsychologischer Perspektive ist entscheidend, mit welcher Qualität und Echtheit die unterschiedlichen Affektzustände, die einen bereits von Geburt an motivierten Differenzierungsprozeß zwischen Kind und Mutter begleiten, in das kindliche Selbst eingehen. Kohut (1971, 1977) sah aber in heftigen kindlichen Äußerungen wie z. B. Wut, Ärger, Verzweiflung, Angst, Beschämung usw. immer ein klares Indiz dafür, daß die Mutter in der Befriedigung der kindlichen Bedürfnisse nach „Spiegelung“ und „Idealisierung“ empathisch versage und es dadurch traumatisiere. Er mußte zu dieser Einschätzung gelangen, da für ihn Empathie normativ auf ein optimales, d. h. möglichst identisches Erfassen der als „positiv“ und „lebensbejahend“ eingestuften kindlichen Affekte zielte. Er vernachlässigte, daß der Selbstdifferenzierungsprozeß per se mit unterschiedlichen Affektzuständen einhergeht, und „negative“ Affektäußerungen, wie Winnicott veranschaulichte, notwendigerweise unabhängig und trotz empathischen Bemühens der Mutter auftreten.

Bedeutungsvoller erscheint in diesem Zusammenhang, wie es Mutter und Kind in einem wechselseitigen Bemühen gelingt, sowohl die kindlichen Bedürfnisse nach Besonderheit als auch seine Erfahrungen der Begrenztheit in ihr beider Beziehungssystem zu integrieren. In dem Ausmaß, wie die „grandios-exhibitionistischen“ Bestrebungen und die mit ihnen korrelierten Gefühle von Stolz, expansiver Neugier und Erfolgstüchtigkeit in diesem System anerkannt werden können, tragen sie zu einem gesunden, kohäsiven Selbstwert bei und setzen frühe motivationale Selbstziele. In dem Ausmaß, wie Momente der Verletztheit, Enttäuschung, Angst, Bedrücktheit, die alle im Gefolge der frühen aggressiven Selbstbehauptung des Kindes auftreten können, zuverlässig gemildert werden, also nicht aus dem Beziehungssystem verworfen werden müssen, erweist sich die Mutter als Quelle von Trost und Sicherheit, werden hierdurch auch künftig motivational wirksame Ideale und Werte vermittelt (Stolorow et al. 1987). Werden wichtige Affekte aber als bedrohlich aus der Beziehungsdyade ausgeklammert, wirken sie fortan für die kindliche Selbstorganisation traumatisch und müssen abgewehrt werden. Wut, Haß, später instrumentalisierte sexuelle Gefühle oder andere herbeigeführte triebhafte

Affektzustände können dann in ihrer Abschirmfunktion erkannt werden. Nur in dieser Qualifikation ist der Einschätzung Kohuts (1977) zuzustimmen, isolierte „Triebäußerungen" seien als „Desintegrationsprodukte eines fragmentierten Selbst" anzusehen.

4.1.1.8 Hinweise für eine geschlechtstypische Affektentwicklung im ersten Lebensjahr

Gibt es Anhaltspunkte dafür, daß der Geschlechtsunterschied sich bereits im ersten Lebensjahr differentiell auf die Affektentwicklung auswirkt? Legen wir die entwicklungspsychologische Erkenntnis zugrunde, daß die Bedeutung des Geschlechtsunterschieds aus der subjektiven Sicht des heranwachsenden Kindes erst in der zweiten Hälfte des zweiten Lebensjahres zunehmend an innerseelischer Dynamik gewinnt, erste Konzepte einer Kern-Geschlechtsidentität erst jetzt geformt werden (vgl. Mertens 1992), könnte es dann sein, daß die im weiteren Sozialisationsverlauf so vielfältigen Unterschiede im emotionalen Erleben und Verhalten von Mädchen und Jungen sich in erster Linie einem „nachträglichen Recordierungsprozeß" verdanken (Rohde-Dachser 1991)? Da dieser Recordierungsprozeß vorrangig im Verein binär strukturierter Sprachmuster erfolgt, also der auf holistische Erlebnisszenen zielende, frühkindliche sensorimotorische Erfahrungsmodus zunehmend verabschiedet wird, könnte es dann sein, daß geschlechtstypische Differenzen erst durch diese neue binäre Ordnung der Sprache und die hierüber vermittelten Erwartungsmuster einer sozialen Bezugsgruppe entstehen? Könnte es sein, daß diese geschlechtstypischen Merkmale emotionalen Erlebens aus einer innerseelisch notwendigen Verarbeitung des jetzt jeweils für ein Mädchen bzw. für einen Jungen unterschiedlichen Verzichts auf eine sensorimotorische Erfahrungstotalität resultieren, die eine geschlechterorientierte Differenzierung bis jetzt noch nicht vorsah? Und könnte es sein, daß bereits von Geburt an vorhandene, vor allem auf dem Weg unbewußt übertragener Phantasien von Mutter und Vater auf jeweils ihre Tochter, auf ihren Sohn differentielle affektive Austauschformen und Erlebnisszenen im Gewande einer sprachlichen Transformation nur neu akzentuiert werden, da sich jetzt in der Sprache auch verstärkt eine geschlechtsdifferenzierende Rollenzuschreibung einer sozialen Öffentlichkeit bemerkbar macht? Die Meinungen in der Literatur hierzu sind widersprüchlich. Ich neige eher zur letzteren Position. Die inneren Bilder der Eltern von ihren Kindern sind von Anfang an immer auf ein Mädchen oder einen Jungen gerichtet (Brazelton und Cramer 1990, Sandler und Sandler 1988). Sie sind als solche immer schon Bestandteil tragender Phantasiesysteme mit zahlreichen unbewußten Komponenten der jeweiligen Lebensgeschichten, aber auch der vorherrschenden Familiendynamik (Cramer und Stern 1988, Emde 1991, Stern 1991) und beeinflussen selbstverständlich auch die ersten affektiven Interaktionen mit dem Kind. Lassen sich aber über diese einer unverwechselbaren Individualbiographie verpflichtete Betrachtungsweise hinaus auch einige allgemeinere Tendenzen ausmachen, die zu unserer eingangs gestellten Frage beitragen könnten?

So ist Krause (1990) der Ansicht, daß eine verfrühte Imprägnierung v.a. der affektiven Austauschformen in der symbiotischen Mutter-Kind-Dyade mit rigiden Konzepten „männlich vs. weiblich" sich höchst traumatisierend auswirken könne. Ich verstehe diese nicht näher ausgeführte Annahme so, daß eine starre Dichotomisierung nach einem überwiegend „männlich" bzw. „weiblich" konstruierten Erlebnispol selbst schon Resultat einer neurotisch eingeengten mütterlichen Erlebnisfähigkeit ist, die in dem offenen Szenarium der sinnlich-affektiven, erotisch wie aggressiv getönten Eindrücke das Auftreten ganz bestimmter Regungen sanktioniert und damit aus der Interaktionsdyade verwirft, die „Illusion einer unsichtbaren Einheit" (Winnicott 1953) erst gar nicht entstehen läßt. Hier wäre z. B. das Konzept „männlich" ein nicht mehr in der Dyade verhandelbares und auch nicht mehr vermittelbares, bedrohliches Äußeres mit weitreichenden Konsequenzen für nachfolgende Entwicklungsschritte z. B. während der Differenzierungs- oder Übungsphase. Zu ähnlich katastrophalen Folgen mag es kommen, wenn dieser verfrühte geschlechtstypische Differenzierungsprozeß auf der Basis einer realen Traumatisierung z. B. einer väterlichen Kindesmißhandlung erfolgt (Gaensbauer 1982).

Befunde der Kleinkindforschung legen einige früh beobachtbare Temperamentsunterschiede zwischen männlichen und weiblichen Säuglingen nahe. So zeigen kleine Mädchen häufig ein stabileres und früher funktionierendes postnatales „Zustandssystem", lassen sich leichter beruhigen und finden rascher zu einem differenzierten Wach-Schlaf-Rhythmus als die Jungen (Haviland und Malatesta 1981, Lewis und Weintraub 1974, Lichtenberg 1983, Silverman 1987a). Korner (1973, 1974) legte Beobachtungsdaten vor, die für eine größere taktile Sensibilität, eine besondere Affinität zu oralen Trost- und Beruhigungsformen bei weiblichen Neugeborenen im Vergleich zu männlichen Säuglingen sprechen, die wiederum ein größeres Verlangen nach taktiler Stimulierung der proximalen Muskelpartien zeigen. Wenngleich es sehr schwer fallen dürfte, hier angeborene Temperamentsunterschiede, differentielle Erziehungspraktiken und Auswirkungen unbewußter Einstellungen von einander zu trennen, so sind doch durchaus mögliche Auswirkungen auf das frühe Bindungsverhalten zu reflektieren. In einer plausiblen Interpretation dieser Befunde gelangt Silverman (1987b) zur Überzeugung, daß Mädchen im Vergleich zu Jungen ein intimeres Bonding-Verhalten zu ihrer Mutter entwickeln. In Parallele zu einigen theoretischen Positionen M. Kleins diskutiert sie bei Mädchen einerseits heftigere Ärgerreaktionen auf frühe Trennungserlebnisse von der Mutter, andererseits aber eine höhere Motivation, hierfür Abhilfe zu leisten, die Mutter wieder zu versöhnen. Eine größere Sensibilität für die emotionalen Zustände der Mutter insgesamt resultiere, werde begleitet von einem Bestreben, für mütterliche Enttäuschungen, depressive Niedergeschlagenheit und Aufregungen Wiedergutmachungsleistungen anzubieten. Die Autorin erblickt hier auch die Basis für eine vorrangige Strukturierung des entstehenden Über-Ich-Systems bei Mädchen über Beziehungsmotive und befindet sich im Einklang mit theoretischen Positionen Gilligans (1982). Es läßt sich über diese Sichtweise auch problemlos an die Entstehung früher, nicht auf Konfliktgrundlage beruhender prosozialer Motive anknüpfen, wie sie Emde (1988) formuliert hat (s. o.). Im Kontext der frühkindlichen Empathieentwicklung ließe sich ferner folgern, daß über diese besondere Beziehungsbasis zwischen Mutter und Töchtern ein günstigeres Fundament für ein empathisches Verstehen von inneren Gefühlszuständen einer Bezugsperson resultieren könnte (Jordan und Surrey 1986). M. E. sind diese möglichen geschlechtstypischen Unterschiede in der frühkindlichen Affektentwicklung aber nur als Tendenzen zu verstehen, die durch einseitige, von außen herangetragene Interpretationsschemata nicht an Erlebnisvalidität gewinnen, sondern nur über eine subtile Erfassung der vielschichtigen bewußten, wie unbewußten Anteile in einer Einzelfallbetrachtung überzeugen können.

Zu ergänzen ist, daß Säuglinge nicht nur Mütter, sondern in aller Regel auch Väter besitzen, die von Anfang an in eine intensive Beziehung mit ihren Kindern treten. Vor dem Hintergrund der Diskussion möglicher geschlechtstypischer Differenzen in der frühkindlichen Affektentwicklung ist hierbei bemerkenswert, daß zumindest auf einer beobachtbaren Interaktionsbasis Väter gegenüber Töchtern und Söhnen sehr viel ähnlicher als unterschiedlich reagieren (Papousek 1987). Und doch scheinen sich im Vergleich zur Mutter wiederum deutliche Unterschiede abzuzeichnen. Väter neigen viel mehr dazu, mit ihren Kindern lustvolle Spiele einer höheren Erregungsintensität zu spielen, ihre taktilen Kontakte sind kräftiger und stimulierender als in den Mutter-Kind-Interaktionen üblich (Yogman et al. 1976). Das Kind lernt auf diese Weise schon relativ früh ganz unterschiedliche Interaktionsstile mit weitreichenden Konsequenzen für seine affektive Wahrnehmungswelt kennen (Brazelton und Cramer 1990). Für eine psychoanalytische Betrachtungsweise ist aber über diese offenkundigen Verhaltensdifferenzen hinaus entscheidend, wie Mutter und Vater sich in dieser frühen Familiendynamik verstehen, wie sehr es der Mutter gelingt, dieses väterliche Kontaktangebot verständnisvoll und freudig zu vermitteln und sich hierbei ohne Konkurrenzgefühl, Neid, Eifersucht usw. zurückzunehmen und beobachtend teilzuhaben, und wie sehr der Vater es versteht, die intimeren Kontaktformen zwischen Mutter und Kind anzuerkennen, nicht zu stören, einen wichtigen triangulären Schutz zu garantieren. Es läßt sich unschwer vorstellen, daß dieses ontogenetisch wesentlich früher zu datierende triadische Beziehungssystem mannigfaltigen, konflikthaften Störeinflüssen ausgesetzt sein kann, die wiederum auch eine geschlechtstypische Akzentuierung haben können. So wäre es denkbar, daß die Mutter innerlich entspannter einem freudig-erregten Treiben ihrer „beiden Männer" zusehen kann, während sie in Ahnung einer frühen Rivalität ein ähnliches Spiel zwischen Vater und Tochter unterbinden möchte. Aber auch das Gegenteil hiervon ist vorstellbar, und wiederum das Gegenteil des Gegenteils, je nach unbewußter Motivkonstellation der beteiligten Interaktionspartner.

4.1.2 Zweites Lebensjahr

4.1.2.1 Entwicklungsvoraussetzungen zu Beginn der Affektentwicklung im zweiten Lebensjahr

Eine psychoanalytische Betrachtung der Affektentwicklung im zweiten Lebensjahr ruft zunächst nochmals wichtige Errungenschaften aus den ersten Entwicklungsmonaten in Erinnerung. Mit Eintritt ins zweite Lebensjahr verfügt das Kleinkind über eine Reihe hoch differenzierter Affektstrukturen, die idealerweise in einem vielschichtigen Interaktionssystem mit der Mutter bedeutungsvoll abgestimmt werden konnten. Hierbei ist mit hoher Sicherheit bei ihm ein konturiertes Kernselbst mit einem wachsenden Bewußtsein eigenständiger Erlebnisweisen, aber auch ein reifendes Wahrnehmen hiervon getrennter Gefühle, Einschätzungen, Erwartungen und Direktiven seitens der Mutter anzunehmen. Beider Interaktionen bestimmen nunmehr eine intersubjektive Wechselseitigkeit, ein aktives Verhandeln von möglicherweise divergierenden Intentionen, ein Ausloten der Grenzen des Beziehungssystems. Hierbei erfährt das heranwachsende Kleinkind einen enormen Auftrieb seiner selbstbestärkenden Kräfte durch sein körperliches Wachstum, seine sich differenzierenden Wahrnehmungssinne, sein Erlernen der aufrechten Körperhaltung mit zunehmender Kontrolle über die Lokomotion und damit seine Fähigkeit, sich von der Mutter wegzubewegen, um neugierig seine soziale und physikalische Umwelt zu erkunden. Diese neuen Selbsterfahrungen müssen sich aber auf die zuverlässige Erfahrung stützen, mit der Mutter liebevoll verbunden zu sein, sich weiterhin auf sie in Momenten äußerlicher oder innerlicher Verunsicherung bestärkend, steuernd oder tröstend beziehen zu können. Wenngleich diese Orientierung nach wie vor auf konkrete, sensorimotorische Handlungsszenen angewiesen ist, kann das Kleinkind nun auch bald auf reifende kognitive Fertigkeiten wie ein episodisches Gedächtnis mit Objektpermanenz und Antizipation zurückgreifen. Diese erlauben es ihm allmählich, Trennungen von der Mutter konstruktiv zu meistern.

Es rückt nun das Thema von „Individuation und Trennung“ bzw. von „Autonomie und Bindung“ noch weiter in den Mittelpunkt. Die hohe Bedeutsamkeit für eine psychoanalytische Theorienbildung erklärt sich aus der Tatsache, daß sich hiermit das affektiv-kognitive Erbe früher dyadischer Beziehungen kristallisiert. Zentral erscheinen die Konflikte um Abhängigkeit und Unabhängigkeit. Gleichzeitig ist hiermit auf das engste die Entwicklung des Selbstwertgefühls verknüpft. Die Akzentuierung dieser konflikthaften Objekt- und Selbsterfahrungen und ihre intrapsychischen Lösungsmodalitäten in der sog. „Wiederannäherungskrise“ nach M. Mahler wirken modellstiftend für künftige Lebensabschnitte.

Zur Orientierung seien wiederum einige Fragen vorangestellt:

- Welche dominanten Affektstrukturen zeichnen sich im Verlauf des zweiten Lebensjahres ab? Welchen Beitrag kann vor allem das Entwicklungsmodell von M. Mahler speziell in den Ausführungen zur „Wiederannäherungsphase“ leisten? Wie sind ihre Positionen im Kontext der Selbstpsychologie und Kleinkindforschung zu bewerten?
- Welchen Stellenwert besitzt der „Übergangsbereich“ nach Winnicott für die Gestaltung einer subjektiven Gefühlswelt?
- Wie sind trieb-, speziell aggressionspsychologische Einflüsse auf die Affektentwicklung im zweiten Lebensjahr zu beurteilen?
- Lassen sich bestimmte Affektschicksale in der Entwicklung des zweiten Lebensjahres mit einer Disposition zu distinkten psychopathologischen Zustandsbildern verknüpfen? Welchen Einblick kann vor allem eine ungelöste „Wiederannäherungskrise“ in die Dynamik von „Borderline- und narzißtischen Persönlichkeiten“ bieten?

4.1.2.2 Affektentwicklung im zweiten Lebensjahr nach M. Mahler

Erinnern wir uns: Nach M. Mahler befindet sich das Kleinkind des beginnenden zweiten Lebensjahres auf dem Höhepunkt seiner selbstbestärkenden und grandiosen Erlebnisse in der „Übungsphase“ (s. o.). Es demonstriert nicht nur erstaunliche sensorimotorische Fertigkeiten; seine Funktionslust ist affektive Grundlage eines schier unbegrenzten Optimismus und neugierigen Explorationsdrangs. Es erfährt sich hierbei vor allem in den unterschiedlichsten sozialen Situationen. Diese bringen nicht nur vielfältige Nuancierungen der Beziehungen mit und fern der Mutter, sondern auch mit seinem Vater, seinen Geschwistern oder anderen attraktiven Objekten der sozialen Umwelt mit sich. Andererseits imponieren zunehmend mehr auch Zeitspannen, in denen es sich intensiv mit sich selbst beschäftigt und äußere Handlungsvollzüge fast verschwinden können. Und doch ist diese „Fähigkeit, allein zu sein“ (Winnicott 1958, s. u.), nicht ohne das im Raum anwesende mütterliche Objekt zu denken, das einen kontinuierlich schützenden Hintergrund bildet, also prinzipiell „emotional verfügbar“ sein muß (Emde 1983). Der interpersonale und subjektive Raum der „Übungsphase“ bietet so nicht nur die Möglichkeit, die affektiven Auswirkungen einer sich entfaltenden Wirklust und explorativen Selbstbehauptung spezieller zu beleuchten, sondern auch die stilleren Entwicklungsmöglichkeiten innerseelischer Gefühlserfahrungen näher zu analysieren. Das wissenschaftliche Hauptinteresse M. Mahlers konzentriert sich nun aber näher auf die Entwicklungsdynamik, die aus der zunehmend realistischeren Einschätzung des Kindes über seine eigenen Fertigkeiten und der tatsächlichen Abhängigkeit von der mütterlichen Unterstützung entfacht wird. Sie widmet sich vor allem den hier begründeten Entwicklungskonflikten mit ihren Konsequenzen für die innerseelische Strukturbildung.

In der Subphase der „Wiederannäherung" (16.–24. Monat) wird nach Mahler und Mitarbeitern (1975) das affektiv-kognitive Bewußtsein von einer endgültigen körperlichen Trennung von der Mutter niedergelegt. Ihre Unterstützung kann das Kind nicht mehr als automatisch und selbstverständlich erachten. Ihre Zuneigung beurteilt es zunehmend mehr in Abhängigkeit von eigenem Denken, Fühlen und Handeln. Es ist nun genau jener Entwicklungsabschnitt, von dem S. Freud (1926) erklärt hat, daß aus der Angst vor dem Verlust des Objekts die Angst vor dem Verlust der Liebe des Objekts wird.

Gleichzeitig mit dem Schwinden einer früheren illusionären Einheit mit einer bedingungslos liebenden und schützenden Mutter korrigieren sich auch allmählich unrealistische Kausalitätsvorstellungen des Kindes. Das Gefühl der eigenen magischen Omnipotenz kann schlagartig entwertet, sein narzißtisches Selbstverständnis empfindlich erschüttert werden. Die idealisierende Überschätzung der Einflußmöglichkeiten der Mutter hält in der Regel aber noch eine geraume Zeit an.

Eine depressiv-gedrückte Gestimmtheit ist häufig die affektive Konsequenz dieser interpersonalen Veränderungen und innerseelischen Strukturverschiebungen. Nicht selten kann alternierend eine noch relativ undifferenzierte Wut auftreten.

Typisch für diesen Entwicklungsabschnitt ist für das Kind eine nur mühsam kontrollierbare Vielfalt widersprüchlicher Gefühle. So etwa sein Wunsch, seine neu erworbenen Fertigkeiten vor der Mutter stolz zu demonstrieren, sein heftiges Verlangen nach ihrer Liebe, aber auch seine konstante Besorgnis um sie in engem zeitlichen Kontext mit seinem reifenden Bewußtsein und schlechten Gewissen, durch Unbeherrschtheit, Wut, Verletzung oder drängendes Fordern ihre Zuneigung verlieren zu können. Auch sein reifungsmäßiges Bestreben, eigenständig von ihr zu sein, unabhängig seine Entwicklungsmöglichkeiten zu entfalten, kann schuldhaft unterlagert sein. Dann wiederum verspürt es ein heftiges Verlangen nach einer dichten emotionalen Nähe mit der Mutter, will vor ihr gefallen und sucht bei ihr nach Trost für erlebte Enttäuschungen. Eifersüchte und Besitzansprüche, sichtbare Ambivalenz und Feindseligkeit verdeutlichen die außergewöhnliche Brisanz dieser Wiederannäherungsphase.

Die „Wiederannäherungskrise" mit dem Wunsch nach voller Entfaltung der neuen Autonomiegefühle und der notwendigen Wahrnehmung schmerzvoller Begrenzungen und möglicher Verluste verschärft sich aber noch weiter:

Die Kennzeichen der analen Phase (s. u.) mit aktiveren, absichtsvolleren und differenzierteren Ausdrucksweisen einer länger anhaltenden feindseligen Aggression des Kindes gegenüber der Mutter werden deutlicher und können eine grundlegende Ambivalenz ihr gegenüber verschärfen. Der Einfluß eines erwachenden Interesses für anatomische Unterschiede in den Genitalien beider Geschlechter kann intensive Ängste um die eigene körperliche Unversehrtheit schüren. Frühe Kastrationsängste oder körperzentrierte Schamgefühle bilden sich u. U. heraus, wobei der vermeintliche oder drohende Verlust des Penis als rachsüchtige Vergeltung der „bösen Mutter“ für eigene Haßgefühle ihr gegenüber phantasiert werden mag. Die Bildung einer sicheren „Kerngeschlechtsidentität“ (Stoller 1980) kann so empfindlich behindert werden (vgl. Mertens 1992).

Das Verhalten des Kindes mit seinen Entwicklungsmöglichkeiten in der Wiederannäherungsphase hängt selbstverständlich von dem Verlauf der früheren Entwicklungsphasen ab. Ein illustrierendes Beispiel ist auf S. 88/89 skizziert.

Voraussetzungen für eine positive Überwindung der Krise sind zum einen die weiterhin zuverlässige Verfügbarkeit der Mutter, ihre Fähigkeit, die interaktionelle Ambivalenz selbst zu ertragen, ohne mit übermäßiger Ungeduld und Aggressivität zu reagieren, ihr Geschick, auftretende Konflikte im Umgang mit dem Kind wahrzunehmen und tolerable Lösungen anzubieten. Von zunehmender entwicklungsmäßiger Bedeutung wird nun auch das Verhalten des Vaters sein. Dieser scheint für das Kind mit der geregelten äußeren Realität sowie einem erfolgreichen autonomen Funktionieren assoziiert zu werden. Idealerweise hilft er die in der Mutter-Kind-Beziehung implizite Entwicklungsambivalenz weiter zu reduzieren. Er kann ein Gegengewicht gegen regressive Tendenzen anbieten, eine wichtige Identifikationsfigur, ein attraktives Liebesobjekt für das Kleinkind darstellen (McDevitt und Mahler 1980).

Verläuft die Lösung der Wiederannäherungskrise weniger glücklich, so bewirkt der Zusammenbruch des kindlichen Glaubens an die eigene Omnipotenz und die Unsicherheit über die emotionale Verfügbarkeit der Eltern jenes Syndrom der „feindseligen Abhängigkeit gegenüber den Eltern“ (Mahler 1966). Frühe pathologische Abwehrmechanismen der Spaltung, der Introjektion und Projektion werden notwendig und sind verantwortlich für habituelle Stimmungsschwankungen und Affektausbrüche wie exzessive Trennungsangst, depressive Grundgestimmtheit, Passivität und Hemmung der explorativen Interessen einerseits, für ungeduldige Forderungshaltung, Erpressungsmanöver, emotionale Ausbeutung, Neid, aggressive Durchbrüche andererseits.

In Mahlers Sichtweise verdichten sich in diesem Entwicklungsabschnitt, speziell in der „Wiederannäherungsphase“, nun eine Reihe von normativ durch das Kleinkind zu lösenden Entwicklungsaufgaben. Deren psychologische Relevanz ist im Erwerb der hier impliziten grundlegenden seelischen Funktionen und strukturellen Fortschritte zu erblicken. Sie werden im folgenden programmatisch zusammengestellt (vgl. Settlage 1980):

- Das Kleinkind erwirbt mit einer erfolgreichen Lösung der „Wiederannäherungskrise“ eine endgültige und zuverlässige Selbst-Objektdifferenzierung. Anderenfalls können erhebliche Defizite einer innerseelischen Grenzbildung zwischen Selbst- und Objektbildern resultieren.

Die affektive Entwicklung des Mädchens Donna während der Subphasen von Trennung und Individuation (Mahler et al. 1975)

Die Beobachtungsstudie zum frühkindlichen Entwicklungsverlauf des Mädchens verdeutlicht, wie vielfältig, überraschend und auch problembeladen die erste „Trennung und Individuation" sein kann, auch wenn die individuelle Begabung des Kindes und die Betreuungsqualität ihrer Mutter als überdurchschnittlich zu bewerten sind. Entsprechend bunt sind auch die Affektschicksale von Donna während dieser Jahre.

Das Zusammenspiel von Donna und ihrer Mutter während der Symbiose ist beinahe ideal zu nennen. Der Gemütszustand von Donna ist gleichbleibend ruhig und ausgeglichen. Beider Temperamente scheinen harmonisch aufeinander abgestimmt zu sein. Die Lächelreaktionen erfolgen frühzeitig, spezifisch und von besonderem Belohnungswert für beide Partner.

Das vergleichende Abtasten des mütterlichen Gesichts und übrigen Körpers in der frühen Differenzierungsphase verläuft interessiert und neugierig. In der Phase der aktiven Distanzierung hingegen scheint die Mutter deutliche Schwierigkeiten zu verspüren, Donna freundlich zu selbständigem Erforschen ihrer Umwelt zu ermuntern. Ein unbewußter Zweifel an den wachsenden Eigenkräften des Kindes bahnt wohl eine stärkere frühe Abhängigkeit von der mütterlichen Zustimmung oder auch Mißbilligung. Auffällig ist, daß Donna während der Differenzierungs- und frühen Übungsphase eine gewöhnlich zu beobachtende, oft überschäumende Aufregung oder Freude vermissen läßt und vielmehr besonnen und ruhig bleibt. Im 5. bis 6. Lebensmonat treten typische Einschlafstörungen und Launen beim Essen auf.

Donna zeigt schon sehr bald ein Fremdeln, neigt zu ausgeprägtem Stimmungsabfall in der Abwesenheit der Mutter und reagiert überschwenglich bei ihrer Rückkehr. Im Vergleich zu gleichaltrigen Kindern im Center entwickelt Donna wesentlich früher ein besonderes Interesse am eigenen Spiegelbild. Doch ihr Vorsprung in kognitiver Hinsicht ist durch ein ängstliches Rückversichern bei der Mutter in Frage gestellt. Erblickt sie sich selbst im Spiegel, ohne daß sie ihre Mutter neben sich weiß und ebenfalls im Spiegel sieht, wird sie unruhig und nervös.

Die psychomotorische Entwicklung vollzieht sich während der eigentlichen Übungsphase in kräftigen Schüben. Wird Donna in ihren Verhaltensinitiativen gebremst, reagiert sie besonders empfindlich und zeigt eine beträchtliche Wut. Der Umgang mit anderen Kindern wird von einer aggressiven Selbstbehauptung, Rivalität und Eifersucht gekennzeichnet. Daneben entwickelt Donna aber auch umrissene objektbezogene Ängste. Momente der Trennung von der Mutter führen zu unmittelbarem Weinen und erfordern immer noch einen körpernahen Schutz und Trost. Indem sie „Trennung aktiv übt", gewinnt Donna aber an Frustrationstoleranz. Eine Identifikation mit der Mutter gelingt ihr allmählich im Puppenspiel. Ihre frühreife kognitiv-affektive Ich-Entwicklung demonstriert sie damit, daß sie als einziges Kind ihrer Altersgruppe schon die Personen ihrer Umwelt auf Photographien identifizieren kann.

Ein ziemlich früh etabliertes Bewußtsein einer endgültigen Trennung von der Mutter führt zu einer besonders einschneidenden Wiederannäherungskrise mit deutlichen Anzeichen von Ambivalenz in der Beziehung zur Mutter. Eine traumatisch erlebte Penicillininjektion, ein operativer Eingriff und die Mandeloperation des Brüderchens verschärfen ihre Angst vor dem Verlassenwerden, eine Angst vor Liebesverlust und insbesondere eine Kastrationsangst. Letztere nährt sich gerade aus dem ängstlich-neugierigen Registrieren von Geschlechtsdifferenzen am eigenen Körper und dem des Brüderchens.

Dieses Zusammentreffen von drei Hauptängsten der frühen Kindheit macht es Donna besonders schwer, sich von der Mutter zu lösen und eigenständige Aktivitäten zu entfalten. Nach unabdingbaren Trennungen sucht sie häufiger auf regredierter Stufe nach intensiver körperlicher Nähe. Die Mutter einfach nur zu sehen oder zu wissen, wo sie ist, genügt ihr nicht. Eine starke Ambivalenz ihr gegenüber bekundet sie aber darin, daß sie oft fordernd und bedrängend auftritt, wenn sie mit ihr zusammen ist. Während sie in ruhigen Augenblicken im allgemeinen fröhlich und ausgeglichen wirkt, bricht sie schon bei geringsten Versagungen in Weinen und Ungehaltensein aus. Sie hegt zahlreiche kleinere Ängste und reagiert sehr negativ auf die mütterlichen Versuche zur Reinlichkeitsgewöhnung.

Ein anklammerndes Verhalten an die Mutter ist noch weit bis ins dritte Lebensjahr hinein zu verfolgen. Daneben zeichnen sich aber auch charakteristische Reaktionen auf die Wahrnehmung des Geschlechtsunterschieds und die Problematik des Toilettentrainings ab. Ihr Vater nimmt im weiteren Entwicklungsverlauf eine für sie zunehmend bedeutungsvollere Position ein. In ihren spielerischen Aktivitäten wechselt Donna zwischen weiblichem Charme und aggressiver Prahlerei. Sie scheint hier zwischen einem weiblichen und einem männlichen Selbstbild zu schwanken. Wenn sie allen ihren Puppen den Namen des Bruders gibt, verdeutlicht sie die Rolle des Penisneids.

Eine schmerzliche Harnwegsinfektion im 28. Monat steigert noch ihre Angst um die Integrität ihrer Genitalien oder ganz allgemein ihre Furcht vor körperlicher Verletzung. Im Umgang mit Gleichaltrigen läßt sie vorübergehend eine früher nie gezeigte Scheu vor aggressiven Auftritten erkennen.

Gelegentlich regrediert sie auf die Stufe der symbiotischen Anklammerung an die Mutter und lutscht an ihren Fingern. Der direkte körperliche Zuspruch und Trost durch die Mutter trägt wesentlich dazu bei, die Ambivalenz in der Mutter-Tochter-Beziehung zu verringern und die enthaltenen aggressiven Impulse zu entschärfen.

Von ausschlaggebender Bedeutung für die weitere Entwicklungsprogression aber sind die lustvollen Spiele mit dem Vater, vor allem ihr Lieblingswunsch, von ihm geschaukelt zu werden. Über die Imitation von jungenhaften Spielweisen gewinnt Donna in der zweiten Hälfte des dritten Lebensjahres ihre Souveränität über ihre psychomotorischen Fertigkeiten zurück und scheint auf diesem Weg auch ihren Penisneid erfolgreich überwinden zu können.

- Es überwindet die obligatorisch auftretende Entwertung seiner Omnipotenzgefühle aus seinen symbiotischen Erlebnissen mit der Mutter. Unrealistische, aus moderierenden Beziehungserfahrungen abgetrennte Machtphantasien können bei traumatischen Kränkungen des kindlichen Selbstwertempfindens narzißtisch fortbestehen.
- Sowohl die Überwindung von Vernichtungsängsten vor einem allmächtigen, intrusiven Mutterobjekt als auch von Trennungsängsten legen den intrapsychischen Grundstein für die Entwicklung und den Einsatz einer reifer strukturierten Signalangst. Eine persisierende Ängstlichkeit, eine mangelhafte Aufschubsfähigkeit, eine eingeschränkte Phantasietätigkeit, stattdessen aber ein impulsgesteuertes Verhalten imponieren, wenn es ihm nicht gelingt, die vorherrschenden entwicklungstypischen Ängste zu integrieren.
- Es findet eine wesentliche Amalgamierung von Aggression und Liebe gegenüber dem mütterlichen Primärobjekt statt. Konsequent erlangt der Abwehrmechanismus der Verdrängung ein zunehmendes Gewicht gegenüber der Spaltung. Eine mangelnde libidinöse Objektkonstanz ist wiederum Erbe fehlgeschlagener Integrationsbemühungen.
- Parallel erwirbt das Kind eine zunehmende Ich-Autonomie in der Kontrolle und Modulation von sexuellen und aggressiven Triebregungen. Defizitär stünden eine erhöhte Vulnerabilität vor ungehemmten Triebimpulsen sowie eine reduzierte Affektkontrolle entgegen.
- Und schließlich schützen der Erwerb einer libidinösen Objektkonstanz und eines kohäsiven Selbst sowie eine reife Regulation des Selbstwertes vor massiven Trennungsängsten und exzessiven Abhängigkeitsgefühlen.

Eine affektpsychologische Diskussion dieser entwicklungstheoretischen Positionen M. Mahlers konzentriert sich nun einerseits auf Aspekte der kindlichen Selbsterfahrung, des explorativen Neugierverhaltens, der selbstbestärkenden Wirklust, faßt die Annahme von entwicklungstypisch erachteten „Omnipotenzgefühlen" näher ins Auge. Sie behandelt andererseits die innerseelischen Konsequenzen aus der zunehmenden Wahrnehmung des reifenden Kindes von seiner tatsächlichen Abhängigkeit von der Mutter. Eine Behandlung des Konzeptes des „Selbstobjekts" schließt sich notwendig an. Beiträge der psychoanalytischen Selbstpsychologie wie der Kleinkindforschung sind hierbei zu berücksichtigen.

4.1.2.3 Entwicklung des Selbstwertgefühls und der Scham

M. Mahler sieht die dialektisch aufeinander verweisenden Entwicklungsziele von „Trennung – Individuation" als die übergeordneten Themen des zweiten Lebensjahres. Autonomiefördernde wie auch bindungsstiftende Motive bleiben stets auf die entstehende Selbstorganisation wie auf die Objektbeziehungsstrukturen gerichtet, wenngleich in unterschiedlichem Ausmaß in den aufeinanderfolgenden Abschnitten der Übungs- und Wiederannäherungsphasen hervorgehoben. Betrachten wir zunächst die zentralen Kennzeichen der Übungsphase und stellen wir sie in den Kontext unserer Affektdiskussion. Sie sind vor allem im Hinblick auf eine Selbstregulierungsfunktion der Affekte, im speziellen Fall auf eine zu erwerbende Toleranz von Emotionen starker Gehobenheit einerseits und schmerzlicher Beschämung andererseits zu diskutieren.

Die bereits von Erikson (1950) für diesen Entwicklungsabschnitt geschilderte Polarität zwischen „Autonomie versus Scham bzw. Selbstzweifel" weist in seinen selbstregulatorischen Aspekten selbstverständlich immer schon auf ein von Geburt an zu den interpersonalen Beziehungen paralleles Geschehen. Es besitzt also frühe Vorstufen und ist nicht als Ergebnis von erfolgreichen Interaktionen erst jetzt zu beobachten (Emde 1983, Stern 1985, Wilson et al. 1990). Es erfährt nun aber eine besondere Akzentuierung.

Die dominante Erlebnisform des Kindes in der Übungsphase ist selbstgerichtet. Sie ist auf das engste mit seiner aufrechten Lokomotion, seinem enormen Bewegungsdrang, seiner Freude in Neugier und Entdeckung verknüpft. In kognitiver Hinsicht befindet es sich schon auf einer fortgeschritteneren sensorimotorischen Stufe. Diese ist nach Piaget (1966) durch die Kennzeichen eines spontanen und aktiven Explorationsverhaltens gegenüber Neuheiten seiner unbelebten und sozialen Umwelt ausgewiesen. Dem Kind sind einfache Zusammenhänge von Wirkung und Ursache im konkreten Handlungsvollzug vertraut. Es begreift den intentionalen Einsatz von Verhaltensweisen, um ein einfaches Ziel zu erreichen, und kann allmählich räumliche und zeitliche Beziehungen erfassen. Dadurch erwirbt es auch eine gewisse Aufschubsfähigkeit gegenüber seinen Bedürfnissen und Impulsen. Ab. ca. der Mitte des 2. Lebensjahres wird eine weitere kognitive Errungenschaft ersichtlich. Hat das heranwachsende Kind eine hinreichende Konstanz seines Selbsterlebens in unterschiedlichen räumlichen und zeitlichen Sequenzen, natürlich im Kontext einer vor allem mütterlich geschaffenen und bereitgestellten sozialen Konsistenz, erworben, dann wird es auch fähig, sich selbst zum (körperlichen) Gegenstand seiner Wahrnehmung zu machen. Ein erstes Selbstbewußtwerden und schließliches Selbstbewußtsein wird möglich. Ein jetzt erstmals auftretendes selbstreferentielles Verhalten z. B. beim Erkennen des eigenen Spiegelbildes, aber auch der zunehmende Gebrauch der Pronomina von „ich" und „mein" zeigen diese neue Fertigkeit an (Amsterdam und Levitt 1980, Lewis 1990, 1991). Durch den Bezug auf eine nun auch für das Kind objektivierbare Selbststruktur erlangen auch die zentralen Affekterfahrungen während der Übungsphase ihre besondere Qualität, und zwar sowohl in ihren erhebenden als auch vulnerablen Aspekten. Ist es doch jetzt nicht nur relevant, wie das Kind sich selbst erlebt, sondern wie es auch in den Augen anderer, z. B. der Mutter, erscheint. Vergleichs- und Bewertungsfunktionen erlangen für es eine zunehmende Bedeutung. Sander (1975) hebt treffend hervor, daß das

Kind jetzt realisiert, „daß auch ein anderer wahrnehmen kann, was es in sich selbst wahrnimmt, d. h. ein geteiltes Bewußtwerden".

In affektiver Hinsicht betont Mahler (1966) eine typische narzißtische Stimmungslage während dieser Monate, die Pine (1980) als gehobene Frohstimmung („elation") näher ausführt. Das Kind geht eigenen inneren Zielen und Plänen nach, erlebt sich freudig als Zentrum in seinen motorisch gereiften Fertigkeiten und initiiert selbständig auch Trennungen von der Mutter (Sroufe 1990). White (1963) und Klein (1976) sprechen von einer „Funktionslust" bzw. einer „vitalen Lust" und sehen in ihr das entscheidende affektive Korrelat zur Eigenwahrnehmung, etwas bewirken zu können. Auch Broucek (1979) erkennt Wurzeln des sich entfaltenden Selbstwertgefühls in sensorimotorischen Effizienzerlebnissen.

Die typischen Erlebnisweisen während der „Übungsmonate" werden aber nicht ausschließlich durch einen endogenen Schub in der Reifung der Skelettmuskulatur und der Aufmerksamkeitsleistungen gebahnt. Die spontane Entfaltung der sensorischen und motorischen Fertigkeiten und damit die Inszenierung der typischen Affekterlebnisse fußt wesentlich in der Qualität des bisher zwischen Mutter und Kind hergestellten Bindungsmusters.

Wie Ainsworth und Mitarbeiter (1978) zeigen konnten, entwickeln nur „sicher gebundene" Kinder jenes paradigmatische „Liebesverhältnis mit der Welt" (Greenacre 1957). Kinder mit einem „ängstlich-widerstrebenden" Bindungsmuster haben große Schwierigkeiten, sich überhaupt von der Mutter zu lösen, und die Vorgänge der Umgebung näher zu erkunden. Vielmehr sind sie neuartigen Situationen und fremden Personen gegenüber sehr ängstlich. Und Kinder mit einer „vermeidenden" Bindung demonstrieren ein pseudoautonomes Explorationsverhalten. Ihnen scheint es nichts auszumachen, von der Mutter wegzulaufen und neue Sachverhalte ihrer Umgebung zu erforschen. Aber sie sind auch nur wenig geneigt, ihre inneren Erlebnisse mit der Mutter affektiv zu teilen. Sie unterscheiden in dieser Hinsicht kaum zwischen der Mutter und Fremdpersonen (vgl. Sroufe 1989).

Kohut (1971, 1977) spricht von einem altersadäquaten Exhibitionismus und begleitenden Gefühlen einer Grandiosität bei dem Kind während dieses Entwicklungsabschnitts. Nicht nur die Errichtung eines umfassenden Selbstwertgefühls, einer Überzeugung, wertvoll, kompetent, stolz zu sein, sondern auch die Ausbildung von realistischen Zielen und Ambitionen, einer inneren Gewißheit, sich im Einklang mit sozial akzeptierten Idealen und Werten zu befinden, ist wesentlich von der empathischen Antwortbereitschaft der Mutter abhängig. Kohut unterscheidet zwei interpersonale Mechanismen, die diese inneren Wachstumstendenzen des Kindes zu einem kohärenten Persönlichkeitskern, zu einem kohäsiven Selbst notwendig unterstützen müssen, nämlich die Spiegelung einerseits, die Idealisierung andererseits. Während die Spiegelung bereits auf frühesten ontogenetischen Stufen der Begegnung zwischen Kind und Mutter eine maßgebliche Rolle spielt, hier vor allem auf eine möglichst prompte und stimmige Intervention der Mutter auf unterschiedlichste körperliche und affektive Bedürfniszustände des Babys zielt, erscheint Spiegelung auf dem gereiften Entwicklungsniveau des „übenden" Kleinkindes vor allem im Gewand der wohlwollenden und akzeptierenden Bestätigung durch die Mutter. Sie soll dem begeisterten Kind das Gefühl vermitteln, es hat so seine Richtigkeit, daß es sich großartig fühle, es dürfe diese Bedürfnisse, aber auch diese Befriedigungen haben. Mit dieser Bestätigung muß aber für das heranwachsende Kind auch ein Gefühl einhergehen, daß es in den Augen der Eltern ein „ideales Kind" (s. u.), für die Eltern in seinen Talenten, Begabungen und konkreten Leistungen idealisierbar, der ganze Stolz der Eltern sein kann. Dieser Prozeß ist selbstverständlich nur bidirektional zu begreifen, d. h., auch Eltern erleben es als hohen narzißtischen Gewinn, in den Aktionen ihres Kindes Teile ihrer eigenen Aspirationen und Größenvorstellungen wiederzuentdecken. Nicht immer gelingt es aber dem Kind, das motorisch erfolgreich umzusetzen, was es seinen inhärenten Plänen nach intendiert, z. B. ein attraktives Spielzeug in seinen Wirkkreis zu ziehen, oder ein sich unvorhergesehen eröffnendes Problem konstruktiv entsprechend seiner Verarbeitungsmöglichkeiten zu lösen. Dann ist es entscheidend, daß das Kind lernen kann, daß seine „Ich kann es"-Gefühle zu Gefühlen „Ich kann es mit deiner Unterstützung" werden. Dies umschreibt auf einer affektiven Ebene den Mechanismus der Idealisierung. Die Mutter und selbstverständlich auch der Vater müssen sich dem Kind als idealisierbare Objekte anbieten, damit es sich gesund in seinem Selbstwertgefühl entwickeln kann.

Für Kohut stellen sich die Entwicklungsleistungen von „Spiegelung" und „Idealisierung" als „selbstobjekthaft" dar. In Anlehnung an M. Mahler fordert er, daß die Eltern dem Kind auf dieser Entwicklungsstufe noch maßgeblich das Gefühl einer „infantilen Omnipotenz" garantieren. Weder die Hypothese von dieser kindlichen Grandiosität, die im wesentlichen eine Schlußfolgerung der metapsychologischen Konzeption der „Symbiose" darstellt (Horner 1985, 1988, 1992), noch auch die Unterstellung einer entwicklungsmäßigen Undifferenziertheit zwischen Subjekt und Objekt ist vor dem Hintergrund neuerer Ergebnisse der Kleinkindforschung haltbar (Stern 1985). Beide Spekulationen sind m. E. nicht sinnvoll für eine psychoanalytische Entwicklungsposition zu konservieren, ohne dabei Wesentliches zu verlieren. Der affektive Gehalt der „infantilen Grandiosität" findet sich adäquat in der spezifischen Affektqualität der freudig erregten Hochstimmung des erfolgreich „übenden" Kindes wieder (Tomkins 1962). Die kognitive Konnotation des „narzißtischen Erlebens" auf dieser Stufe wird passender über die egozentrischen Denkstrukturen beschrieben. Diese signalisieren eine alterstypische Beschränkung der visuellen, aber auch sozialen Perspektivenübernahme sowie eine noch lange Zeit vorherrschende Unfähigkeit des heranwachsenden Kleinkinds, einen sensoriaffektiv wahrnehmbaren Unterschied zwischen eigenen Gefühlen und solchen von anderen Personen metakognitiv zu reflektieren (Westen 1990).

In der Expertise von Lichtenberg (1991) über das Wesen des „Selbstobjekts" wird ferner hervorgehoben, daß es sich hierbei nicht um eine Umweltentität oder um eine Person handele, sondern um eine Klasse psychologischer Funktionen, die ein Objekt für ein Subjekt ausübe, damit dieses seine Selbsterfahrung aufrechterhalten, wiederherstellen oder transformieren könne. Grundlegend sei das Modell der affektiven Einstimmung zwischen Mutter und Kind mit seinem typisch vitalisierenden Effekt auf das Erleben, wie es Stern (1985) so eindrucksvoll skizziert habe. Dieser „selbstobjekthafte" Einstimmungsprozeß müsse aber auf die breite Palette der in den unterschiedlichen Motivationssystemen möglichen Affekterfahrungen bezogen werden (vgl. Lichtenberg 1989). „Selbstobjekthaft" impliziere nicht Verschmelzung, sondern Intimität.

Lichtenberg steht mit seiner Interpretation des „Selbstobjekts" im Einklang mit der Sichtweise anderer führender Selbstpsychologen. So sind auch für Stolorow und Mitarbeiter (1987) Selbstobjekt-Funktionen grundlegend auf das Bedürfnis eines Individuums bezogen, zentrale Affekte in der Selbsterfahrung zu integrieren. Auch ihnen dient als Grundmodell die affektive Einstimmung zwischen Mutter und Kind in einer geteilten Erlebniswelt. Sie behalten aber ähnlich wie Lichtenberg das Konzept der „Selbstobjekt-Funktionen" auch für andere Aspekte der affektiven Entwicklung bei, wie (1.) für die weitere Affektdifferenzierung und ihre Beziehung zur Grenzbildung im Selbsterleben, (2.) die Synthese diskrepanter Affekterfahrungen, (3.) den Erwerb einer Affekttoleranz und den Gebrauch der Affekte als Signale sowie (4.) eine fortschreitende Desomatisierung und kognitive Artikulation der Affektzustände. Nur über Selbstobjektfunktionen, die in einer intimen Beziehung zwischen Partnern vollzogen würden, erlangten Affekte die Qualität von Signalen sich verändernder Selbstzustände. Würden zentrale Affekte nicht „selbstobjekthaft" bestätigt, müßten sie aus dem Selbsterleben verworfen werden. Bei einem Wiederkehren dieser Affekte in anderen Situationen oder späteren Lebensabschnitten wirkten sie traumatisch, d. h. ohne eine besondere Signaleigenschaft für ein geordnetes Coping in typischen Gefahrenmomenten, sondern als Indikatoren einer bedrohten Selbstorganisation. Diese nicht selbstobjekthaft bestätigten Affekte seien regelhaft mit seelischem Schmerz, Beschämung und Selbsthaß korreliert.

Sowohl die neuen kognitiven Fertigkeiten mit einem erwachenden Selbstbewußtsein als auch das entwicklungstypisch hohe Erregungs- und Aktivitätsniveau, das eine ausgelassene Frohstimmung begründet, machen das Kleinkind während der Übungsphase auch besonders anfällig gegenüber Schamgefühlen (Broucek 1991). Die Entwicklung von Schamgefühlen und ihre Toleranz sind als grundlegende Entwicklungsziele zu erachten. Sie stellen einen wichtigen regulatorischen Gegenpart in der gesunden Selbstwertentwicklung dar. Nicht ihre grundsätzliche Vermeidung gilt es beim Kind anzustreben, wie es beispielsweise einige Ausführungen von Kohut (1977) nahelegen könnten, sondern vielmehr ihre entwicklungsmäßige Unvermeidbarkeit in ein „selbstobjekthaft" funktionstüchtiges Beziehungssystem einzubinden

(s. o.). Hierbei ist zu beachten, daß Schamerlebnisse nicht nur bei einem Versagen des Kindes im Erproben seiner neuen sensorimotorischen Funktionen auftreten können, sondern vor allem bei einer ungenügenden „spiegelnden“ Bestätigung durch die Mutter, von der das freudig erregte Kind eine Einstimmung in seine spezifischen Affekterlebnisse erwartet (Broucek 1982, Morrison 1989). Gerade diese interaktionelle Dimension wirkt sozialisatorisch.

Der Suche des Kindes nach einem bestätigenden mütterlichen Kontakt liegt nicht mehr das Bedürfnis eines „emotionalen Auftankens“ wie in der Differenzierungsphase zugrunde. Jenes zielte auf eine Reduktion von ängstlich-verunsicherten Affekten, auf Schutz und Beruhigung in einer für die Verarbeitungsmöglichkeiten des Kindes plötzlich zu fremd und bedrohlich gewordenen Umgebung. Das Kind erwartet stattdessen jetzt eine wechselseitige Einstimmung in seine freudige Erregtheit (Brent und Resch 1987). Notgedrungen in diesem Abstimmungsprozeß auftretende Diskrepanzen aktivieren den Schamaffekt. Dieser zeichnet sich gerade dadurch aus, daß er durch einen plötzlichen Abfall eines hohen affektiven Erregungsniveaus getriggert wird (Tomkins 1962). Er zeigt an, daß an die Mutter gerichtete Erwartungen unerfüllt bleiben (Wurmser 1990). Er tritt dann auf, wenn das Kind erkennen muß, daß seine „praktizierte Illusion“ in der Übungsphase plötzlich nicht mehr trägt, nämlich seine Annahme widerlegt wird, auch in einer Entfernung von der Mutter mit ihr noch mental verbunden zu sein und jederzeit uneingeschränkt über ihre Spiegelungsfunktionen verfügen zu können (Sherwood 1989). Das innerseelische Verarbeitungsniveau des Kindes zu diesem Zeitpunkt, das Selbstpsychologen in Anlehnung an Kohut als „narzißtisch“ etikettieren, ist in kognitiver Hinsicht wesentlich „egozentrisch“ bestimmt (Westen 1990). D. h., eine Übernahme der Perspektive von Gefühlen und Intentionen anderer Personen ist dem Kind im Laufe des 2. Lebensjahres noch unmöglich. Eine Kollision von innerseelischen Zuständen und affektiven Bereitschaften, wie im beschriebenen Fall, ist für es zwar auf einer sensoriaffektiven Stufe wahrzunehmen, aber nur mit mehr oder weniger modulierten Affekten zu beantworten, z. B. mit einer Schamreaktion. Diese signalisiert biosozial, daß ein affektiver Kontakt zu einer wichtigen Person im Moment abgebrochen ist (Basch 1976). Der resultierende Affektzustand in der Scham ist schmerzlich und kann vom Kind allein noch nicht konstruktiv bewältigt werden. Er führt zu Hilflosigkeit und Passivität.

Die Gründe für ein nicht erfolgreiches Abstimmen auf hohem Affekterregungsniveau mögen auf Seiten der Mutter vielfältig sein. Ein Versagen i. S. mangelhaft empathischer Einfühlung, wie es Kohut bevorzugt für Schamkrisen herausstellte, ist nur eine Möglichkeit. Entwicklungspsychologisch bedeutsam sind ebenso Szenen, in denen die Mutter in berechtigter Fürsorge das Kind von gefährlichen Aktivitäten schützend abhält, ein überschießendes Herumtreiben des Kindes bremst, von ihm noch nicht wahrgenommene Grenzen seiner körperlichen Kräfte schonend einführt und damit desorganisierende

Erschöpfungszustände für es vermeidet, oder aber ein eigenständiger Aktionsradius des Kindes mit momentan anderweitigen Interessen oder Intentionen der Mutter kollidiert. Zentral in diesen Situationen ist, wie ein hohes affektives Erregungsniveau in den weiteren sozialen Kontakten einreguliert wird. Entwicklungsziel ist hierbei eine Veränderung in Richtung eines höher organisierten affektiven Zustands und einer komplexeren Aufmerksamkeit. Krystal (1978) hebt hervor:

„Möglicherweise der entscheidendste und schwierigste Aspekt des Mutterseins besteht darin, dem Kind zu gestatten, eine zunehmend intensivere Affektspannung zu ertragen, aber einzuschreiten und das Kind zu trösten, bevor seine Emotionen es überwältigen" (S. 96).

Ganz entscheidend ist, ob das Kind in seiner „Beschämung" verbleibt, gravierend unverstanden ist, mit sich alleine verharren muß oder aber von der Mutter in seinem Anliegen wohl erkannt, aber in seinem Ungestüm begrenzt, in seiner Erregung gemäßigt und gelenkt wird. Droht im ersten Fall eines brüsken Abgewiesenwerdens seine Scham in wütenden Protest umzuschlagen oder aber je nach typischer Vorerfahrung in stummer Verzweiflung erstickt zu werden (Bowlby 1969), so wird die Schamerfahrung im zweiten Fall vor allem in seiner sozialen, bindungsstiftenden Funktion erkennbar (Lewis 1980). Kann sich das Kind durch die Intervention seiner Mutter in seiner Scham quasi „erholen", so wird die Beziehung zu ihr bestärkt. Erlernt wird jeweils die gesamte Sequenz von erhabener Selbsterfahrung, zunächst enttäuschender Begegnung mit der Mutter, einsetzender Schamreaktion über eine fehlgeschlagene Einstimmung auf hohem Erregungsniveau, schließlich bestätigender Rückversicherung durch die Mutter und Neuorganisation der Erlebnis- und Verhaltensweisen des Kindes.

In Anlehnung an Stern (1985) läßt sich formulieren, daß sowohl die typische Affekterfahrung des Kindes als auch die Reaktion der Mutter hierauf als ein inneres Modell einer interaktiven Affektregulation niedergelegt wird. D. h., das Kind kann nun eine Selbstrepräsentanz internalisieren, in der sein Bild von sich wertvoll und effizient ist, die Interaktion mit dem mütterlichen Objekt grundsätzlich positiv getönt bleibt, in der Beziehung zu ihm auftretende Verstimmungen aber als reparabel eingeschätzt werden, das Objekt als zuverlässig und, wenngleich begrenzend, als entwicklungsfördernd behalten werden kann. Scham wird so zu einem Schutz des entstehenden Selbstsystems, in dem ungezügelte Erwartungen im Interesse sozialer Beziehungen modifiziert werden (Basch 1988).

Dieser integrierte Schamaffekt signalisiert ferner auch eine wachsende Affekttoleranz des Kindes, da es nun gelernt hat, einen affektiven Schmerz bei sich wahrzunehmen, auszuhalten und trotzdem hoffen zu dürfen, ihn positiv zu überwinden (Krystal 1988). Scham in wohl abgestimmten Dosierungen trägt zu einer wichtigen Subjekt-Objekt-Differenzierung bei, fördert eine Realitätsorientierung und bestärkt gleichzeitig die Individualität des Kindes durch ein erhöhtes Selbstbewußtwerden, wie Broucek (1982) ausführt. Es öffnet sich hier dem Kind auch die Möglichkeit zu einer intensiveren Wendung nach innen und zu einem Erwerb neuer aktiver Coping-Mechanismen im Umgang mit schmerzlichen Affektzuständen (s. u.).

In einer eindrucksvollen Analyse identifiziert Schore (1991) dieses Schamregulationssystem als den grundlegenden Mechanismus des neu entstehenden Ich-Ideals. Während Schuld als zentraler Affekt der Über-Ich-Struktur vor allem in späteren, verbal dominierten Entwicklungsabschnitten erworben wird (Pine 1980), bleibt die Ich-Ideal-Komponente des Über-Ichs stark in den präverbalen Affektschicksalen der Scham verankert.

Shore sieht in dem selbstregulatorischen Ich-Ideal ein Coping-System, das höchst sensibel auf soziale Interaktionsstörungen anspricht. Seine zentrale Aufgabe ist es, übermäßig positiv oder intensiv negativ gefärbte Affektzustände zu regulieren. Er unterscheidet hierbei eine „modulierende“ Komponente der Scham, die Zustände einer narzißtischen Übererregung und Überstimulation akut reduzieren hilft. Es kommt zu einer Verringerung des Selbstwerterlebens; aktives Coping, Interesse und Neugier verschwinden, Kognitionen eines großartigen Selbsterlebens werden unterbunden. Stattdessen treten passive, auf den Parasympathikotonus gestützte Reaktionen wie Erröten, Blickvermeidung, Rückzug und depressive Niedergestimmtheit auf. Diese erste Komponente muß aber durch eine zweite, eine „stimulierende“ Komponente der Scham gegenreguliert werden. In ihrer integrierten Form vermag sie wieder in einen sympathikotonusgestützten Zustand überführen, die depressive Gestimmtheit durch ein narzißtisch positiv gefärbtes Selbstwerterleben ablösen und aktive Copingmechanismen anstoßen.

Damit diese beiden Komponenten des Ich-Idealsystems aber in einem integrierten Selbsterleben wirksam werden können, ist es wichtig, nochmals an ihre dynamischen Wurzeln zu erinnern. Shore führt aus, daß die erste Komponente jene archaische Scham betrifft, die quasi zu einer „Implosion“ des Selbstgefühls führen und das Kind ungeschützt in Ohnmacht und Hilflosigkeit stürzen würde. Die zweite Komponente aber aktiviert ein eng gekoppeltes Aggressionsmuster, das Kohut (1971) als „narzißtische Wut“ und Lewis (1985) als „Schamwut“ bezeichnet hat, und das in seiner ursprünglichen „Explosion“ wiederum wichtige Sozialkontakte gefährden würde. Unter einem Entwicklungsaspekt ist es also von hoher Relevanz, daß nicht nur die Scham in ihren „implosiven“ Auswirkungen, sondern auch in ihren „explosiven“ Folgen in tragende zwischenmenschliche Beziehungen eingebunden wird. Dies wird bevorzugt über die laufenden Kontakte mit der Mutter eingeübt, muß aber zunehmend stärker auch durch den Vater beeinflußt werden. Auf einer integrierten Stufe (s. o) übt so ein reifer Schamaffekt auch eine regulatorische Kontrolle über die Aggressivität des Kindes aus. Diffuse, explosive Wut wird zu einem fokussierten und modulierten Ärger gewandelt (Settlage 1977). Die narzißtische Wut kann in reife Aggression transformiert werden (Kohut 1978, vgl. auch Kap. 4.1.2.4).

Ein reifer Schamaffekt verhindert, daß das hohe Erregungsniveau einer ungezügelten narzißtischen Wut nicht selbstfragmentierend wirkt. In seiner regulatorischen Funktion, die noch eine geraume Zeit „selbstobjekthafte“ Züge trägt, also sich auf eine regelmäßig wiederkehrende mütterliche Unterstützung in der Ausübung verlassen können muß, fördert es Internalisierungsprozesse und konsolidiert neue Gedächtnisstrukturen. Ein späteres „evokatives Gedächtnis“ ist in seiner Funktionstüchtigkeit darauf angewiesen, daß die infantile, d. h. narzißtische Wut sicher reguliert werden kann (Adler und Buie 1979). Wiederholte frühe Einbrüche in die affektiven Einstimmungsprozesse, die in der Mutter-Kind-Dyade nicht modulierend aufgefangen werden können, führen schließlich zu der grundlegenden Überzeugung beim Kind, seine emotionalen Bedürfnisse seien überhaupt unakzeptabel und beschämend, müßten also aus den sozialen Interaktionen ausgesperrt werden. Pathologische Selbstwertregulationssysteme, wie sie beispielsweise Kohut (1971) im „archaischen grandiosen Selbst“ intendiert hat, sind wohl am ehesten als defensive Entwicklungsantworten auf diese frühen narzißtischen Traumata zu verstehen. Ihre störenden Einflüsse auf nur mangelhaft integrierte Introjekte, auf das entstehende Ich-Ideal und das spätere Über-Ich sind zu berücksichtigen (Kernberg 1976).

Bei relativ unbehindertem Entwicklungsverlauf verfügt das heranwachsende Kleinkind gegen Ende des zweiten Lebensjahres über ein schon recht funktionstüchtiges, auf einen integrierten Schamaffekt gestütztes Ich-Ideal (dies schließt selbstverständlich bedeutsame Transformationen und Modifikationen in späteren Entwicklungsabschnitten bis weit in die Adoleszenz und das junge Erwachsenenalter hinein nicht aus). Es reguliert hierüber sozusagen in stellvertretender Selbsterfahrung, wie seine Handlungen in den kritischen Augen anderer wohl bewertet werden. Nach Sandler et al. (1963) umfaßt das Ich-Ideal vier bedeutsame Kategorien, die sich im Verlauf des 2. Lebensjahres herauskristallisieren (vgl. auch Nathanson 1987a, b):

(1) Das „ideale Objekt“ beinhaltet all die Attribute der idealisierten, als mächtig und bewunderungswürdig erachteten Elternfiguren.
(2) Das „ideale Kind“ verkörpert jenes Bild, das ein heranwachsendes Kind als Zielvorstellungen und Erwartungen seiner Eltern an ein liebenswertes und erwünschtes Kind erfahren und gespeichert hat. Zustimmung und Tadel zu eigenem Handeln orientieren sich an diesem Bild.
(3) Das „ideale Selbst“ stellt die repräsentierten Eindrücke zu Haltungen und Handlungen des Kindes dar, die in seinem Erleben eine positive Affektlage maximieren, eine negative Affektlage aber minimieren würden. Es ist aufs engste mit der Regulierung der Scham verknüpft, wie sie oben gerade dargestellt wurde.
(4) Die „ideale Beziehung“ zielt auf ideale Verhaltensweisen, die man entweder ausführen oder aber unterlassen sollte, damit eine erwünschte Beziehung z. B. zu den Eltern aufrecht erhalten werden kann. Ein Verstoß gegen diesen Codex resultiert in Schuldgefühlen, die aber erst nach einer stabilen Errichtung des Über-Ichs im kindlichen Verhalten und Erleben wirksam werden können.

Auf dieser Regulationsschiene des Ich-Ideals kann auch die Fortentwicklung früher moralischer Gefühle betrachtet werden (vgl. oben moralische Motive gegen Ende des 1. Lebensjahres). Es sind jetzt die Bedingungen für einen ersten kontinuierlichen inneren Dialog gegeben, den das Kleinkind im Hinblick auf beobachtende, kritisierende, aber auch bestätigende und belobigende „signifikante Andere" mit sich führen kann.

Vor allem die Arbeitsgruppe um Emde zeigte, wie ein frühes moralisches Motiv für das Kind aus einer zuverlässig gelingenden Wechselseitigkeit, einem „social fittedness" resultiere. In den frühen Interaktionen zwischen Mutter und Kind werden Regeln der Kommunikation, Kooperation und partnerschaftlichen Verhandlung eingeübt. Als verhaltensbestimmende, nicht-konflikthafte Motive werden sie lange vor dem Erwerb der Sprache wirksam. Sie manifestieren sich erstmals deutlich gegen Ende des 1. und zu Beginn des 2. Lebensjahres.

Im Zuge der expansiven Selbstbestätigung des Kindes während der Übungsphase spielt die interaktionelle Möglichkeit der sozialen Bezugnahme, des „social referencing" auf die Mutter eine zunehmend wichtigere Rolle. Es drückt sich in ihr eine Form der affektiven Überwachung („affective monitoring") aus, die das Explorationsverhalten des Kindes nicht nur in Situationen einer beängstigenden Verunsicherung lenken, sondern auch vermitteln, was im Blick der Mutter „wünschenswert", was „ungehörig", was „verboten" erscheint. Dosierte Schamgefühle des Kindes lenken sein Verhalten und fördern eine Internalisierung der vorrangig noch sensoriaffektiv erlebten Standards. Aber auch ein verspürter Erfolg in einem geschickten Verhandlungsstil mit der Mutter trägt bestärkend zu dieser Internalisierungstendenz bei. Erste präverbale Schemata von „Teilen und Fairness" werden niedergelegt. Unter pragmatischen Gesichtspunkten lernt das Kind, wie es etwas in Retour bekommen, Belohnungen erreichen, Tadel und Strafe vermeiden kann. Prosoziales Handeln wird ihm zunehmend als Selbstinteresse erkennbar, besitzt fortan für es einen hohen Wert an sich.

Auf dieser nicht-konflikthaften Entwicklungslinie erfolgen auch wichtige Anstöße für das weitere Heranreifen eines empathischen Vermögens. Gegen Ende des 2. Lebensjahres fühlen sich Kinder selbst ebenfalls bedrängt, wollen helfen und trösten, wenn jemand anders, z. B. ein Spielgefährte oder auch die anwesende Mutter, sich unbehaglich, traurig oder bedrängt fühlt.

Und ein weiteres Merkmal einer grundlegenden Moral wird in dieser Zeit ausdifferenziert, nämlich eine Tendenz, es wieder recht zu machen („getting it right"), wenn äußere, aber auch schon langsam verinnerlichte Regeln der sozialen Interaktionen verletzt worden sind. Hier verbindet sich die Freude der sozialen Wiedergutmachung mit der alterstypischen Lust des Kindes bei einer erfolgreichen Beherrschung von Problemen („mastery pleasure") (vgl. zur frühkindlichen Moralentwicklung: Damon 1988, Dunn 1988, Emde 1988, 1990, 1992, Emde und Buchsbaum 1990, Emde et al. 1988, 1991, Kagan 1981, Radke-Yarrow et al. 1983, Zahn-Waxler und Kochanska 1990).

Die wiederholte Betonung von nicht-konflikthaften Entwicklungspfaden zu moralischen Motiven einerseits, zu Empathie andererseits sollte aber nicht den Blick auch die bedeutsamen Einflüsse gelöster wie aber auch nicht gelöster Konflikte auf die beiden Aspekte der Entwicklung von moralischen Motiven und des empathischen Verständnisses verstellen (s. u.).

4.1.2.4 Entwicklung der Selbstbehauptung und der Aggressivität

Psychoanalytische Theoretiker, die sich direkt an das Entwicklungsmodell von M. Mahler anlehnen, sehen die Geschicke sowohl der Übungs- als auch der Wiederannäherungsphase wesentlich durch endogene Veränderungen in der kindlichen Aggressivität gebahnt (McDevitt 1983, Parens 1979, 1980, 1989). Sie postulieren einen ersten Reifungsschub des Aggressionstriebs etwa ab dem 9. Lebensmonat. Als Indikatoren für diese Aggressivität führen sie die bereits oben ausführlich geschilderten Verhaltensweisen des Kindes an, nämlich einen expansiven Bewegungsdrang, eine vor allem in der Erprobung der motorischen Kräfte aufscheinende Wirklust, eine verstärkt von der Mutter abgezogene und auf äußere Vorgänge gerichtete Aufmerksamkeit, das typische Neugier- und Explorationsverhalten, den ungebremsten Selbstbehauptungswillen in der Eroberung der materiellen und sozialen Umwelt. Es handelt sich also um jenes grundlegende „Aggredi“, wie es beispielsweise auch in der Neopsychoanalyse von Schultz-Hencke betont wurde. Parens (1979) spricht in seiner terminologischen Differenzierung der frühkindlichen Aggressionsformen von einer „nicht-destruktiven Aggression“. Sie stellt für ihn die inhärente triebpsychologische Vorbedingung für die Progression des Kindes in den eigentlichen Trennungs-Individuationsprozeß dar. In Anlehnung an Stechler und Halton (1987) sowie Lichtenberg (1989) ist aber vorteilhafter von einer „Selbstbehauptung“ („assertion“) zu sprechen, hierbei die selbstinitiierte Umsetzung innerer sensorimotorischer Pläne und vor allem die Assoziation zu einem eigenständigen Affektsystem hervorzuheben, das sich in positiven und euphorischen Affekten wie dem Interesse und der Neugier, der freudigen Erregtheit und Frohstimmung artikuliere. Aggressivität beziehe sich hingegen auf ein grundlegendes Selbstschutzsystem, das mit dysphorischen Affekten einhergehe, sich in unterschiedlicher Intensität und kognitiver Strukturierung entweder als leichte Irritation, als Ärger, als Wut, als Feindseligkeit oder aber als Haß äußern könne.

Stechler und Halton (1987) führen wichtige Gründe an, warum „Selbstbehauptung“ und „Aggressivität“ sich systemisch so leicht überlappen und trotz grundlegender Unterschiede häufig verwechselt werden. Zunächst können motorische Einzelakte wie z. B. Ziehen, Zerren, Reißen, Stoßen, Kratzen und sogar Beißen in beiden Subsystemen als Verhaltensbestandteile auftreten. Die selbstaktiven Bestrebungen, die das Kind mit einer drängenden Qualität umsetzen möchte, stoßen unweigerlich auf äußere Begrenzungen, Verbote usw. und können vom Kind als Gefährdung seines Selbsts interpretiert werden und reaktiv aggressive Affekte auslösen. Der Übergang von Selbstbehauptung und Aggressivität erfolgt zuweilen so rasch, daß sich für einen Beobachter ein vermeintlich einheitliches Affekterleben des Kindes darstellt. Ferner kann ein Erwachsener in bewußten wie auch unbewußten Haltungen dieses selbstbehauptende Verhalten des ungestümen Kindes als aggressive Handlung, etwa als böswilligen Angriff auf sich mißverstehen, nun selbst mit feindseligen Affekten und Bestrafung reagieren, um damit aber das Eigenerleben des Kindes gewaltsam in den Kontext eines „zu disziplinierenden Aggressionstriebs" zu stellen, die eigentlichen Grundmotive des Kindes dadurch zu unterdrücken. Und schließlich darf nicht übersehen werden, daß eine kindliche Unmutsäußerung bei einem scheiternden Unternehmen oder die ungeduldige Einklage einer sofortigen elterlichen Intervention begreiflicherweise selbst wieder irritieren und ärgerlich stimmen kann.

Stechler und Halton wie auch Parens und McDevitt betrachten übereinstimmend die destruktive oder feindselige Aggression in erster Linie als ein reaktives Geschehen. Es stellt also nicht ein spontanes biologisches Entladungsphänomen dar, sondern ist bedeutungsvoll auf einen Interaktions- und einen Erlebniskontext zu beziehen. Es müssen grundlegende Bedürfnisse des Kindes in den zentralen Objektbeziehungen oder den selbstgestalteten Szenen unlustvoll oder gar vital betroffen sein, damit die assoziierten Aggressionsaffekte angestoßen werden. Mit allmählich möglichem Zugang und Zugriff auf strukturierte innere Bilder reagiert aber das Kind nicht nur ausschließlich auf extern ausgelöste Frustrationen. Es gestaltet in seiner sich konturierenden Phantasiewelt selbst aggressive Motive, verarbeitet sie defensiv oder transformiert sie auch kreativ.

Mannigfaltige Anlässe sind in der Übungsphase vorstellbar, in denen es zu Kollisionen zwischen dem Selbstbehauptungswillen des Kindes und disziplinierenden Eingriffen der Eltern, bevorzugt der Mutter, kommen muß. Dies mag ein Verhindern eines gefährlichen kindlichen Unternehmens z. B. beim Besteigen eines hohen Stuhls, beim Berühren gefährlicher Gegenstände, beim drohenden Umschütten eines Topfes mit heißem Wasser usw. sein. Die einsetzende Unmutsäußerung des Kindes ist um so heftiger, je stärker sein autonomer Impuls ursprünglich gewesen ist, je intensiver er zu Unlust, eigenem Versagen oder gar zu körperlichem Schmerz geführt hat, je weniger es aufgrund noch unreifer kognitiver Fähigkeiten die mütterliche Intervention begreifen kann. Das aggressive Erleben wird um so intensiver fixiert, je deutlicher es von gleichfalls aggressiven Affekten der Mutter unterlagert worden ist, je weniger es in folgenden tröstenden Gesten aufgefangen und gemildert wird. Ein weiteres wichtiges Merkmal der Interaktionen zwischen Mutter und Kind besteht in den reiferen sozialen Verkehrsformen, die eine Gleichberechtigung und Gleichverantwortlichkeit anzuzeigen scheinen. Auf Seiten des Kindes drückt sich dies in charakteristischer Handlungsinitiative, in von ihm selbst eingeforderter Unabhängigkeit, aber auch in seinem Vermögen, sozial bedeutsame Verhaltensregeln als steuernde Signale wahrzunehmen, aus. Auf

Seiten der Eltern besteht wiederum korrespondierend eine deutliche Tendenz, das Kind jetzt allmählich an gültig und wichtig erachtete Normen des Sozialverhaltens heranzuführen, dem Kind zunehmend mehr auch eine gewisse Eigenverantwortlichkeit für sein Handeln zurückzudelegieren (Horner 1985). Psychodynamisch leicht unerkannt kann sich aber hinter diesen Disziplinierungsmaßnahmen bei einsetzenden Verselbständigungstendenzen des Kindes auch eine unbewußte Trennungsproblematik der Mutter auftun, die sie in anal-rigiden Kontrollbemühungen abwehrt. Das Repertoire an bedeutsamen Interaktionskonflikten in dieser Entwicklungsphase ist aufgespannt zwischen den noch stark egozentrisch strukturierten kognitiven Verarbeitungsmöglichkeiten des Kindes einerseits, dem Ausmaß an spielerischer Toleranz oder aber normorientierter Rigidität der elterlichen Erziehungsstile andererseits.

Parens (1979, 1991) hebt für die Monate der Übungsphase einen Anstieg nicht nur in den „nicht-destruktiven", sondern auch in den „destruktiven Aggressionsformen" hervor. Für unsere Diskussion sollen die Manifestationen der Wut und Feindseligkeit näher betrachtet werden. Beide Affekte signalisieren ein aktuell bedrohtes, kohäsives Selbsterleben des Kindes, und beide werden durch einen exzessiven Unlustzustand ausgelöst. In einer intrapsychischen Entwicklungsperspektive kann direkt an die obige Diskussion der „narzißtischen Wut" angeknüpft werden. Der Akzent in der Darstellung ist aber jetzt stärker auf die disziplinierenden, normierenden, verbietenden und tadelnden Aspekte der elterlichen Interventionen gerichtet. Im Verständnis von Kernberg (1976, 1982, 1991a) verdichten sich diese Aggressionserfahrungen des Kindes zu Introjekten, die als wichtige Vorläuferstrukturen des Über-Ichs zu identifizieren sind. Zwei Aspekte der feindseligen Wut in der Übungsphase sind dynamisch festzuhalten.

Zunächst bedeutet die konkrete Auslösesituation für das Kind meist, daß es sich überfordert, beschämt, im extremen Fall hilflos und ohnmächtig fühlt, sein Erleben in den kognitiven und verhaltensmäßigen Coping-Möglichkeiten äußerst eingeschränkt ist. Durch heftige Wutaffekte wird diese Tendenz zur Entdifferenzierung noch zusätzlich verschärft. Zuvor noch zuverlässige Grenzen im Selbst- und Objekterleben werden aufgehoben. Im Extremfall kann es zur Selbstfragmentierung, in einer sich erschöpfenden Wut zum Selbstverlust kommen. Das ursprüngliche motivationale Anliegen des Kindes, nämlich konstruktiv aggressive Energie bzw. selbstbehauptende Affekte einzusetzen, und damit zu einer klareren Auftrennung und Unterscheidungsmöglichkeit der selbst- und objektgerichteten Erlebniswelten zu kommen, wäre kurzgeschlossen. In einem dynamischen Sinne wirken diese exzessiven Wutaffekte also traumatisch (Krystal 1990). Ein typisches Beispiel in der Mitte des 2. Lebensjahres wäre jener Machtkampf zwischen dem kindlichen und dem mütterlichen Willen, jenes unbedingte „Mit-dem-Kopf-durch-die-Wand-gehen-Wollen", das schließlich in einen schier unbeherrschbaren Wutausbruch des Kindes einmünden kann, wenn sich hartnäckige Barrieren nicht überwinden lassen. Häufen sich diese oder ähnliche Aggressionserlebnisse oder stellen sie gar eine grundlegende Interaktionsform zwischen Kind und Mutter dar, so besteht als weiteres Risiko, daß diese intensiv negativen Affekterfahrungen einer separaten Encodierung unterliegen, als „sadistisch kontrollierende Introjekte" in einem eigenständigen affektiven Gedächtnissystem gespeichert werden (Kernberg 1976, 1991a).

Im Unterschied zu „positiven Introjekten", die sich aus einem breiteren Affektpattern rekrutieren und als Prototypen sehr viel variabler, weniger drängend und stereotyp erscheinen, sind die „negativen Introjekte" in ihrer Konnotation schärfer, in ihrere Extension enger, daher auch sehr viel schwieriger zu integrieren (Emde 1989). Dominieren sie die entstehende Repräsentanzenwelt, dann wird der feindselige Trend der aggressiven Ausdrucksmöglichkeiten bestärkt. Er spricht dann sowohl in den realen als auch in den phantasierten Interaktionen zunehmend leichter an. Hierbei ist zu berücksichtigen, daß diese Introjekte nicht einfach nur die real erfahrenen Subjekt-Objekt-Transaktionen abbilden, sondern auch den aggressiven Eigenanteil mitenthalten und entsprechend der schon verfügbaren innerseelischen Fertigkeiten dynamisch umgestaltet werden.

Der Einfluß dieser intensiven Aggressionserlebnisse auf den weiteren Prozeß der Trennung – Individuation wird, wie auch schon im Kap. zur Entwicklung der Schameffekte dargestellt, maßgeblich durch die Flexibilität, Entschlossenheit und Konsistenz der elterlichen Haltung mitbestimmt. Hierbei kann es weder ein pädagogisches Erziehungsziel noch ein psychoanalytisch erstrebenswertes Ideal sein, dem heranwachsenden Kind ein unbeschränktes Handlungsfeld ohne elterliche Grenzsetzung anzubieten. Es sind gerade die dosierten äußeren Hindernisse und Begrenzungen in einer für das Kind klar strukturierten dyadischen Beziehung, in der die Position der Mutter für das Kind mühelos identifizierbar, aber als grundlegend wohlwollend erkennbar sein muß, damit sich seine nicht-destruktive Aggressivität bzw. sein inhärenter Selbstbehauptungswille konstruktiv entfalten, seine feindselige Aggressivität aber positiv fördernd integriert werden kann. Hierbei scheint es mir entwicklungsmäßig von großer Wichtigkeit zu sein, zwischen Introjekten zu differenzieren, die sich letztlich auf eine unterschiedliche Qualität einer verinnerlichten Kontrolle, Steuerung und Autorität beziehen. Es sind zunächst Introjekte zu skizzieren, die sich auf wiederholte Erlebnis- und Interaktionssequenzen zwischen Kind und Mutter stützen können, in denen ein kindlicher Handlungsimpuls wesentlich durch die Mutter gebremst wurde, mit klaren feindseligen Unmutsäußerungen einherging, in der mütterlichen Affektantwort zwar gebunden, aber die Chance zu einer liebevollen Konformität mit künftigen mütterlichen Erwartungen offen blieb. Idealerweise beschränkten sich die mütterlichen Vetos fokal auf spezifische Aktionen des Kindes, die in der Tat gefährlich, unangebracht oder aber grob störend im Blick einer sozialen Gruppenöffentlichkeit erschienen. Idealtypisch sollten diese Verbote in ihrer Intensität moderat ausgesprochen worden sein, die körperliche und seelische Integrität des Kindes unangetastet lassen, in einen umfassenderen, grundlegend positiven Beziehungskontext gestellt sein. Entwicklungsdynamisch berücksichtigten sie dann ausgewogen die beide alterstypischen Motivsysteme des Kindes, nämlich seine Autonomiebestrebungen sowie sein Verlangen, eine positive Bindung zur Mutter zu erhalten. Solcherart zu Introjekten verdichtete Erfahrungen, die eine klar konturierte Subjekt-Objekt-Interaktionsfigur mit typischer Affektqualität beinhalten, rücken nahe an die oben geschilderten, modulierten Subjekt-Objekt-Bilder des Ich-Ideals heran und legen den Grundstein für eine später konsolidierte Über-Ich-Struktur. In Anlehnung an die Berichte von Emde dürften sie zu den frühen moralischen Motiven beitragen (s. o.), eine positive Identifikationsbereitschaft mit der Mutter fördern und auch zu dem Bedürfnis führen, eine als „böse" oder „verfehlt" beurteilte eigene Handlung wieder korrigieren und gutmachen zu wollen. Mit Schafer (1960) könnte man auf eine Über-Ich-Komponente hinweisen, die weniger bestrafende, sondern bevorzugt unterstützende und beschützende Funktionen ausüben wird. Grundlegend bei dieser Form der Introjektbildung ist, daß die nicht-destruktive wie auch die feindselige Aggressivität nicht rigoros „gezähmt", sondern lediglich selektiv blockiert wird, also im interaktiven Geschehen mit der Mutter selbstbestärkend aufscheinen darf und auch für eine weitere innerseelische Verarbeitung konstruktiv zur Verfügung steht.

Verhaltensindizes für diese Form der Introjektbildung wären z. B. die dem Kind offenen, von der Mutter flexibel gestatteten Möglichkeiten, seinen Willen zu erproben, auch durchsetzen zu können, indem es selbst eine vorgeschlagene Korrektur der Mutter im Handlungsplan zurückweisen und negieren darf, ohne eine Bestrafung befürchten zu müssen, die mütterliche Haltung sich ausschließlich auf beschützende und fördernde Elemente besinnt (Stechler 1990).

Und Parens (1991) führt aus, „auf dieser Stufe beginnt die Hemmung durch das libidinöse Objekt allmählich internalisiert zu werden. Das Kind handelt nun zuweilen so, als erwarte es ein Verbot der Mutter, wenn es eine Handlung wiederholen möchte, bei der die Mutter zuvor Einhalt geboten hat. Z. B. wendet sich das Kind, um zur Mutter zu blicken, selbst wenn diese gerade nicht zu ihm herschaut. Bald befindet sich das Kind in einer Position, wenn es gerade etwas Verbotenes tun will, daß es sich selbst stoppt und dabei den Kopf schüttelt. Solche sich wiederholt ereignenden Episoden legen eine progressive Internalisierung der elterlichen Verbote nahe, und diese beginnen einen Einfluß auf das Kind auszuüben, wie auch immer es sich schwach und objektabhängig fühlen mag. Diese Beobachtungen stützen die psychoanalytische Annahme, daß die Abkömmlinge feindseliger Gefühle in Liebesbeziehungen (Freud 1913) sogar die Ursprünge der Über-Ich-Bildung beeinflussen" (S. 97).

Die Introjekte, die wiederum Kernberg (1976, 1991a) als typisch für diesen Entwicklungsabschnitt der Übungsphase und noch prononcierter für die Wiederannäherungsphase im Auge hat, heben sich in der Konfiguration grundsätzlich von den gerade geschilderten Formen ab. Sie drücken m. E. Derivate aus, die viel eher auf gravierende Störungen der Mutter-Kind-Beziehungen verweisen, denn normalpsychologische Phänomene darstellen.

In ihrer prototypischen Ausformung erscheinen sie als „negative, sadistisch kontrollierende Introjekte" (s. o.). Nicht zuletzt fußen sie bei Kernberg selbst auf subtil erfaßten Übertragungs- und Gegenübertragungsphänomenen in der Behandlung von narzißtisch schwergestörten und Borderline-Patienten sowie auf einer korrespondierenden Rekonstruktionsarbeit typischer Geschicke in der präverbalen Entwicklungsepoche (Kernberg 1990b). Unabhängig von einer letztlich befriedigenden theoretischen Lösung dieser Divergenz ist die Annahme gerechtfertigt, daß eine Teilgruppe von Kindern wohl diese „feindseligen Introjekte" unter widrigen Entwicklungsbedingungen ausbildet. Als dominante innere Leitbilder stellen sie das Kind der „Trennungs-Individuations-Phasen" vor ein unüberwindbares Dilemma. Die feindselig bestimmten Subjekt-Objekt-Beziehungen lassen dem Kind von seiner großen Variationsbreite der ursprünglich möglichen aggressiven Ausdrucksformen lediglich die destruktive Aggression. In einer voranschreitenden kognitiven Differenzierung sind es vor allem Haßbestrebungen, die seine Interaktionen, aber auch sein innerseelisches Erleben strukturieren werden. Da Haß aber letztlich auf eine Zerstörung des Objektes zielt, das Liebe verweigert, ohne die man aber nicht leben kann, ist eine konstruktive Bewältigung nicht möglich. Wohl kann es zu Variationen in andere typische Affektzustände kommen, so z. B. Haß sich in primitiven Neid auf das überlebensnotwendig idealisierte Objekt wandeln. Doch das gebrauchte und ersehnte Objekt muß gleichzeitig auch zerstört werden, da es introjiziert die schwache Selbststruktur bedrohen würde. Das heranwachsende Kind sieht sich in einem für es unauflösbaren circulus vitiosus von Projektion, Introjektion, Spaltung und projektiver Identifikation verstrickt. Das Entwicklungsziel einer Lösung vom primären Objekt ist verstellt, da introjizierte Objektaspekte stets unintegriert bleiben, gleichzeitig immer aber zu einer Deformierung der Selbststruktur führen, unter emotionaler Spannung wieder sehr leicht projiziert werden (vgl. Meissner 1981). Aber auch das dialektisch hiermit assoziierte Entwicklungsziel der Individuation ist dem Kind verwehrt, als es sich im extremen Fall nur auf Haßbestrebungen stützen kann, die ihm vorübergehend ein Gefühl der Dominanz, der Abgrenzung, einer brüchigen Grandiosität vermitteln können, aber im Sinne einer traumatischen Wiederholung über kurz oder lang den obigen circulus vitiosus beleben werden.

Diese bewußt an einem Extremtypus orientierte Skizzierung der Entwicklungsverläufe im Trennungs-Individuations-Prozeß beinhaltet selbstverständlich nicht die Annahme, daß Haßgefühle und hieraus resultierende interpersonale und zunehmend mehr auch innerseelische Konflikte nicht auch unauffälligere Entwicklungskarrieren begleiten können. Eine Reihe von psychoanalytischen Autoren, z. B. Parens (1979, 1991) oder auch McDevitt

(1983) gehen davon aus, daß Haßgefühle geradezu zu einem normativen Konflikt der Wiederannäherungsphase beitragen, sich speziell in der sog. „Wiederannäherungskrise" ein entwicklungsentscheidender basaler Ambivalenzkonflikt konstelliert (vgl. hierzu Kap. 4.1.2.2). In dieser Konzeptualisierung wird aber typischerweise auch eine dem Kind verfügbare Liebe zu einem guten und verläßlichen Mutterobjekt angenommen, also sowohl die Charakteristika des typischen Ambivalenzkonfliktes als auch die Voraussetzungen für seine Überwindung mitbenannt.

Unabhängig von einer metapsychologischen Festlegung muß aber gefragt werden, was nun unter Umständen dazu beiträgt, daß sich die Entwicklungsgeschicke in der Wiederannäherungsphase dramatisieren und vor allem in der aggressiven Affektentwicklung zuspitzen können. Teilantworten zielen auf Kennzeichen der mittlerweile erreichten kognitiven Entwicklungsstufe einerseits, auf die an innerseelischer Bedeutsamkeit gewinnende Wahrnehmung von Geschlechtsdifferenzen, auf die Eigenheiten im Erleben der anal bestimmten Aggressivität andererseits. Sie versuchen sowohl eine phasentypisch erhöhte Vulnerabilität des kindlichen Selbstgefühls, als auch die konfliktträchtigen Möglichkeiten in den selbständig manipulierbaren, aber auch dem mütterlichen Erziehungsdiktat nach Sauberkeitsgewöhnung und Anpassung unterworfenen analen Körperfunktionen zu berücksichtigen.

Es seien zunächst wichtige Veränderungen in der kognitiven Entwicklungslinie skizziert (Greenspan 1979, Melito 1983, Westen 1990):

Während der Monate der Übungsphase erreicht das Kleinkind auf einer sensorimotorischen Entwicklungsstufe eine relative kognitive Objektpermanenz. Das Kind wird fähig, über eine kurze Zeitspanne ein Bild von seiner Mutter in unterschiedlichen Situationen konstant festzuhalten. Dies schließt auch die mögliche Integration von kurzen Trennungserlebnissen von der Mutter ein. Ein dämmerndes Selbstbewußtwerden schafft die Voraussetzung dafür, Enttäuschungen, Momente des Scheiterns bei selbständigem Handeln, Unstimmigkeiten und Abbrüche in den Interaktionen mit der Mutter wahrzunehmen und zu tolerieren, vor allem Schamaffekte zu einer verstärkten Selbstwahrnehmung einzusetzen und sensoriaffektive Vergleichsstandards zu entwickeln. Unter günstigen Entwicklungsbedingungen werden diese Erfahrungen von einem kognitiven Prozeß der Dezentrierung begleitet. D. h., es gelingt dem Kind auf der Ebene seiner sensorimotorischen Verarbeitungsmöglichkeiten von einer Position des Egozentrismus relativ abzurücken, sich dabei aber durchaus im Einklang mit sich und einer konkret erfahrenen Handlungswelt zu fühlen.

Im Übergang auf ein präoperationales Denken, das zeitlich ungefähr mit der späten Übungs- und beginnenden Wiederannäherungsphase zusammenfällt, erwirbt es eine erste semiotische Funktion. Es lernt im beschränkten Umfang über bildhafte Vorstellungen, sprachliche Laute, zeichenhafte Gesten und erste Symbole die Objekte der realen Wahrnehmungswelt für sich zu repräsentieren. Dies führt zu einer erhöhten Flexibilität seiner psychischen Funktionalität und reduziert gleichzeitig einen unmittelbaren Anpassungsdruck an die Umwelt.

Dieser innerseelische Zugewinn erweist sich aber in mehrfacher Hinsicht als krisenanfällig. Nach Piaget ist auch das Denken in bildhaften Repräsentationen anfangs wieder verstärkt egozentrisch orientiert. D. h., das Kind muß in seiner Objektwahrnehmung nun erneut einen langwierigen und anfälligen Prozeß der Dezentrierung durchschreiten. Es muß die Inhalte, die es mit bestimmten Objekten auf einer sensorimotorischen Stufe gesammelt und integriert hat, also z. B. im Falle der Mutter die speziellen affektiven Subjekt-Objekt-Erfahrungen, auf dieser neuen Denkstufe rekonstruieren und weiter differenzieren. Hierbei führt der kognitive Fortschritt von figurativer Anschauung und Symbolbildung dazu, daß es seine tatsächliche Abhängigkeit von der Mutter als Hauptrepräsentantin der materiellen und sozialen Umwelt sehr viel klarer erkennen kann, seine eigene Kleinheit und Begrenztheit aber um so schmerzlicher und beschämender wahrnehmen muß. Dies könnte eine kognitive Bedingung dafür sein, daß das Kind der Wiederannäherungsphase Trennungserlebnisse oder aktuelle Momente eines scheiternden Selbstbehauptungsversuchs intensiver wahrnimmt und mit stärkeren Angst-, Scham- und Wutgefühlen beantwortet. Nicht zuletzt M. Mahler machte auf diese erhöhte Anfälligkeit aufmerksam (Mahler et al. 1975).

Auch ein anderes Charakteristikum dieser Denkstufe ist für die emotionale Weiterentwicklung von Relevanz. Einerseits gelingt es dem Kind in einer stabileren Objektwahrnehmung seine zentralen Affekterlebnisse nun zu zentrieren. D. h., die positiven Affekterfahrungen mit der Mutter können sich nun tatsächlich zu einer typisch fokussierten Liebe ihr gegenüber gruppieren. Gleiches aber geschieht auch mit all den negativen Affekterfahrungen, die jetzt als Haßgefühle auftreten können (Parens 1979, 1991). Da aber ein übergeordnetes Konzept „Mutter", wie es der Mahlersche Begriff der „libidinösen Objektkonstanz" impliziert, noch lange nicht errichtet ist, möglicherweise erst im Kontext der ödipalen Situation erworben wird (Thompson 1985), besteht für das Kind noch eine beträchtliche Schwierigkeit, Kontexte mit unterschiedlichen, intensiv liebevollen oder feindseligen Affekterfahrungen im Umgang mit der Mutter zu vermitteln. Dies heißt nicht, daß das Kind übergangslos von einem Kontext in einen nächsten überwechseln kann, ohne emotional hierauf zu reagieren, es besitzt ja immerhin die Rückversicherung einer körperlichen Objektpermanenz der Mutter. Vielmehr ist eine Problematisierung heftiger Gefühlsäußerungen z. B. von Haßgefühlen in ihren vorstellbaren oder aber erahnbaren Konsequenzen typisch. Haßgefühle können in der Vorstellung zu einer Beschädigung, im extremen Fall zu einer Zerstörung der Mutter, im moderaten Fall zu einem Abbruch der liebevollen Beziehung zu ihr führen. Ängste vor Objektverlust, vor Verlust der Liebe, aber auch ein allmähliches Dämmern, selbst der Verursacher dieser gefährlichen Affektäußerungen zu sein, können sich jetzt mit einer Mischung von Bedrücktheit, Traurigkeit und

Wiedergutmachungsbestrebungen als phasentypisches Affekterleben ausdifferenzieren. Auf der Verhaltensebene mag dies als eine ambitendente Einstellung und Reaktionsweise des Kindes der Mutter gegenüber imponieren. Von Ambivalenzgefühlen im eigentlichen Sinne ist aber noch lange nicht zu sprechen (Westen 1989).

Die von verschiedenen psychoanalytischen Autoren als normativ für die Wiederannäherungsphase herausgehobenen ambivalenten Einstellungen und Gefühlsäußerungen des Kindes scheinen sich weniger in Zeiten realen Getrenntwerdens von der Mutter zu kristallisieren (vgl. Kap. 4.1.2.5), sondern sich bevorzugt in Szenen zu konstellieren, in denen sich der kindliche Wille kontrollierenden und disziplinierenden Übergriffen der Mutter erwehren, sich aber schließlich ihrer Dominanz beugen muß. Die Sauberkeitserziehung mit einer Forderung, auf arachaische anale Lusterfahrungen zu verzichten und eine ursprünglich verfügbare Selbstbehauptung in den zonalen Modi des „Festhaltens und Ausstoßens" (Erikson 1959) zugunsten einer sozial akzeptablen Kontrolle über den eigenen Körper zu verändern, gerät hier zur paradigmatischen Konfliktszene. Zusätzlich kompliziert sich jetzt dieser Machtkampf vor dem Hintergrund einer bewußteren Wahrnehmung von Geschlechtsdifferenzen, hiermit assoziierten körperzentrierten Ängsten und fortan auch in den Interaktionsformen noch offenkundigeren geschlechtsdifferentiellen Einflußfaktoren. Da Mertens (1992) diesen Themenkomplex bereits ausführlich behandelt hat, möchte ich mich nur auf wenige summarische Anmerkungen beschränken, die das Thema der Affektentwicklung betreffen.

Das anale Interesse des Kindes ist zunächst geprägt von einer Freude und einem Stolz über die neuen Fertigkeiten, die es an einer typischen Körperzone entdeckt. Das Bedürfnis, diese Affekterfahrungen speziell mit der Mutter zu teilen, wird nicht nur durch übergriffige Kontrollversuche von ihr enttäuscht und reaktiv mit Gefühlen von Ärger, Wut und Scham verknüpft. Auch über die nicht selten mütterlich vermittelten Affekte von Ekel und Kontaktabwehr gegenüber diesen „wertvollen Geschenken" kann es zu einer zusätzlichen Beschämung kommen. Die kulturgeförderte Blockade anal-sinnlicher Bestrebungen durch Scham und Ekel gilt bereits Freud (1908a) als eine spezielle Variante der Affektsozialisierung. Nathanson (1987a) weist auf die sehr enge Assoziation der Entwicklungsstränge von Scham, negierten Sexualinteresses und reaktiven moralischen Dressats hin. Da sich erlebnismäßig die verstärkte Hinwendung des Kindes zu analen Körpervorgängen nicht von seiner Neugier gegenüber seinen Genitalien trennen läßt, überrascht ein Verquickung von analen Beschämungen mit frühen genitalen Beschädigungs- bzw. Kastrationsängsten nicht (Roiphe und Galenson 1981).

Anale Körpersensationen drücken ein Entwicklungsbeispiel für die Verknüpfbarkeit einer sexuellen Erregung mit Elementen einer aggressiven Selbstbehauptung aus. Ihre Bedeutung für die Entwicklung einer reifen Sexualität, aber auch für perverse Kompromißbildungen ist festzuhalten (Kernberg 1991b). Ein Kristallisationspunkt für die spezielle Ausformung von lustbezogenen destruktiven Aggressionsformen wie sadistischen Tendenzen muß im Kontext der analen Beziehungsmodalität reflektiert werden (Parens 1979).

Durch die Kopplung von „aggressiven“ und „libidinösen“ Affekten in der analen Erfahrung erzielt das Kind nicht nur einen wichtigen Fortschritt in der Modulation und Kontrolle von intensiven Affekten, sondern erlernt auch ein grundlegendes Modell der Überwindung traumatischer Affekterlebnisse durch die Wendung vom Passiven ins Aktive (Krystal1975, 1981, 1985, 1990).

Die Bindung zentraler Affekte an die anale Körperzone vermittelt szenisch eine Vorstellung von „innen“ und „außen“, bestärkt damit eine Grenze zwischen privater Affekterfahrung und öffentlichem Affektausdruck. Gleichzeitig werden über die körperzonalen Modi grundlegende Bausteine von innerseelischen Abwehrmechanismen und damit Kontrollmöglichkeiten gefährlicher Affekte vermittelt (Schafer 1968, 1972, 1975). Zusätzlich ist es aber auch möglich, daß das Kind seinen Körper oder bestimmte Funktionen wie z. B. die Kontrolle über die Ausscheidung in einen komplexen Abwehrprozeß selbst miteinbezieht, d. h. daß es lernt, interaktive Konflikte z. B. im Umgang mit der Mutter auf die Ausscheidungsvorgänge zu verschieben. In der phantasiebestimmten Vorstellung würden die Körperhöhle, die Gedärme, aber auch die angrenzende Genitalregion als Einflußsphäre der bösen, kontrollierenden Mutter erlebt, die es zu bekämpfen gilt. Hiermit geht aber ein erzwungener Verzicht auf autonome Lust- und Selbstbehauptungserfahrungen einher, die für die weitere sexuelle und affektive Entwicklung nicht mehr konstruktiv zur Verfügung stünden. Möglicherweise sind Mädchen in diesen Abwehrprozeß stärker eingebunden (Oliner 1982).

Im Hinblick auf die Integration und Toleranz heftiger Affekterfahrungen des „Besitzenwollens“ und „Hergebens“ sind die analen Affekterlebnisse bahnend für spätere ödipale Gefühle und Leidenschaften des Erobernwollens, des Triumphs, der Rivalität, des Neids und der Eifersucht (Kutter 1978).

Die zentralen Entwicklungsziele einer Individuation einerseits, einer Selbsterfahrung in einer überwiegend liebevollen Beziehung zur Mutter während der Wiederannäherungsmonate andererseits gestalten sich für Mädchen und Jungen sehr wahrscheinlich unterschiedlich. Gesellschaftlich vermittelte, geschlechtsdifferentielle Stereotype werden hierbei sozialisatorisch wirksam. So fordert ein weibliches Beziehungsideal eher, von einer aggressiven Korrektur blockierter Selbstbehauptungsbestrebungen zugunsten eines „Lebens in der Beziehung“ Abstand zu nehmen. Es dürfte deshalb bei Mädchen häufiger zu einer Hemmung der anal bestimmten, lustvollen wie auch offen feindseligen Affekterfahrungen führen. Eine durch die Gleichgeschlechtlichkeit gebahnte Identifikationshaltung des Mädchens mit der Mutter könnte zu einem bereitwilligeren Verzicht auf Individuation beitragen, um drohende Ängste vor Liebesverlust besser zu kontrollieren. Dies bedeutet für Jungen jedoch nicht, daß sie u. U. keiner so rigorosen Reinlichkeitserziehung unterzogen würden. Ihnen stehen aber mehr kompensatorische Möglichkeiten zur Verfügung, erfahrene Disziplinierungen und Beschämungen durch Anlehnung an ein aggressiv besetztes Männlichkeitsideal auszugleichen. Je nach vorliegender Familiendynamik dürfte dies für sie ohne größere Sanktionsandrohungen bleiben, eventuell sogar noch gefördert werden. Die Konsequenzen für die weitere Entwicklung der Emotionalität und Geschlechtsidentität müssen jedoch reflektiert werden (Mertens 1992, Müller-Pozzi 1985, Stechler 1987, 1990).

4.1.2.5 Entwicklung der Trennungstoleranz

Die offenkundigen Trennungs- und Wiederannäherungsszenen haben in der empirisch orientierten Forschung eine große Beachtung gefunden. Hierbei ist psychoanalytischerseits festzuhalten, daß die Individuation des Kindes, die allmähliche Errichtung autonomer Selbstregulationsmechanismen nicht ohne diesen Trennungsprozeß vorstellbar ist, d. h. ohne die Aufgabe einer für die Monate des ersten Lebensjahres so typischen, innigen und exklusiven Beziehungsmodalität zwischen Baby und Mutter nicht bewerkstelligt werden kann. Die stark an Mahler orientierte Konzeptualisierung geht davon aus, daß interaktive Trennungserfahrungen sich auch in einer konsequenten Ausdifferenzierung von zugehörigen Selbst- und Objektrepräsentanzen niederschlägt, und ursprünglich in den Interaktionen erfahrene Regulationsprinzipien langsam internalisiert werden. Der Verlust an Beziehingsintimität wird durch einen Zugewinn an innerer Freiheit und Autonomie ausgeglichen, die Entwicklungsprogression zu einem sozialen Wesen dadurch insgesamt gefördert. Aus der Sicht des heranwachsenden Kindes zu unterscheiden, wenngleich entwicklungsdynamisch zusammengehörig sind Trennungserlebnisse, die vom Kind selbst infolge seiner aktiven Selbstbehauptung und forschenden Neugier initiiert werden, und solche, die es passiv z. B. durch das Weggehen, Verreisen oder Erkranken der Mutter erfährt bzw. erleidet. Hinsichtlich beider Trennungskomponenten kommt es affektpsychologisch zu einer engen Verkoppelung zweier bedeutsamer Affektsysteme, nämlich jenes der Angst und jenes der Trauer bzw. des Kummers. Trennungsangst, und davon eigenständig zu differenzieren die Fremdenangst (vgl. auch Kap. 4.1.1.3), zielen darauf, den engen Sozialkontakt zur Mutter und die besondere Qualität der Bindung zu ihr aufrechtzuerhalten. Damit die alterstypischen Entwicklungsaufgaben vor allem während der Übungsphase bewältigt werden können, muß das Kind eine wirksame Kontrolle und Toleranz gegenüber diesen Angstaffekten entwickeln. Das auf die Affekte der Neugier, des Interesses und der Freude gestützte Selbstbehauptungsverhalten erleichtert ihm diesen Entwicklungsschritt. Die Möglichkeit der „sozialen Rückversicherung" sowie des „emotionalen Auftankens" bei der Mutter stellt die interaktive Voraussetzung, die Errichtung eines integrierten Schamsystems die intrapsychische Bedingung dafür, mögliche Trennungsängste bzw. Bedrohungsgefühle vor nicht mehr assimilierbaren neuen und fremdartigen Erfahrungen konstruktiv zu meistern (s. o.). Die in dieser aktiven Sphäre gesammelten Trennungserlebnisse des

Kindes prägen selbstverständlich auch den Bedeutungsgehalt seiner passiven Trennungserfahrungen und beeinflussen sein Vermögen, diese zu bewältigen.

In seinen auf psychoanalytische Rekonstruktionsarbeit gestützten entwicklungspsychologischen Erkenntnissen betont König (1981), daß der Erwerb eines „steuernden inneren Objekts", das von grundlegender Bedeutung für die autonome Gestaltung in sozialen Situationen und speziell auch für die Toleranz von Trennungserlebnissen sei, maßgeblich durch die Erziehungshaltung der Mutter in den Monaten der Übungs- und Wiederannäherungsphase bestimmt werde. In klinischer Perspektive sind für die Ausbildung phobischer Charakterstrukturen zwei Beziehungskonstellationen relevant:

Mütter, die das gesunde und natürliche Explorationsbestreben ihrer Kinder aus eigener Ängstlichkeit und unbewältigter Trennungsproblematik übervorsichtig einengen und ängstlich disziplinieren, verhindern einen kompetenten Umgang mit der Umwelt. Sicherheit, Wohlbefinden und Zuversicht scheinen aus der Sicht der Dyade nur im engen Kontakt mit und im unmittelbaren Einflußbereich der Mutter garantiert werden zu können. Die Außenwelt ist gefährlich, sie muß gemieden werden. Als Projektionsort für innere negative Affektspannungen wird sie auch in späteren Entwicklungsabschnitten benötigt. Besonders traumatisch wirken sich in dieser Entwicklungsdynamik Trennungsandrohungen der Mutter aus, da sie die Unselbständigkeit und hilflose Abhängigkeit des Kindes noch weiter zementieren (Typ A).

Aber auch Mütter, die ihre Kinder in diesem Entwicklungsabschnitt sich selbst überlassen, keine Hilfestellung vermitteln und auch keine Möglichkeit zur emotionalen Absicherung anbieten, legen den Grundstein für ähnliche Defizite im Erwerb eines „steuernden Objektes". Die Kinder sind überfordert, verunsichert, lernen nicht, in Anwesenheit der Mutter ihre Talente und Fertigkeiten zuversichtlich zu entfalten, das eigenständige Wirkfeld in einer zunehmenden Entfernung von der Mutter sicher zu erproben. Stattdessen sind sie aktiv bemüht, die Distanz zu ihren emotional nur unzureichend verfügbaren Müttern zu überwinden. Komplizierend kommt hinzu, daß die Mütter sehr häufig von ihnen eine Kompetenz verlangen, die sie verständlicherweise nicht erwerben konnten, sich deswegen auch tief beschämt fühlen müssen (Typ D).

Man kann sich gut vorstellen, daß die Kinder aus den beiden Beziehungskonstellationen neben vergleichbaren Trennungsängsten aber eine unterschiedliche Psychodynamik in Situationen der Trennung und des Getrenntseins erleben. Könnten im ersteren Fall eine „Ausbruchsschuld" bei aktiv verspürten Verselbständigungsimpulsen sowie Ängste, von der mütterlichen Protektivität quasi „verschlungen" zu werden, im Vordergrund stehen, so mag im letzteren Fall eine massive Beschämungsproblematik in der defensiv gesuchten Nähe zur Mutter imponieren. In beiden Gruppen muß den Schicksalen der

Verarbeitung von feindseligen Aggressionsaffekten ein gesondertes Augenmerk gewidmet werden.

Hinsichtlich der Thematik des Trennungsverhaltens identifiziert M. Mahler in dem uns interessierenden Entwicklungsabschnitt zunächst relativ unabhängig wirkende und dann recht ambivalent erscheinende Verhaltensweisen und Affektäußerungen des heranwachsenden Kindes als normal und positiv. Beachte das „übende" Kind in seinem Expansivbestreben kaum die Anwesenheit der Mutter, strotze es hier vor Optimismus und Vertrauen, zeige kaum Angst vor Fremden, so wandle sich das Bild grundlegend etwa ab dem 15. Lebensmonat, der nun einsetzenden Wiederannäherungsphase. Es zeige erneut verstärkte Trennungsängste und verhalte sich höchst ambivalent, wenn es nach einem Getrenntsein von der Mutter mit ihr wieder zusammen sei. Das Kind alterniere rasch in seinen Reaktionen, trachte einerseits, die Mutter von sich wegzustoßen, um sie alsbald verzweifelt festzuhalten und zu umklammern. Diese Ambivalenz und Ambitendenz in den kindlichen Gefühlsäußerungen gegenüber der Mutter erachtet Mahler als normative Entwicklungsschritte. Sie formuliert aus der Sicht des Kindes in den Trennungsszenen ein erhöhtes Bewußtsein von Getrenntheit der eigenen Person und der Mutter, eine nun gewachsene Einsicht in die Abhängigkeit von ihr und einen damit assoziierten Zusammenbruch seiner „infantilen Omnipotenzgefühle" einerseits, in den Szenen der Wiedervereinigung mit der Mutter andererseits aber eine besondere Empfindlichkeit, erneut zu stark in den Sog der mütterlichen Einflußsphäre zu geraten, eine defensive Aggressivität gegen überhandnehmende Ängste, von der „symbiotischen Mutter verschlungen zu werden", die mühevoll erreichte Selbständigkeit verlieren zu können, als die typische Konfliktdynamik.

Das auf die Formulierungen von Bowlby (1969, 1973, 1980) gestützte Theoriemodell der „frühkindlichen Bindung" bietet die Möglichkeit zu einer relativierenden Sicht auf diese Entwicklungsverläufe. Die Erkenntnisse hierzu sind zumeist in dem Untersuchungsparadigma der „Trennung und Wiedervereinigung" gewonnen worden (vgl. Ainsworth et al. 1978).

In dieser Untersuchungssituation sind zunächst Mutter und Kind in einem Zimmer zusammen, das Kind wendet sich den vielfältigen Spielmöglichkeiten zu, erkundet den Raum, erprobt die Spielsachen, nimmt Kontakt mit einer fremden Person, meist einer Untersucherin, auf, während die Mutter beiseite sitzt, etwa liest, aber auf das Kind reagiert, wenn dieses es wünscht. Dann verläßt die Mutter den Raum. Das jetzt einsetzende Verhalten des Kindes auf das Getrenntsein von der Mutter wird in subtilen Beobachtungsprotokollen erfaßt. Wenn die Mutter nach einer Weile wieder in das Zimmer zurückkehrt, interessiert, wie das Kind nun auf die Mutter reagiert.

Durchaus in Übereinstimmung mit Mahler gehen auch die Vertreter der „Bindungstheorie" davon aus, daß 12- bis 20monatige Kinder eine sichere, speziell auf die Mutter ausgerichtete Bindung als normatives Entwicklungsziel erreicht haben müssen. In beiden Ansätzen bedeutet ein Verlust der Mutter selbst in einer nur passageren Trennungssituation für das Kind einen seelischen Schmerz mit bedeutsamen affektiven Konsequenzen. Einen interessanten Einblick, wie Kinder mit einer o. a. Trennungs- und Wiedervereinigungsszene umgehen, bieten Längsschnittsstudien aus der Arbeitsgruppe von Lyons-Ruth. Die an einer großen Anzahl von Kindern gewonnenen Informationen belegen, daß die kindlichen Affektreaktionen in der Modellszene als ein direktes Spiegelbild der in der bisherigen frühen Entwicklungsgeschichte erworbenen Beziehungsqualität („attachment“) von Mutter und Kind zu verstehen sind (Lyons-Ruth et al. 1986, 1987, 1990):

Kinder mit einer „sicheren“ Bindung

Dieses Bindungsmuster charakterisiert ca. 60–70% der Kinder aus amerikanischen Familien der unterschiedlichen sozialen Klassen. Haben Mütter während des ersten Lebensjahres die Affektsignale ihrer Kinder zuverlässig und sensibel beantwortet, dann reagieren diese mit großem emotionalen Protest auf das Weggehen der Mutter. Sie sind offensichtlich in seelischer Not, unterbrechen ihr Spielverhalten und sind nicht mehr weiter neugierig. Alleingelassen fühlen sie sich jetzt in der Gegenwart von Fremden meist unbehaglich. Die Rückkehr der Mutter begrüßen sie mehrheitlich mit großer Freude, suchen ihre körperliche Nähe, beruhigen sich rasch in ihrer vorherigen Aufgeregtheit und kehren zum interessierten Spielen zurück. Diese Trennungs- und Wiedervereinigungssequenz ist relativ stabil während des gesamten 2. Lebensjahres. Sicher „gebundene“ Kinder lassen Zeichen einer bedeutsamen Reorganisation, speziell einer emotionalen Ambivalenz während dieses Zeitabschnitts in den Trennungssituationen vermissen. Ihr Verhalten bei der Wiedervereinigung mit der Mutter ist harmonisch und zumindest in ihren sichtbaren emotionalen Ausdrucks- und Verhaltensweisen nicht ambivalent.

Kinder mit „ängstlich-vermeidender“ Bindung

Kinder mit einer vermeidenden Verhaltensorganisation protestieren nicht, wenn die Mutter aus dem Raum geht. Sie fahren in ihrem Explorationsverhalten fort, gehen auch mit Fremdpersonen im Raum scheinbar vertraut und ohne Zeichen emotionalen Unbehagens oder Ängstlichkeit um. Kehrt die Mutter ins Zimmer zurück, so wird sie von ihnen kaum sofort wahrgenommen. Kommt es doch zu einem Blickkontakt, wenden sie sich oft ab und laufen auch weg, wenn sich die Mutter ihrerseits auf sie zubewegen möchte. Ihre auf einer Ebene der Verhaltensmanifestation geübte Autonomie drückt jedoch keineswegs eine reife Entwicklungsprogression aus. Auch diese Kinder reagieren in Wirklichkeit auf die Trennung von ihrer Mutter mit bedeutsamen Streßanzeichen, wie in psychophysiologischen Begleituntersuchungen aufgezeigt werden kann (Sroufe und Waters 1977). Ihrem emotionalen und sozialen Verhalten liegen ganz offenkundig massive Abwehrbestrebungen zugrunde. Diese Kinder müssen ihre innere Aufmerksamkeit vom Trennungserlebnis abziehen, den ausgelösten Schmerz, aber auch den hierüber mobilisierten Ärger verleugnen. Sie müssen sich defensiv unbelebten Objekten oder Ersatzpersonen der Umwelt zuwenden, was als „Pseudoautonomie“ imponieren mag. Ihre frühen Beziehungserfahrungen mit der Mutter, wie sie im häuslichen Milieu erfaßt worden sind, verraten ein hohes Ausmaß an ärgerlichen, bekümmerten und zurückweisenden Interaktionen.

Kinder mit „ängstlich-widerstrebender“ Bindung
Diese Kinder reagieren zunächst ganz ähnlich wie die Kinder aus der ersten Gruppe mit großem Distreß auf das Weggehen der Mutter. Kehrt diese zurück, so suchen sie rasch den Kontakt zu ihr, gehen auf enge körperliche Tuchfühlung. Aber bei ihnen kommt es jetzt zu einem raschen Alternieren zwischen Klammern und ärgerlicher Kontaktabwehr. In dieser offenkundig ambivalenten Reaktion auf die Mutter erreichen sie jedoch einen nur unvollständigen Trost. Selten finden sie in der Modellszene wieder zu ihrem gewohnten Spiel zurück. In ihrer früheren Beziehungsgeschichte hatten sie Mütter, die häufig unsensibel und mit mangelndem emotionalen Engagement auf sie reagierten, vor allem auf ein Weinen oder Schreien kaum eingingen. In dem ambivalenten Verhaltensstil der Kinder während der Untersuchungssituation muß eine erlernte Strategie eines übertriebenen Bindungsverhaltens erkannt werden, die darauf abzielt, von ihren wenig reagiblen Müttern adäquate Gefühlsantworten zu erlangen.

Kinder mit „desorganisierter/desorientierter“ Bindung
Diese Kinder zeigen kein konsistentes Management des Trennungsschmerzes, weder durch Vermeidung bzw. Verschiebung noch durch eine offene, normale oder auch übertriebene Mitteilung ihres seelischen Aufruhrs und ärgerlichen Empörung. Bei Trennung sind sie offensichtlich verwirrt, schlagen gegen die Tür, durch welche die Mutter verschwunden ist, werfen sich schreiend auf den Boden und sind nicht zu trösten. Und kehrt die Mutter schließlich zurück, dann aktivieren sie gleichzeitig Vermeidungs- und Annäherungstendenzen, sind außerstande, ihr Bedürfnis nach Sicherheit und Tröstung klar auszudrücken. Zahlreiche idiosynkratische Verhaltensweisen wie z. B. emotionales Erstarren und Verstummen sowie psychomotorische Stereotypien können vorherrschen. Kinder mit einem desorganisierten bzw. desorientierten Bindungsmuster blicken in der Regel auf sehr traumatisierende Erlebnisse zurück, stammen gehäuft aus Familien mit kindlichem Mißbrauch, besitzen Mütter, die massive Alkoholprobleme haben oder in den Postpartalmonaten oft ernsthaft depressiv verstimmt gewesen sind (Main und Solomon 1990).

Es fällt zunächst nicht schwer, zwischen den Verhaltensbeobachtungen M. Mahlers, die sie in ihrer Studie an Kindern während der Wiederannäherungsphase sammelte, und Verhaltensprofilen von Kindern aus der Subgruppe mit „ängstlich-resistenter Bindung“ bei Lyons-Ruth auffällige Parallelen zu ziehen. Die Schlußfolgerungen Mahlers, vor allem ihre Extrapolationen auf einen normativen Entwicklungsverlauf müssen aber wohl relativiert werden. In diesem Abschnitt von Kleinkindern konsistent gezeigter Ärger, ausgeprägte Bedrängnis, ambivalentes Vermeiden und Suchen des mütterlichen Kontaktes nach passageren Trennungen dürften wohl weniger als eine Folge einer plötzlichen „Entwertung von kindlichen Omnipotenzgefühlen" zu beurteilen sein. Sie scheinen vielmehr eine tiefergehende Beziehungsstörung aus der frühen Lebensgeschichte anzuzeigen. Kinder mit einer „sicheren" Bindung, die ein zuvor in wechselseitigen Interaktionen mit der Mutter konsolidiertes Muster der Affektregulierung besitzen, zeigen moderaten Ärger und Protest in Trennungssituationen, drücken aber in aller Regel der wiederzurückkehrenden Mutter ein offenes, unambivalentes Bedürfnis nach Tröstung, Sicherheit und Zuneigung aus. Diese Kinder stehen nicht vor einer entwicklungskritischen Aufgabe, intensiv positive Bilder von der Mutter einerseits und intensiv negativ besetzte Eindrücke von ihr andererseits integrieren zu müssen (Lyons-Ruth 1991).

Unabhängig von der methodischen Frage, ob in den über ein Sozialexperiment definierten Situationen der „Bindungsforscher" mit bewußt gewählten Ausschnitten von vorgegebenen Interaktionssequenzen und im psychoanalytisch strukturierten Beobachtungssetting mit einer Entfaltung spontaner Wechselbeziehungen zwischen Mutter und Kind tatsächlich Vergleichbares gemessen wird, ergibt sich in den entwicklungspsychologischen Schlußfolgerungen doch eine Akzentverschiebung gegenüber der ursprünglichen Position Mahlers. Ihre zunächst als normalpsychologisch ausgewiesenen, durchaus reliablen Schilderungen von Kindern mit intensiven Trennungsängsten, Schwierigkeiten der Selbstregulierung und unmodulierten Aggressionsäußerungen während dieser Entwicklungsphase dürften vor dem Hintergrund der Befunde der „Bindungsforscher" wohl eher für das Verständnis früher Beziehungspathologien relevant sein. Interessanterweise zeigten in der Mahlerschen Längsschnittsstudie die Kinder, die während der Wiederannäherungsphase durch einen ambivalenten Verhaltensstil auffielen, meist auch schon besondere Beeinträchtigungen beim Übergang in die Übungsphase (vgl. hierzu S. 88/89). In Anlehnung an ein psychopathologisches Modell, das einen fließenden Übergang von normalpsychologischen, also gesund normativen hin zu devianten Entwicklungspfaden annimmt, hat Mahler selbst diesen Zusammenhang für die Entstehung von sog. narzißtischen oder Borderline-Störungen diskutiert (Mahler und Kaplan 1977). Die Relativierung der Mahlerschen Position setzt also in erster Linie an ihren zu stark verallgemeinernden Schlußfolgerungen aus konkreten Verhaltensbeobachtungen in Einzelfallkasuistiken an. Sie zielt auch auf Konsequenzen, die sich ihr möglicherweise auf Grund von metapsychologischen Vorannahmen aufdrängten (vgl. Horner 1988).

In einer entwicklungspsychologischen Perspektive dürfen dennoch von ihr als entscheidend herausgearbeitete innerseelische Veränderungen des Kleinkindes während dieses Entwicklungsabschnitts als weiterhin grundlegend für einen psychoanalytischen Standpunkt gelten. Hierzu sind vor allem die reifende Einsicht des Kleinkindes in seine noch weitreichende Abhängigkeit von der mütterlichen Unterstützung zu zählen, seine trotz Momente gehobener Gestimmtheit sehr begrenzte Selbstgestaltungsfähigkeit, die aufeinander nur mühsam und schmerzlich abzustimmenden Erlebniswelten mit unterschiedlichen Wünschen, Zielen und Intentionen im Umgang mit Mutter und Vater, die sich hieraus ergebenden interaktionellen Konflikte, die Gefährdungen des Selbstwerts und Selbstgefühls, die möglichen Belastungen für liebevolle Beziehungen zu seinen Eltern.

Vor diesem entwicklungsdynamischen Hintergrund sind auch allgemeinpsychologische Beobachtungen zur Entwicklung von typischen Affekten bei Trennungs- und Verlusterlebnissen, von depressiver Bedrücktheit und Trauer zu relativieren. Pine (1971) verfolgt zeitliche und räumliche Faktoren der Trennungserlebnisse in ihren intrapsychischen Auswirkungen und folgert eine eigenständige Entwicklungslinie für die Fähigkeit zur Trennung von primären Bezugspersonen. Resch (1980) markiert einzelne Phasen dieses Werdegangs in einer natürlichen Beobachtungssituation, in welcher die Mutter ihr Kind nach gemeinsamem Spiel verläßt und einer Stellvertreterin überantwortet. Im Laufe der ersten beiden Lebensjahre läßt sich eine sukzessive „Fokalisierung“ des kindlichen Streßverhaltens verfolgen, welche sowohl die Strukturiertheit der zwischen Kind und Mutter erreichten Beziehungsmodalität widerspiegelt als auch die Konsequenzen eines Trennungs- bzw. Verlusterlebnisses für das gesamte Wohlbefinden und innerseelische Erleben des Kindes reflektiert.

Auf einer **ersten Stufe (bis ca. 4. Monat)** stellt „Trennung“ für das Baby weder kognitiv noch affektiv ein Problem dar, solange die Kontinuität eines behaglichen Wohlgefühls durch die Drittperson gewährleistet ist. Es dominiert ein körperzentriertes, sensorisches Spiel.

Auf einer **zweiten Stufe (bis ca. 12. Monat)** kann das unmittelbare Weggehen der Mutter kognitiv und affektiv in einem kurzen, nicht sehr intensiven Streßverhalten von ängstlicher Unruhe angezeigt werden. Körperkontakt und tröstendes Spiel mit der Betreuungsperson wirken erfolgreich entgegen. Zwischen ihr und der Mutter besteht noch eine funktionale Äquivalenz, wenngleich die Mutter emotional sehr wohl unterschiedlich wahrgenommen werden kann.

Auf einer **dritten Stufe (bis ca. 15. Monat)** weist das Trennungsverhalten eine klare zeitliche Sequenz von „vorher“ – „während“ – „nachher“ auf. Die Variabilität der Streßmanifestationen artikuliert sich zum einen in den augenblicklichen fokalen Reaktionen des Weinens während des Weggehens der Mutter und in diffusen Unwohlsäußerungen eines verstörten Blicks, eines Starrens, eines verringerten Interesses am Spiel während der Abwesenheit der Mutter. Die Trennung bedeutet folglich kein ausschließlich momentanes Ereignis mehr, sondern setzt bei aller Beschränkung in den Verarbeitungsmöglichkeiten bereits ein Konzept von der Existenz der Mutter in einem anderen Raum voraus. Ebenso besitzen die Interventionen der Betreuungsperson nicht mehr dieselbe automatische Wirksamkeit. Ihre geringere funktionale Äquivalenz spricht dafür, daß das Kind bereits eine erste Hierarchie von Bindungen errichtet hat. Auf dieser Stufe stellt sich das Spiel- und Explorationsverhalten des Kindes als Medium für die Ausweitung seiner kognitiven Fertigkeiten dar. Sein Körper fungiert jetzt vorrangig als Instrument in komplexeren Handlungen, während er vorher selbst die Hauptquelle der Spiellust bildete. Diese nach außen gerichtete sensorimotorische Konstruktivität versiegt aber in den Zeiten der Trennung.

Auf einer **vierten Stufe (bis ca. 20. Monat)** gelingt die affektive und kognitive Fokalisierung während der gesamten Zeitspanne der Trennung von der Mutter. Alle möglichen Versuche der Betreuungsperson, alte Bindungen und Interessen wiederherzustellen, mißlingen. Die Abwesenheit der Mutter trägt für das Kind den Charakter des Unabwendbaren. Körperliche Nähe zu vertrauten Kontaktpersonen ist wichtig, jedoch ohne große Effizienz in der Linderung des Schmerzerlebnisses. Die primäre Bedeutung der Bindung an die Mutter drückt sich in einem heftigen Bedürfnis des Kindes nach einem spezifischen „emotionalen Auftanken“ bei ihr aus. Das sonst freudig praktizierte symbolische und dramatisierende Spiel dient ihm zwar als eine Vorstufe für ein späteres strukturiertes Coping-Verhalten, es kann aber in akuten Trennungssituationen noch nicht intentional eingesetzt werden. Im Gegenteil, während dieser Zeit sind sprachliche Äußerungen, Spielen und andere symbolische Aktivitäten auffällig verringert.

Auf einer **fünften Stufe** erlauben ein autonomes Spiel und imitative Identifikationen mit der Mutter, aber auch mit anderen wichtigen Betreuungspersonen, z. B. dem Vater, schließlich die Organisation längerer Handlungssequenzen. Eine thematische Integration zentraler affektiver Erlebnisse von Trennungserfahrung, Protest und Traurigsein, Toleranz des Schmerzes und Erreichen eines kompensatorischen Gleichgewichts gelingt jetzt dem Kind. Eine Abstimmung mit komplexen sozialen Beziehungen ist ihm möglich. Vielfältige Belohnungs- und Bewältigungsressourcen erleichtern seine Anpassung an die Trennung von der Mutter. Es übt sukzessiv verläßlicher eine Selbstmodulation seiner Abwehr- und Coping-Strategien aus.

Diese Entwicklungsreihe signalisiert, daß Trennungserlebnisse von der Mutter oder in einer extremen Form ihr endgültiger Verlust beim Kind komplexe affektive und kognitive Prozesse anstoßen, sobald es die besondere Bindungsqualität zu ihr ab der zweiten Hälfte des ersten Lebensjahres errichtet hat. Für Bowlby (1961, 1980) ist offenkundig, daß ab diesem Zeitpunkt bei längerfristigen Trennungen in dem Kind ein „Trauerprozeß“ einsetze, der sich in seinem phasenhaften Verlauf mit den unterschiedliche Stadien kennzeichnenden typischen Affekten („Protest“: Trennungsangst, „Verzweiflung“: Kummer und depressive Bedrücktheit, „Abwehr und Reorganisation“) äußerlich kaum von der Trauer des Erwachsenen unterscheide.

Doch bereits in der oben geschilderten Entwicklungsreihe scheinen während der ersten beiden Lebensjahre so bedeutsame Transformationen des affektiven und kognitiven Copings im Trennungsverhalten auf, daß diese Hypothese aus einer innerseelischen Perspektive des Kindes wohl nicht aufrecht zu erhalten ist.

Ein Trauern im reifen Sinne, wie es S. Freud (1917) in trefflicher Unterscheidung zur Melancholie skizzierte, setzt eine innere Objektkonstanz voraus und erfordert die bewußte Aufgabe des geliebten Objekts. Sie verlangt eine Toleranz der hiermit assoziierten schmerzlichen Affekte in der Anerkennung eines verfügbaren Konzeptes von Endgültigkeit, strukturelle Leistungen also, die auch in den anschließenden Jahren noch bedeutsame Transformationen erfahren, vermutlich erst im Laufe der Adoleszenz ihre reife Ausprägung finden (A. Freud 1960, Furman 1974, Garber 1981, Lerner und Lerner 1987, Provence 1987, Wolfenstein 1966). In einer entwicklungspsychologischen Perspektive ist es deshalb notwendig, zwischen den affektiven und verhaltensmäßigen Veränderungen zu unterscheiden, die im unmittelbaren Anschluß an eine Trennung bzw. einen Verlust einsetzen, die in ihrer Phänomenologie, wie Bowlby ausführt, auch beim Kleinkind einer Trauer unverwechselbar erscheinen, und solchen, die einem reifen inneren Trauerprozeß entsprechen, über den das heranwachsende Kind sicherlich noch nicht verfügt (Nagera 1970, Pollock 1978).

Für das Kind der Wiederannäherungsphase ist es auch unabhängig von schicksalhaften Erfahrungen eines endgültigen Objektverlusts entscheidend, daß es Möglichkeiten findet, die entwicklungsmäßig unabdingbaren Trennungserlebnisse speziell von der Mutter tolerieren zu lernen, daß es die Fertigkeit erwirbt, zumindest passager für sich allein zu sein und diese selbstbezogenen Erfahrungen konstruktiv für sein innerseelisches Wachstum zu nützen. Dem Mechanismus der Internalisierung auf ein repräsentationales Niveau kommt hierbei eine besondere Bedeutung zu (Behrends und Blatt 1985, Blatt und Blass 1990, Feshbach und Feshbach 1987). Zudem aber wird eine differentielle Beziehungsaufnahme zu anderen Personen der Familie, besonders zum Vater, für diesen Autonomieprozeß von immer größerer Bedeutung.

4.1.2.6 Die Fähigkeit zum Alleinsein im Übergangsbereich

Die vorangestellten Kap. beschäftigten sich mit Affekterfahrungen des Kindes, die sich bevorzugt aus Besonderheiten in seinen interaktiven Erfahrungen ergeben und sich zumeist durch eine prägnante Spitzenintensität auszeichnen. Wenngleich in diesen szenischen Augenblicken wichtige Grundfiguren seiner Selbst- und Objekterfahrungen gewonnen werden, darf nicht versäumt werden, auch jene unauffälligeren Zeiten einer Hintergrundaktivität zu beleuchten, in denen das Kind mit sich allein ist und nicht unter heftigen Affekt- oder Triebbedürfnissen steht, sondern sich intensiv mit sich selbst beschäftigt. Diesen Zeiten kommt eine besondere Bedeutung für eine autonome Organisation der kindlichen Wahrnehmungswelt, der sich allmählich etablierenden inneren Vorstellungen und vor allem der Affektivität zu (Pine 1985). Diese Augenblicke sind selbstverständlich auch schon regelhafter Bestandteil während des ersten Lebensjahres, manifestieren sich z. B. in den zyklischen Phasen einer „inaktiven Wachsamkeit" des Babys. Sie erreichen in der zweiten Hälfte des ersten Jahres in der Erschaffung eines Übergangsobjekts, das über viele Monate ein unverzichtbarer Begleiter des Kindes in Stunden der Selbstbezogenheit sein wird, einen ersten Höhepunkt. Sie setzen sich fort im ruhigen kindlichen Spiel der Übungs- und Wiederannäherungsphasen, wenn das Kind in einem inneren Dialog mit sich steht und seine Alltagseindrücke mit den diversen affektiven Dramen für sich adaptiert.

Die Arbeiten von R. Spitz und M. Mahler zur frühkindlichen Affektentwicklung beinhalten ein langsames Überführen von lediglich affektiven Verhaltensmustern in zunehmend auch zeichenhaft und später symbolisch verfügbare Subjekt- und Objektbilder. Der Schritt zur intrapsychischen Repräsentierung ist bei Spitz mit der Umstrukturierung der Wahrnehmungsprozesse und der kognitiven Modalitäten verbunden. Bei Mahler ist diese seelische Höherentwicklung als herausgehobenes Resultat des Trennung-Individuationsprozesses erkennbar, der die Loslösung aus der unmittelbaren Abhängigkeit von der Mutter und eine sukzessive Errichtung von persönlichen Steuerungsmöglichkeiten erfordert. Die Untersuchungen von Winnicott (1953) zu den Übergangsobjekten und Übergangsphänomenen bieten einen ausgezeichneten Einstieg, diese Umschichtung in den affektiven Erlebnis- und Ausdrucksweisen des Kindes näher zu studieren.

In den ersten Lebensmonaten können unvermeidbare Zustände einer inneren Desorganisation auf Seiten des Kindes durch eine empathische Einstimmung der Mutter auf seine differentiellen Bedürfnisse aufgefangen und grundlegende Gefühle der Sicherheit und des Wohlbehagens zuverlässig garantiert werden. Neben dieser interaktionellen Vorleistung der Mutter entwickelt aber auch das Baby selbst sehr schnell Möglichkeiten, vorübergehende Trennungen von der Mutter zu tolerieren und für sich konstruktiv zu verarbeiten. Sehr früh treten sogenannte „Vorläufer-Objekte" (Gaddini 1978) auf, welche es in diesen Momenten trösten können. Sie müssen von ihm weder entdeckt noch erfunden werden. Sie können z. B. Teile des eigenen Körpers wie etwa der Daumen sein. Sie verlangen noch keine kreative Leistung des Kindes, um auf einem sensorimotorischen Erkennungsniveau eine Erinnerungsspur an die „gute Mutter" wiederzubeleben.

Einen entscheidenden Schritt in Richtung zunehmender Autonomie vollzieht das Kind im Erfinden eines „Übergangsobjekts". Dies gelingt ihm normalerweise in der zweiten Hälfte des ersten Lebensjahres. Übergangsobjekte wie z. B. eine vertraute Schmusedecke oder ein Kuscheltier zeichnen sich vor allem durch eine taktile Qualität der Weichheit aus. Wesentlich ist, daß sie nicht von außen gegeben, etwa von der Mutter zur Verfügung gestellt werden, sondern daß sie vom Kind selbst gewählt sind. Nach Winnicott ist das Übergangsobjekt weder dem kindlichen Selbst noch dem mütterlichen Objekt zuzuordnen. Das Kind nimmt das Übergangsobjekt vielmehr als etwas von sich Getrenntes wahr. Es ist „der erste nicht zum Selbst gehörige Besitz".

Als geformter und formbarer Besitz ermöglicht es das Auftauchen von Erinnerungen der intimen Nähe und Verschmelzung einerseits, der Loslösung und Getrenntheit andererseits. Es erlaubt allmählich, die von der Mutter bevorzugten Besänftigungs- und Stimulierungstechniken zu assimilieren (Greenacre 1960). Das aktive Wiederbeleben von rhythmischen Spannungs- und Gestaltveränderungen durch Reiben, Streicheln und Spielen mit dem Übergangsobjekt wird so für das Kind zu einer bedeutsamen selbstgesteuerten Trostquelle. Sein Festhalten fördert die Illusion einer wechselseitigen Umarmung und führt zu Sicherheit und Wohlbehagen. Trotz dieser aktiven Manipulation behält es aber seine grundlegenden Charakteristika bei und erweist sich als unzerstörbarer Besitz. Es überdauert selbst destruktive Impulse des Kindes. Noch übt das Kind eine absolute Herrschaft über das Übergangsobjekt aus. Aber die Interaktion z. B. mit seinem Teddy verrät, daß es von seiner unbeschränkten Kontrolle etwas an ihn abgeben kann. So wird es dem Kind möglich zu erforschen, was alles passieren kann, wenn so ein kleines Wesen wie der Teddy einen eigenen Willen entfaltet. Das Kind der Übergangszeit versucht mit der allmählichen Erkenntnis, daß es Wesen außerhalb seiner unmittelbaren Einflußnahme gibt, dadurch fertig zu werden, daß es dieses Anderssein wohl wahrnimmt, aber noch unter seine illusionäre Kontrolle stellen möchte.

Das Übergangsobjekt gehört somit einer selbst geschaffenen, eigenen Realität an. Es ist der direkten Interaktion mit den primären Objekten enthoben. In dem zentralen Handlungsfeld des Kindes trägt es formal aber erst Züge eines Prä- oder Protosymbols. In der affektiven Entwicklung des Kindes nimmt es insofern eine Sonderstellung ein, als das Kind mit ihm affektive Bezüge herstellt, die eigentlich lebenden Bezugspersonen in deren Abwesenheit gelten. Es bietet sich so als eine ideale Lösung an, positive wie negative Affektregungen zu entfachen, damit passiv erfahrene oder potentiell traumatische Affekte in einer aktiven Wiederholung zu bewältigen (G. S. Klein 1976). Der Zusammenhang mit einer umfassenden intrapsychischen Strukturveränderung wird ersichtlich, wenn man das Auftreten des Übergangsobjekts im Kontext synchroner Verschiebungen in weiteren Entwicklungslinien betrachtet.

Metcalf und Spitz (1978) betonen, daß das Übergangsobjekt zwischen einem Stadium des „wiedererkennenden Gedächtnisses" (recognition memory) und einem Stadium des „Gedächtnisses mit aktiver Vorstellung" (evocative memory) eine eigenständige Position einnehme. Als „quasi-evokativer"

Reiz repräsentiere es die ganze Affektgestalt „Mutter“ in der Zentralbedeutung „Sicherheit“. Es ziele auf keine triebhafte Bedürfnisbefriedigung. Als affektiver Indikator für die „libidinöse Besetzung eines Dings“ stehe es zwischen den beiden ersten psychischen Organisatoren des „sozialen Lächelns“ und der „Achtmonatsangst“ und dem dritten Organisator des „Nein“.

Die Erschaffung eines Objekts in dessen Abwesenheit, wie es die Beziehung des Kindes zum Übergangsobjekt signalisiert, stellt einen wichtigen Schritt in Richtung eines Symbolisierungsvermögens dar. Das Übergangsobjekt steht für das Objekt der ersten Beziehung, die Mutter. Zwischen Phantasiegebilden und konkreten Fakten ist jedoch noch keine sichere Realitätsprüfung möglich. Nach Winnicott (1953) ist das Übergangsobjekt „ein Begriff für die Wurzeln der Symbolbildung im zeitlichen Ablauf“.

Die frühesten, auf direkter Wahrnehmung beruhenden Phantasien sind affektive Interpretationen von körperlichen Sensationen (Isaac 1948). Unter dem Aspekt einer frühen Objektbeziehung können kinästhetische, viszerale, akustische oder visuelle Reize eine globale Erinnerung einer mütterlichen Befriedigung erwecken und eine kurzzeitige Abwesenheit der Mutter überbrükken helfen. Das Übergangsobjekt vermittelt so die Illusion, die äußere Realität korrespondiere mit der eigenen schöpferischen Aktivität. Doch der entscheidende Fortschritt besteht darin, dieser „Illusion eine Gestalt zu geben“. Dieses kreative Vermögen führt aber sehr bald dazu über, die Realität mittels spielerischer Antizipation zu bewältigen, in Phantasie einen Handlungsaufschub zu erzielen und geeignete Lösungsalternativen abzuwägen.

Mit dem Übergangsobjekt ist zugleich der „Beginn einer zärtlichen Objektbeziehung“ (Winnicott 1953) gegeben, die sowohl leidenschaftliche Liebe als auch aggressive Mißhandlung überleben muß. Dies beinhaltet eine lustvolle Einstellung zum eigenen Körper. Autoerotische Aktivitäten während der Übergangsphase sind besonders in der Abwesenheit der Mutter zu beachten (Spitz 1962). Sie besitzen ein kreatives und phantasieanregendes Potential, das sowohl für die Bildung einer ersten Geschlechtsidentität (Stoller 1980) als auch für die Aufnahme einer „frühen Triangulierung“ (Abelin 1971) mit seinen affektiven und triebmäßigen Konsequenzen von entscheidender Bedeutung ist (vgl. Mertens 1992).

Der Erwerb eines Übergangsobjekts signalisiert somit wichtige Fortschritte in der Funktionalität des Erinnerungsvermögens, der Symbolisierungsfähigkeit, der inneren Objekte, der Phantasietätigkeit und der Autoerotik. In der Übergangsperiode lernt das Kind erste Möglichkeiten, sukzessiv vitale und affektive Funktionen in eine umfassende Selbstrepräsentanz zu integrieren, wichtige selbsttröstende und -beruhigende Techniken zu entwickeln und erstmals Fürsorge für das eigene seelische und körperliche Wohlergehen zu übernehmen (Krystal 1978).

In dieser Übergangsperiode beginnen auch die beiden Entwicklungslinien des Primär- und Sekundärprozesses (Freud 1900), die weniger eine zeitliche Abfolge implizieren, als vielmehr dialektisch aufeinander bezogen sind (Noy

1979). Sie stellen zwei verschiedene „kognitiv-affektive Modi der Informationsverarbeitung" dar (Lichtenberg 1983). Beide Stile kommen in den verschiedenen Entwicklungssituationen des Kindes mit wechselnder Intensität zum Ausdruck. Sie bieten ihm die Möglichkeit, sein Gefühlsleben in ganz charakteristischen, aber unterschiedlichen Strukturen zu organisieren.

Ein **erster Organisationskontext** enthält meist Augenblicke einer niedrigen bis mäßigen Erlebnisspannung. Diese imponieren auch dem sorgfältigen Beobachter als häufig wenig dramatisch, sind aber trotzdem für die Lernfortschritte des Kindes von entscheidender Bedeutung. Sie erlauben ihm, ungehindert seine kognitiven Fähigkeiten zu erproben und auszuweiten und vor allem verschiedene psychische Modalitäten aufeinander abzustimmen. So ermöglichen sie ihm längere Handlungssequenzen zu entwickeln und zentrale affektive Erlebnisse thematisch zu integrieren. Der Einfluß der im Laufe des zweiten Lebensjahres einsetzenden Sprachentwicklung wird zunehmend deutlicher. Sie fördert die Einbettung von Affekten und geistigen Erkenntnisstrategien innerhalb sprachlich verfügbarer Bedeutungen und begünstigt das Auftreten eher spezifischer Emotionen als generalisierter Affektreaktionen (Pine und Furer 1963). Katan (1961) weist ferner darauf hin, daß eine Verbalisierungsfähigkeit nicht nur die Kontrolle über triebhafte und emotionale Bedürfnisse erhöht, sondern auch leichter zwischen Phantasien und Wünschen einerseits, Ansprüchen der Realität andererseits unterscheiden läßt. Analysiert man die Strukturiertheit der in diesem Kontext erlebten Affekte, so können Merkmale eines bevorzugt sekundärprozeßhaften Geschehens notiert werden: Organisation gemäß sprachlicher Syntax, allmählich sich abzeichnende Distanzierung von Bedeutung und Bedeutungsträger, Regeln der Getrenntheit, Objektivität und Diskretheit der Einzelelemente in einer klaren zeitlichen Sequenz. McKinnon (1979) bezeichnet diese Organisationsstruktur als eine akustisch-sequentielle Form der Semantik.

Ein **zweiter Organisationskontext** dürfte wohl noch stärker die kindliche Gefühlswelt des zweiten und beginnenden dritten Lebensjahres bestimmen. Er enthält Augenblicke einer mäßigen bis starken Erlebnisintensität und läßt die oben geschilderte Situation mit den Charakteristika der sprachgelenkten Kombination und zeitlichen Sequenzierung der Affekte und Vorstellungen immer wieder in den Hintergrund treten. Er weist eine Organisationsform auf, die sich in erster Linie um sensorische Eindrücke strukturiert. Da die Verhaltensweisen ohnehin sehr körperzentriert sind (Lichtenberg 1975), kommt diese Organisationsform der kindlichen Mentalität entgegen. Sie ist insgesamt ganzheitlicher und zugleich elementarer aufgebaut. McKinnon (1979) spricht von einer visuell-räumlichen Form der Semantik. Die psychologischen Elemente der Erlebnissituation sind so angeordnet, „als seien sie Teile eines visuellen Bildes, die sich simultan im Raum zusammenfügen" (S. 54). So ist nicht die zeitliche Kontinuität, sondern die räumliche Kontingenz der Erlebniselemente typisch. Dies ermöglicht besonders den Einsatz von Kondensation oder Verschiebung als kognitiv-affektiven Stil.

Man kann sich gut vorstellen, daß so entscheidende affektive Erfahrungen wie z. B. von einer schmerzlich vermißten Mutter, einem ärgerlich verspürten Toilettentraining oder einem autoerotischen Spiel mit dem eigenen Körper eher in diesem zweiten Kontext erfolgen, da er keine so hohe Spannungstoleranz und ausgeprägte Fähigkeit zu Distanzierung und Objektivierung wie im ersten Kontext verlangt. Nach Lichtenberg (1983) eignet sich dieser primärprozeßhafte Organisationsmodus ferner ausgezeichnet dazu, die Beziehungen zwischen dem kindlichen Selbst und den primären Objekten so zu gestalten, daß Erlebnisqualitäten, Funktionen und Gefühle als gemeinsames Erlebnisgut behandelt werden können. Auch generalisieren so Affekte leichter zu tragenden Stimmungen.

Beide Organisationsformen dürfen aber nicht isoliert, sondern müssen als gleichberechtigte Möglichkeiten zu einer inneren und äußeren Orientierung betrachtet werden. Beide im Zusammenspiel erst ermöglichen eine reife affektive Realitätsprüfung in subjektiver Erlebnisform und sozialer Kommunikation. In den Monaten der Übungs- und Wiederannäherungsphase spielt die „Fähigkeit zum Alleinsein in der Gegenwart einer anderen Person" (Winnicott 1958) eine zunehmend bedeutendere Rolle in der Abstimmung dieser beiden Organisationsformen (vgl. das illustrierende Beispiel auf S. 124).

Die Momente des Alleinseins stellen eine Fortsetzung der Erfahrungsmodalität mit dem Übergangsobjekt dar. Sie bieten aber auch eine Vertiefung und Differenzierung in der Entwicklung des symbolischen Spiels. Es sind vor allem Zeiten einer inneren Konzentration und Sammlung, die regelmäßig auf Phasen einer intensiven Auseinandersetzung mit Anforderungen der Umwelt folgen müssen. Sie bieten dem Kleinkind die Möglichkeit zur ungestörten Assimilation und Akkommodation seiner vielfältig gewonnenen sensoriaffektiven Eindrücke. Sander (1983) erkennt in dieser persönlichen Selbsterfahrung einen „offenen Raum", der sich vor allem durch die relative Unabhängigkeit von endogener Bedürfnislage und exogener Reizbeeinflussung auszeichnet. Hier bietet sich dem Kind eine optimale Gelegenheit, den eigenen Körper selektiv zu erforschen, eigene sensorische Interessen zu entwickeln und in private Spiele überzuführen. Diese Spiele spiegeln zwar bedeutsame Außenvorgänge wider, lassen aber gerade in der eigeninitiierten Abbildung eine steigende persönliche Autonomie gegenüber der äußeren Realität erkennen. Der „offene Raum" gestattet es dem Kind, in aller Ruhe die Auswirkungen seiner eigenen Handlungen zu studieren und wenn nötig, beliebig zu wiederholen und Lösungsmöglichkeiten für interaktionelle und intrapsychische Konfliktlagen zu entdecken. Von besonderer Entwicklungsbedeutung ist hierbei die Auseinandersetzung mit den Augenblicken der Getrenntheit von der Mutter.

Primär- und Sekundärprozeßhafte Organisationsformen der kindlichen Wahrnehmung, Vorstellung und Affektivität im Übergangsbereich (aus Lichtenberg 1983, 140–142)

„Anna, einem 20 Monate alten Mädchen, gelang es zunehmend besser, sich von ihrer Mutter zu distanzieren, wenn diese versuchte, sie einem Toilettentraining zu unterziehen. Nach einer erfolglosen und aufwühlenden Episode im Bad packte Anna ihre Puppe und zog sie grob über den Fußboden. Sie klopfte kräftig den Staub des verdreckten Puppenkleidchens ab und schimpfte ärgerlich auf die „böse Puppe". Dann warf sie die Puppe durch den Raum, stand da und blickte traurig drein. Nach einer Weile holte sie die Puppe zurück und begann sie zu schaukeln und zu trösten, wobei sie einen verträumten Gesichtsausdruck zeigte.

Die wechselseitige Wirkung beider Organisationen kann am Verhalten von Anna beobachtet werden. Die Organisation der ganzen Spieleinheit – ihr Beginn, ihre Mitte und ihr Ende – weist die Abfolge und die „Einheit" eines kleinen Theaterstücks auf, das bedeutet eine sekundärprozeßhafte Ordnung. Innerhalb der übergreifenden Organisation gibt es jedoch eine Verschiebung (Dreck steht für Kot) und eine Kondensierung (die Stärke der Aggressivität verbindet die leichte Ermahnung der Mutter mit dem projizierten Ärger des Kindes, und eine Umkehr der Rolle). Die Beziehung zwischen Anna, Mutter und Puppe zeigt gleichfalls unterschiedliche Organisationszüge. Zunächst ist das gescholtene „Kind" relativ getrennt. Es ist Zielscheibe der Gefühle und Handlungen der „Mutter". Diese relative psychologische Getrenntheit wird weiter reflektiert in der körperlichen Bewegung des Wegwerfens. Ich glaube, daß diese Getrenntheit und Zielbestimmtheit solcher kausaler Folgen wie „wenn du dich schmutzig machst, wird man dich tadeln" eine sekundärprozeßhafte Organisation enthüllen. Andererseits wird in der Schlußhandlung (das Schaukeln und Trösten, der verträumte Gesichtsausdruck) eine Auflösung der Grenzen, ein Zusammenbruch in Raum und Zeit der Unterscheidung von Anna-Mutter und ihrem Puppen-Baby nahegelegt. Ihre psychologischen, körperlichen und emotionalen Selbststrukturen verschmelzen, wobei der gemeinsam geteilte kognitiv-affektive Zustand zur Gestalt von Beruhigung und Tröstung wird. Dieser Zustand, in dem die Handlung (Trösten) und der Akteur (Tröster) eins werden, wird wahrscheinlicher entlang der Grundlinien einer primärprozeßhaften Wahrnehmungs-Kognitions-Affektivitätsorganisation ausgerichtet als jener Beziehungstypus, in dem Getrenntheit und klare Unterscheidungen aufrechterhalten werden.

Um zu meinem Kernpunkt zu kommen: Die „Selbst-als-Gesamtstruktur" dieses 20 Monate alten Mädchens konnte sehr flexible Organisationsmodi einsetzen, um mit dem Spannungszustand fertig zu werden. Anna organisierte eine Verhaltenssequenz, die in ihren Kontingenzen und Unterscheidungen eine sekundärprozeßhafte Steuerung aufwies. Ihr Spiel enthüllte zwei Beziehungsmodi: einen, der den Unterschied zwischen einem Selbstbild und einem Objektbild noch verstärkte, einen anderen, der eine verringerte Unterscheidung, Distanz und sogar Verschmelzung zeigte. Anna gliederte außerdem Wahrnehmungs-Kognitions-Affektivitätsprozesse zu Abwehrzielen in die Handlung mit ein: Identifikation mit dem Aggressor, Verschiebung, Umkehr und Kondensierung. Einige dieser spezifischen Abwehrmechanismen benützen Wahrnehmungs-Kognitions-Affektivitäts-Stile, die vom Primärprozeß, andere die vom Sekundärprozeß abgeleitet werden."

Aus der einfühlsamen Sicht Winnicotts (1969, 1971) auf die innerseelischen Erlebnisvorgänge des heranwachsenden Kindes können wir weitere wertvolle Anregungen für unsere Affektdiskussion des zweiten Lebensjahres erhalten. Nach Winnicott befindet sich das Kind zunächst noch im Übergangsbereich, der entwicklungsmäßig zwischen einem Erlebnismodus der „Objektbeziehung" und dem einer „Objektverwendung" steht. Im Unterschied zum terminologischen Verständnis des Begriffs der „Objektbeziehung" etwa bei den Vertretern der psychoanalytischen Objektbeziehungstheorie, der Selbstpsychologie oder gar der Kleinkindforschung benützt Winnicott diesen Begriff in Anlehnung an die Entwicklungstheorie von M. Klein. Die Kontakte des Kindes zu seinen primären Objekten sind auf dieser ursprünglichen Stufe der ersten Lebensmonate noch von intensiven Affektspannungen beherrscht, die zu Projektions- und Introjektionsvorgängen anstoßen. Trotz einer wahrnehmungsmäßigen Differenziertheit in seinen Beziehungen gestaltet das Kind die affektiven Informationen nach Ansicht Winnicotts noch so, daß es Brüche in seinen Erwartungen z. B. an die Mutter, die mit Ärger, Wut oder anderen negativen Affekten einhergehen und zu einer vorzeitigen Ausgliederung der Erlebnisbereiche des eigenen Selbst und der Mutter führen würden, projektiv erledigt. Eine so strukturierte innere und äußere Wahrnehmungswelt zielt also noch auf ein zwischen Kind und Mutter ungeschiedenes, gemeinsames Erleben.

Im Laufe des zweiten Lebensjahres aber geht es für das Kind darum, den ursprünglichen introjektiven und projektiven Zirkel, der im Übergangsbereich schon gelockert ist, endgültig zu durchbrechen und zu verabschieden. Dies gelingt ihm auf der Entwicklungsstufe der „Objektverwendung", die sich besonders deutlich im Medium des kindlichen Spiels und der Phantasie manifestiert. Nach Winnicott kann das Kind jetzt eine wertvolle Erkenntnis gewinnen. In schmerzlich erlebten Trennungssituationen oder bei einer ohnmächtigen Erfahrung seiner eigenen Grenzen mag das Kind im Spiel seine Wut stellvertretend für die Mutter auf eine Puppe richten. Aber noch eben gefangen in seinem Affekterleben, in dem seine Wut über die enttäuschende, da nicht verfügbare Mutter darnach trachtete, diese zu zerstören, entdeckt es überraschend, daß die Mutter real durch seine Wut nicht zerstört worden ist. Und es ist in der Terminologie von Winnicott ein „freudiger Schock über die Differenz" (nämlich die in der Phantasie zerstörte Mutter hat diese Zerstörung überlebt). Die Zerstörung der Mutter in Phantasie schafft somit gerade die Voraussetzung für die Anerkennung ihrer realen, unabhängigen Existenz. Oder wie es Eigen (1981) in einem Kommentar zu Winnicotts Überlegungen ausführt: „Das Objekt wird in der Phantasie und als Phantasie zerstört und wird deswegen als real gefühlt und gleichzeitig macht seine Wirklichkeit (realness) Destruktivität in Phantasie möglich" (S. 417). Damit ändert sich aber auch die kindliche Sicht von der Welt insgesamt. Eine Welt, die nicht mehr unter der eigenen absoluten Kontrolle steht, folglich eine Welt, die auch nicht mehr unter der absoluten Kontrolle anderer omnipotenter Objekte steht, die die Macht zu Liebe, aber auch zu Zerstörung besitzen, ist sicherer geworden. Sie kann auf einem reiferen Niveau miteinander geteilt werden. Objekte können im Winnicottschen Sinne dann „verwendet“ werden, wenn die gefährliche Mischung aus Omnipotenz und Vernichtung, wie sie für die „schizoide Position“ typisch ist, überwunden wird.

Nach M. Klein ist auf dieser Stufe schließlich die „depressive Position“ erreicht. Es wird für das Kind möglich, sich selbst, aber auch die Mutter als Subjekt wahrzunehmen. Gedanken und Gefühle werden als persönliche Schöpfungen verstanden und gehen mit einem Gefühl der Verantwortlichkeit für sie einher. Es ist für das Kind ein entscheidendes Erlebnis, zu realisieren, daß es früher die Objekte seiner sozialen Umwelt, die es phantasiemäßig zerstören und aufbrauchen konnte, nun als Subjekte mit eben diesen Gefühlen und Bestrebungen verletzen würde. Es fühlt sich schuldig, gleichzeitig aber auch besorgt und bemüht um Wiedergutmachung (Odgen 1989a).

Benjamin (1990) führt zu diesem Thema aus: „Es ist die Anerkennung der Realität des anderen, die das Bild der Trennung vervollständigt. First (1988) machte einige hierzu sehr passende Beobachtungen, wie das Kleinkind allmählich Wechselseitigkeit als ein Begleitmoment von Getrenntheit verstehen lernt, speziell im Hinblick auf eine Mutter, die es verläßt. Das Vehikel für diese Lösung ist, um einen Begriff von Winnicott auszuweiten, eine Kreuzidentifikation: die Fähigkeit, sich in die Position des anderen zu versetzen, auf der Grundlage eines empathischen Verstehens von Ähnlichkeiten in der inneren Erfahrung. Wenn das zweijährige Kind zunächst im Rollenspiel die weggehende Mutter imitiert, dann herrscht der Geist einer reinen Rache und Vergeltung vor: „Ich tu dir das an, was du mir antust.“ Aber allmählich beginnt sich das Kind mit der subjektiven Erfahrung der Mutter zu identifizieren und realisiert: „Ich könnte dich vermissen, wie du mich vermißt“, und deshalb: „Ich weiß, du könntest den Wunsch haben, dein eigenes Leben zu haben, wie ich das meine.“ First zeigte, wie das Kind sich durch die Anerkennung der geteilten Erfahrung tatsächlich aus einer Welt der rachsüchtigen Vergeltung und Kontrolle wegbewegt hin auf eine Welt des wechselseitigen Verstehens und des geteilten Fühlens. Diese Analyse fügt der Idee einer Objektkonstanz, in der das gute Objekt die böse Erfahrung überlebt, die Idee der Anerkennung hinzu, die Mutter, die weggeht, ist nicht schlecht, sondern unabhängig, eine Person wie ich. Indem das Kind dies akzeptiert, erreicht es nicht nur seine eigene Unabhängigkeit, sondern auch die Lust, die in einem wechselseitigen Verstehen liegt“ (S. 42).

Winnicott (1963, 1971) ist vermutlich zu einer ganz ähnlichen Sichtweise gelangt. Während er in seiner früheren Arbeit über „die Entwicklung der Fähigkeit zur Besorgnis“ noch wesentlich an der Kleinschen Schulddynamik anknüpft, um das Wesen der „depressiven Position“ zu charakterisieren, setzt er in seinem Buch „Vom Spiel zur Kreativität“ einen anderen Akzent. In der geschilderten Entwicklungsreihe, in der das Kind seine weggehende Mutter in der Phantasie zerstören darf, diese aber seine Gefühlsbestrebungen in der

Realität überlebt, identifiziert er nicht Schuld als den Kernaffekt, sondern Dankbarkeit und Freude als das primäre Geschehen.

4.1.2.7 Einfluß des Vaters

Die viele Jahrzehnte lang in der psychoanalytischen Literatur nur randständig behandelte Entwicklungsbedeutung des Vaters in den frühen Lebensjahren des heranwachsenden Kindes ist vielschichtig bedingt. Dieser Sachverhalt dürfte mit unbewußten Motiven bereits des Gründers der Psychoanalyse, nämlich S. Freuds, selbst zu tun haben (Ross und Herzog 1985), aber auch einen ideologisch bestimmten Diskurs der psychoanalytischen Kommunität aus patriarchalischer Sicht reflektieren (Rohde-Dachser 1991). Er dürfte ferner einen gesellschaftspolitisch relevanten Tatbestand mit einem häufig im frühen Erziehungsgeschehen abwesenden Vater zumindest in traditionellen Familienverbänden illustrieren (Fthenakis 1992), sowie auf methodischen Beschränkungen in den Untersuchungsdesigns der stärker empirisch orientierten Forscher beruhen (Russell und Radojevic 1992). Der bedeutsame psycho- und familiendynamische Einfluß des Vaters bereits auf die früheste Entwicklung des Kindes wird in den letzten Jahren innerhalb der psychoanalytischen Entwicklungspsychologie zunehmend stärker beachtet. Trotzdem bestehen hier noch beträchtliche Forschungsdefizite. Dies trifft speziell auf die Rolle des Vaters in der kindlichen Affektentwicklung zu. Es können hier deshalb lediglich einige Tendenzen dargestellt und auf das Entwicklungsgeschehen des zweiten Lebensjahres bezogen werden.

Einer systemisch argumentierenden Psychoanalyse ist es unverzichtbar zu betonen, daß die frühkindliche Entwicklung selbst in der Konzentration auf das intime Geschehen der anfänglichen Mutter-Kind-Dyade nur in triadischen Beziehungen begriffen werden kann (Buchholz 1990, 1991, vgl. Kap. 4.1.1).

Babys können bereits in den ersten Lebenswochen und -monaten einen differenzierten und affektbestimmten Kontakt zu Mutter *und* Vater aufnehmen. Es darf als gesichert angesehen werden, daß sich auch Väter in einer primären Fürsorgehaltung ihren Kindern zuwenden können und z. B. im Rahmen einer geteilten oder vollständig übernommenen Erziehungsrolle sogar symbiotische Beziehungsqualitäten mit typischem Affektaustausch entfalten (Pruett 1983, 1987). In Familien mit einer primären Erziehung durch die Mutter dürfte sich das durchschnittliche Bild aber etwas anders darstellen. Die frühesten affektiven Eindrücke des Kindes von Mutter und Vater sind wohl eher differentiell gestaltet. In der Intimität des Mutter-Kind-Kontaktes zentrieren sich bevorzugt die affektiven Konnotationen von Sicherheit, Wohlbehagen und glückseliger Freude, während durch den Vater sehr viel häufiger die Affekte von spielerischer Neugier und höher erregter Freude angesprochen werden (Lamb 1981). Die unterschiedliche Erfahrungsweise der von Mutter und Vater bevorzugten körperlichen Kontaktformen übt einen wichtigen Einfluß auf die Fokussierung des kindlichen Affekterlebens aus. Der normalerweise kräftigere, eckiger konturierte Körperbau des Vaters fördert im Vergleich zu den dem mütterlichen Körper inhärenten harmonischeren Rhythmen und Gestalten eher ein heftigeres Affektmuster in den Interaktionen mit dem Kind (Kestenberg 1982).

Aber auch der haltende Vater ermöglicht eine wichtige Differenzierungsleistung des Kindes. In den Armen oder auf den Schultern des Vaters kann es nun die Mutter aus der Distanz betrachten, die nahe und die ferne Mutter in der sicheren Haltung durch den Vater miteinander vergleichen (Buchholz 1990). Sowohl die spielerischen Interaktionen mit dem Vater als auch das sichere Gehaltenwerden durch ihn erleichtern erste Loslösungsbewegungen des Kindes weg von der Mutter.

Um das 1. Lebensjahr besitzt es eine stabile, wenngleich differentiell geformte Bindung zu Mutter und Vater (Neubauer 1985). Dies mag angesichts der häufigen Abwesenheit des Vaters zunächst überraschen. Die Bindungsstabilität scheint aber nur in einem gewissen Umfang von der Quantität der mit dem Vater geteilten Zeit abhängig zu sein. Die Qualität der mit ihm erlebbaren Kontakte ist wichtiger. Noch entscheidender aber ist, wie die Mutter selbst den abwesenden Vater in ihre direkte Kommunikation mit dem Kind einfließen läßt, wie sie ihn affektiv bedeutsam vermittelt, hierbei sowohl das Erinnerungsvermögen als auch primäre Phantasieprozesse ihres Kindes anregt.

Atkins (1982, 1984) beschreibt in eindrucksvollen Beobachtungsstudien, wie es der Mutter obliegt, die Aufmerksamkeit ihres Babys auf den anwesenden Vater zu richten, einen Kontakt zu ihm gewährend zu stimulieren, wie stark es aber auch von ihrer eigenen Beziehungsqualität zu ihrem Partner abhängt, daß sie ihn in dessen Abwesenheit für das Kind greifbar vermittelt, sein Erinnerungsbild vitalisiert. Atkins spricht von einem „Vaterkontext", den die Mutter verkörpert und interaktiv ausdrückt: „Die Mutter kann ihr Kind auf den Vater hin ausrichten, sein Lächeln, sein Gurren, seine Aushol- und Greifbewegungen, seinen Blick usw. auf ihn hin fördern. Sie kann dies auf affektiv liebevolle Weise, aber auch in einer zurückziehenden, behindernden Manier machen. Es ist wichtig, die affektiven Untertöne in der Beziehung der Mutter zum Vater zu betonen, ob seine Anwesenheit Liebe, zärtliche Fürsorge und Glück induziert oder aber Ärger, depressive Niedergeschlagenheit und Haß. Diese subtilen affektiven Unterlagerungen setzen den Ausgangspunkt für die künftige vorstellungsmäßige Repräsentation des Vaters" (1984, S. 671). Wie die Mutter im individuellen Einzelumgang mit dem Kind zur entscheidenden Orientierung in der „sozialen Bezugnahme"(„social referencing", Emde 1983) wird, beeinflußt sie auch in den triangulären Beziehungen den Blick des Kindes auf den Vater („social transitivity", Lewis und Michalson 1983).

Betrachten wir nun den Einfluß des Vaters auf die Affektentwicklung in den Phasen der Übung und der Wiederannäherung. Das „übende" Kind ist in seinem Element, wenn sich der Vater mit ihm in lustvoll erregenden Spielen abgibt, das Kind in die Luft wirbelt und Affekte großer Fröhlichkeit auslöst. Hier trägt er zur Einübung in phasentypische heftige Affektspannungen bei. Er legt hierüber auch den Grundstein für seine Idealisierbarkeit durch das Kind und fördert den Ablösungsprozeß von der Mutter (Herzog 1985). Charakteristischerweise beantwortet das heranwachsende Kind diese kräftig antreibenden Interventionen des Vaters selbst dann freudig, wenn es gerade in ein ruhiges Spiel mit sich allein vertieft ist, während es viel leichter verärgert oder irritiert sein kann, wenn es beispielsweise durch die Mutter in seiner Aktivität unterbrochen würde. Herzog (1980) spricht von einem „Kamikazeverhalten" des Vaters und betont die entwicklungsmäßige Bedeutung für das Umschalten zwischen verschiedenen Aktivitätsniveaus, für die Toleranz heftiger, wechselnder Affektlagen, aber auch für entscheidende kognitive Diskriminanzleistungen. Wichtig ist, daß die Mutter diesem Treiben tolerant zusehen kann, allenfalls interveniert, wenn das Kind sich völlig zu erschöpfen droht und der Vater selbst noch nicht bremst. Interessanterweise ist auch der Vater gefordert, sich bei fortschreitender Entwicklung immer wieder auf die Aktivitäts- und Affektbedürfnisse des Kindes neu einzustellen. So könnte z. B. ein Durch-die-Luft-Wirbeln den selbstbewußten dreijährigen Knaben vielleicht schon sehr stören, eventuell sogar beschämen, wenn er nicht mehr auf eigenen Füßen den Umgang mit dem Vater kontrollieren kann, und das gleichaltrige Mädchen mag ein noch wenige Monate zuvor heiß begehrtes Kitzelspiel mit dem Vater jetzt als intrusiv erleben (Ross und Herzog 1985).

Wie ist nun der Beitrag des Vaters zum affektiven Entwicklungsgeschehen während der Wiederannäherungsphase zu bewerten? Von Mahler und Gosliner (1955) wird in Berufung auf Kris der weniger mit aggressiven Konflikten „kontaminierte" Vater als der notwendige „Erretter" des Kindes aus der symbiotischen Beziehung zur Mutter gesehen. In der Tat muß aber die Auflösung der Entwicklungskonflikte sowohl durch das Verhalten der Mutter selbst, durch den davon zu unterscheidenden Einfluß des Vaters, aber auch ebenso sehr durch die Beziehungsqualität zwischen den Eltern vielschichtig gesehen werden.

Abelin (1971, 1975) beschreibt einen zentralen Einfluß des Vaters auf die kindliche Entwicklung während der Wiederannäherungsphase. In seinem Verhalten zeigt dieser modellhaft eine Beziehung zur Mutter auf, in der ein liebevoller Kontakt zu ihr möglich erscheint, ohne durch ihre Nähe überwältigt zu werden, zeitweilige Trennungen von ihr aber ungefährlich und für das Selbsterleben von hohem sozialen Anreiz sind. Die Qualität der Beziehung zwischen den Eltern spielt nach Abelin für das heranwachsende Kind eine hervorragende Rolle. In dieser „frühen Triangulierung" wird sie von ihm aber noch nicht in die Repräsentanz eines Beziehungsdreiecks integriert. Vielmehr formt es auf dieser Stufe noch „bifokale Dyaden" aus. D. h. im Schutz einer sicheren Idealisierung des Vaters betrachtet und konfrontiert es die Beziehungen jeweils zu beiden Elternteilen, um hierüber zu einer verläßlichen Grenzziehung zwischen den Erlebnisbereichen des eigenen Selbst und jener des mütterlichen Primärobjekts aus früheren Zeiten zu gelangen. Doch es können auch schon Ansätze zu einer Dynamik im Beziehungsdreieck entdeckt werden. So nimmt das Kind sehr wohl Interaktionen zwischen den Eltern wahr. Zuweilen fühlt es sich hiervon auch schmerzlich ausgeschlossen. Die kindliche Phantasie einer „Urszene", wie sie auf der ödipalen Stufe vorherrscht, besteht aber noch nicht (Ermann 1985, 1989). Abelin beschreibt bei dem kleinen Knaben auch bereits frühe rivalisierende Gefühle dem Vater gegenüber. In einer Identifikation mit ihm wird er sich allmählich seiner Wünsche zur Mutter bewußt, zu der früher eine als selbstverständlich und bedingungslos angenommene Beziehung bestand. Eine ambivalente Einstellung zum Vater existiere für das kleine Mädchen noch nicht. Probleme können für Mädchen wie Jungen entstehen, wenn sie realisieren, daß eine Beziehungsform des wortlosen Verstandenseins im Zuge der Sprachentwicklung einem noch mühevollen verbalen Sichverständigenmüssen weichen muß (Gleason und Greif 1983, Stern 1985).

Rothmann (1978, 1985) unterstreicht für die Entwicklungsgeschicke der Wiederannäherungsphase ebenfalls eine zentrale Rolle des Vaters. Er argumentiert jedoch, daß auf dieser Stufe zwischen Sohn und Vater noch keine ambivalente Rivalität, sondern eine spontane, konfliktfreie Zuneigung mit einem großen Identifikationsbedürfnis bestehe. Aber auch die Mutter trage entscheidend zur Lösung der phasentypischen Ängste und Konflikte bei. Sie fördere die Entwicklungsprogression, wenn sie sich auch dem Vater in einer liebevollen Intimität zuwenden kann. Sie signalisiert hierüber dem Kind, daß ein Weggehen aus einer „symbiotischen" Beziehung möglich ist, ohne Verrat zu üben oder illoyal zu sein. Auf diese Entwicklungsbedeutung wiesen bereits Braunschweig und Fain (1971) hin, wenn sie herausstellten, daß die Mutter die Position einer ausschließlichen Fürsorge um das Kind aufgeben („objet de pare-excitations"), nunmehr auch als Geliebte des Vaters für das Kind klar erkennbar sein muß („l'amante").

Wenngleich der Einfluß des Vaters auf die Entwicklung von Mädchen und Jungen während der Wiederannäherungsphase als gleichermaßen hoch einzuschätzen ist, scheinen Jungen eine besondere Vulnerabilität zu zeigen, wenn eine konstante und zuverlässige Beziehung zum Vater in diesem Zeitabschnitt plötzlich abbricht. So wies Herzog (1980) in einer Studie nach, daß Jungen zwischen dem 18. und 28. Lebensmonat, deren Vater die Familie z. B. nach einer Scheidung von der Mutter verließ, eine gravierende seelische Beeinträchtigung zeigten. Diese Jungen entwickelten meist ausgeprägte Schlafstörungen, wurden von heftigen Alpträumen gequält und waren in ihrer ängstlichen Erregtheit von den Müttern kaum zu beruhigen. Die panikerfüllten Knaben verlangten intensiv nach einem Beistand und Trost des Vaters. Kam dieser in die Familie zurück, so verschwand die Symptomatik oft schlagartig. Herzog sprach von einem „Hunger nach dem Vater" bei diesen Jungen und bezeichnete die seelische Störung als „Erlkönig-Syndrom“. In einer Analyse der Alpträume sowie des Spielverhaltens kristallisierten sich kindliche Ängste vor verfolgenden Monstern heraus, die auf die Zerstörung der Knaben zielten. Herzog interpretierte diese Angstsymptome als Ausdruck freigesetzter und externalisiert erlebter Aggressionsimpulse und betonte eine vorzeitige Entwicklung von phobischen Mechanismen nach dem Trennungstrauma. Unter einer entwicklungspsychologischen Perspektive unterstrich er die Bedeutung des Vaters für die Kontrolle und Modulation der Aggressionsgefühle, die aus alterstypischen Beziehungskonflikten resultierten. Offen in dieser Interpretation bleiben m. E. familiendynamisch relevante Fragen, inwieweit der Trennungsvorgang des Vaters von der Familie aus der Sicht des Knaben als Folge heftiger aggressionsgeladener Auseinandersetzungen zwischen den Eltern erlebt wurde, der Vater gleichsam von der „bösen“ Mutter der Wiederannäherungsphase vertrieben erschien, der Knabe wiederum in der Identifikation mit dem Vater sich nun auch seinerseits von der ambivalent erlebten Mutter verstärkt bedroht fühlte. Zu diskutieren bliebe weiter die Hypothese, ob sich hinter diesem „Erlkönigsyndrom“ des Jungen ein speziell auf den Vater bezogenes Trennungsverhalten verbirgt, wie es umgekehrt in unterschiedlicher Affektkonfiguration auch bei Verlusten oder längerfristigen Trennungen von der Mutter auftritt (s. o.).

4.2 Die ödipalen Jahre

4.2.1 Entwicklungsvoraussetzungen

Nach erfolgreicher Überwindung der affektiven Wechselläufe während des zweiten Lebensjahres, vor allem nach einer ersten Bewältigung der Konfliktdynamik der „Wiederannäherungskrise“ hat das heranwachsende Kleinkind entscheidende Meilensteine in seiner emotionalen Reifung passiert. Ihm stehen nunmehr wichtige integrierte Affekte zur Verfügung, das lebenslang aktuelle, in einer permanenten dialektischen Spannung zu haltende Thema von Abhängigkeit und Verbindung einerseits, von Freiheit und Autonomie andererseits im neuen Abschnitt der ödipalen Entwicklung fortzuführen. Zeitlich werden hiermit etwa die Lebensjahre drei bis sechs umspannt.

Folgen wir zunächst M. Mahler et al. (1975), so befindet sich das Kind nunmehr auf dem Weg zu einer „libidinösen Objektkonstanz“. Diese Phase (24.–36. Monat) vervollständigt den Prozeß der ersten „Trennung und Individuation“. Eine libidinöse, d. h. von liebevollen, frohgestimmten und freudigen Affekten getragene Bindung an die Mutter auf einer Verhaltensebene sowie frühe Formen ihrer symbolischen Repräsentation werden zwar bereits im Laufe der ersten beiden Jahre erworben. Die allmähliche Internalisierung eines konstanten, vorrangig positiv besetzten Mutterbildes vollzieht sich aber erst während des dritten Jahres. „Objektkonstanz" im Verständnis Mahlers grenzt sich von der Konzeption der „Objektpermanenz" Piagets ab, die ja bereits in der Mitte der sensorimotorischen Intelligenzperiode erreicht wird (s. o.). „Libidinöse Objektkonstanz" stellt hiergegenüber einen affektiv-kognitiven Fortschritt dar. Sie beruht auf verschiedenen Entwicklungsleistungen (McDevitt und Mahler 1980, S. 408):

„(1) Eine überwiegend positive Bindung an die mütterliche Repräsentanz ist das Ergebnis verringerter zwischenmenschlicher und innerseelischer Konflikte der Wiederannäherungskrise.
(2) Die „guten" und „bösen" Aspekte der mütterlichen Repräsentanz sind zu einer einzigen Repräsentanz vereint, welche die Ambivalenz entschärft und die Tendenz zur Regression und Spaltung der Objektrepräsentanz verringert. Und
(3) ist das innerseelische Bild der Mutter in gleicher Weise für das Kind verfügbar, wie es die tatsächliche Mutter libidinös für Unterstützung, Trost und Liebe war."

Der Erwerb einer „libidinösen Objektkonstanz" trägt zu weiteren Entwicklungsveränderungen bei. Sie bahnt einen allmählichen Übergang von einer Selbstzentriertheit zu reiferen, ganzheitlicheren Objektbeziehungen. Sie fördert ferner konsistentere Ausdrucksformen von Zuneigung, Vertrautheit und Zuversicht und bestärkt ein höheres Ausmaß an Empathie und Fürsorge sowie kooperativem Spiel.

Wie wir sehen werden, ist das Problem der emotionalen Ambivalenz aber damit erst in sehr vorläufigen Ansätzen erledigt. Und dies hat enorme Auswirkungen auf die Heftigkeit und Konfliktträchtigkeit der Affektentwicklung während der ödipalen Periode (s. u.).

Doch nicht nur in seiner Objektbeziehungsfähigkeit speziell zum primären Objekt Mutter hat sich das Kind bedeutsam voranbewegt. Auch in der Konturierung der eigenen Selbstorganisation hat es wichtige parallele Fortschritte gemacht. Es versteht sich jetzt als abgegrenztes, persönliches Handlungszentrum („self as agency", Lichtenberg 1983). Es ist nun fähig, strukturierte und kohärente Ziele zu bilden und zu verfolgen. Bei einem bisher insgesamt günstigen Entwicklungsverlauf hat es gerade während der Übungs- und Wiederannäherungsphase wichtige affektive Bereitschaften wie Mut, Risikobereitschaft, Initiative und Ambitioniertheit erworben. Gleichzeitig sind aber auch grundlegende objektgerichtete Grenzen verhandelt worden, die es ihm ermöglichen, heftige Affektäußerungen wie z. B. intensive Wutgefühle in ihrer ungehemmten Ausdrucksweise zugunsten einer sicheren Bindung zu seinen Eltern zu unterdrücken. Bedeutsame Ich-Funktionen wie Aufschub, Antizipation und Integration werden hierdurch bestärkt (Blanck 1984). Mit einem aktualisierbaren Selbstbewußtsein gehen erste innerseelische Strukturen einher, sich selbst und das eigene Handeln in den Augen anderer und allmählich auch vor sich selbst zu beurteilen. Eine breite Skala von selbstbewußten und -bewertenden Affekten ist ihm verfügbar geworden. Seine Phantasietätigkeit übt einen zunehmend stärkeren Einfluß auf sein Erleben aus. Mit ihr ist die Fähigkeit zum „Alleinsein-können“ gefordert und wird gleichzeitig hierdurch wiederum bestärkt. Fortan wird es zu einer innigen Verflochtenheit zwischen privater Innenwelt und realer Objektbegegnung kommen. Die Strukturiertheit dieser symbolischen Funktionen, vor allem ihre kognitiven und sprachlichen Eigenheiten werden die ödipale Affektentwicklung maßgeblich mitbestimmen.

Längst hat sich auch das soziale Feld der Beziehungen von der ursprünglichen Mutter-Kind-Dyade auf den weiteren Kreis der Familie sowie den der gleichaltrigen Spielgefährten ausgedehnt. Diese breitere soziale Umwelt funktioniert nach gesellschaftlich determinierten Regeln. Sie sieht für ihre Mitglieder die unterschiedlichsten Rollen vor, die sprachlich vermittelbar sind. Das Kind wächst spielerisch und experimentierend in dieses neue Sozialsystem hinein. Doch die Aufgabe der Rollenübernahme und die hierin impliziten Erwartungen an es engen seinen Spielraum von vorneherein ein. Eine in Belohnungen und Sanktionen gründende Sozialisation kollidiert deshalb immer wieder mit den Selbstentfaltungskräften des Kindes und gefährdet seine innere Sicherheit. Dies verlangt von ihm nicht nur eine fortwährende konflikthafte Selbsterfahrung und -kontrolle seiner affektiven und triebhaften Wünsche, sondern auch eine gleichfalls kontinuierliche Sondierung der innerseelischen Motive und Intentionen seiner ihm zugeordneten Partner. Die Abstimmung der unterschiedlichen Interessenslagen setzt eine stabile Subjekt-Objekt-Differenzierung wie auch eine gemeinsam einfühlbare und wechselseitig vermittelbare Erlebnisrealität voraus. Für ein psychoanalytisches Interesse, das auf die innerseelischen Entwicklungsstränge fokussiert, stellt sich hier vor allem das Problem des Übergangs von einem dyadischen zu einem triadischen Beziehungsmodus. Dies erweist sich als die entscheidende Herausforderung für die Affektentwicklung des ödipalen Kindes. Wenngleich sich das interaktionelle und innerseelische Drama der ödipalen Situation in erster Linie im Beziehungsdreieck von Kind und Eltern konstelliert, so sind auch wichtige „Nebenschauplätze“ etwa in der Beziehung zu älteren und jüngeren Geschwistern zu beachten. Diese freilich sind in der psychoanalytischen Erforschung der kindlichen Affektentwicklung eher nur sporadisch aufgegriffen und eigenständig gewürdigt worden (vgl. Agger 1988, Parens 1988). Sie werden auch in unserer Darstellung nur randständig bleiben.

Eine weitere Beschränkung ist vorneweg zu treffen. Die Affektentwicklung während der ödipalen Jahre ist ähnlich wie auch schon während des zweiten Lebensjahres auf das engste mit der Errichtung und Differenzierung der Geschlechtsidentität verwoben (Mertens 1992, 1994). Diesbezügliche Implikationen sollen hier nur insoweit thematisiert werden, als sie besondere Affektstrukturen sowie deren Transformationen betreffen. Unsere Aufmerksamkeit richtet sich also vorrangig auf ein Geschehen, das Ciompi (1982) leitmotivisch wie folgt charakterisiert;

„Mit den einmal als solchen demarkierten, isolierten und erfaßten Protagonisten im Dreieck geht nun (im Sinne aller möglichen, von der Psychoanalyse beschriebenen positiven, negativen und gekreuzten Ödipuskonstellationen) ein Ballett von Anziehungen und Abstoßungen, Annäherungen und Distanzierungen, Sympathien und Antipathien mitsamt entsprechenden Gefühlen von Rivalität, Eifersucht, Schuld, Kastration und Versagen einerseits, Gewinn, Bestätigung, Ganzheit und Gelingen andererseits los, das grundlegende psychoaffektive **und** zugleich kognitive Funktionssysteme anlegt, die in der Folge im Sinn von strukturierten assoziativen bzw. semantischen Bahnen oder „Bedeutungsnetzen" notwendigerweise immer wieder benutzt resp. „durchlaufen" werden müssen (S. 39)."

Auch dem Abschnitt zur ödipalen Affektentwicklung seien zunächst einige Fragen vorangestellt.

- Wie bestimmt der Einfluß der sprachlichen und kognitiven Entwicklung die emotionale Reifung zunächst in einem allgemeinen Sinne? Welche speziellen Implikationen ergeben sich hierbei für die ödipale Dynamik? Wie ist das Thema der affektiven Ambivalenz entwicklungspsychologisch aufzugreifen?
- Wie entfaltet sich der allgemeine ödipale Entwicklungsgang in affektpsychologischer Hinsicht? Was ist entscheidend für den Übertritt aus der dyadischen zur triadischen Beziehungsstruktur?
- Welches sind die zentralen Affekte während der ödipalen Periode? Was sind ihre entwicklungsmäßigen Vorläufer? Was macht ihre Psychodynamik aus?
- Welche Umstrukturierung erfährt das emotionale Erleben durch die Errichtung des Über-Ichs?
- Welche dominanten Affektkontrollstrategien werden in den ödipalen Entwicklungsjahren erworben? Können typische ödipale Affektstörungen und klinisch relevante Zustandsbilder benannt werden? In welcher Weise werden „frühe" Beziehungsstörungen durch die ödipale Trieb- und Affektdynamik beeinflußt?

4.2.2 Allgemeiner Einfluß der sprachlichen und kognitiven Entwicklung

Bereits in der Schilderung der affektiven Entwicklung während der präverbalen Jahre war wiederholt auf die enge Verknüpfung von affektiven Umstrukturierungen im Kontext der allgemeineren kognitiven Reifung hingewiesen worden. Hierbei erwies sich die Abstimmung von Argumenten der Piagetschen Epistemologie und Erkenntnissen der psychoanalytischen Entwicklungspsychologie als vorteilhaft. Mit dem Eintritt des heranwachsenden Kindes in die ödipalen Jahre ist dieser Fokus ebenfalls vorteilhaft beizubehalten. Doch ist mittlerweile in der allgemeinen Entwicklungsprogession eine beträchtliche Vielfalt von Teilaspekten zu beobachten. Dies hat zunächst mit dem Erwerb eines evokativen Gedächtnisses zu tun, das es dem Kind erlaubt, Erinnerungen an frühere Selbst- und Objekterfahrungen aktiv abzurufen und auf einer „inneren Bühne“ quasi neu zu gestalten. Die hiermit parallel laufende imaginative Tätigkeit fördert eine zunehmende Eigenständigkeit gegenüber realen Interaktionsszenen. Sie ist aber nie hiervon unabhängig und verlangt auch weiterhin nach einer wiederkehrenden Überprüfung, Abstimmung und Bestätigung in konkreten Begegnungen mit Eltern, Geschwistern oder Spielgefährten. Und seine Phantasietätigkeit unterliegt vor allem den aktuell verfügbaren allgemeineren Funktionsmerkmalen seiner Kognitivität. Es befindet sich nämlich während der uns interessierenden Jahre noch weitgehend auf der Entwicklungsstufe des präoperativen Denkens, das nach Piaget etwa vom ausgehenden zweiten Lebensjahr bis zum sechsten Lebensjahr bestehen bleibt. Eng verknüpft hiermit und doch mit qualitativ neuen Erlebnis- und Gestaltungsmöglichkeiten ausgestattet verläuft intensiv die sprachliche Entwicklung des Kindes. Ihre Einflußnahme auf die Affektentwicklung soll zunächst kurz aufgezeigt werden.

Sprache erscheint bereits bei R. Spitz (1957) als ein bedeutsamer Organisator des kindlichen Erlebens. Im „Nein“ drückt sich die interaktionelle Bekundung eines eigenständigen kindlichen Willens aus und signalisiert auf einer innerseelischen Ebene die Fähigkeit zur aktiven Trennung subjektzentrierter und objektbezogener Intentionen (s. o.). Hierbei ist aber daran zu denken, daß dieser Gebrauch von Sprache noch vorrangig der Regulierung des spezifischen Distanz-Nähe-Verhältnisses zwischen Kind und Mutter auf der Entwicklungsstufe der „Wiederannäherung“ bzw. der „analen Selbstbehauptung“ dient. Er veranschaulicht noch kaum, welche Transformation des kindlichen Affekterlebens sich tatsächlich über die Sprache zu vollziehen beginnt. Er steht hier noch vielmehr in der direkten Fortführung entwicklungsmäßiger Vorläufer, worauf bereits Pine und Furer (1963) hinweisen, wenn sie erklären, daß der notwendige Verzicht des Kindes auf anhaltende körperliche Nähe zur Mutter durch vokale Beziehungsaufnahme und verbal-distanzierende Kontakte erleichtert wird.

Der Erwerb von sprachlicher Kompetenz ist nicht isoliert zu betrachten. Er kann nur vor dem Hintergrund des laufenden affektiven Zusammenspiels von Mutter und Kind verstanden werden (Bruner 1977, Klenn-Delius 1990). Folgen wir Stern (1985), dann übt sich das Kind jetzt einerseits in eine neue Form der Bezogenheit im direkten Umgang mit der Mutter ein, wenn es lernt, unter ihrer Anleitung Dinge und Ereignisse seiner konkreten sozialen und materiellen Umwelt, aber allmählich auch innerseelische Akte bei sich mit sprachlichen Zeichen zu benennen. Zurecht betont Stern, daß die jetzt vom Kind als geistige Herausforderung wahrnehmbaren Beziehungen z. B. zwischen „Wort“ und „Ding“ nicht als feststehende Assoziation einfach erlernt werden, sondern prozeßhaft über wechselseitig verhandelte Meinungen zu sog. „Wir-Bedeutungen“ werden. Die vorteilhafte Auswirkung dieses neuen Typus von Miteinander besteht darin, daß Verbalisierung beim Kind die Entwicklung eher spezifischer Emotionen gegenüber globalen affektiven Reaktionstendenzen begünstigt. Auch werden Affekt- und Erkenntnis- bzw. Verarbeitungsstrukturen innerhalb sprachlich verfügbarer Bedeutungen wechselseitig gefördert. Dies wird eine maßgebliche Rolle für den phantasiemäßigen Zugriff des Kindes auf zentrale Affekte spielen (s. u.). Die Möglichkeit zur Verbalisierung leitet hierbei eine progressive Desomatisierung des kindlichen Affekterlebens ein und bestärkt besonders die kognitiven Signalanteile, die das Kind fortan eigenständig und reflexiv einzusetzen erlernt (Krystal 1974).

Sprache transformiert nonverbale Erfahrungen (vgl. Mead 1934). Sie trägt dazu bei, eine Realität zu konzipieren, die unabhängig von aktuellen Wahrnehmungen ist. Auch fördert sie ein reflexives Bewußtwerden des kindlichen Selbst als aktiv Wahrnehmenden. Sie befreit es vom funktionellen Band zur direkten Umwelt und ermöglicht eine Bezugnahme auf Erfahrung auch in Abwesenheit dieser Umwelt. Mit diesem Zugewinn stellt sich aber für das Kind auch ein entscheidendes Problem. Fortan bestehen zwei Versionen von Realität zur Verfügung, eine in der globalen amodalen Erfahrungsweise, eine in der Ordnung des kategorialen Sprachsystems. Stern (1985) weist darauf hin, daß mit der Sprache eine Diskontinuität in den Fluß der amodalen kindlichen Erlebnisse eingeführt werde. Es stelle sich für das Kind im „verbalen Selbst" (vgl. S. 63) nicht nur die Frage der Veränderung seiner subjektiven Erfahrung im Übersetzungsprozeß aus einem analogen in einen digitalen Modus. Es erhebe sich auch die Schwierigkeit, beide Versionen aufeinander abzustimmen, um zu einer funktionstüchtigen Realitätskontrolle zu finden. Hierbei kompliziert sich diese Integrationsaufgabe noch, als die sprachlich dominierte Version dem Bereich der sozialen Öffentlichkeit zugehört, der einen zunehmenden normativen Anpassungsdruck auf die weitere Entwicklung des Kindes ausübt.

Was wird nun aber verändert im affektiven Erleben durch die sprachliche Encodierung? Um das Ziel einer besseren, einer vorhersagbareren Kommunizierbarkeit zu erzielen, wird nicht nur ein angesprochener Realitätsausschnitt erneut repräsentiert, er wird in einer allgemeinen Zusammenfassung objektiviert, gleichsam reifiziert (de Gramont 1987). Hierbei hat das sprachliche Zeichen im Unterschied etwa zur symbolhaften Geste oder zum imitierenden Spiel mit dem mitgeteilten Inhalt nichts mehr gemein. Für das Kind, das beispielsweise die Bezeichnung „gelb" erlernt, mag sich die sprachliche Chiffre anfänglich nur an eine Dimension seiner von der Mutter so charakterisierten Spielente heften, nicht aber die gleichzeitig beim Anfassen mitgefühlte taktile Erfahrung, die vitale Affektqualität des mit dem Tier im Bad erzielbaren Plantschens usw. für es verständlich miterfassen. So ist der sprachlich ausgedrückte Realitätsausschnitt anfänglich äußerst eng und noch außerordentlich störanfällig gegenüber möglichen Verzerrungen.

De Gramont (1987) demonstriert einsichtsvoll, wie vulnerabel das Kind beim Übergang von einem nonverbal bestimmten in einen sprachlich dominierten Erlebniskontext ist, da es sich in der sprachlichen Bezeichnung gleichsam „verfangen" kann. Durch die Verankerung beispielsweise starker emotionaler Reaktionen wie Ärger, Ängste und Furcht an Worte kann die Intensität der gefühlten Bedeutungskomponente sogar noch verstärkt werden. Intensität und Diskontinuität in einer sprachlich encodierten Erfahrung tragen aber dazu bei, daß das Kind die gespürte Bedeutung eher an die jeweilige Situation attribuiert, in der es diese Affektregungen verspürt, als an sich selbst als einen, der die Erfahrungen gerade macht. Da sich die Phoneme anfänglich noch an sehr beliebige Dimensionen der aktuellen Erlebnisrealität heften, kann die falsche Attribuierung nur sehr schwer herausgefordert und korrigiert werden. Gerade bei kindlichen Ängsten, die in einem engen Zusammenhang mit der aufkeimenden Phantasietätigkeit stehen, mag sich diese Hartnäckigkeit zeigen. Phobische Äußerungen, etwa wenn der kleine Junge beim Zubettgehen fürchtet, in der Dunkelheit durch ein böses Wesen unter seinem Bett bedroht zu werden, können in aller Regel nicht einfach dadurch erledigt werden, daß der Vater im Beisein des Sohnes nachschaut und ihm versichert, unter seinem Bettchen sei alles in Ordnung.

Die sprachliche Encodierungsfähigkeit und die affektive Differenzierung bewegen sich also für das heranwachsende Kind noch über eine Reihe von Jahren hinweg in einem konfliktträchtigen, aber kreativen Spannungsfeld zueinander. Sprache erweist sich als ein Medium, in dem das Kind eine neue Form der Individualität und Getrenntheit erfährt, gleichzeitig aber auch eine spezielle Variante der Verbundenheit mit seinen primären Objekten erproben kann. Zurecht spricht Dore (1985) diesen ersten sprachlichen Leistungen deshalb noch den Charakter von „Übergangsphänomenen“ zu, die nunmehr auf einer symbolischen Ebene zu einer feineren Differenzierung zwischen privater Innenwelt und sozialer Öffentlichkeit beitragen. Gleichzeitig wird in der Sprache auch das Selbst zunehmend objektiviert. Das Kind lernt, sich selbst im sprachlichen Medium zu verstehen, zu bezeichnen und darzustellen.

Zwischen den Jahren drei und fünf wird es den meisten Kindern mit Unterstützung ihrer Eltern möglich, wichtige innere Emotionen bei sich zu erkennen und auch sprachlich zu bezeichnen. Hierbei fällt es ihnen wesentlich leichter, die kategorialen Aspekte der verschiedenen Affektzustände wie „Freude“ oder „Traurigkeit“ sprachlich auszudrücken, als die dimensionalen, amodalen Aspekte daran mitzuteilen, also wie traurig oder in welcher Form sie frohgestimmt in einer ganz speziellen Situation gerade sind (Stern 1985). Interessanterweise handelt es sich bei diesen sprachlich verfügbaren Gefühlen vorrangig um nicht-überichhafte Affektzustände wie eben Traurigkeit, Ärger, Freude, Glück oder Ekel. Robbins (1993) hebt an den Kindern in der ödipalen Entwicklungsphase hervor:

„Aber es ist bemerkenswert, wie flach und affektlos ihr willentliches Sprechen bleibt. Die Fähigkeiten, das Sprechen emotional zu modulieren und einen Affekt bewußt hervorzurufen und zu inszenieren, welche die Kennmarken der evokativen Repräsentationskonstanz sind, tauchen erst relativ spät in der Entwicklung auf, vielleicht erst gegen Ende der Latenz oder frühen Adoleszenz. Dies legt nahe, daß sich die Affekterkennung und -repräsentation während der frühen Kindheit als ein Resultat eines

Spiegelungsfeedbacks vollzieht, die repräsentationale Konstanz sowie die evokative Fähigkeit hingegen erst später erreicht wird, zu einem Zeitpunkt, wenn die mentale Prozeßaktivität in der Abwesenheit eines externen Reizes eingesetzt werden kann, um eine affektive Erfahrung hervorzurufen." (S. 252)

Auch Lewis et al. (1971) geben einen aufschlußreichen Einblick in die Entwicklung der Sprache der Emotionen bei Kindern. Ihr Untersuchungsziel ist, wie Kinder ihre Emotionen beschreiben und benennen. Sie gehen hierbei von einer Definition der Emotionen als „Bewußtsein eines veränderten Körperzustands" aus. Sie nehmen an, daß der Gebrauch der Sprache auch Hinweise über die Wahrnehmung dieser inneren Zustände liefere:

- Jungen wie Mädchen zeigen mit steigendem Alter eine größere Freiheit gegenüber externen Hinweisreizen für emotionale Erregung, wobei die allmähliche Unabhängigkeit bei Jungen sozialisationsbedingt als stärker ausgeprägt erscheint.
- Die Internalisierung verläuft bei Mädchen eher unter einer viszeralen Orientierung, sie schildern also bevorzugt Erregungsveränderungen im Körperinneren oder in einzelnen Organsystemen. Jungen hingegen beziehen sich häufiger auf „Kopf" und „Gehirn", wenn sie an sich gefühlhafte Abläufe beschreiben.
- Mit zunehmenden Jahren wird jedoch bei beiden Geschlechtern die Tendenz deutlicher, Emotionen mehr als Gedanken oder Vorstellungen zu konzipieren denn als körperliche Sensationen.
- Äußerungen von Ärger oder anderen aggressiven Affekten erfordern Copin-Strategien gegen eine ängstlich erwartete Vergeltung. Bei Mädchen zeichnet sich überraschenderweise vorrangig eine grundlegende Furcht vor körperlicher Verletzung, bei Jungen hingegen verstärkt Trennungsangst ab.

Krystal (1974) betont, daß Verbalisierung von Gefühlen in diesem Alter vielleicht eine noch zu spezifische Differenzierung der kindlichen Affektivität ins Auge fasse. Vielmehr leite eine jegliche Übersetzung von affektiven Erlebnissen in irgendeinen Typus von Symbolen und Bildern einen Desomatisierungsschritt ein. Werde offener emotionaler Ausdruck abgelehnt oder gar bestraft, fördere Verbalisierung die Selbstbeobachtung. Die Angebrachtheit oder Unziemlichkeit, einen bestimmten Gefühlszustand auszudrücken, wird aber nicht zufällig reguliert. Vielmehr werden schon früh soziale Regeln der affektiven Expression (sog. „display rules") vermittelt, die durchaus eine Abhängigkeit vom Geschlecht des jeweils anwesenden Elternteils erkennen lassen. Saarni (1978) gibt ein anschauliches Beispiel hierfür, wenn sie einen Jungen im Vorschulalter mit starken Ängsten vor Hunden schildert. War er alleine oder in Begleitung seiner Mutter, so zeigte er offen diese Furcht durch seinen Gesichtsausdruck, seine Stimme und seine Körperhaltung an. War er jedoch mit seinem ziemlich gestrengen Vater zusammen, der wenig Verständnis für diese „Schreckhaftigkeit“ seines Sohnes hatte, so wirkte er eher scheu blickend als eigentlich furchtsam.

Es wiederholt sich hier im Laufe des dritten Lebensjahres auf einer symbolischen Ebene, daß Gefühle anderer ganz ähnlich wie im „social referencing“ der sensorimotorischen Entwicklungsstufe eine regulierende Bedeutung für das eigene Verhalten und Erleben annehmen. Dies setzt voraus, daß ein Kind fähig wird, zwischen physikalischen und mentalen Welten zu unterscheiden. Gerade das Sprechen über eigene Gefühlszustände sowie ein reziprokes Erleben und Verstehen von Gefühlen gegenüber anderen bestärkt diese neue Fähigkeit des ödipalen Kindes. Es blickt nicht nur nach anderen, um deren affektive Reaktionen zu erfassen, sondern es attribuiert auch Gefühle oder Urteile an andere in seiner Innenwelt. Es versteht, daß die Leute seiner Umgebung etwas wollen und begehren, daß sie auch unterschiedlich darauf reagieren können, wenn ihre Wünsche nicht in Erfüllung gehen. Und es lernt vor allem, daß eigene Wünsche, Gefühle und Überzeugungen insbesondere in den komplexen Beziehungen zu den Eltern bedeutsam sind (Cohen et al. 1987, Mayes und Cohen 1992).

Gibt es nun aber Anhaltspunkte, die uns auch in der sprachlichen Entwicklung signalisieren können, daß das ödipale Kind den entscheidenden Übergang von dyadischen hin auf triadische Beziehungsstrukturen bewältigt? Wichtige Indizes werden im Erlernen der Personalpronomina und in der Entwicklung des symbolischen Spielens erkennbar, das auf einem differenzierten sprachlichen Verständnis beruht (vgl. Sharpless 1990).

Für eine sprachliche Benennung von Personen kann das Kind auf unterschiedliche Bezeichnungsmöglichkeiten zurückgreifen, die ihm aber entwicklungspsychologisch nicht alle gleichzeitig zur Verfügung stehen. Es kann sich oder die Eltern mit einem Eigennamen (z. B. „Peter“), mit einer Kategorisierungsbezeichnung (z. B. „Mamma“ oder „Frau“) oder aber mit Personalpronomina wie „ich“, „du“, „er“ oder „sie“, „wir“ ansprechen. Der Gebrauch von Eigennamen repräsentiert hierbei zwar Personen schon symbolisch, enthält aber noch nicht unbedingt ein kategoriales Wissen. Und erst der zuverlässige Gebrauch von Personalpronomina signalisiert, daß ein Kind die unterschiedlichen Rollen und Standpunkte versteht, die in einem Sprechakt eingenommen werden. Kinder meistern Personalpronomina später als andere Formen der Symbolisierung von Subjekt und Objekten.

Etwa mit 18 Monaten befindet sich das Kind im „Einwort-Stadium“ seiner sprachlichen Entwicklung. Das Wort „Papa“ mag den Vater bezeichnen, aber sich vielleicht auch auf andere erwachsene Männer der Umgebung beziehen. Und legen ihm seine Eltern Fotos von sich vor und fragen: „Wo ist ‚Baby‘?“, dann kann es in der Regel richtig auf sein Bild zeigen. Ca. drei Monate später beherrscht es korrekt Eigennamen. Viele von ihm verwendete Kategorialbezeichnungen sind aber weiterhin noch übergeneralisiert. Wenn es „meines“ sagt und hierbei auf einen Gegenstand weist, so drückt es damit aus, daß es dieses Objekt haben möchte. Eine Selbstreferenz im „mich“ kann es aber in aller Regel nicht vor dem 24. Monat anzeigen. Ein Wissen über die erste Person besitzt das Kind erst, wenn es begreift, daß es sich hierbei um eine Konversationsrolle handelt. Dies läßt sich in einem experimentellen Spiel demonstrieren, an dem das Kind und zwei Experimentatoren jeweils in wechselnden Dyaden miteinander spielen und zu einander sprechen. Das Kind ist also hierbei je einmal in einer direkten Interaktion mit einem der Experimentatoren, einmal in der Zuschauerposition, wenn die beiden Erwachsenen miteinander spielen. Es bestehen für das Kind bis weit ins dritte Lebensjahr hinein große Schwierigkeiten richtig zu erfassen, daß im Spiel „ich und du" einmal es selbst gemeint ist, wenn es direkt beteiligt ist, ein andermal sich aber auf die beiden Experimentatoren bezieht, während es selbst außen vorsteht und zusieht. Um das sprachliche System der Personalpronomina sicher zu gebrauchen, muß es also nicht nur ein Wissen über Subjekt und Objekt koordinieren, es muß vor allem auch ein Wissen über Konversationsrollen beherrschen. Es artikuliert sich also erst jetzt eine Entwicklungsreife bei ihm, die ein wesentliches Merkmal für linguistisch encodierte triadische Beziehungsmuster anzeigt, nämlich einmal in der teilnehmenden, ein andermal aber in der Beobachtungsposition zu sein, wenn zwei weitere Personen miteinander etwas gemein haben. Und es ist gerade diese Position des Zuschauers, die so grundlegend für das ödipale Erleben und symbolische Verarbeiten eines Kindes ist.

Auch im Rollenspiel zeichnet sich eine ganz analoge Entwicklungslinie zu einem triadischen Personenverständnis ab. Erste Anfänge eines Rollenspiels sind bereits in frühen Imitationen des Kindes zu erblicken, wenn es beispielsweise seine Mutter gestisch nachahmt. Aber erst in der Übertragung auf eine Puppe drückt es ansatzweise eine Fähigkeit aus, eine symbolische Rolle zu übernehmen. Bis zum ca. 18. Lebensmonat hat es ein Gefühl für ein objektives Selbst entwickelt, und Beziehungen von sich zu anderen sind Bestandteil eines globalen kindlichen Selbstbewußtseins, das jetzt im Spiel reflektiert werden kann. Im nächsten halben Jahr wird diese Puppenperson zunehmend belebt. Sie ist nicht einfach nur passiver Rezipient für eine projektive Erledigung kindlicher Affekt- und Triebregungen. Sie erhält einen eigenen Willen und drückt ein separates Zentrum von Gefühlen und Intentionen aus, die das Kind als Interaktionspartner zu Verhandlung und Interaktion herausfordern. Wenn das Kind versteht, daß „Intersubjektivität" in einem Rollenspiel symbolisiert werden kann, dann verfügt es über einen entscheidenden Vorläufer der Symbolisierung triadischer Objektbeziehungen. Zu Beginn des dritten Lebensjahres kommt es dann zu einer ersten Inszenierung von einfachen Skripten, ins Spiel übersetzte innere Erzählungen. Allmählich ist zu beobachten, wie sich das Kind zunehmend aus dem aktiven Handlungsgeschehen im Puppenspiel zurücknimmt. Neu ist, daß fortan Beziehungen zwischen anderen Personen symbolisiert werden, in denen das Kind nicht mehr aktiv interagiert und nur mehr Zuseher ist. Es spricht viel dafür, daß es nun auf symbolischem Niveau Erfahrungen der frühen Triangulierung rekapituliert (s. o.). Die Entwicklung schreitet aber weit ins dritte bis vierte Lebensjahr hinein, wenn das Kind in seinem Puppenspiel eine exklusive Beziehung zwischen zwei (Eltern-) Figuren darstellt, die offenkundig ein intimes Geheimnis miteinander teilen, von dem sich das Kind selbst ausgeschlossen fühlt. Für die ödipale Dynamik ist es hierbei noch nicht notwendig, daß das Kind korrekte Schlußfolgerungen über das exklusive Geheimnis der beiden Anderen zieht, sondern daß die beiden ein solches miteinander teilen.

Es bildet sich also in der symbolischen und insbesondere sprachlichen Entwicklung des Kindes eine charakteristische formale Eigenheit des ödipalen Erlebens und Verhaltens ab, daß fortan die Beziehungen des Kindes beispielsweise zur Mutter derart sein werden, daß gleichzeitig auch immer die Beziehung zum Vater impliziert ist, selbst wenn dieser in der realen Interaktion nicht anwesend ist (Greenberg 1991). Und es geht gerade um dieses dialektische Zusammenspiel von interaktioneller Teilnahme und abseits stehender Beobachtung, von realer Erfahrung und symbolischer Phantasietätigkeit. Wir können Rohde-Dachser (1987) folgen, die für die Ausbildung reifer triadischer Beziehungen in der ödipalen Situation folgende Merkmale fordert:

„Eine Dreieckskonstellation ist dann vollständig und in einem Gleichgewichtszustand, wenn 1. die drei Pole der Struktur klar voneinander differenziert sind (d.h. Vater, Mutter und Kind müssen sich als voneinander getrennte Individuen wahrnehmen und erleben), 2. zwischen allen drei Polen (Vater, Mutter, Kind) reziproke Beziehungen bestehen, 3. alle Beteiligten diese Situation billigen, 4. alle drei Relationen des Dreiecks überwiegend positiv getönt sind oder doch zu diesem Zustand hin tendieren, und 5. jede der drei Relationen bei allen Beteiligten mental repräsentiert ist (d. h. A macht sich eine Phantasie über die ihn temporär ausschließende Teilbeziehung von B und C, ebenso B zu A/C und C zu A/B). Nach unserer Definition erfüllt eine solche Triade die Definition des „reifen Ödipuskomplexes“, wenn das Kind die Beziehung zwischen den Eltern (also den gegenüberliegenden Polen des Dreiecks) wahrnimmt und in der Weise sexuell thematisiert, daß es sie mit dem Geschlechts- und Generationsunterschied in Verbindung bringt (sogenannte „Urszenenphantasie“).“ (S. 780–781)

Eng mit der ödipalen Affektentwicklung gekoppelt ist das Thema der „emotionalen Ambivalenz“. Kernberg (1975) spricht davon, daß diese Fähigkeit mit Erreichen „ganzheitlicher Objektbeziehungen“ gegen Ende der ödipalen Phase erworben wird. Wohl werden mit einer erfolgreichen Überwindung der konflikthaften, „ambitendenten“ Affektreaktionen zwischen Kind und Mutter in der „Wiederannäherungskrise“ wichtige Fundamente hierfür gelegt. Ohne sie ist der Weg zu einer „libidinösen Objektkonstanz“ im Mahlerschen Sinne versperrt, der Eintritt in reife triadische Beziehungen der ödipalen Auseinandersetzung nicht möglich. Doch sind diese erzielten Abstimmungen von „libidinösen“ und „aggressiven“ Affektdispositionen noch weitgehend interaktionell und vorrangig sensorimotorsich reguliert. Auf dem Niveau der präoperationalen Entwicklungsstufe ist aber erneut die Frage zu stellen, was emotionale Ambivalenzfähigkeit für das Kind schon bedeuten kann und was nicht. Westen

(1989) hat in einer feinen begrifflichen Analyse auf die verwirrende Bedeutungsvielfalt dieses Konzeptes hingewiesen.

So kann es u.a. folgendes ausdrücken: ein Bewußtsein von konflikthaften Gefühlen überhaupt; ein Bewußtsein von konflikthaften Gefühlen gegenüber demselben Objekt; unbewußte Konflikte; die Fähigkeit, positive Erfahrungen in einem negativen Stimmungszustand zu erinnern und umgekehrt; die Fähigkeit zu erkennen, daß dasselbe Objekt in einem selber positive und negative Gefühle hervorrufen kann; die kognitive Repräsentanz eines Objekts mit widersprüchlichen affektiven Valenzen; die Fähigkeit, bewußt positive und negative Aspekte an einer Person zu erkennen; die Fähigkeit sich positive Repräsentanzen einer Person bewußt zu machen, während man ärgerlich ist, und umgekehrt negative Repräsentanzen einer Person zu erinnern, während man mit ihr glücklich ist; ein Erkennen, daß dieselbe Person, die man liebt, auch unbefriedigend sein kann.

Westen (1989) kommt nach einer sorgfältigen Sichtung und Bewertung der Ergebnisse aus vorliegenden Beobachtungsstudien zu dem Schluß, daß die Entwicklung der Fähigkeit zur reifen emotionalen Ambivalenz sich weit ins Latenzalter (etwa 6.–10./11. Lebensjahr) hineinzieht. Ein kurzer Überblick über zentrale Befunde mag dies illustrieren. Er soll verdeutlichen, wie schwierig und kompliziert vor diesem Hintergrund die Entwicklungsaufgabe des ödipalen Kindes ist, in seinen widersprüchlichen Gefühlsdispositionen den Eltern gegenüber zu einer erfolgreichen Integration zu kommen.

Entscheidende Befunde zur Entwicklung der emotionalen Ambivalenz während des Vorschulalters bis frühen Latenzzeit stammen aus der Arbeitsgruppe um S. Harter (1977, 1983, 1988). Kindern dieser Altersstufe bereitet es noch große Schwierigkeiten, sich bewußt auf mehr als einen emotionalen Erlebniszustand bei sich zu konzentrieren oder aber sich vorzustellen, ein und dieselbe Person gern zu haben und trotzdem auf sie im Moment ärgerlich zu sein. Beschreiben sie Personen emotional, so greifen sie meist auf Attributionen zurück, die nur eine affektive Valenz (z.B. „liebevoll") aufweisen oder allenfalls polarisierte Züge (z.B. „nett"/„unangenehm") tragen.
Bezüglich eines simultanen Erlebens widersprüchlicher Emotionen leugnen junge Kinder schlicht diese Möglichkeit. Erst allmählich erwerben sie ein Wissen, daß konflikthafte Gefühle erfahren werden können, aber nur in einer zeitlichen Abfolge hintereinander. Erst in der späteren Kindheit wird für sie ein widersprüchliches Gefühlserleben vorstellbar.

Für unsere Argumentation auf einem ödipalen Niveau ist bemerkenswert, daß gut 5jährige Kinder immer noch großteils behaupten: „Es ist schwer vorzustellen, zwei Gefühle zur selben Zeit zu haben, weil man nur eine Seele hat" (Harter, Buddin 1987). Und dies zu einem Zeitpunkt, in dem von psychoanalytischer Seite her spätestens der Erwerb einer Fähigkeit zur emotionalen Ambivalenz angenommen wird. Wenngleich die Ergebnisse dieser auf subtilen Interviewtechniken beruhenden Untersuchungen begreiflicherweise nur das bewußte Erleben von Kindern erfassen können, eine unbewußte

Konfliktdynamik wahrscheinlich hierdurch nur sehr ungefähr berührt wird, so weisen sie doch in eine ganz ähnliche Richtung, wie dies Robbins (1993) zur affektiven Repräsentationskonstanz ausführte (s. o.).

Es ist anzunehmen, daß Kinder auf dem Höhepunkt ihrer ödipalen Auseinandersetzung, also zwischen dem dritten und fünften Lebensjahr, sehr wahrscheinlich noch auf so grundlegende Abwehrmodalitäten wie die Spaltung angewiesen sind, bevor ihnen in jahrelangen innerseelischen Bewältigungsversuchen eine höherstrukturierte Integrationsleistung gelingen kann.

Es mag hilfreich sein, sich daran zu erinnern, daß ein ödipales Kind sich nach wie vor auf der präoperationalen Stufe nach Piaget befindet. Gegenüber dem sensorimotorischen Niveau hat es zwar vorteilhaft Handlungen internalisiert und kann auch schon symbolische Funktionen ausüben. Es bleibt aber in seinem Denkvermögen noch sehr wahrnehmungsgebunden. Erst schrittweise vermag es eine egozentrische Position aufzugeben, ist oft noch stark auf nur einen Aspekt einer Erlebnissituation fixiert, vernachlässigt darüber wichtige andere Details, argumentiert daher verzerrt und kommt nicht selten zu falschen Schlußfolgerungen. Ändern sich Erlebniszustände, dann kann es vielleicht schon realisieren, *daß* es sich jetzt anders fühlt als vorher, aber noch nicht begreifen, *wie* es dazu gekommen ist. Es ist ihm noch unmöglich, sich speziell auf diesen Prozeß des Übergangs, der Transformation im emotionalen Erleben zu konzentrieren (Aron 1993). Nach wie vor sind Objekt und Subjekt im konkreten Affektereignis gefangen. Einem ödipalen Kind gelingt es noch nicht, ein aktuell auf einen Elternteil gerichtetes Gefühl zu modifizieren. Ein gehaßtes Objekt *ist* ein haßerfülltes Objekt, es kann noch nicht unabhängig von der momentanen Haßregung beurteilt werden. Und umgekehrt ist das Kind ebenfalls nur schwerlich in der Lage, diese Affektregung an sich selbst zu attribuieren. Es ist ein charakteristisches Merkmal der präoperationalen Denkstufe, die noch nicht durch die Funktionalität der Reversibilität ausgewiesen ist, daß heftige Affektäußerungen im subjektiven Erleben des Kindes meist mit einer Externalisierung einhergehen (Thompson 1985). In psychodynamischer Hinsicht ist eine Erledigung von Haß also nur in einer kognitiven Formel möglich: „Nicht ich hasse den Vater, sondern er haßt mich!", was gleichzeitig die Abwehroperationen von Leugnung und Projektion beinhaltet. Konsequent geht mit diesem Verarbeitungsmodus auch ein massives Angsterleben des Kindes vor dem „gefährlichen und bösen Vater" einher (s. u.).

Greifen wir der Entwicklung voraus und skizzieren kurz die Charakteristika der nächsten Reifestufe, auf der die kognitiven Voraussetzungen geschaffen werden, das ödipale Dilemma konstruktiv bewältigen zu können. Die sich anschließende Modalität des konkret-operationalen Denkens zeichnet das Schulkind aus und ist schon typisches Kennzeichen der Latenzzeit (vgl. Greenspan 1979):

Präoperatives Denken ist durch figurative Aspekte charakterisiert. Es stellt eine erlebte Realität zwar dar, vermag sie aber z. B. in einem Symbol noch nicht zu transformieren. Dies gelingt aber im konkret-operativen Denken.

Eine Operation bezeichnet hier eine interiorisierte Handlung, die in ihrem Ablauf reversibel und Teil eines organisierten Systems solcher Handlungen ist. Die Verinnerlichung impliziert auf der Stufe des konkret-operativen Denkens eine allmähliche Abtrennung einer allgemeinen Form einer Handlungsweise oder eines Gefühls von speziellen Kontexten. Es wird so eine Entflechtung der eigenen und der anderer beteiligter Personen aus konkreten Ereignisszenen, also auch aus bestimmten Affektzuständen möglich (vgl. o.). Die Fähigkeit zur Komposition einzelner Handlungselemente wird von einer gleichrangigen Fähigkeit zur Reversibilität begleitet. Da eine Operation immer innerhalb eines Systems erfolgt, gilt auch die Gesetzmäßigkeit der Austauschbarkeit ($a + a^* = b$, und $a^* + a = b$). Der ödipale Haß des Sohnes auf den Vater kann aufgehoben werden durch seine Liebe zu ihm.

Das Kind der konkreten operationalen Periode hat das grundlegende Konzept der „Erhaltung" stabil erworben. Es ist fähig, Objektrepräsentanzen auch unter emotionaler Bedrängnis und normativen Regeln zwischenmenschlichen Zusammenlebens aufrechtzuerhalten. Die „libidinöse Objektkonstanz" im Mahlerschen Sinne wird eigentlich erst jetzt gefestigt. Der Haß auf den Vater geht nicht mehr mit der Angst einher: „Entweder ich zerstöre den Vater oder er vernichtet mich". Er muß auch nicht mehr geleugnet werden.

Das Kind lernt nun auch erfolgreich mit Klassifikationssystemen und komplexeren Relationen umzugehen. Das allgemeine phasentypische Merkmal der Reversibilität ist für Klassen die „Inversion" (eine Handlung + A wird durch eine Handlung − A rückgängig gemacht), für Relationen die „Reziprozität" ($A < B$ wird ausgeglichen durch $B < A$, betrachtet man zwei zusammenhängende Dimensionen eines Vorgangs oder Objekts).

Diese kognitiven Fortschritte des Kindes erhöhen seine Differenzierungsfähigkeit von emotionalen Erlebnisweisen und zwischenmenschlichen Beziehungen ganz enorm. So erlaubt ihm die Fähigkeit zur Klassifikation Gefühle zu unterscheiden, die innerhalb und/oder außerhalb der Familie Gültigkeit besitzen. Das Kind lernt bestimmte Gefühle, die beispielsweise den Vater oder die Mutter betreffen von jenen abzusondern, welche auf eine Lehrerperson gerichtet sind. Umgekehrt ist es ihm wiederum möglich, im Umgang mit seinen Geschwistern erprobte Affekte auch auf Schulkameraden oder Spielgefährten auszudehnen.

Die im Konzept der Klassifikation enthaltenen Modi der Diskrimination und Generalisierung tragen auch bedeutsam zu einer besseren allgemeinen Affektkontrolle bei. Die Fähigkeit zur Reversibilität beinhaltet, daß ein Gefühl prinzipiell auch durch ein gegenteiliges Gefühl aufgehoben werden kann, daß z. B. Liebe Haß aufwiegt. Es werden so feinere Abstufungen in den unterschiedlichen Gefühlszuständen wie auch in den diversen Beziehungen realisierbar. Dies bekräftigt eine bereits erreichte Position der „libidinösen Objektkonstanz". Dies fördert auch das Verständnis unterschiedlich hoch organisierter Abwehrmechanismen. Während in der präoperationalen Periode die Identität des innerseelischen Erlebens v. a. bei heftigen Affektzuständen häufig nur durch eine fundamentale Spaltung gerettet werden kann, aber damit wichtige Realitätsaspekte verloren gehen, steht dem Kind nunmehr eine Reihe wirksamerer Operationen zu Gebote wie z. B. die Reaktionsbildung, die Rationalisierung oder die Identifikation. Das System der augenblicklichen Erfahrungen und Affektregungen wird erhalten, indem bedrohliche Wahrnehmungen nicht einfach ausgeblendet werden, sondern indem der in ihnen enthaltene Sachverhalt abgebildet *und* transformiert wird. Neue affektive Modi z. B. der Empathie können so herausgebildet oder aber die intrapsychische Instanz des Über-Ichs etabliert werden.

Die kognitiv-affektiven Fortschritte an „äußeren" (d. h. der sozialen und materiellen Wahrnehmungsrealität zugewandten) und „inneren" (d. h. der Triebsphäre und emotionellen Innenwelt zugewandten) Grenzen des subjektiven Erlebens während der konkret-operationalen Periode werden für unsere Argumentation besonders wichtig, wenn klar wird, wie eng die Fähigkeit zur Klassifikation, zur Konstruktion von Inversion und Reziprozität mit ödipalen Beziehungsmustern verknüpft sind. In der ödipalen Situation z. B. des Knaben ist das phallisch-libidinöse Objekt seines Begehrens die Mutter. Der Vater hingegen wird als Rivale erlebt. Das Kind sieht sich vor die Entwicklungsaufgabe gestellt, eine verwirrende und widersprüchliche Gefühlsvielfalt von Eifersucht, Wettstreit, Wut, Neid, sexuellem Verlangen, Besitzergreifen, Vergeltungsfurcht und Liebe in einem Drei-Personen-System zu integrieren, das sowohl durch Gleichheiten als auch durch Ungleichheiten gekennzeichnet ist.

In der positiven ödipalen Konfiguration ist der Vater der gehaßte Rivale in der Gunst um die begehrte Mutter. Die Konstruktion der Inversion würde lauten: „Er oder ich!" Eine Lösung dieses Dilemmas setzt zumindest die kognitive Erkenntnis voraus, daß der Vater stärker und mächtiger ist, und Gefühle des Hasses gegen ihn umgekehrt bei diesem Gefühle von Vergeltung provozieren können, somit eine potentielle Vernichtung droht. Ein Ausweg wird in der Konstuktion der Reziprozität sichtbar, welche die Anerkennung der väterlichen Überlegenheit und seiner ausschließlich ihm zustehenden sexuellen Beziehung zur Mutter beinhaltet, aber gleichzeitig die Möglichkeit einer freundschaftlichen Verbundenheit mit ihm durch Identifikation sowie eines nicht-sexuellen, dafür aber zärtlichen Kontaktes zur Mutter offenhält und garantiert. Die Überwindung dieses Konfliktes wird so über die negative ödipale Konfiguration gebahnt, in welcher der Vater als geliebtes und bewundertes Objekt erscheint.

In einem Dreipersonen-System mit Gleichheiten und Ungleichheiten ist es auf der Stufe des konkret-operationalen Denkens also nicht möglich zur Lösung eines Dilemmas wie z. B. des zentralen ödipalen Konfliktes die beiden Funktionen von Inversion und Reziprozität zugleich einzusetzen. Es ist ausgeschlossen, die Mutter sexuell zu besitzen, was in der Inversionsformel hieße, den Vater in der Rivalität um die Mutter zu besiegen, und sich gleichzeitig dessen Liebe und Idealisierbarkeit zu sichern, was in der Reziprozitätsformel bedeutete, auf die Mutter sexuell zu verzichten. Der aus der ödipalen Situation führende Entwicklungspfad über die Reziprozität drückte hier das psychodynamisch wirksame Motto einer „Maximierung von Gewinnen bei einer Minimierung von Verlusten" aus. Ein struktureller Fortschritt wird in der Konsolidierung von Über-Ich und Ich-Ideal erzielt, er geht mit der Errichtung einer Verdrängungsschranke gegenüber ödipalen wie präödipalen Triebregungen einher (s.u.).

4.2.3 Übertritt in die ödipale Situation und Entfaltung der ödipalen Affektdynamik

Wenn das Kind in die neue psychosexuelle Stufe der frühen Genitalität eintritt, weist es gegenüber der präverbalen Entwicklungsperiode bedeutsame Fortschritte in seiner allgemeinen kognitiven Reifung auf. Diese artikulieren sich vor allem in seiner sprachlichen Ausdrucksfähigkeit und seiner Phantasietätigkeit. Mit seinen erworbenen affektiven und interaktionellen Kompetenzen nimmt es nicht nur seine komplexer gewordene soziale Umwelt, sondern vor allem auch seine primären Bezugsobjekte, die Eltern, in einem gewandelten Licht wahr.

Wie oben aufgeführt fußten die „frühen Triangulierungsversuche" des Kindes noch wesentlich in einem Bemühen, dem Dilemma der „Wiederannäherungskrise" von Autonomie und Abhängigkeit durch den Entwurf zweier gegenübergestellter „Beziehungsdyaden" zu entkommen (s.o.). Die Idealisierung des Vaters als einer Person, die modellhaft eine andere, eine befreitere Beziehungsmöglichkeit versprach, war hierfür grundlegend. So ließ sich eine in seiner primären Beziehung zur Mutter liegende affektive und triebhafte Ambivalenz entschärfen. Wohl traten in der idealisierenden Identifikation mit dem Vater auch erste Beziehungsqualitäten zwischen den Eltern ins subjektive Erleben des Kindes. Ein reifes Beziehungsdreieck aber, wie es z.B. in der Definition von Rohde-Dachser (1987) aufscheint (s.o.), in dem beide Eltern als Gegenpole zum kindlichen Pol klar abgrenzbar integriert sind, wird erst zu Beginn der ödipalen Entwicklungsstufe möglich. Die Beziehung zwischen den Eltern wird nunmehr vom Kind als gesonderte Dyade erlebbar. Ihre Kennzeichen sind eine Exklusivität, welche also das Kind von der Teilnahme ausschließt, ferner ein „intimes Geheimnis", welches das Kind mit seinen Phantasiemöglichkeiten aufschließen möchte. Gleichzeitig versucht es durch Rivalität und Wettbewerb seine beiden Dyaden im Beziehungsdreieck nach seinen Bedürfnissen neu zu gestalten. Sein motivationales Bestreben sowie seine Phantasietätigkeit werden hierbei durch die phasentypischen libidinösen und aggressiven Modi bestimmt. Entsprechend der frühen „phallischen Genitalität" dominieren also Begehren, Besitzenwollen, Eindringen und Aufnehmen einerseits, phallischen Rivalisieren und feindseligen Besiegen andererseits.

Zentral ist die phasentypische Phantasie der „Urszene", in der das Kind die exklusive Beziehung zwischen den Eltern sexuell thematisiert. Erstmals in seiner Entwicklung liegt bei ihm das Bewußtsein vor, daß eine Beziehung zu einem Elternteil immer auch einen Einfluß auf die Beziehung des anderen Elternteils impliziere, selbst wenn dieser in der direkten Interaktion nicht anwesend ist. Seine Bedürfnisse und Wünsche entfalten also einen Einfluß über eine räumliche und zeitliche Distanz, transzendieren also immer die Szene der gerade aktualisierten dyadischen Beziehung (Greenberg 1991). Gleichwohl bedarf es noch einer erheblichen Zeitspanne, die auf diesem Terrain unweigerlich auftretenden Konflikte zu bewältigen und auf einer höheren Strukturebene zu lösen.

Es erscheint mir vorteilhaft, zunächst den Entwicklungsgang von Mädchen und Jungen durch die ödipale Situation kurz zu skizzieren. Die Übersicht über grundlegende traditionelle Ansichten der Psychoanalyse verrät hierbei einen oft störenden androzentrischen Bias, der notgedrungen wesentliche Aspekte der weiblichen Entwicklung verfehlen muß (vgl. Mertens 1992, 1994, Rohde-Dachser 1991). In einer gesonderten Konzentration gerade auf den Übergang in die ödipale Entwicklungsdynamik, dann auch in einem eigenständigen, nachfolgenden Kapitel zu den wichtigsten ödipalen Affektstrukturen gilt es dieser Voreingenomenheit gegenzusteuern.

Nach Freud (1925, 1931, 1933) wendet sich das kleine Mädchen am Ende der analen Phase enttäuscht von seiner Mutter ab und dem Vater zu. Die Wahrnehmung des Geschlechtsunterschieds mit einem Bewußtwerden, daß es keinen Penis besitze, und im gefühlshaft ambivalenten Urteil, dieser sei ihm von der Mutter vorenthalten oder geraubt worden, trage maßgeblich dazu bei. Die motivationale Grundlage für sein jetzt einsetzendes Umwerben des Vaters sei der „Penisneid". Diese Beziehungsaufnahme geschehe in der Hoffnung, von ihm doch noch einen Penis zu erlangen oder alternativ – in der unbewußten Gleichung „Penis – Kind" – ein Kind von ihm zu empfangen. Hierbei erscheine ihm ein künftiges „Knäblein" am wertvollsten, da es über dieses am besten seine narzißtische Wunde im „kastriert" erlebten Körperbild kompensieren könne. Das ödipale Umwerben des Vaters laufe parallel mit dem Wunsch, die Mutter als Rivalin auszustechen. Da es selbst nicht mehr von einer „Kastrationsdrohung" des Vaters berührt werden könne, bestehe auch keine große motivationale Veranlassung, auf diese ödipale Position, von der Freud als einem „Hafen" für das Mädchen spricht, so ohne weiteres zu verzichten. Das Mädchen bleibe so an den idealisierten Vater gebunden. Es komme deshalb nur zu einem unvollständigen „Untergang des Ödipuskomplexes". Konsequent verlaufe die hiermit gekoppelte Errichtung der Über-Ich-Struktur bei ihm nur mangelhaft.

In einer traditionellen psychoanalytischen Sichtweise geht die „negative Version" des Ödipuskomplexes beim Mädchen der „positiven Konfiguration" voraus. Hier sei es noch voll mit der Mutter identifiziert, die in der präödipalen Phantasie noch einen Penis besitze. Erst die Enttäuschung, diesen von ihr doch nicht zu bekommen, oder aber die Realisierung, auch die Mutter sei als Frau kastriert, führe zu einem Protest über dieses Schicksal und leite das positiv-ödipale Begehren des Vaters ein (s.o.).

Folgen wir noch kurz dem ödipalen Entwicklungsgang beim Jungen in der traditionellen Fassung der Psychoanalyse. Beim Jungen gehe kein eigentlicher Objektwechsel vonstatten. Das Objekt seines libidinösen Begehrens bleibe die Mutter. Doch seine Phantasien auf sie änderten sich. Er wolle sie nunmehr in seinem phallischen Stolz umwerben und sexuell besitzen. Eifersüchtig nehme er den Rivalen Vater wahr, wolle ihn im Wettbewerb um die Mutter besiegen, was in einer unbewußten Gleichung die Tötung oder Kastration des Vaters durch den Sohn bedeute. Diese auf den Vater projizierten aggressiven Impulse kehren aber wiederum als eine Kastrationsdrohung des Vaters, als Vergeltung für Inzest- oder Tötungswünsche auf den Sohn zurück. Es ist also die Wahrnehmung der väterlichen Autorität, die Anerkennung der eigenen Unterlegenheit, die das „Inzesttabu" als wirksame Schranke in das subjektive Erleben des Jungen einführten. Die „Kastrationsangst", die ja seine völlige narzißtische Vernichtung darstellte, veranlasse ihn, auf die Mutter als sexuelles Objekt schließlich zu verzichten.

In einer „negativen" ödipalen Position", in der sich der Junge seinem Vater liebend und bewundernd unterwerfe, biete sich ihm eine förderliche Identifikationsmöglichkeit. Diese Beziehungsqualität nehme jene frühe identifikatorische Liebe zu ihm auf, in dem der Sohn sich seinem Vater innig verbunden fühle, stolz sei, auch ein Mann zu sein, künftig einmal ebenfalls groß und mächtig zu werden wie der Vater. In der klassischen Überzeugung gehe diese submissive Liebe der väterlichen Autorität gegenüber mit einer aggressiven Zurückweisung der Mutter und einer Verachtung femininer, d.h. als unmännlich erachteter Gefühlsbestrebungen und Bedürfnisse einher.

Neuere psychoanalytische Untersuchungen führten zu einer bedeutsamen Kritik an den soeben geschilderten Argumenten, v.a. an der klassischen Konzeptualisierung der weiblichen ödipalen Entwicklung. Diese Kritik betrifft in unserer Schilderung der ödipalen Affektdynamik zunächst den Übertritt des Mädchens in die ödipale Triangulierung. Ogden (1987, 1989b) legte hierzu mehrere wichtige Arbeiten vor, die eine grundlegende Revision der traditionellen psychoanalytischen Sichtweise fördern.

Die Freudsche Position sieht in einem Gefühl der genitalen Beschämung, der Minderwertigkeit den entscheidenden emotionalen Stimulus für das Mädchen, eine ödipale Beziehung zum Vater aufzunehmen. Konsequent erscheinen als hauptsächliche affektive Valenzen in den polarisierten Beziehungsdyaden eine feindselige Zurückweisung der Mutter einerseits, ein neidvoller Zugriff auf den Vater andererseits. Sie werden von einer möglichen Trennungs- und Vergeltungsangst, aber auch von unbewußten Schuldgefühlen unterlagert. Ogden stellt nun berechtigt in Frage, daß Scham, Versagen und genitale Minderwertigkeit den entscheidenden Motor in der Entfaltung einer reifen, ganzheitlichen Objektliebe bildeten. Diese setzt vielmehr ein sicheres emotionales Fundament von Hoffnung, Offenheit und Risikobereitschaft voraus, sich in ein neues Objekt, d.h. den Vater zu verlieben. Wohl ist es für das heranwachsende Mädchen entwicklungsentscheidend, sich den in der Beziehung zur Mutter während des Trennungs- und Individuationsprozesses erfahrenen Enttäuschungen und Ärgergefühlen zu stellen. Dies schließt auch eine Konfrontation mit der narzißtischen Kränkung ein, in der eigenen genitalen Ausstattung nicht omnipotent zu sein. D.h., auch das Mädchen muß sich auf einer reiferen kognitiv-affektiven Ebene mit der jetzt wahrnehmbaren sexuellen Komplementarität, mit unterschiedlichen, aber aufeinander bezogenen Konzepten von Frau und Mann, die es begreiflicherweise nicht gleichermaßen in seinem Körperselbst integrieren kann, innerlich auseinandersetzen und die hiermit verknüpften Verlustgefühle tolerieren lernen (vgl. Fast 1984). Eine Reduktion der ambivalenten Spannungen in der Beziehung zur Mutter ist notwendig, damit das Mädchen sich untraumatisch dem Vater annähern kann. Der Übertritt in die ödipale Beziehung zum ihm wird aber maßgeblich durch die Mutter selbst gefördert.

Ogden behauptet nun, die erste triadische Beziehung vollziehe sich im Kontext einer Zweierbeziehung. Indem sich die Mutter dem kleinen Mädchen als eine Frau zu erkennen gibt, die selbst mit ihrem eigenen ödipalen Vater identifiziert ist, der sie in ihrer frühen Entwicklung als Tochter liebevoll ansprach und in ihrem Eigenwert anerkannte, kann die Tochter jetzt in ihrer Mutter eine andere Qualität wahrnehmen. Dies bahnt ihr wiederum den Weg zu ihrem Vater. Ogden kennzeichnet diese Beziehungsform zwischen Tochter und Mutter als eine ödipale Übergangsbeziehung, in der das Mädchen an der Mutter jetzt eine „Härte in der Weichheit entdecken und kreiieren" kann. Es erscheint dem Mädchen über die mütterliche Vermittlung nunmehr als attraktiv und erregend, diesen männlichen Aspekt in der Mutter für sich zu thematisieren. Ogden (1987) verwendet hierfür eine nur scheinbar paradoxe Formulierung: „Das kleine Mädchen verliebt sich in die Mutter als Vater und den Vater als Mutter" (S. 489). Die Mutter erlaubt ihm in diesem Übergangsstadium, sie als Umweg zu einer Beziehung mit dem Anderen zu gebrauchen, mit dem sie selbst unbewußt identifiziert ist. Somit muß das kleine Mädchen seine Mutter nicht notwendig, wie in der Freudschen Sichtweise postuliert, feindselig zurückweisen, um sich dem Vater zuzuwenden. Es ist vielmehr das in der Übergangsbeziehung nochmals bestätigte weibliche Ich-Ideal der Mutter, das das Mädchen ermutigt, sich in den Vater zu verlieben. Eine loyale Teilbeziehung innerhalb einer ödipalen Dreieckskonstellation wird so möglich.

Wenngleich dieser Übertritt von Ogden unter einem prospektiv förderlichen Aspekt formuliert wird, schließt dies auf der eigentlichen ödipalen Entwicklungsstufe selbstverständlich eine rivalisierende Konfliktdynamik zwischen Mutter und Tochter nicht aus. Vielmehr wird sie sich gerade auch aus der Tatsache ergeben, daß die Mutter, die in selektiven Identifikationen ihrem ödipalen Vater verbunden ist, nicht nur eine besondere liebevolle Beziehung zu ihrer Tochter unterhält, sondern auch eine eigenständige Liebesbeziehung zu ihrem Mann lebt. Aus ihr wird sich das kleine Mädchen schmerzlich ausgeschlossen fühlen müssen.

Es ist wichtig darauf hinzuweisen, daß diese ödipale Übergangsbeziehung nichts mit dem weiblichen negativen Ödipuskomplex gemein hat, der weniger als normative Konfiguration in der psychosexuellen Entwicklung des kleinen Mädchens auftritt, als vielmehr gestörte Objektbeziehungen anzuzeigen scheint (Tyson 1986). Im ersten Fall ist gerade der Vater das Ziel der inneren, phantasiemäßigen Vermittlung. Sie kann sich in einer äußerlichen Interaktion im Spiel der Kleideranprobe artikulieren, bei dem die Mutter das kleine Mädchen freudig begleitet, wenn es beispielsweise vor dem Spiegel lustvoll seine aufkeimende Weiblichkeit einübt, sich schmückt usw., und hierbei auf den Vater bezogen ist. Im letzteren Fall ist es hingegen der Vater, der aus der Beziehungsdyade defensiv ausgeschlossen werden muß. Hier schotten sich Mutter und Tochter als sich selbstgenügsames Liebespaar ab, das den Penis des Vaters nicht notwendig hat, da es ihn bereits geraubt hat oder aber für sich imaginativ noch in einem realitätsfernen, omnipotenten Anspruch zurückhalten muß. Die in dieser Liebesbeziehung oft beschriebene Intensität und Leidenschaft trägt viel eher Züge eines arretierten prägenitalen Macht- und Kontrollkampfes (Edgcumbe et al. 1976). Im Kontext der Schilderung ödipaler Angst- und Schuldgefühle soll dieser Aspekt nochmals aufgenommen werden (s. u.).

Auch für den Jungen postuliert Ogden (1989b) eine analoge Übergangsbeziehung. Wiederum ist es die Mutter, über die der Sohn eine erste psychologische Repräsentanz seines Penis erwerben kann, der symbolisch als „Phallus“ erscheint und ein Ensemble vielfältiger Bedeutungen vereint, die das kindliche Selbst fortan als „männlich“ attribuiert. Wiederum muß die Mutter dem Jungen spüren lassen, daß es auch in ihrem bewußten und unbewußten Innenleben ein mächtiges und stolzes Gefühl eines „Anderen“, eines „Dritten“ gibt (worüber sie also keine Verfügungsmacht besitzt und nur Anteil hat), das der Sohn an sich selbst entdecken darf, und das auch die Grundlage für eine Identifikation mit dem eigenen Vater als Mann darstellt. „Die Mutter bringt den phallischen Vater in die sich entfaltende ödipale Beziehung mit ihrem Sohn durch ihren eigenen inneren ödipalen Vater ein, mit dem sie identifiziert ist“ (S. 401).

Wird beim Mädchen in der psychoanalytischen Literatur ein verstärktes Augenmerk auf den „Objektwechsel“ in der Abwendung von der Mutter hin zum Vater gelegt, was tatsächlich eher einen Wechsel in den Objektbeziehungsphantasien meint, ohne daß die Kontinuität bestehender Objektkontakte unterbrochen werden müßte, so verhält es sich beim Jungen etwas anders. Die Mutter in der positiven ödipalen Konfiguration bleibt für ihn zwar die gleiche Person. In seinen ödipalen Phantasien ist sie aber nicht mehr das Liebesobjekt, das er präödipal geliebt und gehaßt hat. Der ödipale Stellenwert der Mutter, das Begehren ihrer Person speist sich jetzt wesentlich durch die Rolle, die sie in der exklusiven sexuellen Beziehung mit dem Vater einnimmt. Die große

Entwicklungsherausforderung für den Jungen wird sein, sich einerseits dieser ödipalen Mutter begehrend anzunähern, auf sie seine romantischen Liebesgefühle und sexuellen Wünsche zu richten, andererseits aber unbewußt noch den Sog der mächtigen präödipalen Mutter zu spüren. Von dieser präödipalen Mutterimago konnte er sich innerseelisch und emotional nur schwierig und konfliktreich differenzieren. Zu ihr gilt es auch jetzt auf ödipalem Niveau eine sichere Distanz einzunehmen, was nur in einem dialektischen Spannungsfeld zwischen den präödipalen und den ödipalen Beziehungsaspekten zur Mutter gelingen kann.

Nach Ogden ist es die „Urszenenphantasie", in der die bedeutsamen Aspekte der sexuellen Unterschiede, des Sexualkontaktes zwischen Mutter und Vater sowie der Generationsschranke ausgestaltet werden. An ihr entzündet sich auch das eigene ödipale Affekterleben des Jungen mit den zentralen libidinösen und aggressiven Wünschen der Entwicklungsphase. Der „Urszene" schreibt Ogden die Rolle einer unbewußt wirksamen Organisation, einer „psychologischen Tiefenstruktur" zu (vgl. hierzu Kap. 4.1.1.7). Je nach kognitiv-affektiver Reife (s. o.) ist es für den Jungen initial noch kaum möglich, sich vorzustellen, daß er an einer emotional so hochgeladenen Interaktionsdynamik nicht selbst direkt teilnehme, wenn sich seine Neugier, sein Eroberungsdrang, seine Liebe und sein Haß auf die beiden Hauptakteure Eltern doch unmittelbar beziehen. Er erlebt sich noch als integraler Teil der Szene. Je klarer die Akteure unterscheidbar, je eindeutiger im Familiensystem die Generationsschranken gezogen, die Rollen als Eltern und Kind definiert sind, desto einfacher gelingt es dem Jungen, im „phallischen Dritten", der das Inzesttabu verkörpert, nicht nur die narzißtische Kränkung zu verspüren. Im genügend sicheren Abstand von der exklusiven Elternsexualität kann eine Beobachterposition eingenommen werden. Erst in ihrem Schutz, der das Inzesttabu anerkennt und somit die Gefahr eines aktuellen Inzestes reduziert, ist es möglich, die eigene Identität zu wahren, die Urszenenphantasie in einem kreativen Übergangsraum zu halten und probatorisch auszuarbeiten.

Es versteht sich, daß die kurzen Anmerkungen zur Urszenenphantasie selbstverständlich auch für das Mädchen Gültigkeit besitzen, wenngleich unter etwas anderen Entwicklungsvoraussetzungen. Seine ödipale Interaktionsdynamik bezieht sich in der positiven Konstellation ja auf den Vater. Sie ist also nicht im vergleichbaren Maße wie der Junge in der direkten Auseinandersetzung mit dem ödipalen Beziehungsrahmen mitbestimmt. Dafür können sich aber beim Mädchen in der ödipalen Rivalität mit der Mutter Verlustängste, Ängste, ihre Liebe verlieren zu können und Schuldgefühle intensivieren, die auch durch eine frühere präödipale Konfliktträchtigkeit aufgeladen sind.

Für Mädchen wie Jungen aber gilt, daß die zentralen ödipalen Phantasien entscheidend durch reale Erfahrungen im Umgang mit den ödipalen Objekten modifiziert werden. Die aktuelle Familiendynamik, die soziale Konstellation der Familie, aber auch ein ständig stärker spürbarer äußerer Sozialisations-

Das Zusammenspiel von Phantasie und Beziehungserfahrung – „eine ödipale Geschichte" (aus Müller-Pozzi 1991, S. 150–152)

„Der Vater sitzt mit seiner ungefähr sechsjährigen Tochter Sonja auf dem Balkon. Er liest Zeitung, sie sitzt merkürdig gespannt und untätig dabei. Nach einer Weile sagt sie zögernd, abtastend, ja leicht errötend: „Papi, vielleicht werde ich dich einmal heiraten!?" Der Vater legt sofort die Zeitung beiseite und läßt sich erfreut und geschmeichelt auf das Spiel ein. Sowie Sonja merkt, daß sie mit ihrem Wunsch auf Verständnis und Gegenliebe stößt, verschwindet das Lauernde und Zögernde in ihrem Verhalten, und sie wird immer zutraulicher und bestimmter. Was zuerst lediglich eine unbestimmte Möglichkeit einer unbestimmten Zukunft war, enthüllt sich mehr und mehr als Zentrum ihres gegenwärtigen Erlebens und Phantasierens. Nach längerem Gespräch über die Modalitäten der Heirat schlägt sie aufgeregt vor: „Sollen wir nicht lieber gleich heiraten?" – Jetzt beginnt der Vater zu zögern und fragt Sonja nachdenklich: „Aber was machen wir dann mit Mami?" – „Mami?" fragt sie ziemlich verdutzt. Nach einigem Nachdenken kommt ihr die Erleuchtung, die alle Probleme löst: „Ach, Mami kann doch den Stefan haben!" – Stefan ist ihr älterer Bruder. – Sagt's, springt schnurstracks ins Haus und schreit: „Mami, Mami, ich heirate Papi. Du kannst Stefan haben. Wir bleiben aber alle das ganze Leben lang zusammen und haben es immer schön miteinander."

In dem Moment kommt ihre Freundin von nebenan und holt sie zum Spielen. Die Hochzeit ist aufgeschoben. Sonja kommt nicht mehr darauf zurück. Das ist nicht überraschend. Sonja hat erfahren, was sie erfahren mußte. Aber die Geschichte geht weiter.

Im selben Sommer, wenige Monate nach der geschilderten ödipalen Episode, besucht Sonja mit den Eltern Stefan im Pfadfinder-Lager. „Strolch", ein ungefähr 13jähriger Junge, kümmert sich den ganzen Tag rührend um sie. Er geht mit ihr spazieren, zeigt ihr, wo er schläft, läßt sie aus seinem Geschirr essen, gibt ihr Kaugummi usw. Sonja verliebt sich Hals über Kopf in Strolch. Der Abschied am Abend fällt ihr schwer.

Als Stefan aus dem Lager zurück ist, fährt die Familie in die Ferien. Eines Tages kommt Sonja zum Vater gesprungen und meldet: „Soeben hat Strolch telefoniert. Seine Eltern müssen für zwei Wochen fort. Kann Strolch während dieser Zeit nicht zu uns kommen? Er kann ja in meinem Bett schlafen." Der Vater hat gegen den Besuch nichts einzuwenden. Sie geht wieder an das Telefon (das es in der Ferienwohnung gar nicht gibt) und kommt nochmals zurück: „Strolch hat gesagt, daß er sehr gern Spaghetti ißt. Könnten wir heute abend Spaghetti kochen?" Auch das läßt sich machen. Es gibt noch einiges Hin und Her. Sie muß noch genau wissen, wann er genau ankommt und ihm erklären, bis wohin er fahren muß und wo wir ihn abholen werden. Zwischen den fiktiven Anrufen kommt sie immer wieder zum Vater gelaufen, holt sich die nötigen Informationen und versichert sich seiner Zustimmung.

Dann ist Strolch da, imaginär natürlich, und das Geplapper geht erst recht los. Die Rückfragen hören auf. Offenbar ist Sonja jetzt sicher, daß der Vater nichts gegen ihre Liebe zu Strolch einzuwenden hat. Sie geht mit ihrem imaginären Freund spazieren, sie spielen Federball und Eile mit Weile.

Doch das Spiel erfährt noch eine Steigerung. Abends geht Sonja merkwürdig früh zu Bett. Einmal druckst sie eigenartig herum, und ähnlich zögernd wie damals bei dem Heiratsantrag fragt sie den Vater: „Wenn ich im Bett bin, kommt jeweils Strolch noch ein wenig zu mir. Darf er das?" – „Aber natürlich." – „Dann flüstern wir ein wenig miteinander." – „Hmhm." – „Dürfen wir auch laut reden?" – „Ja, warum denn nicht?" – „Weißt du, wir liegen dann so da" – und sie nimmt das Kissen in den Arm, drückt es an sich, streichelt es, haucht irgendwo einen Kuß darauf. Dann schaut sie wieder den Vater an: „Dürfen wir das überhaupt, ein bißchen so schmusen?" Auch das ist erlaubt. Die sukzessive Zustimmung des Vaters auf ihre sukzessiven Eröffnungen erleichtert und befriedigt sie offensichtlich. Sie plaudert dann noch eine Weile mit Strolch, schläft aber bald ein. Zufrieden ist anzunehmen.

Dann verliert sich das Spiel. Aber ab und zu taucht Strolch auch nach den Ferien wieder auf. Und zwar im Zusammenhang mit „Turnübungen", die Sonja am Treppengeländer macht. Einmal gesteht sie dem Vater etwas verlegen: „Weißt du, das kitzelt so schön zwischen den Beinen. Und wenn ich an Strolch denke, ist es am schönsten."

Ein Jahr darauf, als Stefan wieder im Pfadi-Lager ist, fiebert Sonja mit Hoffen und Bangen der Wiederbegegnung mit Strolch entgegen. Der ist inzwischen ein pubertierender Jugendlicher geworden. An Sonja scheint er sich kaum mehr zu erinnern. Als sie ankommt, ist er gerade beim Roulette und reagiert ausgesprochen reserviert auf das kleine, verliebte Mädchen. Sie geht sofort auf Distanz. Nun steht sie mindestens zwei Stunden auf demselben Fleck, etwa drei Meter vom Roulette entfernt, mit dem Geschenk in der Hand, das sie für Strolch mitgebracht hat, immer bereit, es ihm zuzustecken. Doch er nimmt keine Notiz von ihr. Den Vater grinst sie verlegen an, wenn er vorbeikommt. Die Enttäuschung steht ihr ins Gesicht geschrieben, sie ist den Tränen nahe. Einmal fährt ihr der Vater beim Vorübergehen tröstend übers Haar und fragt: „Läßt er dich einfach stehen?" Offenbar dankbar für die Anteilnahme drückt sie sich kurz an ihn, gibt ihm einen Kuß und bedeutet ihm dann unmißverständlich, er soll jetzt wieder verschwinden. Wer würde bei diesem Verhalten nicht an das emotionale Auftanken der Übungsphase denken?

Endlich, nach zwei Stunden, die Sonja wohl endlos vorgekommen sein müssen, nimmt Strolch sie mit auf sein Gummiboot. Freudenstrahlend winkt sie dem Vater zu. Aber für den „unbeteiligten Beobachter" bleibt unverkennbar, daß sich die Vertraulichkeit des Besuchs vom Vorjahr nicht wieder eingestellt hat. Nach diesem Besuch verliert Strolch rasch an Attraktivität und wird durch andere Freunde ersetzt."

druck mit kulturgemäßen Verhaltensnormen wirken indirekt auf die Phantasietätigkeit des ödipalen Kindes ein. Wenngleich diese Einflüsse natürlich auch in früheren Entwicklungsperioden nachweisbar sind und den allgemeineren Entwicklungskontext markieren, besteht doch ein signifikanter Unterschied zwischen den präödipalen und ödipalen Abschnitten. Dies hat mit dem fortgeschritteneren Reifungsniveau der ödipalen Phantasietätigkeit zu tun. Dominante präödipale Phantasien können in ihren möglichen Verzerrungen stets durch Erfahrungen in unmittelbaren dyadischen Beziehungen korrigiert werden. Auf ödipalem Niveau ist dies nicht durchgängig der Fall. Sowohl in den direkten Interaktionen als auch vor allem in der phantasiemäßigen Verarbeitung ist jetzt typischerweise auch eine Auswirkung auf einen meist nicht anwesenden dritten Partner zu erwarten. Trianguläre Erfahrungen entfalten einen über die Aktualität hinausweisenden Vektor. Potentiell modifizierende Erfahrungen sind also häufig zeitlich aufgeschoben (Greenberg 1991). Das Ineinandergreifen von Phantasie und Interaktion in der ödipalen Situation soll mit einer kleinen „ödipalen Geschichte" illustriert werden (nach Müller-Pozzi 1991). Das Ineinandergreifen von Phantasie und Beziehungserfahrung wird uns auch in der Schilderung zentraler ödipaler Affektstrukturen wiederbegegnen.

4.2.4 Ödipale Affektstrukturen

„Selbst ein Versuch, den Ödipuskomplex einfach zu beschreiben, führt uns rasch in einen weiten Bereich menschlicher Motive, Affekte und Fähigkeiten. Das Kind ... ist gezwungen, mächtige Emotionen zu erleben u. a.: wild oszillierende Gefühle von Liebe, Haß und Bedürfnis, die sich auf dieselbe Person richten; aufgetrennte Loyalitäten zwischen zwei Menschen, die für es von höchster Wichtigkeit sind; ein Ausgeschlossensein von dem, was ihm höchst begehrenswert erscheint, mit begleitender Selbstverachtung und Eifersucht; Schuld wegen seiner Ambitionen und Scham über sein Versagen; neue Hoffnung für die Zukunft; Furcht vor Vergeltung durch die Rivalen; und ein allmählich dämmerndes Gefühl von sich selbst als einem getrennten Individuum mit noch unausgesprochenen Möglichkeiten und kaum erträglichen Begrenzungen" (Greenberg 1991, S. 8).

Wenn wir aus dieser Phänomenologie der ödipalen Emotionalität einzelne Affekterfahrungen herausnehmen und gesondert betrachten, so geschieht dies aus Gründen der Übersichtlichkeit. Das typische Kennzeichen dieser ödipalen Affekterfahrungen aber ist, daß sie sehr häufig in einem komplexen Konfliktfeld aufeinander bezogen sind und in einer dynamischen Wechselwirkung stehen. Es sollen kurz die Angst, der Neid, die Eifersucht, die Scham und die Schuld in ihren ödipalen Ausformungen skizziert und in eine je eigene Entwicklungslinie gestellt werden.

4.2.4.1 Ödipale Angst

Freuds Beitrag (1926, 1933) zur psychoanalytischen Affektpsychologie konzentrierte sich wesentlich auf den Affekt Angst. Eine implizite Entwicklungsdimension im Angsterleben läßt sich bei ihm zumindest in zweifacher Hinsicht aufzeigen. Dies betrifft die Skizzierung typischer Gefahrensituationen, die in enger Verknüpfung mit der psychosexuellen Reifung spezifische Angstinhalte transportieren, zum einen. Diese läßt sich auf einer Entwicklungskala abnehmender traumtischer Auswirkung und zunehmender Signaleigenschaft von Angstaffekten verdeutlichen, zum anderen. Die Entwicklungsreihe typischer Gefahrensituationen umfaßt zunächst in einer ursprünglichen Anlehnung an O. Rank gleichsam als Protosituation für menschliches Angsterleben das Geburtstrauma (eine heute mehr als umstrittene Konzeptualisierung). Es folgen die Trennungsangst mit der Angst vor Objektverlust, die Angst vor dem Verlust der Liebe des Objekts, die Kastrationsangst, schließlich die Gewissensangst. Der Fokus zur Benennung dieser Gefahrensituationen ist bei Freud vorrangig triebpsychologisch bestimmt. In gleichberechtigter Weise lassen sich auch in anderen psychoanalytischen Theoriemodellen Gefahrenmomente ausmachen, wie sie in der bisherigen Schilderung der Affektentwicklung schon aufgezeigt wurden. Dies erfaßt in ichpsychologischer Perspektive insbesondere Zeiten einer strukturellen, kognitiv-perzeptiven Umschichtung, wie etwa bei der „Acht-Monats-Angst". Objektbeziehungstheoretisch gerät vor allem die konflikthafte Spannung zwischen Trennung und Individuation, zwischen Abhängigkeit und Autonomie zur Folie des Angsterlebens. Und selbstpsychologisch drückt Angst vor allem eine inhaltlich unterschiedlich ausgeformte Bedrohung der Kohäsion des Selbst aus. In einer innerseelischen Erlebnisperspektive läßt sich auch die Dimension potentiell traumatischer Effekte vs. differenzierter Signaleigenschaften als Schnittpunkt unterschiedlicher psychoanalytischer Modellaussagen zur Angst verstehen. Sie konzentriert sich unter der Voraussetzung einer relativ ungestörten Entwicklung auf eine allmählich wachsende Toleranz des Kindes gegenüber der in der Angst liegenden Unlusterregung, auf einen höheren Integrationsgrad von Angstaffekt und weiteren Ich-Funktionen wie zuverlässige Erkennung, Erinnerung, Bewertung, Abwehr und Verarbeitung. Diese zunehmende Strukturiertheit des Angsterlebens erweist sich hierbei entscheidend als ein Ergebnis einer gelungenen Internalisierung von befriedigenden, sicherheitsstiftenden, tröstenden, anerkennenden und bestärkenden Interaktionserfahrungen mit den primären Bezugspersonen Mutter und Vater. Über diese kann das heranwachsende Kind allmählich auch als autonome Ich-Funktionen verfügen. Die üblicherweise in eine Entwicklungslinie als Ausdruck reifsten Angsterlebens gestellte Realangst sollte weniger als eine zeitlich aufgetrennte Polarisierung zwischen Gefährdungen aus dem subjektiven Innenleben und der äußeren Realität verstanden werden, so als gäbe es in der Kindheit keine identifizierbaren real begründeten Ängste. Sie sollte vielmehr eine Fertigkeit zu realistischen Befürchtungen in der zunehmend reiferen Auseinandersetzung mit den Gefahrenpotentialen einer komplexen sozialen Umwelt anzeigen, wie sie spätestens im Verlaufe der Adoleszenz mit zu einer wichtigen Entwicklungsaufgabe wird.

Vor dem Hintergrund der allenfalls nur peripher skizzierten Entwicklungslinie des Angstaffektes tritt in der ödipalen Situation speziell die Ausformung der „Kastrationsangst" hervor. Sie ist in einen Spannungsbogen zwischen den Konflikten der Trennung-Individuation, des Übergangs von einer dyadischen hin auf eine triadische Beziehungsform und schließlich der eigentlichen ödipalen Dynamik zu stellen. „Kastrationsangst" besitzt für Jungen und Mädchen eine unterschiedliche Bedeutung.

„Während der Ödipuskomplex des Knaben am Kastrationskomplex zugrunde geht, wird der des Mädchens durch den Kastrationskomplex ermöglicht und eingeleitet" (Freud 1925, S. 28). Freud betont hiermit nicht nur einen geschlechtsdifferentiellen Effekt der Kastrationsreaktion in der zeitlichen Abfolge der ödipalen Entwicklung. Er impliziert jeweils für Jungen und Mädchen auch eine andere affektive Konnotation und bindet sie in eine unterschiedliche Psychodynamik ein. Auch erscheint der ontogenetische Schwerpunkt der interaktionellen Szene beim Mädchen in dieser Formulierung vorrangig präödipal, beim Jungen hingegen ödipal, beim Mädchen in erster Linie auf die Mutter, beim Jungen hingegen auf den Vater bezogen. Doch diese Polarisierung ist bei einer näheren Betrachtung nicht ganz aufrechtzuerhalten.

Konzentrieren wir uns zunächst auf den Jungen. Die ödipale Kastrationsangst erweist sich als eine typische Ausformung einer grundlegenderen Angst um die körperliche Integrität, deren wesentliche Bedrohungsformen sich bereits auf wichtigen Entwicklungsvorstufen zeigen können. Selbst die ödipal bestimmte Phänomenologie verrät uns eine Vielschichtigkeit, wenn nicht nur eine Angst sich auf den hoch geschätzten Penis zentriert (in einem bewußten Erleben scheint dies eine eher seltenere Ausdrucksform zu sein), sondern auch Ängste vor einem Verlust, einer Verletzung, einer Zerstümmelung oder einem Ab- und Ausfallen eines buchstäblich jeden Körperteils auftreten können und hierbei die unbewußten ödipalen Mechanismen der Verschiebung und Symbolisierung erkennen lassen. Oder aber es herrschen Befürchtungen vor, der Körper könne von Krankheitserregern oder Schadstoffen befallen werden. Eine zunehmend hypochondrische Qualität zeichnet sich bei ihnen ab. Spätestens hier klingen auch wesentlich frühere Formen von Kastrationsängsten an, von denen M. Klein (1928, 1945) plausibel macht, sie wurzelten in introjizierten Bedrohungen des Körperinneren. Zu Recht nimmt Rangell (1991) auch für den Jungen eine reziproke Verklammerung von früheren Verlust- und Trennungsängsten einerseits und ödipal konfigurierten Kastrationsängsten andererseits an. Implizieren doch Erlebnisse von Trennung oder Liebesverlust auch einen abnehmenden oder wegfallenden Schutz des Körpers, gehen mit einer höheren Verletzlichkeit des Körperselbst einher. Umgekehrt ist es wiederum möglich, daß prominente Ängste, den Penis verlieren zu können, ontogenetisch frühere Ängste im Sinne einer progressiven Abwehr zu kaschieren versuchen, wie Cooper (1986) aufzeigt.

Tyson (1989) formuliert eine moderne Version der Entwicklungslinie der Kastrationsangst. Sie unterscheidet drei Stufen. Frühkindlich signalisieren Kastrationsängste eine grundlegende Störung in der Mutter-Sohn-Beziehung und manifestieren sich als eine große Unsicherheit im Gefühl einer Getrenntheit und Verschiedenheit von der Mutter, als Unsicherheit im Kerngefühl, männlich zu sein. Auf einer phallisch-narzißtischen Stufe, die sich in Exhibitionismus, Voyeurismus, eventueller Geringschätzung weiblicher Wesensmerkmale und unrealistischer Überschätzung des eigenen Penis äußere, setzen sich Kastrationsängste als Besorgtheit um den männlichen Körper, als beschämtes Vergleichen des eigenen Genitale mit dem erwachsener Männer, insbesondere mit dem großen Penis des Vaters fort. Auf einer eigentlich ödipalen Stufe drücken Kastrationsbefürchtungen im wesentlichen Bestrafungsängste für verbotene Masturbation, ödipale Wünsche und Begierden der Mutter gegenüber aus. Sie erweisen sich aber auch als eine unbewußte Furcht vor Vergeltung durch den mächtigen Vater, der sich in den Augen des Jungen für eine heftige Rivalität und Aggressivität an ihm rächen könnte.

In der ödipalen Situation weist somit die Kastrationsangst einerseits mit einem Gefühl der sexuellen Unterlegenheit auf einen wesentlich narzißtischen Aspekt und unterstreicht einen engen Konnex zum Schamaffekt. Sie läßt andererseits in der Bestrafungsdimension eine innere Verbindung zur ödipalen Schuld erkennen. Beide Affektkomponenten tragen entscheidend dazu bei, daß ein Verzicht auf die ödipalen Wünsche möglich, die Errichtung einer inneren Kontrollinstanz, des Über-Ichs gefördert wird.

Wenngleich in der traditionellen Literatur diese Affekterfahrungen sich vorrangig auf die Figur des Vaters beziehen, sollte nicht vergessen werden, daß es häufig auch die Mutter ist, die rigide die sexuellen Spielereien und Avancen ihres Sohnes reglementiert und mit direkter oder indirekter Kastration drohen kann. Ein eindrucksvolles Beispiel liefert Freud (1909) selbst, wenn er schildert, wie die Mutter dem „kleinen Hans" bedeutet, sein „Wiwimacher" werde abgeschnitten, wenn er die Manipulation an seinem Glied nicht lasse. Auch Besorgnisse um Größe und Adäquatheit des eigenen Penis drücken nicht unbedingt nur eine phallische Unterlegenheit gegenüber dem ödipalen Vater aus. Sie können auch in Beschämungserlebnissen durch die Mutter begründet sein, die das Werben des Sohnes vielleicht spöttisch belächelt oder gar verächtlich macht. Dies mag eine interpersonale Realität, oder aber auch eine ödipale Zurückweisung in der Phantasie widerspiegeln. Person (1986, 1993) verweist gerade auf diese letztere narzißtische Kränkung, die dominanten männlichen Sexualphantasien im Erwachsenenleben zugrunde liege. Beschämungswut auf die erotisch nicht zu erobernde ödipale Mutter drücke sich beispielsweise in Themen der „sexuell stets verfügbaren Frau" sowie des „lesbischen Sexes" kompensatorisch aus und erscheine als typische Macho-Sexualität des Mannes. Sexuelle Selbstzweifel äußerten sich in einem betonten Versuch, die Frau objekthaft sexuell zu beherrschen und zu kontrollieren. Die kompensatorischen Sexualphantasien erschienen in einer Identifikation mit dem mächtigen Vater als eine Umkehr erfahrener Ängste der Nichtverfügbarkeit oder Zurückweisung durch die Mutter.

Kastrationsängste sind auch beim Mädchen möglich, können jedoch eine unterschiedliche Gestalt annehmen. Freud (1926) selbst unterstreicht differentielle Aspekte, wenn er die typische genitale Angst des Jungen, nämlich die Bedrohung seines Penis als stärker narzißtisch orientiert beurteilt, die des Mädchens aber stärker objektverankert sieht und v.a. mit der Angst verknüpft, die Liebe der Mutter oder sie als Liebesobjekt überhaupt verlieren zu können. In der Tat entdecken schon Mahler und Mitarbeiter (1975) erste Kastrationsängste des kleinen Mädchens während der emotional konfliktreichen „Wiederannäherungskrise" (vgl. S. 88/89). Roiphe und Galenson (1976) sehen diese im direkten Zusammenhang mit der allmählich einsetzenden Entdeckung des Geschlechtsunterschieds. Nach Fast (1984) handelt es sich hierbei zunächst um eine bei Mädchen und Jungen vergleichbare Verlustreaktion, wenn beide an ihrer Genitalorganisation feststellen müssen, daß die früher gehegte Überzeugung, in sich weibliche und männliche Sexualaspekte überinklusiv zu vereinen, einer näheren Überprüfung nicht standhalten kann. Und doch müssen wir sehr wahrscheinlich beim Mädchen auf dieser Stufe von einer etwas anderen Organisation seiner frühen „Kastrationsängste" ausgehen. Bernstein (1990) betont den entscheidenden Entwicklungszusammenhang dieser genitalen Ängste mit dem noch voll im Gange befindlichen Loslösungs-Individuationsprozeß und der Aufgabe, ein stabiles Körperselbst zu erwerben. Die phänomenologische Ausgestaltung der genitalen Ängste des kleinen Mädchens verrät hier weniger eine angsterfüllte Vermutung, ihm sei ein Penis abhanden gekommen. Es lassen sich vielmehr drei wesentlichere Angstanteile aufdecken. Da ist zunächst die Angst vor einer mangelnden Beherrschung des Zugangs zu seinem weiblichen Genitale, das nicht in gleicher Weise gesehen und ertastet werden kann, wie es dem Jungen mit einer überprüfenden und lustvollen Manipulation an seinem Penis gelingt. Da ist ferner eine Angst vor Penetration, wenn das Konzept „Vulva" und „Vagina" oft als ein passives und unbewegliches Loch vorgestellt wird und eine erhöhte Vulnerabilität der Körperhöhle signalisiert. Und da ist schließlich eine Angst vor Diffusion, wenn das kleine Mädchen kaum in der Lage ist, zwischen Sensationen an und in seinem Genitale und solchen aus angrenzenden Regionen des Perineums und Anus zu unterscheiden. Nicht selten verbinden sich hiermit Bilder von einem schlammigen oder schmutzigen Loch. Die vergleichsweise schwierigere Entwicklungsaufgabe des kleinen Mädchens besteht in der Tatsache, daß es in der Kontrollübernahme des eigenen Körpers einerseits noch in einer konflikthaften Differenzierung gegenüber und Ablösung von der Mutter steht, andererseits aber wegen der geschilderten anatomischen Besonderheiten auch weiterhin unbedingt auf eine liebevolle und verständige Vermittlung durch die Mutter angewiesen ist, um sich mit den sexuellen Aspekten seines Körperselbst vertraut zu machen und sich wertvoll zu fühlen. In der Bewältigung dieser komplexen Angsterfahrungen ist es sehr wohl vorstellbar, daß das Mädchen sich zuweilen wünscht, es so relativ einfach wie der Junge zu haben, der im Penis ein konkretisiertes Dokument seiner Sexualität besitzt. Die Diskussion des Penisneids wird dies nochmals aufgreifen.

Die geschilderten Ängste können sich in der eigentlichen ödipalen Situation sogar noch intensivieren. Verspürt das Mädchen eine genitale Erregung in der lustvollen Annäherung an den Vater, so mag sich seine Angst vor Kontrolle und Öffnung verstärken. Seine Phantasie der Penetration kann von Vorstellungen geprägt sein, am Genitale verletzt zu werden. Erlebt es ferner in dieser Zeit eine Schwangerschaft der Mutter mit, so können bei ihm Phantasien angestoßen werden, sein Körperinneres werde überbläht, werde von einer undefinierbaren Kraft manipuliert und bedroht (Bernstein 1991). Umgekehrt ist es natürlich gerade auch bei dieser Situation gut vorstellbar, daß es in einer innigen Beziehung zur Mutter hierdurch ein ganz besonders hoffnungsvolles und stolzes Zeichen seiner künftigen Weiblichkeit und Fruchtbarkeit erfährt. Ein liebevoll erklärter schwangerer Bauch der Mutter trägt dann zu einer positiven Konkretisierung der eigenen Körperhöhle bei. Andererseits ist es wiederum auch sehr leicht möglich, daß typische Rivalisierungsgefühle der Mutter gegenüber eben diesen entwicklungsfördernden Dialog massiv stören können, sich stattdessen Neid und Enttäuschungswut gegen den schwangeren Leib der Mutter und das künftige Geschwisterchen richten. Und dies kann sekundär als verstärkte Gefährdung des eigenen Körperinneren erlebt werden, sich als intensive genitale Verletzungsangst manifestieren.

4.2.4.2 Ödipaler Neid

In der psychoanalytischen Literatur findet sich eine kontroverse Diskussion um den Neidaffekt, auch wenn die Ausführungen hierzu im Vergleich etwa zur Angst spärlicher sind. Für *Freud* (1905) ist Neid die entscheidende Gefühlsreaktion des kleinen Mädchens auf die Wahrnehmung des anatomischen Unterschieds beider Geschlechter. Er stelle eine normative Gefühlsregung des Mädchens auf seinen vermeintlich beschädigten sexuellen Körper dar und impliziere eine beschämte, von Minderwertigkeitsgefühlen bestimmte Selbsteinschätzung hinsichtlich eines fehlenden, hoch bewerteten Penis. Er begründe eine ärgerliche Einstellung, eigentlich Anspruch auf diesen Penis zu haben und eröffne in heftigen Wunschphantasien das ödipale Werben um den Vater (s. o.). Wie sehr häufig in der psychoanalytischen Diskussion um zentrale Affektkonzepte datiert *M. Klein* (1957) die Wurzel des Neids in einen wesentlich früheren Entwicklungsabschnitt des Kindes zurück. Sie verweist im Unterschied zu Freud auf eine präödipale Entwicklungsgeschichte, die für Mädchen und Jungen in vergleichbarem Maße bestimmend ist. Für sie ist Neid ein primärer Affektzustand, der von einer ganz speziellen Phantasietätigkeit begleitet ist und die frühe Beziehung zur Mutter in einer typischen Weise charakterisiert (vgl. hierzu Kap. 4.1.1.7). Neid kann nach M. Klein mit frühesten oral-sadistischen Impulsen identifiziert werden. Das ärgerliche Gefühl zielt auf die „böse Mutterbrust" und sucht sie zu zerstören, ihre beneideten Inhalte wegzunehmen oder zumindest zu verderben. In der Gefühlskonnotation des Neids besteht ein aggressiv-destruktiver Grundtonus sowie ein vermutlich tiefer liegender, quälender Schmerzzustand, nämlich im Augenblick unversorgt, unbefriedigt, ungeschützt zu sein. Es ist aber in der theoretischen Konzeptualisierung von Klein bedeutsam, daß diesem Neidaffekt ein oppositioneller Affekt der Dankbarkeit entgegensteht. Dieser gründet genetisch in dem Gefühl einer vollen Befriedigung durch die „gute Mutterbrust". Er ist verknüpft mit der Zuversicht und Hoffnung, gut versorgt und geschützt zu sein. Das Zusammenspiel der beiden polaren Affekte bestimmt den Entwicklungsgang in den frühesten Mutter-Kind-Interaktionen.

Ein großer Teil der psychoanalytischen Literatur zum Neidaffekt versucht die wesentlichen ontogenetischen und phänomenologischen Komponenten des Neidkomplexes näher zu ergründen. Übereinstimmend weisen die meisten Autoren die Annahme eines einfachen, sozusagen eines Primäraffekts „Neid" zurück und gehen stattdessen von einem „Neidkomplex" aus. Einheitlich erscheint auch die Überzeugung, daß Neid wesentlich auf eine dyadische Beziehung zielt, entsprechend der Entwicklungsstufe aber eine unterschiedliche Gestalt annehmen kann.

Abraham (1924) weist auf die besondere Verflechtung von Neidgefühlen und aggressiven Dispositionen hin. Das neidische Individuum fühlt sich selbst eines wertvollen Besitzes beraubt und richtet seine aggressiven Impulse auf eine Person, die diesen Besitz innehält, und möchte sie berauben. Aggressive Außenorientierung oder auch depressive Grundstimmung können hieraus resultieren.

Joffe (1969) legt dar, daß Neid nicht einer einzelnen präödipalen oder ödipalen Entwicklungsstufe genetisch zuzuordnen ist. Er betont vielmehr eine eigenständige Entwicklungslinie, die sich durch die frühen Jahre verfolgen läßt. Er führt aus, daß Enttäuschungen schon in den anfänglichen Mutter-Kind-Interaktionen teilweise zu einer exzessiven Wendung einer reaktiven Aggression gegen das noch sehr anfällige, gerade erst entstehende kindliche Selbst führt. Es können depressive, selbstdestruktive und masochistische Prädispositionen entstehen. Demzufolge werden auch frühe Über-Ich-Vorstufen schwer beeinträchtigt. Die Fähigkeit zur Kontrolle innerer Konfliktspannungen wird hierdurch ebenfalls reduziert. Dies bedingt eine Tendenz zur Externalisierung von Spannungsgefühlen sowie eine vermehrte Abhängigkeit von äußeren Quellen für die Regulierung des labilen Selbstwerterlebens. Ein tief verwurzeltes Gefühl persönlicher Unfähigkeit und Minderwertigkeit provoziert dann leicht Neidreaktionen. Als habituelle Gefühlsregung ist Neid meist das Ergebnis eines bewußten oder unbewußten Vergleichs des betroffenen Individuums mit einer bewunderten, als mächtig erachteten Person. Neid ist somit eine komplexe objektgerichtete Gefühlseinstellung, die zwar, wie M. Klein postuliert, eine bedeutsame aggressive Triebkomponente beinhaltet, also auch ganz frühe Subjekt-Objekterfahrungen einschließen kann. Um aber von Neid als einem eigenständigen Affekt sprechen zu können, muß zusätzlich auch eine klare Subjekt-Objekt-Differenzierung vorausgesetzt werden. Er erfordert eine strukturierte Phantasie über einen erwünschten, am idealisierten Objekt wahrgenommenen Zielzustand. Eine fortwährende sekundärprozeßhafte Bearbeitung der triebhaften Motivkraft im Neid ist also vonnöten.

Nach *Spielman* (1971) beruht Neid auf einem Gefühl der Bewunderung für eine andere Person, welche das Individuum aber zu übertrumpfen sucht. Er impliziert also eine Rivalität mit dieser Person und bezieht die Intensität eines begleitenden quälenden Selbstgefühls aus einer narzißtischen Verletzung, welche mit Gefühlen der Minderwertigkeit, persönlichen Kleinheit, Enttäuschung und Demütigung einhergehen kann. Er zielt sehnsüchtig auf eine bewunderte Eigenschaft oder einen wertvollen Besitzgegenstand der beneideten Person, schließt aber gleichzeitig auch eine Ärgerreaktion auf eben diese Person ein. Letztere aggressive Komponente kann innerhalb einer Entwicklung alle Intensitätsgrade von Enttäuschung, Ressentiment, Böswilligkeit und Haß bis hin zu dem paranoiden Willen annehmen, die beneidete Person schädigen oder gar zerstören zu müssen.

Meissner (1978) fügt dieser Sichtweise hinzu, daß Neid zunächst einen schmerzlichen Ich-Zustand beschreibt, der stark auf einen Verlust an Selbstwert und Selbstachtung bezogen ist. Neid kann durch vielfältige Quellen stimuliert werden, sei es durch Triebenttäuschungen oder Über-Ich-Kritik, sei es durch die Wahrnehmung einer Diskrepanz zwischen realen und idealen Selbstbildern oder aber durch besondere soziale Beeinträchtigungen. Es kommt stets zu einem erschütterten Selbstwertgefühl. Dieses kann sich prinzipiell immer auch in eine depressive Verstimmtheit weiterentwickeln. Demgegenüber vermittelt Neid einen vorteilhafteren Lebensaspekt. In die Mobilisierung aggressiver Bestrebungen sind nämlich auch hoffnungsvolle und bewundernde Elemente eingebettet. Typischerweise resigniert der neidvolle Mensch nicht über seine Enttäuschungen. Neid erweist sich deshalb auch als ein wirkungsvoller Schutz gegen schmerzvolle Gefühle einer bedrohten, in wichtigen Aspekten als depriviert erlebten Autonomie des Selbst. Andererseits kann Neid aber auch leicht eine feindselige, eine paranoide Note annehmen. Neid muß folglich in zweifacher Hinsicht bewertet werden. Es besteht dynamisch eine große Nähe zur paranoiden Haltung. Unter einem Abwehraspekt liegt aber in der wirksamen Auseinandersetzung mit den bedrohten Selbstgefühlen wiederum auch ein möglicher Schutz vor einer Fixierung paranoider Grundeinstellungen.

In einer feinen ich-psychologischen Analyse faßt *Rosenblatt* (1988) nochmals die konstituierenden Merkmale des Neidkomplexes zusammen:

1. die Wahrnehmung eines begehrten Objekts oder einer hochgeschätzten Eigenschaft an einer anderen Person,
2. die auf sich gerichtete Wahrnehmung, daß man selbst dieses Objekt oder die Eigenschaft nicht besitzt,
3. ein bei sich als berechtigt verspürter Anspruch auf dieses Objekt oder die Eigenschaft,
4. die Einschätzung, aus eigener Anstrengung dieses Objekt oder die Eigenschaft nicht erwerben zu können,
5. begleitende Gefühle von Hilflosigkeit, Minderwertigkeit und Unterlegenheit, sowie
6. ein hierdurch ausgelöster Ärger auf die beneidete Person.

Ähnlich wie auch Angst stellt Neid psychodynamisch ein mächtiges motivationales Agens dar und besitzt eine Signaleigenschaft für eine Reihe von innerseelischen Abwehrvorgängen. Abwehroperationen können sich gegen jede der geschilderten Komponenten richten, die den schmerzlichen Affektzustand von Neid ausmachen. In klinischer Hinsicht darf es deshalb nicht überraschen, daß Neid selten in einer unverstellten Form zutage tritt, vielmehr oft durch zahlreiche Abwehrmechanismen verdeckt wird (Etchegoyen et al. 1987). So muß eine Person dann nicht um einen attraktiven Besitz beneidet werden, wenn einfach geleugnet wird, daß man diesen begehrt. Oder aber dieser wird entwertet, und erscheint folglich für einen nicht mehr erstrebenswert. Auch die Gefühlskomponente des berechtigten Anspruchs kann geleugnet werden. Rationalisierungen vermitteln dem Neider, daß es für ihn nicht gut sei, die begehrte Eigenschaft oder den wertvollen Besitz zu haben. Oder aber Schuldgefühle kontrollieren eine neidische Ansprüchlichkeit. Eine wirkungsvolle Abwehr ist weiter, die beneidete Person zu idealisieren, ihr dadurch den Besitz leichter zugestehen zu können, gleichzeitig aber in der Bewunderung indirekt daran teilzuhaben. Die Idealisierung der beneideten Person trägt somit bedeutsam zur Ausdifferenzierung des Ich-Ideals bei (Schneider 1988). Gefühle von Minderwertigkeit und Unterlegenheit können wiederum kompensiert werden, indem der Besitzer in einer anderen Eigenschaft abgewertet wird, so mag er z. B. zwar einen schönen Körperbau zeigen, aber moralisch einen schlechten Charakter besitzen. Eine konstruktive Selbsteinschätzung aber kann dazu motivieren, die verspürte Hilflosigkeit aufzugeben, sich stattdessen auf die eigenen Fähigkeiten zu besinnen, realistische Ambitionen zu entwickeln, vielleicht auch in einen Wettbewerb mit der beneideten Person zu treten. Nicht zuletzt kann eine Identifikation mit dieser Person vor allem die im Wettstreit liegende feindselige Komponente förderlich integrieren.

Während die oben geschilderten psychoanalytischen Ausführungen zum Neidaffekt vorrangig aus therapeutischen Erfahrungen stammen, in ihrer entwicklungspsychologischen Relevanz meist auf Rekonstruktionsarbeit oder vereinzelte Verhaltensbeobachtungen an Kindern gestützt sind, legten Frankel und Sherick (1977) eine detailierte Studie vor, die in natürlicher Umgebung die Entwicklung des Neidaffektes von 1- bis 5jährigen Kindern untersuchte.

Kinder im ersten Lebensjahr stehen noch in einer völlig selbstverständlichen Umweltbeziehung. Die Dinge, Gegenstände und Personen, soweit sie ihrer direkten Einwirkung zugänglich sind, gehören einfach zu ihnen. Erst mit eineinhalb Jahren lassen sich auf einer sensoriaffektiven Ebene Verhaltensakte beobachten, die als frühe Vorstufen einer Neidreaktion gewertet werden können. Beobachten sie beispielsweise andere Kinder beim Spiel mit attraktiven Gegenständen, so verspüren sie eine noch nicht konflikthafte Affektregung, das schöne Spielzeug auch zu haben, möchten es wegnehmen und selbst damit hantieren. Hierbei spielt der kleine Gefährte, der das Spielzeug gerade in Händen hält, psychologisch noch kaum eine Rolle. Zu dieser affektiven Reaktionsbereitschaft gehören auch Bestrebungen, beispielsweise ein noch jüngeres Geschwisterchen, das eben an der Brust der Mutter liegt, verdrängen zu wollen. Gerade die auf Geschwister gerichteten Neidgefühle in oralen Versorgungswünschen werden immer wieder als frühe Wurzeln von psychoanalytischen Autoren betont (Abraham 1924, Piers, Singer 1953, Joffe 1969, Kutter 1978, Neubauer 1982). Der Inhalt des Wunsches, etwas zu besitzen, was andere haben, und das einem selbst als attraktiv erscheint, bleibt relativ unverändert bestehen bis ins 3. Lebensjahr hinein.

Zu diesem Zeitpunkt aber wird allmählich auch relevant, wer beneidet wird. Es ist also nicht mehr allein der attraktive Gegenstand, sondern es sind immer stärker auch Fertigkeiten, Eigenschaften oder Wesenszüge von gleichaltrigen oder älteren Spielkameraden, von Geschwistern und Erwachsenen. Die Operation eines interpersonalen Vergleichs setzt aber ein zuverlässiges Gefühl von sich als einem getrennten Individuum voraus.

Ab dem 4. und 5. Lebensjahr erlangen bei den Kindern Aspekte des Geschlechts eine zunehmende Bedeutsamkeit in ihren Neidreaktionen. Kinder bewundern und beneiden einander um weibliche und männliche Attribute. Solcherart spezifizierte Neidinhalte finden sich bei Mädchen und Jungen gleichermaßen.

Ähnlich wie der Inhalt des Neidaffektes eine allmähliche Abwandlung und Ausdifferenzierung erfährt, findet sich auch eine analoge Entwicklungslinie in der Kontrolle des Neidausdrucks. Das eineinhalb Jahre alte Kind besteht auf einer unmittelbaren Handlung, muß dem anderen das begehrte Spielzeug sofort wegnehmen. Während also initial noch kaum eine innere Aufschubsfähigkeit beobachtet wird, können im Zuge der kognitiven und sozialen Entwicklung raffiniertere Methoden erworben werden, um an das attraktive Ziel zu gelangen. Zu lernen, mit dem Anderen zu verhandeln, mit ihm etwas zu tauschen, von sich selbst etwas abzugeben, ist Bestandteil einer wichtigen, regelgelenkten Sozialisation. Hierbei wird auch ein erstes Wissen um die Möglichkeit von Gegenaggression und Vergeltung, ein Gespür von fairem und unfairem Spiel, Wettstreit sowie Kampf erworben. Neben der direkten Verhaltensebene erlangt aber auch die phantasiegelenkte Verarbeitung in Rollenspiel und Imitation ein zunehmend bedeutsameres Gewicht.

In der Phantasie kann der erwünschte Endzustand ausgestaltet werden. Dies impliziert eine Zeitperspektive, eine hoffnungsvolle Gerichtetheit, eine Antizipationshaltung. Eine reifere Zuversicht, auch einmal etwas Attraktives aus eigenem Antrieb zu erwerben und zu besitzen, setzt sich konflikthaft in Opposition zu früheren, „omnipotenten“ Anspruchshaltungen. Sie geht mit einer günstigeren Toleranz von Neidgefühlen einher. Gelingt dies nicht, persistieren intensive, ungelöste, primitive Neidgefühle. So sind dann auch die Objektbeziehungen überwiegend aggressiv gefärbt. In einer subjektiven Erlebnisperspektive herrschen eine chronische Unzufriedenheit, depressive Leere und feindselige Objektwahrnehmung vor. Es kommt auch zu bedeutsamen Störungen der Identifikations- und Lernprozesse. Eine arretierte Orientierung an narzißtischen Größenphantasien kann das Erlernen reiferer Ich-Ziele blockieren. Es überrascht nicht, daß gerade bei Patienten mit narzißtischen Persönlichkeitsstörungen oder Borderlinezügen eine fundamentale Neidproblematik immer wieder als zentrale Affektdynamik aufscheint (Kernberg 1975, 1988, 1992).

Die Freudschen Ausführungen zum Penisneid als der typischen Ausgestaltung des Neidaffektes beim kleinen Mädchen, das sich anschickt, den ödipalen Vater zu umwerben, müssen in die gerade skizzierte Entwicklungslinie gestellt werden. Wie ist der gemeinsame Nenner aller Neidformen, der in der „Polarität zwischen dem hochgeschätzten Gut des anderen und der eigenen Minderwertigkeit, dem eigenen Mangel“ besteht (Kutter 1978, S. 141), hier speziell darzustellen? Ist der Penisneid gemäß einer ideologiekritischen, v. a. feministischen Sichtweise einfach zu suspendieren oder bestenfalls umzudeuten? Erledigt er sich durch die grundlegenden Ausführungen z. B. von Ogden (1987), der plausibel macht, daß der ödipale Übergang des Mädchens in einer gesunden Entwicklung nicht primär über die Gefühle von Neid, Minderwertigkeit und Beschämung gebahnt werde (s. o.)? Mertens (1992) hat diese zentralen Fragestellungen bereits ausführlich für die Entwicklungsdimension der Psychosexualität und Geschlechtsidentität behandelt. Unter einer affektpsychologischen Perspektive deshalb nur einige kurze Kommentare: Die bisherige Diskussion zur Entwicklung des Neidaffektes hat aufgezeigt, wie eng die Wahrnehmung eines attraktiven Ziels, einer begehrten Eigenschaft an einer anderen Person mit der unlustvollen Auseinandersetzung mit sich selbst, mit der Beobachtung, an sich ein reales oder vermeintliches Defizit festzustellen, einhergeht. So verstanden, sind Neidgefühle eine ubiquitäre Entwicklungsherausforderung. Sie müssen m. E. auch konsequent in der innerseelischen Verarbeitung des Geschlechtsunterschieds auftreten, die für das kleine Mädchen unter schwierigeren Entwicklungsvoraussetzungen und vielfältigeren Ängsten erfolgt (s. o.). Nicht die hiermit verknüpften Neidgefühle zu verleugnen, sondern sie konstruktiv aufzunehmen, markiert eine eigenständige weibliche Sozialisationslinie (Cherazi 1986, Heigl-Evers und Weidenhammer 1988).

Bezogen auf den Übergang in die ödipale Situation und schließlich die eigentliche ödipale Auseinandersetzung bedeutet dies neben der Wahrnehmung der sexuellen Differenzen von Frau und Mann auch ein Registrieren von Rollen-, Macht- und Abhängigkeitsunterschieden innerhalb der Familie, einer Familienhierarchie in Generationsschranke und Geschwisterfolge. Für das kleine Mädchen spielt in der Ausgestaltung des Penisneids nicht nur die Auseinandersetzung mit der Mutter eine grundlegende Rolle, sondern ist auch die Antwort des ödipalen Vaters auf seine begehrende Tochter von zentraler Bedeutung. Angefügt werden kann die Frage, ob Neidgefühle auch beim Jungen in analoger Weise die ödipale Entwicklung mitbestimmen können.

Ähnlich wie beim Jungen für die Kastrationsangst läßt sich auch beim Mädchen für den Penisneid eine Entwicklungslinie skizzieren. Laforge (1993) stellt den Penisneid in einen inneren Zusammenhang zu den Konzepten von Wut, Macht und Aggression. Es ist zunächst das affektive Klima zwischen Mutter und Tochter während der Wiederannäherung und der analen Phase, das die Bedeutung bestimmt, die aus der Wahrnehmung der Geschlechtsunterschiede resultiert. Hierfür ist die allmähliche Integration von Erlebnissen, als Individuum eigenständig und von der Mutter getrennt zu sein, grundlegend. Bedeutet Getrenntsein von der Mutter für das kleine Mädchen vor dem Hintergrund seiner bisherigen Entwicklung eine kaum beherrschbare Angst vor Selbstverlust, so heißt dies nach Kleinianischem Verständnis nicht einfach Abwesenheit der Mutter, sondern ein Ausgeliefertsein gegenüber früheren bösen Subjekt-Objekterfahrungen. In dieser Vernichtungsangst kommt die Wahrnehmung einer Penislosigkeit oder eines vermeintlichen Penisverlustes auf einer ursprünglichen Symbolebene einem Verlust der Mutter als vitaler Sicherheitsstruktur gleich. Macht auf dieser Entwicklungsstufe ist die nur in einer symbiotischen Beziehung aktualisierbare Fähigkeit, diese feindselige, von außen gewähnte Aggression zu überleben. Muß das Mädchen in seiner Phantasie den Penis mit einer Omnipotenz verknüpfen, so ist sein Fehlen eine tiefe narzißtische Kränkung, impliziert Gefühle von Ohnmacht und Hilflosigkeit. Penisneid hier zielt auf ein Verständnis von Macht, die eine uneingeschränkte Handlungsfähigkeit in einer noch selbstobjekthaften Verbundenheit mit der Mutter signalisiert. Erst wenn das Mädchen seine Getrenntheit von der Mutter tolerieren lernt, sich selbst als eigenständiges, aber in seinen Möglichkeiten begrenztes Individuum wahrnimmt, kann es die Penislosigkeit mit reiferen Gefühlsreaktionen beantworten. Traurigkeit, verringertes Selbstwertgefühl, Angst vor Liebesverlust, auch ein Verärgertsein können vorübergehend dominieren, weichen allmählich aber positiven realistischeren Identifikationen mit der Mutter. Ein allenfalls jetzt nur mehr passagerer Penisneid des Mädchens weist auf ein Machtverständnis, das vor Einengung seiner Entwicklungsmöglichkeiten bewahren, aber auch zu einer kompetenten Handlungsweise in der Realität anregen soll. Der Penisneid in dieser Konzeptualisierung zeigt eine enge Assoziation mit frühen, aber sukzessiv reiferen Abwehrformationen auf. Der Penis als Symbol für die Mutter, für ein positives Band zu ihr, bietet sich entwicklungsdynamisch für einen defensiven Gebrauch an. Penisneid erlaubt die Beherrschung von Ängsten um Trennung und Verlust, muß aber strukturell unterschiedlich bewertet werden. Neid verschiebt den Wahrnehmungsfokus von der mütterlichen Brust hin auf den väterlichen Penis. So kann er eine innige Beziehung zur Mutter schützen und ermöglicht gleichzeitig ein entwicklungsnotwendiges Durcharbeiten von feindseligen Aggressionen, die aus der Dyade gelenkt werden.

In der Schilderung der typischen genitalen Ängste des kleinen Mädchens betont Bernstein (1990), daß sich der Penisneid oder ein in der Phantasie gehegter Peniswunsch als eine höchst anpassungsfähige Bewältigungsstrategie verstehen läßt. Er kommt seinem großen Bedürfnis nach Konkretisierung und Kontrolle angesichts zunächst noch verwirrender genitaler Empfindungen entgegen. Ein phantasierter Penis, der vielleicht noch wachsen wird, mag für es eine wichtige Grenzfunktion ausüben. Er hilft ihm den Zugang zum Inneren seines Genitale zu regulieren. „Der Penis kann zu einem Objekt der Begierde werden, weil sein phantasierter Besitz eine kohärente, kognitive und adaptive Erklärung für vielfältige Sensationen bietet" (S. 157). Zu einer Fixierung kommt es nur dann, wenn der Zugang zu seiner Weiblichkeit in der weiteren Entwicklung versperrt ist.

Dies hängt auch maßgeblich von der emotionalen Reaktionsbereitschaft des Vaters ab, von seiner Fähigkeit, die „Anfrage an den Mann im Vater" (Olivier 1984) befriedigend zu beantworten. Sein Einfluß ist um so wichtiger, je weniger die Mutter die Weiblichkeit des kleinen Mädchens bestätigen kann (Rohde-Dachser 1990). Nach Benjamin (1992) ist es wichtig, in den Verliebtheitsgefühlen des kleinen Mädchens dem Vater gegenüber nicht nur einen Versuch zu erkennen, über die Teilnahme an der Macht des väterlichen Phallus seine grundlegenderen Trennungs- und Verlustängste aus vorausgehenden Entwicklungsperioden zu überwinden. In ihnen geht es dem Mädchen auch um eine Anerkennung seiner Wünsche und Begierden, um die Erlaubnis, wünschen zu dürfen und in diesen Wünschen in Ordnung zu sein. Penisneid drückt diese Sehnsucht nach dem Vater aus. Eine grundlegende Enttäuschung in dieser Sehnsucht bestärkt ein Gefühl, als sexuelles Subjekt minderwertig, in seinem eigenen sexuellen Begehren immer auf die Gunst von Männern angewiesen zu sein. Penisneid mag auf dieser Entwicklungsstufe das Gefühl reflektieren, nicht die passende Ausstattung als Mädchen, als künftige Frau zu besitzen, um den Vater in einem ödipalen Spiel zumindest probatorisch für sich einzunehmen und als wertvoll an sich anerkannt zu werden. Und dieser Mangel bleibt mit dem fehlenden Penis unbewußt verknüpft (Bernstein 1991). Ein innerer Zusammenhang zum ödipalen Schamaffekt ist offenkundig. In diesem Verständnis ist Penisneid nicht, wie Freud annimmt, der Auslöser des Ödipuskomplexes. Er signalisiert vielmehr das Resultat einer fehlgeschlagenen ödipalen Situation. Als „Flucht aus der Weiblichkeit" (Horney 1924) dokumentiert er eine defensive Identifikation mit der phallischen Macht des

Vaters. Unbewußt bedeutet dies nicht selten, sich schuldig gemacht zu haben, dem Vater den Penis geraubt zu haben (Chasseguet-Smirgel 1974). In einer weiteren Abwehrbewegung kann diese phallische Organisation des Mädchens einerseits zum resignativen Glauben führen, von Männern nichts erwarten zu können, andererseits auch die Überzeugung kompensatorisch zementieren, diese könnten ihm auch gar nichts mehr Wertvolles bieten, da seine Ausstattung vollkommen sei.

Spielen auch beim Jungen Neidgefühle in der ödipalen Situation eine wesentliche Rolle? Ist es vorstellbar, daß auch er, ähnlich wie das Mädchen einen Penisneid zeigt, auf weibliche sexuelle Eigenschaften, die er in der Mutter verkörpert sieht, ganz analoge Neidgefühle entwickelt? Nach Fast (1984) muß auch ein Junge in der frühen Errichtung einer männlichen Kerngeschlechtsidentität dazu kommen, auf die Phantasie zu verzichten, männliche und weibliche Sexualmerkmale überinklusiv in sich zu vereinen. Dies bedeutet auch für ihn die Auseinandersetzung mit besonderen Verlust- und Trennungsgefühlen. Wenngleich ihm die vorübergehend notwendige „Entidentifizierung von der Mutter" (Greenson 1968) durch die identifikatorische Liebe mit dem Vater, durch eine stolze Wahrnehmung, das gleiche Geschlecht wie der Vater zu haben, erleichtert wird, kann der Verlust einer speziell nur mit der Mutter genossenen Emotionalität und zärtlichen Erotik unbewußt weiter wirksam sein. Die frühen Kastrationsängste, auf die bereits oben in der Entwicklungslinie nach Tyson (1989) hingewiesen wurde, mögen dies signalisieren. Phantasien, daß im Prinzip ja auch die omnipotente Mutter mit einem Phallus ausgestattet sei, können diese Ängste noch eine Weile kaschieren, eventuell bei ihm eine Vorstellung konservieren, die bestehenden frühen Bande zu ihr nicht aufgeben müssen, ohne behindert zu sein, ein Mann zu werden. Besonders wenn die Mutter wieder schwanger wird, das kleine Geschwisterchen dann in der Familie ist und die mütterliche Fürsorge genießt, dann können zuweilen auch unmittelbare Identifikationen mit der weiblichen Sexualität der Mutter bei ihm beobachtet werden (Kaplan 1991). Die zunehmende kognitive und soziale Reifung unterlaufen aber zusehends diese defensive Strategie (Barth 1990). Je kontrast- und konfliktreicher die Wahrnehmung des sexuellen Unterschieds zwischen seiner Mutter und seinem Vater ist, desto folgenreicher wiegen seine Entscheidung für den Vater, seine Zurückweisung der mütterlichen Sexualität. Je exklusiver für ihn die Hinwendung zur sexuellen Identität des Vaters sein muß, um frühe Kastrationsängste zu kontrollieren, desto stärker ist er gezwungen, durch die rigorose Übernahme einer männlichen Geschlechtsrolle all die früher hoch geschätzten Eigenschaften der Mutter bewußt zu verachten. Hinter seiner Verachtung steht aber ein unbewußter, oft lebenslang aktiver Neid auf die fürsorglichen, emotional innigen und prokreativen Eigenschaften der Mutter (Fast 1991). Kaftal (1991) verbindet diese aus Abwehrgründen notwendige Polarisierung einer männlichen Geschlechtsidentität, die Funktionen einer Fürsorge, eines empathischen Verstehens, eines emotionalen Einsseins als gefährlich „weiblich" ausschließen muß, mit später im Erwachsenenalter oft von Männern beklagten chronischen Gefühlen des Andersseins, der emotionalen Abschottung, des Sich-nicht-erholen-könnens, des ruhelos Angetriebenseins. Unter einer klinischen Perspektive kann dieser verdrängte Neidkomplex sowohl als normale emotionale Anpassungsreaktion aber auch zuweilen als psychopathologisch relevante Störung im sog. „Couvade Syndrom" von Männern aufgedeckt werden, deren Frau gerade schwanger ist (Kapfhammer, Mayer 1993).

4.2.4.3 Ödipale Eifersucht

Eifersucht ist eine der typischsten Affekterfahrungen des Kindes in der ödipalen Situation. In seiner phänomenologischen Ausgestaltung teilt sich der Eifersuchtsaffekt viele Gemeinsamkeiten mit dem Neidaffekt. Aber es bestehen auch wichtige Unterschiede. Folgen wir zunächst der Analyse von Spielman (1971), so artikulieren sich Neidgefühle vor allem in dyadischen Beziehungen. Die Eifersucht verweist hingegen regelhaft auf eine triadische Interaktion, sei es in einer realen Erfahrung, sei es in einer begleitenden Phantasietätigkeit. Die typische Auslösesituation ergibt sich aus einer Rivalität um die Liebe eines hochgeschätzten Objekts, um die Liebe von Mutter oder Vater, die durch einen Konkurrenten, in der Regel durch ein Geschwister oder in der engeren ödipalen Situation durch den anderen Elternteil als gefährdet angesehen wird. Stets geht es um die schmerzliche Erfahrung, aus einer intimen Beziehung z. B. zur Mutter ausgeschlossen zu sein, wenn der Junge das besondere Verhältnis wahrnimmt, das Mutter und Vater miteinander verbindet. Die hierdurch angestoßene Enttäuschung und Kränkung über die vermeintlich oder tatsächlich verschmähte Liebe, die verweigerte Aufmerksamkeit oder fehlende Anerkennung der Mutter ist zentral in der Eifersuchtserfahrung. Der Eifersuchtsaffekt ist also viel spezifischer an der besonderen Beziehungsqualität zum Liebesobjekt orientiert. Er ist weniger auf bewunderte Eigenschaften oder Besitzgegenstände gerichtet wie im Neid. Es ist vielmehr ein als selbstverständlich erachteter Besitzanspruch an die geliebte Person als solcher, der nun irritierend in Frage gestellt ist. Die ausgelöste narzißtische Verunsicherung in der Eifersucht ist aber gut vergleichbar mit dem Neid. Oft impliziert sie ein Gefühl von Demütigung, die als Folge eines erschütterten Selbstvertrauens, einer beschädigten inneren Sicherheit erlebt wird. Dies verleiht der Eifersuchtserfahrung jenen stechenden Schmerz, jene quälende Bitterkeit (Riviere 1937). Die narzißtische Kränkungskomponente in der Eifersucht muß hierbei nicht unbedingt immer bewußt sein. Je wütender und rachsüchtiger der kleine Junge oder das kleine Mädchen hierauf reagieren, desto leichter gelingt es, das schmerzliche Selbstgefühl zu verdrängen. Eine breite Palette von aggressiven Reaktionen kann beobachtet werden. Heftiges Konkurrieren mit dem Rivalen kann sich zu Haß wandeln und zu bewußten oder unbewußten Todeswünschen sich steigern. Aber auch dem Liebesobjekt mag ein starkes Mißtrauen gelten, der Verdacht und Vorwurf von Untreue aufkommen, sich schließlich auch zur feindseligen Verachtung und Entwertung entwickeln. Die mit der Eifersucht reaktiv verwobenen Haß- und Rachegefühle zielen wesentlich darauf, eine fundamentale Selbstwertkrise zu koupieren. Sie können ganz leicht in einen Selbsthaß umschlagen. Kutter (1978) formuliert:

„Die Qual richtet sich nämlich oft genug auf den Eifersüchtigen selbst; er quält sich vor allem selbst. Das meint Schleiermacher, wenn er sagt: ‚... eine Leidenschaft, die mit Eifer sucht, was Leiden schafft', das heißt, sich selbst Leiden schafft. Es ist ein selbstquälerisches Leiden, geboren aus Zweifeln an der Treue des Geliebten, aus Zweifeln an den Fähigkeiten, zu lieben, und an den Eigenschaften, geliebt zu werden; Zweifel, die von Mißtrauen und Argwohn genährt und ständig unterhalten werden." (S. 121)

Es geht um eine besondere Selbstwertkrise, nämlich die eigene Liebe könne wirkungslos, sogar man selbst nicht liebenswert sein, vor den idealen Selbstansprüchen beschämt werden.

Die Komplexität der ödipalen Situation in ihren „positiven" wie „negativen" Beziehungsanteilen zu den Eltern macht es verständlich, daß es in der Eifersucht nicht nur um die selbstbehauptende Rivalität mit und um den erstrebten Triumph über den ödipalen Rivalen geht. Es drücken sich versteckt auch ersehnte liebevolle Gefühle ihm gegenüber aus, die eine starke homosexuelle Konnotation besitzen und daher auch heftige Angstgefühle auslösen können. Und dabei ist es gerade die frühe identifikatorische Liebe zum Vater, die es ermöglicht, daß er zum Rivalen tauglich ist, der die Todeswünsche des Sohnes überlebt und dadurch die Gefahr einer vernichtenden Vergeltung reduziert. Dies ist auch der prinzipielle Unterschied zwischen einer phallischen und einer analen Aggression, die ja immer noch die Gefahr einer Objektzerstörung in sich birgt. An diesem Rivalen lassen sich die eigenen Kräfte und Möglichkeiten, aber auch die persönlichen Grenzen realistischer und erträglicher wahrnehmen. Wenngleich der initiale Kampf zwischen Sohn und Vater von heftiger Leidenschaft geprägt sein kann, spielt die Liebe zu ihm ein grundlegendes Korrektiv für die entfachte Aggressivität. Sie ermöglicht auch in der notwendigen ödipalen Niederlage das Gefühl einer fairen Auseinandersetzung, die das eigene Selbstwertgefühl des Kindes nicht irreversibel erschüttert. Und es ist nicht nur die narzißtische Kränkung allein, die psychodynamisch den kleinen Jungen oder das Mädchen betrifft. Es ist auch der grundlegende innerseelische Schutz vor dem Inzest und der Tötung, der den Start für eine Neuordnung seiner Gefühlswelt gibt (vgl. Kap. 4.2.2). Und diese höhere Organisation verrät wesentlich auch über den Bereich der privaten Familie hinausreichende gültige soziale Regeln.

„Da die ursprüngliche Eifersucht in Begriffen der elterlichen Liebe und Zustimmung erfolgt, kann sie auch die Verhaltensstandards der Eltern stärken. So verstanden kann dieses sonderbare Gefühl von Wettkampf einem kohäsiven Gemeinziel dienen. Mit den Eltern, die Dienen, Geben, Teilen und Lieben bewerten, ist es möglich, daß Eifersucht – das Gefühl schlechthin, das im Wettkampf entsteht – so gelenkt werden kann, daß die Kräfte des Wettstreits begrenzt werden." (Gaylin 1979, S. 135).

Diese flüchtige entwicklungspsychologische Markierung des Eifersuchtsgefühls findet sich auch in den Beiträgen diverser psychoanalytischer Autoren wieder. Wenngleich sich die meisten Arbeiten auf Zustände einer pathologischen Eifersucht beziehen, ist ihre kurze Vorstellung wichtig, um den komplexen psychodynamischen Kontext besser zu verstehen, der um den Eifersuchtsaffekt errichtet wird.

Freud (1921a) widmet der Eifersucht eine große eigenständige Arbeit. Er unterscheidet eine normalpsychologische, eine neurotische und eine wahnhafte Ausgestaltung. Als eine ubiquitäre Affektreaktion bezieht sich Eifersucht auf typische Erfahrungen der Geschwisterrivalität in der ödipalen Situation. Gleichsam als Steigerung dieses konflikthaften Erlebens erscheint die neurotische Affektfigur. Sie impliziert im späteren Erwachsenenleben eine auf den Liebespartner projizierte tatsächliche oder auch nur in Phantasien bei sich gehegte, aber unterdrückte Untreue. In dieser Abwehrformation kommt der Eifersucht eine wichtige Entlastungsfunktion gegenüber unbewußten Schuldgefühlen zu. Gleichzeitig zeigt sich aber in der eifersuchtstypischen Vorwurfs- und Anklagehaltung auch eine aggressive Umkehr des passiv erlittenen Ausgeschlossenseins aus der unbedingten Zuneigung und Liebe der Mutter sowie ein jetzt als berechtigt ausgeübtes Kontrollbedürfnis gegenüber dem Liebesobjekt. In der wahnhaften Form sind es weniger auf das heterosexuelle Liebesobjekt externalisierte Untreueimpulse, sondern vielmehr unbewußte Wünsche gegenüber dem gleichgeschlechtlichen Rivalen. Hier greift Freud auf eine bereits 1911 im Fall Schreber explizierte psychodynamische Formel im paranoiden Erleben zurück, in der die narzißtische, d. h. homosexuelle Objektwahl als grundlegend herausgearbeitet wird. Ein weiterführender psychodynamischer Stellenwert wird angedeutet, wenn Freud auf die zusätzlichen Elemente einer Trauer, einer narzißtischen Verwundung, einer Feindseligkeit auf den Rivalen sowie einer Selbstkritik in der Eifersucht hinweist (Kapfhammer 1994a).

Für *Jones* (1929) steht die narzißtische Abhängigkeit im Zentrum der Eifersucht. Sie dient aber bevorzugt einer regressiven Abwehr von ödipalen Schuldgefühlen. Wesentlich ist die mangelnde Überzeugtheit von der eigenen Fähigkeit zu lieben, die durch vermehrte Selbstliebe kompensiert wird. Selbstliebe und Selbstwert müssen durch die ständige Versicherung der Treue des Liebesobjekts geschützt werden. Das Liebesobjekt muß dem Eifersüchtigen unbedingt gehören. Hierbei weist Jones auf eine entscheidende Umkehr in den sexuellen Zielen hin: Es ist nicht die Liebe, die man gibt, sondern die Liebe, die man uneingeschränkt empfangen möchte. Seiner Einschätzung nach ist es nur ein weiterer Schritt, daß aus dieser passiven Grundhaltung eine engere homosexuelle Objektorientierung resultieren kann. Hier rückt dann ein starker Liebesappell an den Vater in den Vordergrund. Diese homoerotische Annäherung an den Vater in der negativen ödipalen Konfiguration ist aber wiederum außerordentlich angstbesetzt und muß eventuell in einem paranoiden Erleben unkenntlich gemacht werden.

Fenichel (1945) unterstreicht die Vielschichtigkeit einer Eifersuchtsdisposition. Er analysiert als bedeutsame Komponenten eine grundlegende Ambivalenz in den Objektbeziehungen, in denen Liebesgefühle sehr schnell in Haßgefühle umschlagen können. Die in Haß verkehrte Liebe bei einem ursprünglich ersehnten Liebesobjekt verlangt aber notgedrungen eine reziproke Verkehrung der Gefühlsbestrebungen, die auf den Rivalen gerichtet sind. Fenichel betont ferner eine Neigung zu Depressivität, aber auch zur nach außen gewendeten Aggressivität und zu mächtigen Neidgefühlen. Es ist die außergewöhnlich hohe Intoleranz gegenüber Liebesverlust, der das betroffene Individuum so verletzlich macht, da er offenkundig auch einen gleichzeitigen Verlust eines grundlegenden Selbstwertgefühls bedeutet. Fenichel ist sich eins mit Jones, wenn er vor allem die narzißtische Objektabhängigkeit des krankhaft eifersüchtigen Individuums hervorhebt. Im Gegensatz zu Jones sieht er aber weniger eine regressive Bestrebung aus höher strukturierten ödipalen Konflikten, sondern vielmehr eine starke orale Fixierung als genetisch entscheidend an. Paos (1969) Arbeit versucht einen wichtigen Brückenschlag zwischen diesen beiden Positionen, wenn er betont, daß Eifersucht als dominanter Affektzustand sehr wahrscheinlich auf allen psychosexuellen Entwicklungsstufen wichtige Determinanten bezieht. Sein ausgewogener Argumentationsstandpunkt ähnelt dem sehr, welchen Joffe (1969) im Hinblick auf den Neidaffekt einnimmt.

M. Klein (1957) vollzieht einen radikaleren Schritt, wenn sie die genetisch frühen Wurzeln der Eifersucht behandelt. Für sie ist Eifersucht ohne den früheren Neidkomplex nicht zu verstehen. Die Intensität der in einer triangulären Beziehungssituation verspürten Eifersucht ist maßgeblich von der Stärke der kindlichen Neidgefühle auf die gute Brust der Mutter abhängig. Sie entspringt einem mißtrauischen Verdacht, daß diese vom Vater gestohlen worden sein könnte. Eifersucht ist also in ihren Augen ein intensiviertes Neidgefühl, dessen inhärente Aggression aus der Beziehungsdyade geleitet, auf den Vater gerichtet oder auf ein Geschwister verschoben ist. Dadurch bleibt die originäre Beziehung zur Mutter geschätzter. Eine ganz ähnliche, vermutlich als Vorstufe zu begreifende Affektdynamik scheint im Penisneid auf (Laforge 1993, s. o.). Eifersucht übt in dieser Perspektive eine wichtige Kontroll- und Abwehrfunktion der als viel gefährlicher erachteten Neidgefühle aus (Riviere 1932). Wenngleich sie im Kontext eines triangulären Beziehungsgeflechts erlebt wird, so ist hier die Annahme einer reifen, vollständigen Beziehungstriade noch wenig substantiiert, vielmehr die Konzeption einer defensiv notwendigen Auftrennung von zwei bifokalen Dyaden wahrscheinlicher (s. o.).

Den Stellenwert einer vorrangig phallisch organisierten, d. h. primär vom Penisneid bestimmten Sexualität arbeitet *Freeman* (1990) in sorgfältigen Fallanalysen von krankhaft eifersüchtigen Frauen heraus. Er betont die zentrale Bedeutung von Masturbationsphantasien, in denen die Kränkung einer als defizient erlebten weiblichen Sexualität abgewehrt wird, eine neidvolle Sehnsucht nach einer spiegelnden Mutterbeziehung einerseits, eine vor allem sadistisch-konkurrierend gestaltete Beziehung zum eigenen heterosexuellen Partner andererseits aufscheint. Ganz ähnlich hebt auch Seeman (1979) in ihrer Studie an Patientinnen die große Bedeutung einer realen sexuellen Erregung im Eifersuchtserleben hervor, das masturbatorisch oder in heterosexuellen Kontakten ausgestaltet wird. Pathologische Eifersucht scheint hier ganz offenkundig darauf zu zielen, ein beschädigtes Selbstwertgefühl zu reparieren, indem sie zum einen Ärger und Wut rechtfertigt, zum anderen gestattet, sich in der Phantasie der Rivalin anzunähern.

Auf ein wichtiges Detail in krankhaften Eifersuchtszuständen macht *Pierloot* (1988) aufmerksam, wenn er die außergewöhnlich hohe Bedeutung untersucht, die eine eifersüchtige Person unbelebten Objekten z. B. Unterwäsche als untrüglichen Indizien für die Treuelosigkeit des Partners zuspricht. Pierloot erkennt in diesen Gegenständen vor allem einen fetischartigen Charakter. Als gleichsam persistierende Übergangsobjekte erlauben diese den prekären emotionalen Kontakt zum Partner zu regulieren, der in seiner libidinösen und aggressiven Ausgestaltung einer Perversion nahekommt.

Gerade diesen Aspekt hebt Coen (1987) in seiner Analyse der pathologischen Eifersucht hervor. Er betont, daß es sich hierbei häufig um einen nicht mehr in einer innerseelischen Spannung zu haltenden Affektzustand handelt, sondern um eine notwendig inszenierte Handlungsweise, wie es in der Perversion typisch ist. In wiederholten Akten müssen aus präödipalen und ödipalen Quellen stammende sexuelle und aggressive Gefahren abgewehrt werden. Es geht um die Gefahr einer Intimität in einer exklusiven Beziehung sowohl zu einer Frau als auch zu einem Mann. Es geht um gefährliche Destruktion und um unerträgliche Schuld. Und es geht schließlich um die persönliche Unfähigkeit, das Selbstwertgefühl eigenständig zu regulieren. Zentral in der pathologischen Eifersucht ist die ausgearbeitete Phantasie, schmerzlich aus der Primärszene ausgeschlossen zu sein. Eifersucht macht dies erträglicher, indem sie masochistisch rückbindet.

4.2.4.4 Ödipale Scham

Der Schamaffekt beschäftigte uns erstmals im Kontext der Affektentwicklung während des zweiten Lebensjahres, insbesondere während der sog. „Übungssubphase" (vgl. Kap. 4.1.2.3). Frühe Schamerlebnisse signalisieren auf einer sensorimotorischen Ebene das plötzliche Abfallen eines hohen affektiv-positiven Erregungsniveaus und erweisen sich innerhalb eines differenzierten Spektrums angeborener Primäraffekte als wichtige Gegenspieler zur aktivierten Freude und Neugier (Tomkins 1987). Es lassen sich Argumente finden, daß sich bereits hinter der sog. „Acht-Monats-Angst", die durch die überraschende Wahrnehmung einer fremden Person bei Erwartung des vertrauten mütterlichen Gesichtes ausgelöst wird, eigentlich eine frühe Schamreaktion verbirgt (Nathanson 1987a). Aber erst mit einem Selbstbewußtwerden und Selbstbewußtsein wird die Scham allmählich zu einem selbstreflexiven Affekt (Lewis 1991). Dies wird in der Übungssubphase offenkundig, wenn zwischen dem Kind und der Mutter wiederholt affektive Diskrepanzen zwischen freudiger Erregtheit, stolzer Wirklust und großartigen Effizienzgefühlen einerseits sowie äußerer Beschränkung, gefährlicher Erschöpfung und beschämenden Mißerfolgs andererseits interaktiv verhandelt werden müssen. Das hier eingeübte Schamregulationssystem bremst vor narzißtischer Überstimulation und explosiver Wutantwort (Schore 1991). Ein in der Mutter-Kind-Dyade integrierter Schamaffekt besitzt also eine wichtige selbstschützende sowie eine entscheidende sozialregulative Funktion. In der Scham wird schon jetzt erkennbar, daß eigenes Handeln und Erlebeneiner äußeren wie auch inneren Bewertung unterliegt. Scham kann als präverbales Fundament der Ich-Ideal-Struktur identifiziert werden.

Mit Eintritt des heranwachsenden Kindes in die Wiederannäherungs- bzw. in die anale Phase erfährt der Schamaffekt seine möglicherweise schon entscheidende Prägung. Yorke et al. (1990) skizzieren diesen entwicklungsdynamischen Kontext.

Scham wird nun auf das engste verknüpft mit dem Bewußtsein des eigenen Körpers. Sie zentriert sich erstmals auf die Genitalregion, wird nach Erfassen des Unterschieds zwischen dem weiblichen und männlichen Geschlecht intensiviert und ist untrennbar mit den analen Ausscheidungsfunktionen und -produkten assoziiert. Die im Schamaffekt liegende erhöhte Wahrnehmung der Selbstgrenze findet ihren körperlichen Ausdruck in der Einübung der Sphinkterkontrolle. Diese vermittelt ein klareres Bewußtsein von innerhalb und außerhalb des Körpers, geht einher mit den zonalen Modi des Ausstoßens und Festhaltens und zeigt die phasentypischen Formen der Lustsuche und der Aggressivität. Die entscheidende „Analisierung" des Schamaffekts vollzieht sich im Vorgang des selbstbewußten Vorzeigens und der Bewertung des Kotes durch andere, in der Regel durch die Mutter. Das initial hoch geschätzte Produkt, das lustvolle Geschenk wird im Zuge des Toilettentrainings entwertet, ist zu säubern, zu entfernen. Es unterliegt der Verachtung, dem Ekel, der Scham. Die Defäkation geht einher mit einem erhöhten Bedürfnis nach geschützter Privatheit, die dem Blick anderer entzogen ist. Die geregelte Beherrschung der Sphinktermuskulatur bedeutet zwar Unterordnung des eigenen unter den Willen der Mutter, vermittelt aber soziales Lob und subjektiven Stolz. Trotzige Renitenz mag zwar vorübergehend aggressiv das Selbstwertgefühl behaupten, um aber alsbald durch die überlegene elterliche Kontrolle und Dressur in Demütigung und Beschämung umschlagen zu können. Das Paradigma der analen Scham aber ist der Verlust der Sphinkterkontrolle vor sich selbst als grundlegendes Versagen, in den Augen der anderen als Verachtung, Entblößung und Ekelprovokation. Auf der analen Stufe werden aber nicht nur der Körper, seine Ausscheidungsvorgänge, seine Produkte einer sozialen Bewertung und Kontrolle unterzogen. Es sind auch die inneren Gedanken, Affekte und Wünsche des Kindes, die sich in ihrer öffentlichen Ausdrucksweise einer Zensur unterordnen müssen, also „böse", „unangebracht" sein können, deshalb verwerflich sind, zurückgehalten und verändert werden müssen. Wichtige Abwehrmechanismen des „Ungeschehenmachens" und der „Isolation" werden als Vorstufen der späteren „Verdrängung" nach einem analen Modus geformt. Sie dienen der Absonderung des sozial Unerwünschten, schützen vor Beschämung und verbergen nach außen. Die „Isolation" wird zu einer Möglichkeit, den Affekt zu kontrollieren, einzuengen und ihn von dem abzutrennen, was gedacht wird. Das „Ungeschehenmachen" wiederum ist ein Weg, gefährliche triebhafte Wünsche zu negieren und sie in einer gegenteiligen adaptiven Handlung auszudrücken. Auch die Mechanismen der „Idealisierung" und „Entwertung" orientieren sich an dieser analen Erlebnisweise.

In der sich anschließenden Periode des „phallischen Narzißmus" (Edgcumbe und Burgner 1975), die mit einer Überbesetzung des Penis des Jungen, einer erhöhten Schau- und Vorzeigelust, einer im Vergleich gegenüber dem weiblichen Genitale zuweilen demonstrierten Verachtung einhergehen kann, wird der Schamaffekt weiter akzentuiert. Typische Auslösesituation ist der mißbilligende Blick der Mutter auf das entblößte Glied des Jungen, ihre strafende Intervention bei seinen Masturbationsspielen. Ein Gefühl des Verbotenen, des Sündigen, des in der moralischen Verfehlung Bloßgestellten fügt sich jetzt in das Schamerleben ein und wird um eine Bestrafungsangst und ein Schuldgefühl erweitert. Komplizierte Entwicklungsvoraussetzungen während dieses Abschnitts machen verständlich, daß das Mädchen in seinen gleichfalls stark ausgeprägten voyeuristischen und exhibitionistischen Bestrebungen gegenüber Schamerlebnissen anfälliger reagieren kann.

Die eigentliche ödipale Beschämung des Jungen aber ist die schmerzliche Erkenntnis, daß er die phallische Überlegenheit des Vaters im Wettbewerb um die Gunst der Mutter akzeptieren muß. Sie kommt der Kränkung des kleinen Mädchens gleich, wenn es realisiert, daß es letztlich keine gleichwertige Partnerin für den Vater sein kann, der Mutter unterliegt. Und diese Beschämung, die für eine weitere gesunde seelische Entwicklung unabdingbar ist, zu tolerieren lernen, wird zu einer entscheidenden ödipalen Herausforderung.

Bevor einzelne Aspekte dieser typischen ödipalen Schamerfahrung näher betrachtet werden, sollen zunächst nochmals auf einer phänomenologischen Ebene jene grundlegenden Komponenten des Schamkomplexes skizziert werden, wie wir sie der faszinierenden Analyse von Wurmser (1990) verdanken. Die wesentlichen Komponenten des Schamerlebens lassen sich inhaltlich als typische Selbsterfahrungen formulieren: „1) ‚ich bin schwach, ich versage in Rivalitätssituationen'; 2) ‚ich bin dreckig, schmutzig, der Gehalt meines Selbst wird mit Verachtung und Ekel angeschaut'; 3) ‚ich habe einen Defekt, ich bin in physischer und geistiger Ausstattung zu kurz gekommen'; 4) ‚ich habe über meine Körperfunktionen und meine Gefühle die Kontrolle verloren'; 5) ‚ich werde sexuell erregt durch Leiden, Erniedrigung und Schmerz'; 6) Wahrnehmung und Zeigen sind gefährliche Aktivitäten und können bestraft werden" (S. 40).

Das Schamerleben wird also typischerweise in Situationen ausgelöst, in denen das Individuum befürchtet, in einer realen, vermeintlichen oder phantasierten Schwäche, einer Behinderung, einer verwerflichen Handlung oder schmutzigen Selbsteinschätzung bloßgestellt zu werden. Verschiedene Abwehrbemühungen suchen diesen schmerzlichen Affektzustand in der Scham zu reduzieren, zu verhindern oder zu überdecken. An vorderer Stelle sind die Wendung eines passiven Erlebens in eine aktive Handlung, der Rückgriff auf grandiose Phantasien oder Idealisierungen, die Depersonalisation, eine masochistische Erniedrigung oder aber eine stellvertretende Demütigung zu benennen. Nicht selten dient aber auch der Schamaffekt selbst defensiven Zielen, wenn er z. B. eine tiefer liegende Kastrationsangst in Schach halten soll. Scham wiederum läßt sich durch Wut, Verachtung oder Verhöhnung wirksam abwehren. An der Schamerfahrung läßt sich stets ein Subjekt- und ein Objektpol identifizieren. Der kritische, verächtliche oder strafende Blick des Gegenüber kann auch als inneres Regulans internalisiert werden. Dies geschieht jedoch nur, wenn die andere Person über Autorität und vitale Wichtigkeit über einen verfügt oder Liebe garantiert. Die inneren Erlebnisinhalte der Scham lassen sich wiederum verschieben oder neutralisieren, indem wichtige Gegenaffekte mobilisiert werden.

Es lassen sich drei Schamformen unterscheiden: Eine Schamangst ist als genetisch frühe Affektform auszumachen. Um sie gruppiert sich ein komplexes affektives und kognitives Reaktionsmuster, das wichtige Ich-Funktionen von Erwartung, Anspruch, Vergleich, aber auch von Strafe umschließt. Gleichsam zur charakterlichen Haltung kann Scham werden, wenn sie über eine Reaktionsbildung vor allem die dem kindlichen Wachstum intrinsische Schau- und Zeigelust vollständig kontrollieren muß.

Unter einem strukturellen Gesichtspunkt läßt sich eine Dimension aufspannen, an deren einem Pol sich eine traumatische Affekterfahrung, an deren anderem Pol sich ein hoch differenziertes Affektsignal befindet. In der traumatisch wirksamen Scham kommt es zu einer Lähmung aller auswärts gerichteten Aktivitäten und Selbstdarstellungen, Die betroffene Person ist in ihrem Handeln und Erleben immobilisiert, möchte sich vor den kritischen Augen der anderen verbergen, erachtet sich im Moment als völlig hilf- und hoffnungslos. Als feines innerseelisches Signal stößt Scham zu reiferen Aktionen im Verzicht der gerade gezeigten Absicht an. Das betroffene Selbst ist imstande, auf Mechanismen zurückzugreifen, die verspürte hohe Affekterregung sanft zu reduzieren.

Bereits in den oben geschilderten ödipalen Affektstrukturen von Angst, Neid und Eifersucht wurden immer wieder Querverbindungen zur Scham erkenntlich. Jetzt soll nochmals der Aspekt der „notwendigen Beschämung“ in der Anerkennung der „ödipalen Niederlage“ aufgenommen, vor allem auf die heikle Nähe zur „entwicklungshemmenden Beschämung“ hingewiesen werden. Und umgekehrt muß auch der familiendynamisch zu verstehende „ödipale Triumph“ unter einem schampsychologischen Gesichtspunkt betrachtet werden.

Mühelos lassen sich in den Phantasien und Spielsequenzen des ödipalen Kindes Motive des Wettbewerbs, des Kräftemessens und des Siegenwollens ausmachen. Je nach akzentuiertem Körpererleben mag dies bei Jungen stärker als bei Mädchen beobachtet werden und kann als Ausdruck der inneren Sozialisation zur Geschlechtsidentität und zur äußeren Übernahme einer Geschlechtsrolle gewertet werden (Erikson 1964, Mayer 1991). Zahllos sind mittlerweile die inner- und außerfamiliären Szenen gewesen, in denen das Kind das Gefühl des Stolzes genossen, aber auch die bittere Empfindung der Beschämung erlitten hat. Hiermit geht nicht nur ein allmähliches Erlernen von sozialen Spielregeln, ein Erkennen von Macht und Autorität, von Egalität und Komplementarität, von Grenzen zwischen einer Ebene der Eltern und einer Ebene der Geschwister und Spielgefährten einher. Es kommt auch zu einer ersten sozialen Fundierung der innerlich erlebten Selbstwertskala. In diesen psychosozialen Kontext sind auch die libidinösen und aggressiven Bestrebungen des ödipalen Kindes seinen beiden Eltern gegenüber zu stellen. Diese sind Ausdruck seiner psychosexuellen Reifung, sind als Probeentwürfe für sein Begehren zu erfassen, das auf die Strukturen seiner familiären Realität treffen muß. Verstehen wir sein Agieren in erster Linie als Ausdruck seines Phantasielebens, wie es beispielsweise Ogden (1984) mit seiner Konzeption der „psychologischen Tiefenstruktur“ charakterisiert hat (s. o.), dann ist zweifelsohne die harte Realität, daß Vater und Mutter eine exklusive Sexualität miteinander teilen, Anlaß genug, empört dagegen zu protestieren. Sie ist auch Anlaß genug, beschämt auf die Erkenntnis zu reagieren, daß seine kindliche Ausstattung es unmöglich macht, ein vollwertiger sexueller Partner für einen der Elternteile zu sein, geschweige denn gleichzeitig die Liebe beider für sich behalten zu können, wenn die äußere Realität tatsächlich seiner inneren Wunschwelt folgte.

Die Beschämung ist sozusagen eine durch die zuverlässige Struktur der Familienordnung unabdingbare Entwicklungserfordernis. Aber gerade sie bietet auch den Vorteil des Schutzes für sein inneres Wachstum. Ein solcher Schamaffekt schafft vermutlich erst die Voraussetzung, sich aus der verwirrenden direkten Interaktion mit seinen Eltern in jene typische Beobachterposition zurückziehen zu können, in der es möglich wird, die ödipalen Phantasien in einem Übergangsraum auszugestalten, also kreativ für sich zu gebrauchen. Erst dieser schützende Rahmen erlaubt es, zwischen phantasierten Wunschzuständen und überprüfenden Interaktionen mit den Eltern hin und her zu pendeln, und gleichzeitig auch eine Wendung in die außerfamiliäre Realität zu wagen. Als gutes Beispiel s. S. 152, 153 („Ödipale Geschichte“).

Die Geschichte zeigt aber auch sehr deutlich, daß es nicht die Beschämung als solche ist, die den entscheidenden Motor zu einer gesunden Entwicklung darstellt, mag sie auch noch so fein dosiert sein. Es ist vielmehr im Falle des kleinen Mädchens die liebevolle Bejahung seines Verliebtseins durch den Vater, seine bestätigende Antwort auf ihr Werben, seine authentische Spiegelung, daß es als Mädchen und als künftige Frau wertvoll ist und begehrenswert sein wird. Es ist die szenisch vermittelte Bestätigung, daß sein Begehren ein anerkannter Weg zu Selbstwert und sexueller Identität ist. Aber es ist auch der tolerante trianguläre Rahmen, der es in unserem Beispiel dem Mädchen gestattete, in seinem Werben und Verliebtsein nicht von der Mutter eifersüchtig gestört und von einem Liebesentzug bedroht zu werden.

Erst diese Einbettung eines Gefühls- und Wunschlebens in die zuverlässige Liebe beider Eltern macht es dem Mädchen möglich, über die „ödipale Niederlage“ zu trauern, die implizite Beschämung ohne traumatische Fixierung zu verarbeiten. Boothe (1990, 1992) hat sehr einfühlsam diesen Entwicklungsweg des ödipalen Mädchens skizziert, auf dem die Enttäuschung zu einer Chance werden kann. Aus dem Erlebnis des Ausgeschlossenseins aus der elterlichen Urszene wird ein Alleinsein mit sich. Eine verstärkte Wendung nach innen geht mit der Entdeckung seines kreativen Potentials einher. Boothe (1990) betont, daß es zur inneren Freiheit des Mädchens werden kann, sich selbst seinen Objekten zu entziehen, um seinen Stolz zu wahren, um zur Gewißheit zu gelangen, in sich Wertvolles zu besitzen und Eigenständiges bieten zu können.

S. Freud (1920) schreibt, daß die ödipale Beschämung des Jungen sich in seiner Überzeugung ausdrücke, es sei sein im Vergleich zum bevorzugten Vater zu kleiner Penis, der ihm letztlich die mütterliche Zurückweisung bescherte, ihm die schmerzliche Niederlage gegenüber seinem Rivalen bereitete. Und doch müssen wir auch beim Jungen annehmen, daß sein Verzicht auf die Mutter als sexuelles Objekt seines ödipalen Begehrens nicht ausschließlich über den Schamaffekt und die hierüber wohl defensiv in Schach gehaltene Kastrationsdrohung gebahnt wird. Auch in seiner Beschämung ist vielmehr eine notwendige, in der Familienstruktur als solcher inhärent liegende Bedingung zu identifizieren, soll die weitere Entwicklung des Jungen in der ödipalen Situation positiv vorangebracht werden. Dies erfordert aber, daß auch beim Jungen, ganz ähnlich wie beim Mädchen gerade geschildert, Mutter und Vater auf seine ödipalen Bedürfnisse eingestimmt sind. Dies verlangt, daß die Mutter sein Werben freudig anerkennen und seine Männlichkeit bestätigen kann, auch wenn sie ihm die Inzestschranke klar vermittelt. Und dies erfordert auch vom Vater, seinem Sohn Möglichkeiten anzubieten, sich mit ihm zu messen, auch spielerisch ein Siegen und Unterliegen zu üben. Und es ist gerade auch der Stolz des Vaters auf die Entwicklungskräfte des Sohnes, mit denen er sich identifizieren kann, der den affektiven Bogen der frühen identifikatorischen Liebe zwischen den beiden fortführt. Er macht die „notwendige Beschämung“ für den Jungen tolerierbar. Rivalität, die nicht Demütigung bedeutet, sondern

Grenzen setzt, bestärkt auch ein Gespür für die eigenen Möglichkeiten. Sie verschafft eine Legitimität, sich nach fairen Spielregeln behaupten zu wollen, seine Aggression konstruktiv gebrauchen zu können, Leistung erbringen zu dürfen (Kuiper 1962/63).

Die hohe Bedeutung der „notwendigen Beschämung" für eine gesunde Entwicklung wird nochmals veranschaulicht, wenn wir kurz das Dilemma des „ödipalen Triumphes" betrachten. Findet die phallische Grandiosität des Jungen eine exzessiv erotisierte Antwort in der Mutter, so wird es für ihn kaum mehr möglich sein, zwischen Phantasie und Realität zu unterscheiden. Er bleibt in der Urszene als Teilobjekt einer verwirrenden elterlichen Sexualität gefangen und ist nicht mehr imstande, aus der sicheren Beobachterposition seine Eindrücke konstruktiv zu organisieren (Ogden 1989). In der fehlenden Wahrnehmung eines ernstzunehmenden ödipalen Rivalen gerät er in die gefährliche Verstrickung nicht nur mit seiner ödipalen Mutter. Er ist vor allem auch den Einflüssen einer präödipalen Mutterimago ausgeliefert. Eine inzestuöse Vereinigung mit ihr bedeutete aber drohende Auslöschung der eigenen Identität. So ist es notwendig, den nicht-existenten ödipalen Rivalen, der schweigt und nicht interveniert, gleichsam zu einem in jeglichen libidinösen Impulsen selbstbeherrschten idealisierten Elternimago zu beleben, mit der sich der Junge schützend identifizieren kann. Dies ist aber nur über eine völlige Blockade seines spontanen Handelns und Phantasierens möglich (Lasky 1984).

Rohde-Dachser (1990) hat darauf hingewiesen, daß unter den strukturellen Voraussetzungen des traditionellen Familienverbands üblicherweise ein Mutter-Sohn-Inzest durch das Verbot des Vaters eingedämmt werde. Das Inzestrisiko in der Vater-Tochter-Beziehung werde hingegen durch kein vergleichbar mächtiges Gegengewicht in Schach gehalten. Die Gefahr einer Verführung durch den Vater, die eine breite Palette von subtiler erotischer Bindung bis hin zum realen Inzest aufspanne, bereite dem ödipalen Mädchen eine wesentlich heiklere Entwicklungssituation. Ein „ödipaler Sieg" gleich welcher Konnotation verschaffe ihr nicht Triumphgefühle und echten weiblichen Selbstwert. Er bedeute vielmehr eine Konfliktsituation mit extremen Schuld-, Angst- und Schamgefühlen. Rohde-Dachser verknüpft in einer sozialpsychologisch relevanten Sicht diese ödipale Konfliktdynamik mit der so häufig bei Frauen anzutreffenden „Angst vor Erfolg" in den unterschiedlichsten Lebensbereichen. Sie identifiziert hierin unbewußte Wiedergutmachungstendenzen gegenüber der schuldhaft ausgebooteten ödipalen Mutter.

4.2.4.5 Ödipale Schuld

Bei den Affekten von Scham und Schuld begegnen wir ganz ähnlichen Differenzierungsproblemen, wie wir sie bereits analog bei der Gegenüberstellung von Neid und Eifersucht angetroffen haben. Die Annahme, daß Scham schon auf früheren ontogenetischen Stufen relevant ins Entwicklungsgeschehen des

Eine summarische Darstellung der Phänomenologie von Scham und Schuld (nach Lewis 1987)

	Scham	Schuld
Auslösereiz	Enttäuschung, Niederlage moralischer Fehltritt	moralischer Fehltritt
	Mangel des Selbst	Ereignis; Sachverhalt, für den Selbst verantwortlich
	unwillentlich; Selbst unfähig, wie in unerwiderter Liebe	willentlich; Selbst fähig
	Begegnung mit dem „anderen" oder innerhalb des Selbst	innerhalb des Selbst
Bewußter Inhalt	schmerzliches Gefühl	Affekt kann oder kann nicht vorhanden sein
	autonome Reaktionen: Wut, Erröten, Tränen	autonome Reaktionen weniger ausgeprägt
	globale Charakteristika des Selbst	spezifische Handlungen des Selbst
	Identitätsgedanken; „inneres Theater"	keine Identitätsgedanken
Position des Selbst im Erlebnisfeld	Selbst passiv	Selbst aktiv
	Selbst im fokalen Bewußtsein	Selbst in Handlung oder Gedanken absorbiert
	Selbstbilder und Selbstbewußtsein; multiple Selbstfunktionen	Selbst intakt; stilles Funktionieren
	stellvertretende Erfahrung der negativen Sichtweise des anderen über das Selbst	Bedauern; Sorge um Wohlergehen
Natur und Ausdruck der Feindseligkeit	Wut aus Demütigung	berechtigte Empörung
	Ausdruck durch Schuld und/oder Liebe des „anderen" blockiert	Wendung gegen das Selbst und den anderen
Charakteristische Symptome	Depression; Hysterie „Affektstörung"	Zwang; Paranoid „Denkstörung"

Kindes eingreife, Schuld hingegen als reifer Affekt erst mit der Über-Ich-Struktur verknüpft sei (Pine 1979), läßt sich nicht so problemlos aufrechterhalten, wenn man jeweils eigenständige Entwicklungslinien mit zahlreichen Vorläufermanifestationen untersucht, dabei aber wiederholte Übergänge zwischen den Affektzuständen beobachtet (Lichtenberg et al. 1992). So ist Tomkins (1987) der Überzeugung, daß Entmutigung, Schüchternheit, Scham und Schuld im Prinzip identische Affekte darstellten, da sie dasselbe angeborene Programm aktivierten. Die Affekte würden nur unterschiedlich erlebt werden, da sie sich auf unterschiedliche Komplexe wahrgenommener Ursachen und Wirkungen bezögen. Speziell unter einer klinischen Perspektive ist es aber vorteilhaft, zunächst beide Affektzustände separat zu betrachten. Lewis (1987) legte eine wichtige phänomenologische Analyse vor (s. S. 179).

Lewis betont, daß in beiden Affektzuständen zunächst drei Aspekte des Selbstkonzeptes unterschiedlich berührt werden, so das Selbst als „Identität", das Selbst als „Grenze" und das Selbst als eine „Lokalisierung von Erfahrungen zwischen innerhalb und außerhalb des Selbst".

Unter dem Identitätsaspekt ist festzuhalten, daß Scham und Schuld zunächst beide als selbstzugehörig erlebt werden. Scham impliziert jedoch einen höheren Grad an Selbstbewußtsein und geht mit einer stärkeren Produktion von Vorstellungen einher, die das Selbst unmittelbar betreffen. Das Selbst wird zum direkten Fokus einer kritischen und negativen Bewertung. Typisch ist die Verdoppelung des Selbstbewußtseins, wenn die evozierten Selbstbilder regelmäßig die kritischen Augen der anderen reflektieren. Bei der Schuld hingegen sind es spezifische Handlungen oder Intentionen, die vor sich als Verstoß gegen akzeptierte Standards beurteilt werden.

Die Grenzen zwischen den Erfahrungen des Selbst und den Erfahrungen des Objekts spielen ebenfalls eine differentielle Rolle in den zwei Affektzuständen. Damit Scham entstehen kann, muß zwischen dem Selbst und dem Objekt eine Beziehung existieren, in der sich das Selbst über die Bewertungen des anderen große Gedanken macht. Der andere ist eine zentrale Figur in der Schamerfahrung. Ein Fasziniertsein von ihm, eine Bewunderung seiner Person macht das Selbst erhöht schamanfällig. Auch in der Schuld vollzieht sich eine stellvertretende Erfahrung. Aber es ist die Vorstellung, den anderen verletzt, ihm Schaden oder Leiden zugefügt zu haben, dadurch seine Mißbilligung oder Strafe zu erregen.

Scham schließt ein stärkeres Selbstbewußtsein ein als Schuld. Sie empfängt aus allen Sinnesmodalitäten ein verstärkendes Feedback und geht mit heftigen Reaktionen des autonomen Nervensystems einher. Sie ist deshalb auch stärker körperbezogen und schmerzlicher als Schuld. Scham scheint im subjektiven Erleben ihren Ursprung „da draußen" zu nehmen, kann durch moralische, aber auch durch viele andere Situationen ausgelöst werden. Schuld hingegen entsteht klar „innerhalb" und bezieht sich nur auf moralische Übertritte. Scham betrifft ausschließlich das Selbst, wird als unberechtigt erlebt. Schuld hingegen bezieht sich auf Handlungen, die in der Außenwelt begangen worden sind. Sie erlangt dadurch eine stärkere objektive Qualität. Sie geht in der Regel mit einer geringeren Desorganisation des Selbsterlebens einher. Sie ist auch mit der Vorstellung assoziiert, etwas zur Wiedergutmachung tun zu müssen und auch zu können. Diese aktive Veränderungsmöglichkeit ist in dem Hilflosigkeitszustand der Scham nicht verfügbar. Hier ist nur eine undifferenzierte Wutreaktion aus dem Gefühl der Demütigung möglich. Aber auch sie kann als unangemessen verspürt werden. Sie verschlimmert das Selbsterleben noch, wenn sich die Schamwut gerade auf den „wichtigen Anderen" bezieht und somit eine weitere Entfremdung von der geliebten Person droht. Dies macht verständlich, in der Scham eine primitivere und irrationalere Affektreaktion als in der Schuld zu erblicken.

Für Freud (1930) nimmt das Schuldgefühl seinen Ausgang in einer Sozialangst, die erst nach Errichtung des Über-Ichs zu einem reifen Schuldgefühl wird:

> Wir kennen also zwei Ursprünge des Schuldgefühls, den aus der Angst vor der Autorität und den späteren aus der Angst vor dem Über-Ich... Zunächst Triebverzicht infolge der Angst vor der Aggression der äußeren Autorität – darauf läuft ja die Angst vor dem Liebesverlust hinaus, die Liebe schützt vor dieser Aggression der Strafe –, dann Aufrichtung der inneren Autorität, Triebverzicht infolge der Angst vor ihr, Gewissensangst. Im zweiten Fall Gleichbewertung von böser Tat und böser Absicht, daher Schuldbewußtsein, Strafbedürfnis. Die Aggression des Gewissens konserviert die Aggression der Autorität" (S. 487–488).

Freud (1930) ist der Überzeugung, daß das menschliche Schuldgefühl letztlich auf ein phylogenetisches Erbe des Ödipuskomplexes hinweise. In einer anthropologischen Sicht entwickelt er den Mythos von der Urhorde, in der ein unumschränkt herrschender archaischer Vater von seinen in Notgemeinschaft verbündeten Söhnen getötet worden sei. Diese frühe Menschheitserfahrung, dasselbe Verbrechen wiederholt sich nach Freud in den unbewußten Tötungswünschen eines jeden ödipalen Sohnes seinem Vater gegenüber. Dieser aggressiven Intention steht aber eine Angst vor der Vergeltung, nämlich die Kastrationsandrohung entgegen (s. o.). Die Kraft und Strenge des später im Über-Ich verinnerlichten Schuldgefühls speist sich aus der Heftigkeit der eigenen Feindseligkeit sowie aus der Bedrohlichkeit der zu befürchtenden Strafe. Dieses Verständnis von der Genese des Schuldgefühls betont vor allem eine zivilisatorische Komponente. In ihr verschränken sich ein zu zähmender Triebegoismus des kleinen, noch abhängigen Kindes sowie eine auf der Autorität des Vaters beruhende soziale Bestrafung, die sich subjektiv als Angst und Furcht niederschlägt. Es kommt jedoch bei näherer Betrachtung noch ein anderer Aspekt des Schuldgefühls zum Vorschein, der nicht restlos in der Wurzel der Sozialangst aufgehen kann. Freud spricht vom Gefühl der Reue über dieses Vergehen, einer emotionalen Antwort, die auf einen weiteren wichtigen Entwicklungsstrang des kindlichen Gefühlslebens hinweist.

„Wenn man ein Schuldgefühl hat, nachdem und weil man etwas verbrochen hat, so sollte man dieses Gefühl Reue nennen. Es bezieht sich nur auf eine Tat, setzt natürlich voraus, daß ein Gewissen, die Bereitschaft, sich schuldig zu fühlen, bereits vor der Tat bestand ... Diese Reue war das Ergebnis der uranfänglichen Gefühlsambivalenz gegen den Vater, die Söhne haßten ihn, aber sie liebten ihn auch; nachdem der Haß durch die Aggression befriedigt war, kam in der Reue über die Tat die Liebe zum Vorschein, richtete durch die Identifizierung mit dem Vater das Über-Ich auf, gab ihm die Macht des Vaters wie zur Bestrafung für die gegen ihn verübte Tat der Aggression, schuf die Einschränkungen, die eine Wiederholung der Tat verhüten sollten ... Nun, meine ich, erfassen wir endlich zweierlei in voller Klarheit, den Anteil der Liebe an der Entstehung des Gewissens und die verhängnisvolle Unvermeidlichkeit des Schuldgefühls" (Freud 1930, S. 490–491).

Bei näherem Besehen ist also auch bei Freud im Schuldgefühl von einer Dialektik der äußeren Kontrolle über eine gefährliche Aggressivität und der grundlegenden liebenden Beziehung zu den Elternfiguren auszugehen. Wenngleich Schuld zu den hervorragenden selbstreflexiven Gefühlen gehört, ist doch auch ihr besonderer sozialstiftender Wert zu unterstreichen, der stets auf die Bewahrung zwischenmenschlicher Bande zielt. Diese Dimension wird noch deutlicher, betrachtet man die Beiträge anderer Autoren:

M. Klein (1937, 1948) sieht das Schuldgefühl als einen wichtigen emotionalen Fortschritt an, den das kleine Kind in der sog. „depressiven Position" erzielt. Sich selbst allmählich als Autor heftiger destruktiver Impulse zu begreifen, die auf eine als „böse" wahrgenommene Mutter gerichtet sind, aber gleichzeitig auch die „gute Mutter" zerstören könnten, bewirkt beim Kind ein starkes Bedauern. Es verspürt gleichzeitig ein großes Bestreben, seine durch die Aggressivität gefährdet und verletzt erachtete Mutter mit sich wieder zu versöhnen. Es trachtet darnach, das begangene Unrecht wiedergutzumachen, der Mutter in besonderer Liebe zugetan zu sein. M. Klein unterscheidet hierbei sehr fein zwischen zwei Über-Ich-Stufen. Während der sog. „paranoid-schizoiden Position" ist das Kind noch in einem destruktiven Projektions-Introjektionszirkel gefangen. Nach außen gekehrte sadistische Impulse tauchen als streng kontrollierende, mit Vernichtung drohende Introjekte auf. Der zentrale Affekt hier ist die selbstzentrierte Angst, zerstört werden zu können. Diese wandelt sich nach Übergang in die sog. „depressive Position" grundlegend. Hier ist es die Angst um das geliebte Objekt, das von der kindlichen Destruktivität bedroht wird. Schuldgefühl, Bedauern, Besorgnis und Wiedergutmachung drücken die Arbeitsweise des kindlichen Über-Ichs auf dem reiferen Niveau aus. Diesen Fortschritt an Ich-Stärke, Wachstum und Hoffnung im Schuldgefühl betont vor allem *Winnicott* (1963).

A. Modell (1965, 1971) arbeitet wichtige präödipale Formen der Schuld heraus, die noch stärker eine altruistisch-adaptive Dimension des Schuldgefühls betonen, die jedoch keine geringere Konfliktträchtigkeit in sich birgt als jene der auf sozialer Bestrafungsangst beruhenden Dimension, wie sie Freud darstellte. Dieses Verständnis von Schuld verweist auf den grundlegenderen Kontext einer Zugehörigkeit des Individuums zu einer sozialen Gruppe, einer Familie. Lichtenberg (1989) würde diese Motive als „affiliativ" bezeichnen. Modell skizziert diese Schuldformen in einem Zusammenhang zu unbewußten Überzeugungen, daß ungezügelte Individuationsbestrebungen nur zu Lasten der übrigen Familienmitglieder gehen würden. Die Lebensressourcen einer Familie seien begrenzt, ungewöhnlicher Erfolg, gutes leistungsmäßiges Vorankommen, das Erwerben von materiellen Gütern würden mit der Phantasie verknüpft, dadurch die anderen übervorteilt, ihnen Wichtiges geraubt zu haben. Eine besondere Gestalt dieser Schuld könne als sog. „Überlebensschuld" bei jenen Opfern extremer Gewalteinwirkungen angetroffen werden, die z. B. ein Konzentrationslager als einzige aus ihrer Familie überlebt hätten.

Entwicklungspsychologisch bezieht diese Schuld aus allen Reifungsstufen wichtige Einflüsse. Sie wird aber in dem Ablösungs-Individuationsprozeß des Kindes von der Mutter besonders akzentuiert und erscheint während dieser Periode als „Trennungsschuld". Das Kind glaubt, eine eigene Lebensform für sich zu beanspruchen, persönliche Ziele zu verfolgen, wird die Person der Mutter beeinträchtigen, ihre Belange und Interessen verletzen.

In seinem Aufsatz über den „Niedergang des Ödipuskomplexes" sieht sich *H. Loewald* (1979) einerseits in Übereinstimmung mit S. Freuds klassischer Konzeptualisierung der Schuld. Er betrachtet aber andererseits das „ödipale Vergehen" als einen unvermeidlichen „psychologischen Vatermord", der im Rahmen eines gesunden Individuations- und Reifungsprozesses gefordert werde:

„In einem wichtigen Sinne töten wir unsere Eltern, indem wir unsere eigene Autonomie, unser eigenes Über-Ich errichten und uns in nicht-inzestuösen Objektbeziehungen engagieren. Wir nehmen ihre Macht in uns auf, ihre Kompetenz, ihre Verantwortlichkeit für uns, und wir verneinen sie und weisen sie als libidinöse Objekte zurück. Kurz gesagt, zerstören wie sie in einigen für uns bisher höchst vitalen Qualitäten" (S. 758).

Wichtigen Aspekten der Entwicklung früher moralischer Motive begegneten wir bereits in der Darstellung der Affektivität zu Beginn und während des zweiten Lebensjahres (vgl. Kap. 4.1.2.3). Sie besitzen auch unmittelbare Bedeutung für ein differenziertes Verständnis des Schuldgefühls während späterer Entwicklungsabschnitte, speziell während der ödipalen Situation. Die Aspekte der „Wechselseitigkeit", der „Empathie", des „Erlernens von Regeln in sozialen Interaktionen", der „sozialen Bezugnahme" betonen alle unter einer entwicklungspsychologischen Warte jene überragende Wichtigkeit, die positiv gelingende Sozialkontakte und sichere Bande für das heranwachsende Kind besitzen (Emde 1990, 1992).

Dieser Entwicklungsstrang, der nicht nur konflikthafte Themen im Kennenlernen von Verboten in sich birgt, sondern gerade einen inhärent-förderlichen Aspekt der sozial-emotionalen Entwicklung des Kindes heraushebt, wird auch in den anschließenden Jahren fortgeführt. So verrät das Spielverhalten von 4- und 5-jährigen Kindern zunehmend deutlicher, daß sie das Konzept des „gemeinsamen Teilens“ mit einem weiteren Konzept der „Fairness“ verknüpfen können. In Begriffen der Empathie verstehen sie, daß eine bestimmte Handlung oder Geste den Spielgefährten, ein Geschwister oder ein Elternteil glücklich oder aber traurig machen kann. In diesem Kontext lernen sie auch pragmatisch, wie man Belohnungen bekommt, Strafe vermeidet, daß man etwas in Retour geben soll, wenn man etwas im Tausch bekommen hat, wann ein Tadel, wann aber ein Lob von Erwachsenen erwartet werden kann (Damon 1988, Dunn 1988). Die allmähliche Abnahme von egozentrischen Bewältigungsversuchen bei sog. „moralischen Dilemmata“ zugunsten prosozialer Lösungen wird jetzt beobachtet. Hierbei ist es wichtig, daß diese moralisch-affektiven Themen nicht nur im Spielverhalten auftreten, sondern zunehmend stärker auch einen inneren Bewertungsdialog bestimmen (Emde et al. 1988, Buchsbaum und Emde 1990). Wir erhalten also auch wichtige Bestätigungen aus entwicklungspsychologischen Beobachtungsstudien, die uns nahelegen, daß das ödipale Kind in der Bewältigung seiner Konfliktdynamik sich nicht ausschließlich auf die Dimension einer ursprünglichen sozialen Bestrafung beziehen muß, sondern sich bei einer bisher weitgehend ungestörten Entwicklung auch auf eine Reihe wertvoller, prosozialer Motive stützen kann (Blum und Blum 1990). Hierbei geht es nicht darum, die unverzichtbaren psychoanalytischen Einsichten in die phasentypische Psychodynamik, die nun einmal zentrale Triebkonflikte und heftige antagonistische Affektbestrebungen beinhaltet, gleichsam in einer harmonisierenden sozialpsychologischen Perspektive zu suspendieren. Es soll lediglich die Komplexität veranschaulicht werden, die eine eigenständige Entwicklungslinie der Schuldgefühle ausmacht. Eine bedeutsame psychoanalytische Rekonzeptualisierung der Schuld, in der diese diversen Entwicklungsstränge für eine klinische Theorie fruchtbar thematisiert wurden, stammt aus der Arbeitsgruppe am Mt. Zion Hospital in San Francisco (Friedman 1985, Weiss und Sampson 1986, Bush 1989).

Wir müssen zumindest die Frage nach eventuellen geschlechtsdifferentiellen Ausformungen der ödipalen Schuldgefühle stellen. Hier begegnen wir zunächst dem Diktum S. Freuds (1925), das eine heute in dieser Form nicht mehr haltbare Beurteilung der weiblichen Entwicklung enthält:

„Beim Mädchen entfällt das Motiv für die Zertrümmerung des Ödipuskomplexes. Die Kastration hat ihre Wirkung bereits früher getan, und diese bestand darin, das Kind in die Situation des Ödipuskomplexes zu drängen. Dieser entgeht darum dem Schicksal, das ihm beim Knaben bereitet wird, er kann langsam verlassen, durch Verdrängung erledigt werden, seine Wirkungen weit in das für das Weib normale Seelenleben verschieben. Man zögert, es auszusprechen, kann sich aber doch der Idee nicht erwehren, daß das Niveau des sittlich Normalen für das Weib ein anderes wird. Das Über-Ich wird niemals so unerbittlich, so unpersönlich, so unabhängig von seinen affektiven Ursprüngen, wie wir es vom Manne fordern. Charakterzüge, die der Kritik seit jeher dem Weibe vorgehalten hat, daß es weniger Rechtsgefühl zeigt wie der Mann, weniger Neigung zur Unterwerfung unter die großen Notwendigkeiten des Lebens, sich öfter in seinen Entscheidungen von zärtlichen und feindseligen Gefühlen leiten läßt, fänden in der oben abgeleiteten Modifikation der Über-Ich-Bildung eine ausreichende Begründung" (S. 29–30).

Diese Minderqualifizierung der moralischen Entwicklung des ödipalen Mädchens und damit in der weiteren Verlaufsperspektive der Frau durch S. Freud blieb selbst innerhalb des engeren Zirkels der Freud-Schüler nicht unwidersprochen. Jones (1927) etwa betont, daß die Hypothese der „Kastrationsangst" als zentraler Motor der Errichtung des Über-Ichs einfach zu kurz greife. Seiner klinischen Erfahrung nach berichteten Frauen genauso viel über Schuldgefühle in den Psychoanalysen, wie es Männer täten. Es dominierten bei ihnen aber andere Ängste, nämlich die Angst vor Trennung und Zurückweisung, deren Bewältigung zur Errichtung der Über-Ich-Struktur beitrügen. Schafer (1974), um nur einen weiteren wichtigen Kritiker des Freudschen Theorems in diesem Zusammenhang zu zitieren, macht darauf aufmerksam, daß die Verankerung in einem traditionell-bürgerlichen Werte- und Geschlechtsrollenverständnis Freud daran hinderte, die besondere Rolle der Beziehung des kleinen Mädchens zu seiner Mutter und die Auswirkung ödipaler und präödipaler Erfahrungen mit ihr für die Ausbildung moralischer Gefühle adäquat zu erfassen. Er legt offen, daß die männlich rigide Moralhaltung in der Freudschen Version eher mit einer Affektisolation und einer zwangsneurotischen Psychopathologie gemein habe als mit moralischen Überzeugungen und Wertvorstellungen. Er fordert eine klarere Unterscheidung zwischen „Über-Ich" und „Moralität" in der psychoanalytischen Argumentation und führt aus:

Dadurch, daß „ein Mädchen nicht das unversöhnliche Über-Ich entwickelt wie ein Junge ... könnte es auch besser geeignet sein als der Junge, einen moralischen Codex zu entwickeln, der aufgeklärt, realistisch und durchgängig abgestimmt ist auf eine konventionelle Form eines zivilisierten Umgangs zwischen Menschen" (S. 466).

Auch Bernstein (1983) weist die als selbstverständlich angenommenen männlichen Haltungen als universelle moralische Standards entschieden zurück. In der Fähigkeit, Triebimpulse zu kontrollieren, sei das weibliche Über-Ich nicht weniger effizient als das männliche. Die Inhalte speisten sich aber aus unterschiedlichen Quellen. Hier seien aufzuführen die Ängste vor der narzißtisch mächtigen Mutter der frühen Kindheit, die Ausdehnung analer Verbote auf die genitale Erlebnissphäre infolge einer höheren Diffusion der analen und genitalen Körperzonen beim Mädchen, sowie spezifische Verletzungsängste des weiblichen Genitale (s. o.). Schuldgefühle resultierten aus dem besonderen Bestreben des kleinen Mädchens, den auch während der ödipalen Situation fortgeführten Ambivalenzkampf mit der Mutter zu lösen. Die besondere Heftigkeit dieser konflikthaften Liebes- und Haßgefühle im ödipalen Rivalisieren erkläre sich beim Mädchen eben aus der Tatsache, daß sie wiederum die Mutter beträfen, zu der ein inniges Verhältnis aufrecht erhalten werden müsse, um die Fülle der in diesem Abschnitt auf das Mädchen zukommenden Entwicklungsaufgaben konstruktiv lösen zu können. Haßgefühle der Mutter gegenüber, um sie in der Gunst um den ödipalen Vater auszustechen, erregten deshalb eine höhere Schuldanfälligkeit (Parens 1990, Tyson und Tyson 1990).

Auf eine andere wichtige Quelle ödipaler Schuldgefühle bei Mädchen und Frauen macht Chasseguet-Smirgel (1974) aufmerksam. In ihrer psychodynamischen Ausgestaltung verraten diese Schuldgefühle eine innere Verbindung zum Konzept des „Penisneid". Wir können sie deshalb nicht unbedingt als eine Normvariante der ödipalen Entwicklung des Mädchens erachten, sondern vielmehr als eine Auswirkung bereits beträchtlicher Konflikte in der Mutter-Tochter-Beziehung am Übergang zur ödipalen Auseinandersetzung mit dem Vater.

Nach Chasseguet-Smirgel erleben sich Jungen und Mädchen gegenüber einer mächtigen präödipalen Mutterfigur hilflos und abhängig. In der Identifikation mit seinem Vater gelingt es dem Jungen sehr viel einfacher, diesen Einfluß der omnipotenten Mutterimago zu reduzieren. In seinem phallisch-narzißtischen Selbstwert ist er der Überzeugung, daß er etwas mit dem Vater teilt, worüber die Mutter nicht verfügt, nämlich den Penis. Die Bedeutung des Vaters ist für das Mädchen anders. Sieht es sich allzu sehr von der Macht der Mutter gefangen, daß es ihr erlaubt sei, sich spielerisch auf das ödipale Umwerben des Vaters einzulassen, dann ist der Penisneid das entscheidende Grundgefühl in der Annäherung an den Vater. Der Penis wird aber nicht um seiner selbst willen als phasenspezifischer Ausdruck des Begehrens und Begehrtwerdens erstrebt, sondern als ausschließliche Schutzgarantie gegen die übermächtige Mutter. In der unbewußten Phantasie ist das Mädchen überzeugt, dem Vater seinen Penis geraubt zu haben. Seine Bindung an ihn ist vom Schuldgefühl geprägt, ihn gleichsam kastriert zu haben. Hierbei spielen sehr wahrscheinlich auch unbewußte Anleihen aus der Urszenenphantasie eine wichtige Rolle. Vor allem wenn die Mutterimago für es anal-sadistische Züge trägt, phantasiert es auch den Sexualkontakt zwischen seinen Eltern als primär sadistisch gefärbt. Es ist der Meinung, die Mutter habe den Penis des Vaters verschlungen. In einer Identifikation mit der Mutter bedeutet dies aber im Erleben des kleinen Mädchens, selbst den Penis des Vaters geraubt und verschlungen zu haben. Es hegt die Phantasie, den Penis anal verborgen zu halten, was mit heftigen Schuldgefühlen einhergeht. Nicht selten kommt es zur projektiven Umkehr der Vorstellung einer anal-sadistischen Körperhöhle in einer Verlagerung der Gefahr nach außen. Irrationale Ängste vor Sümpfen, modrigen Moorlandschaften, Schlingpflanzen usw. dominieren dann sein Erleben. In dieser Fixierung ist dem Mädchen eine gesunde Progression auf den ödipalen Vater verstellt. Eine von unbewußten Schuldgefühlen bestimmte Unterordnung unter ihn als dienende, sexuell wunschlose Tochter bedeutet eine gravierende Beeinträchtigung ihrer Liebesfähigkeit.

4.2.5 Über-Ich-Struktur und die Regulation der Affektivität

In diesem Kapitel beabsichtige ich nicht, eine ausführliche Übersicht über die Entwicklung der Über-Ich-Instanz zu geben und hierbei nach geschlechtsdifferentiellen Aspekten zu suchen. Ich möchte vielmehr das Thema der affektiven Umstrukturierung im Über-Ich näher beleuchten. Entscheidende kognitive Voraussetzungen im Erwerb des konkret-operationalen Denkens (vgl. Kap. 4.2.2) erleichtern es dem Kind gegen Ende der ödipalen Periode, die verwirrende Konfliktvielfalt seiner Gefühlsbestrebungen und triebhaften Motive zu transformieren. Grundlegende Identifikationsvorgänge in einer jeweils „negativ-ödipalen" Konfiguration gestatten es ihm, tiefere Gefühlsambivalenzen zu lösen und zu gehaltvolleren affektiven Beziehungen mit seinen Eltern zu gelangen. Die bestärkende Übernahme der Geschlechtsrolle, die Anerkennung der sexuellen Komplementarität und die Beachtung des Inzesttabus in einer zuverlässig schützenden Generationsschranke gehen in die Selbststruktur des Kindes ein.

Wenn wir aber der klassisch psychoanalytischen Argumentation folgen, müssen wir uns fragen, was aus diesem Aufgeben der ödipalen Wünsche gleichzeitig für die nun vorherrschende Regulation der kindlichen Emotionalität durch das Über-Ich resultiert. Wir müssen uns dies speziell für die weitere affektive Sozialisation des Jungen fragen. Im Über-Ich erwirbt er eine innere Autonomie um den Preis des sexuellen Verzichts und der Zurückweisung der frühen emotionalen Abhängigkeit. In einer anregenden Analyse stellt J. Benjamin (1987) die ödipale Umstrukturierung der Gefühlswelt des Jungen durch die Identifikation mit der Autorität des Vaters in einen entwicklungspsychologischen Kontext. Dieser beinhaltet die Auseinandersetzung mit der früher erlebten mütterlichen Omnipotenz und den hiermit verknüpften Gefühlen persönlicher Hilflosigkeit, Beschämung und Unterlegenheit. In ihren kritischen Ausführungen zielt sie speziell auf Sozialisationslinien in traditionellen Gesellschaften, die eine Polarisierung der Geschlechterrollen sowie eine hiermit assoziierte Aufspaltung in eine „private" und eine „öffentliche Lebenswelt" verlangen.

Benjamin sieht hier den Ödipuskomplex als den Endpunkt in einem Prozeß der Trennung der mütterlichen und väterlichen Einflußsphären an. Die Überwindung des Ödipuskomplexes bedeutet für den Jungen, auf die Mutter zu verzichten, den Vater aber zu idealisieren. In Konsequenz hieße das ödipale Begehren der Mutter im Inzest nämlich eine Regression auf eine frühe Stufe der Verschmelzung mit ihr, hieße die Aktualisierung des ursprünglichen narzißtischen Wunsches, eins sein mit ihr, dadurch omnipotent zu sein. In der Über-Ich-Instanz ist das Inzesttabu verbindlich geworden und schützt vor einer vollständigen narzißtischen Regression. Benjamin macht jedoch darauf aufmerksam, daß die Über-Ich-Struktur selbst wiederum entwicklungsdynamisch eine Transformation frühester narzißtischer Bestrebungen, nämlich des frühen Ich-Ideals darstelle, die letztlich eine Identifikation mit der omnipotenten

Mutter beinhalte. Diese Anteilnahme an der mütterlichen narzißtischen Allmacht, jetzt aber ausgeübt in der väterlichen Autorität, vollziehe sich im Versuch, den Einfluß der Mutter durch Kontrolle und Unterwerfung zu beherrschen. Sie gehe einher mit Verachtung der in der mütterlichen Welt praktizierten Emotionalität.

In dieser Sichtweise übt das Über-Ich eine Doppelfunktion aus: einerseits beschützt es und begrenzt es die absoluten Forderungen des kindlichen Begehrens, andererseits wird es selbst wiederum von defensiv verkehrten narzißtischen Ansprüchen angetrieben. Wenn der Sohn in der Auseinandersetzung mit dem ödipalen Vater ein Über-Ich erwirbt, internalisiert er zunächst als gebietenden Satz: „Du bist nicht so wie ich!", um eine inzestuöse Verwicklung mit der Mutter zu kontrollieren. Er internalisiert aber auch einen weiteren, einen prospektiv anspornenden Satz: „Du sollst so sein wie ich!". Diese zweite Aussage beinhaltet das ödipale Versprechen des Vaters an seinen Sohn: „Wenn du gut, realistisch und unabhängig bist, wenn du die Befriedigung aufschiebst und dich selbst kontrollierst, dann wirst du eines Tages jemanden besitzen und kontrollieren, der der Mutter ähnlich ist" (S. 219).

Es kommt also beim Jungen in der Lösung des Ödipuskomplexes zu einer entscheidenden Auftrennung seiner emotionalen Erlebniswelt. Die Dimension der mit der mütterlichen Objektliebe verbundenen Qualitäten von intimer Nähe, von empathischer Fürsorge und sozialer Einstimmung muß als gefährlich verdrängt werden. Die Fähigkeit, sich mit der Mutter zu identifizieren, sich ihr emotional ähnlich zu fühlen, wird als „weiblich" disqualifiziert und muß als ein Aspekt der narzißtischen Fusion unbewußt bleiben. Stattdessen wird das väterliche Ideal von Autonomie, emotionaler Selbstkontrolle und normorientierter Prinzipientreue verinnerlicht. Sie schließt eine Identifikation mit künftiger Macht und Kontrollbefugnis ein, die in einer gesellschaftlichen Perspektive immer eine Dominanz in der Beziehung zu Frauen bedeutet.

Es versteht sich von selbst, daß in diesem Sozialisationsmodell auch das Mädchen im Lösungsmodus seines Ödipuskomplexes die innere Logik von Beherrschung und Unterwerfung nachvollzieht. Ihm ist es zwar möglich, die innige Verbindung zur Mutter aufrecht zu erhalten. Es ist sogar darauf angewiesen, sich mit ihr zu identifizieren, will es die ödipale Konfliktdynamik lösen. Andererseits ist es ihm meist versperrt, echte Identifikationen mit dem Vater auszubilden, um dadurch an einer individuierten, autonomen Lebensweise Anteil zu erlangen.

Die Folgen dieses Sozialisationsmodells, das Benjamin in direkter Anlehnung an die in den Schriften Freuds unterstellte gesellschaftliche Realität formuliert hat, sind, daß Jungen und Mädchen ihre emotionale Erlebniswelt nach einer „Alles-oder-Nichts"-Qualität ausrichten, daß sie sehr oft von Entdifferenzierung bedroht werden, wenn sie die Sphäre des jeweils anderen Geschlechts betreten möchten, eine hierdurch entfachte regressive Tendenz dann bis zum Identitätsverlust gehen kann.

Die Analyse J. Benjamins erfaßt überzeugend große Teile einer von Geschlechterpolarisierung beherrschten privaten und sozial-öffentlichen Welt, indem sie einleuchtend die zugrunde liegende, unbewußte Konfliktdynamik in einen entwicklungspsychologischen Kontext stellt. Es ist aber zu fragen, ob sie nicht ähnlich, wie dies beispielsweise Schafer (1974) an der Freudschen Über-Ich-Konzeption kritisiert hat (s. o.), nicht allzu sehr einer psychopathologisierenden Sichtweise verhaftet bleibt, wo sie noch bestehende, sich verändernde oder aber schon überwundene Sozialstrukturen im Umgang zwischen den beiden Geschlechtern anvisiert.

Zweifelsohne vermag ehrliche männliche Selbsterfahrung oder psychoanalytische Arbeit immer wieder jenen Aspekt einer unbewußten Sehnsucht nach weiblichen Lebensformen aufdecken. Es ist aber hierbei näher zu bestimmen, ob es sich um eine Wiederentdeckung einer frühen Lustform handelt, die aufgegeben wurde, weil sie in der weiteren Entwicklungsprogression durch neue Ausdrucksformen abgelöst worden ist. Oder aber, ob es um nicht integrierte oder defensiv ausgeschlossene frühe Beziehungsaspekte geht, die eine Selbstorganisation oder aber Teile von ihr wie z. B. ein männliches Selbstkonzept allzu sehr bedrohten. Nimmt sich der Junge in der Auflösung seiner ödipalen Konflikte den Vater zum Ideal, so stellt dies auch eine Fortführung einer frühen identifikatorischen Liebe mit ihm dar (s. o.). Diese mag entwicklungsdynamisch ursprünglich in eine Opposition zur ambivalenten Liebe mit der Mutter gestellt gewesen sein, ja geradezu zu dem Zwecke vom Jungen aufgenommen worden sein, um jene in ihrer Konfliktträchtigkeit zu entschärfen. Sie schließt aber nicht notgedrungen eine Entwertung jener mütterlichen Emotionalität ein. Der Sohn nimmt vielleicht anfänglich nur die „typisch“ männlichen Aspekte am Vater wahr, um seine notwendige Trauer um die verlorenen Anteile einer ehemals überinkluisiv für sich behaupteten Geschlechtsidentität vollziehen und zu einem klaren Konzept „männlich“ gelangen zu können. Der Kontakt zum Vater kann jedoch wesentlich breitere emotionale Angebote enthalten, die durchaus Fürsorge, Empathie und Intimität miteinschließen (Pruett 1991). Hier kommt es also zu einer Differenzierung jener mit der Mutter gelebten emotionalen Bezüge, die eine Bestätigung, nicht aber eine Abqualifizierung bedeuten. Nicht zuletzt bestimmt aber die Qualität der emotionalen Beziehung zwischen den Eltern, ihre für den Sohn in der ödipalen Situation offen wahrnehmbare Wertschätzung oder aber konflikthafte Verachtung füreinander, inwieweit beider emotionale Welten aus defensiven Gründen auseinandertreten müssen. In einer klinischen Perspektive muß angenommen werden, daß jene von Benjamin als typische Normvariante herausgearbeitete männliche Prägung der Emotionalität häufig aus gestörten Objektbeziehungen resultiert (Meissner 1986). Diese verraten eine pathologische Konfiguration von aufgespaltenen Introjekten. Ihre narzißtischen und aggressiven Determinanten erscheinen in einer Organisation von „Aggressor/Opfer“ und/oder von „narzißtischer Überlegenheit/narzißtischer Unterlegenheit“. Die realen Interaktionen bleiben dann in einem introjektiv-projektiven Zirkel gefangen. Familiendynamisch können die Internalisierungsvorgänge des Jungen zur Übernahme eines auf den Vater bezogenen Introjekts mit den Konnotationen von Macht, Zerstörung, Sadismus und Übel führen. Ihm steht dann notwendig ein reziprokes, auf die Mutter bezogenes Introjekt mit den Konnotationen von Hilflosigkeit, Machtlosigkeit und Verletzlichkeit gegenüber. Diese bereits in frühen präödipalen Entwicklungsabschnitten ausgeformte Polarisierung der inneren Objektwelt des Jungen beeinflußt auch maßgeblich seine ödipalen Bewältigungsmuster, speziell die Identifikationsvorgänge in der „negativen ödipalen Position".

Je despotischer und autoritärer die Vaterfigur erlebt wird, desto realer müssen ödipale Kastrationsgefahr und phallisch-narzißtische Demütigung sich auf den Jungen auswirken. Das innerfamiliäre Spannungsfeld ist durch das Diktat des Vaters so strukturiert, daß eine Rivalität mit ihm um die Gunst der Mutter undenkbar, geschweige denn erprobbar wird. Fehlende Rivalitätsgefühle und hiermit assoziierte, wenngleich vorübergehende narzißtische Illusionen hinterlassen eine empfindliche Lücke in der Ausbildung des phallischen Narzißmus. Die ödipale Selbstbehauptung muß für eine unbedingte Unterwerfung unter die väterliche Autorität aufgegeben werden bzw. wird gar nicht erreicht. Durch das innerfamiliäre Machtgefälle gerät der Junge hiermit viel näher an mütterliche Positionen und nimmt in der normativen Variante des negativen Ödipuskomplexes die gefährliche Rolle einer weiblichen Submission ein, bietet sich dem Vater als gefügiges homosexuelles Objekt an. Ein Ausweg aus diesem Dilemma eröffnet sich dem Jungen nur in der rigorosen Übernahme der aggressiven Persönlichkeitsanteile des Vaters, durch eine Identifikation mit dem Aggressor. Eine Auswirkung dieser intrapsychischen Abwehr auf die weitere Strukturbildung besteht in der Errichtung eines extrem rigiden Über-Ichs. Dieses wird auch weiterhin als eher ich-fremd erlebt, da ihm die „libidinöse Legierung" in der gleichzeitigen Internalisierung der liebevollen Aspekte des Vaters fehlt. Sie fördert ferner ein defensiv entlehntes Männlichkeitsideal, das sich ausschließlich über ein Machtgefälle zur submissiven Rolle der Frau definiert. Die wichtigsten innerseelischen Gefahrenmomente bestehen somit in Situationen eines männlichen Wettbewerbs bzw. einer rivalisierenden Opposition gegenüber symbolischen Vaterfiguren einerseits, in Augenblicken nachlassender Kontrolle gegenüber als „weiblich" etiquettierten und verachteten Gefühlsregungen andererseits. Es können dann erneut Kastrationsängste aktiviert werden, die meist unbewußt gehalten bleiben und symptomatisch als intensive Schuldgefühle oder depressive Niedergeschlagenheit imponieren können. Auch können ferner plötzlich irrational anmutende Ängste vor einer „homosexuellen Verweichlichung" auftreten.

Die Lösungsmöglichkeiten der ödipalen Situation können aber auch für die Bewältigung bedeutsamer prägenitaler Konflikte beansprucht werden. Diese beziehen sich vorrangig auf die frühen Interaktionen mit der Mutter. Sie erlangen thematisch als verzweifelte Autonomiekämpfe gegenüber einer beherrschenden und omnipotent erlebten Mutter ihr Gewicht. Hier mag der ödipale Vater als Sicherheitsgarant vor mütterlichen Übergriffen erlebt werden. Die homosexuelle Unterstellung unter seine Person erfolgt defensiv, um in der phantasierten Vereinnahmung seiner Stärke, d. h. seines Penis einen zuverlässigen Schutzwall gegen die Mutter zu errichten. Hier erscheinen die aggressiv-rivalisierenden Erlebnisaspekte in der Auseinandersetzung mit dem ödipalen Vater zugunsten der defensiv eingesetzten libidinösen Bestrebungen zu verschwinden. Enttäuscht der Vater in der ihm zugedachten Schutzfunktion den Sohn, so können ihn dessen wenig modulierte Aggressionen treffen. Diese verdanken ihre Intensität großenteils den verzweifelten Selbstbehauptungsversuchen des Jungen gegenüber seiner anal-kontrollierenden Mutter. Bricht dieser negativ-ödipale Schutzschild zusammen, so resultieren innerseelische Gefahren nicht nur aus den freigesetzten, auf den Vater gerichteten Aggressionen, sondern entstehen in erster Linie aus der erneut notwendigen Konfrontation mit einer übermächtigen archaischen Mutter-Imago. Eine tieferreichende Regressionsgefahr mit einem höheren Risiko zur psychotischen Dekompensation besteht bei dieser Variante eines in der negativ-ödipalen Position angestrebten Identifikationsvorgangs des Jungen.

4.3 Die Latenzjahre

Es erstaunt, daß die Jahre der Latenz, die in der entwicklungspsychologischen Vorstellung der Psychoanalyse den Abschnitt von der Beendigung der ödipalen Auseinandersetzung bis zum Beginn der Pubertät umspannen, also immerhin etwa vom 6. bis zum 11./12. Lebensjahr währen (Freud 1905), nicht die ausführliche theoretische Würdigung erfahren haben wie vorausgehende Entwicklungsabschnitte oder das nachfolgende Jugendalter. Dies überrascht um so mehr, als anzunehmen ist, daß die Mehrzaghl der in kinderanalytischer Behandlung befindlichen jungen Patientinnen und Patienten sich gerade in diesem Lebensalter befinden (Furman 1991). Selbst wenn die psychoanalytische Literatur sich meist nur indirekt mit den unmittelbaren Auswirkungen auf die affektive Entwicklung des Latenzkindes beschäftigt hat, so müssen wir doch grundlegende Umwälzungen angesichts der in diesem Entwicklungsabschnitt vorherrschenden psychobiologischen und psychosozialen Veränderungen erwarten. Diese Veränderungen sind v. a. in den kognitiven Fortschritten und in der spätestens mit dem 6./7. Lebensjahr signifikanten sozialen Zäsur des Schulbeginns und der zunehmend an Einfluß gewinnenden außerfamiliären Sozialisation zu erblicken. Vor dem entwicklungsdynamischen Hintergrund der erst kurz zurückliegenden ödipalen Jahre können wir wichtige Effekte auf das emotionale Erleben des Latenzkindes annehmen.

Für Freud (1905) sind die programmatischen Entwicklungsziele der Latenzzeit mit der notwendigen Verdrängung der sexuellen und aggressiven Triebwünsche und den zentralen Affekterfahrungen des Ödipuskomplexes, der Errichtung und Konsolidierung der Über-Ich-Struktur, der starken Idealisierung des gleichgeschlechtlichen Elternteils, der Anerkennung des Realitätsprinzips und der zunehmenden Entfaltung des sekundärprozeßhaften Denkens umrissen. Die geforderte Bewältigung der ödipalen Konflikte kann aber nicht einfach als blockhaft abgeschlossen angesehen werden. Sie dürfte sich vermutlich in ondulierender Heftigkeit auch noch in die ersten Schuljahre hinein erstrecken. Konsequent nimmt etwa Bornstein (1951) eine frühe Phase der Latenz an, in der etwa bis zum 8. Lebensjahr das heranwachsende Kind nicht selten angespannt, ängstlich und ambivalent ist, zu auffälligen Stimmungsschwankungen und regressiven Verhaltensweisen neigt. Oft ist erst um das 10. Lebensjahr jene Periode eines „ruhigen Wachstums" bei ihm zu erkennen, finden sich ausgeglichene Beziehungen zu Eltern und Gleichaltrigen, herrscht jenes typische Neugierverhalten, jenes lustvolle Interesse und Erlernen neuer kognitiver und sozialer Fertigkeiten vor. Skizzieren wir kurz die Affektentwicklung des Latenzkindes im Hinblick auf seine Über-Ich-Struktur, seine neuen Ich-Funktionen, seine außerfamiliären Objektkontakte sowie seine psychosoziale Fertigkeit des „Werksinns".

Bereits im Kap. 4.2.2 haben wir auf wichtige Entwicklungsprozesse der Latenzzeit vorgegriffen, wenn wir betonten, daß die Errichtung der Über-Ich-Instanz als entscheidende innerseelische Umstrukturierung weniger die ödipalen Jahre selbst, sondern vielmehr den nachfolgenden Abschnitt der Latenz charakterisiert (s. o.).

Freud (1924) spricht von den Gefühlen des Triumphes und der Lust, die das heranwachsende Kind nach dem Untergang des Ödipuskomplexes verspürt, wenn es sich in seinen Gedanken und Handlungen im Einklang mit seinem Gewissen erlebt. Hierbei verkörpert die Über-Ich-Struktur die internalisierten elterlichen Verbote, Gebote und moralischen Regeln. Sie erweise sich als grundlegende Stimulanz für die weitere Entwicklung, indem sie das Kind von seinen ödipalen Verwicklungen und Sorgen befreit und auch seine künftige Verinnerlichung allgemeiner sozialer Spielregeln und gesellschaftlicher Moralvorstellungen bahnt. Sie stellt somit eine wesentliche seelische Voraussetzung dar, mit seinen Eltern einen liebevollen Kontakt aufrecht zu erhalten. Sie ermöglicht ihm die dramatische Konfliktdynamik der ödipalen Situation sicherer zu kontrollieren und gibt den Anstoß zu deren Verdrängung ins Unbewußte. Gleichzeitig aber fördert sie in der Wandlung zu einer „inneren Autorität" eine zunehmende Unabhängigkeit von den direkten Einflüssen der Elternobjekte, bestärkt seine wachsende Autonomie ihnen gegenüber.

Das Über-Ich der frühen Latenzjahre ist aber meist noch sehr primitiv, rigide und überstreng in seinen Anforderungen einerseits, noch recht unzuverlässig in seiner konsistenten Umsetzung im konkreten Erleben und Handeln des Kindes andererseits (Colarusso 1992). Leicht werden die moralischen Ansprüche noch externalisiert erlebt, stehen äußere Bestrafungsängste nicht selten unvermittelt neben heftigen Durchbrüchen aggressiver und sexueller Triebregungen. Dieses noch lückenhafte Vermögen einer Über-Ich-Kontrolle begleitet ein schwankendes Selbstwertgefühl des Kindes während einiger Jahre. Es überrascht nicht, wenn das Latenzkind in diesem Zusammenhang auch partiell auf ontogenetisch frühere Entwicklungsstadien regrediert, insbesondere auf Modi der analen Stufe zurückgreift (Furman 1991). Gerade der Abwehrmechanismus der Reaktionsbildung erfährt auf dem nun verfügbaren kognitiven Niveau des konkret operationalen Denkens eine neue Fundierung und wird zu einem wichtigen Über-Ich-Instrument. Mit der möglichen gedanklichen Sicht auf den inneren Ablauf von Affektregungen von einem Erlebniszustand in einen anderen auch unabhängig von einer konkreten Affekthandlung sowie mit der prinzipiellen Reversibilität dieses Erlebens in der Vorstellung können unerwünschte, unerlaubte und damit auch angstauslösende Impulse durch entgegengesetzte Tendenzen abgewehrt werden. Reaktionsbildungen können so zu dauerhafteren Über-Ich-Haltungen wachsen und leisten damit einen entscheidenden Beitrag zu einer psychosozialen Anpassung.

Das Über-Ich der späteren Latenzjahre hingegen ist schon wesentlich integrierter, in seinen Forderungen gemäßigter und versöhnlicher, von einer höheren Rationalität und einem größeren Selbstvertrauen getragen. In der zuverlässigen Identifikation des Kindes mit inneren Regeln und Standards hat es fortan stabile Funktionen der Selbstbeobachtung, der Selbstkritik, der Selbstbestrafung und des Selbstlobs für sich erworben. Es kann sich somit auf ein fein austariertes Affektregulationssystem von Schuld und Scham einerseits, von Zustimmung und Stolz andererseits stützen (Jacobson 1964). Sein Über-Ich stellt nunmehr die entscheidende Bezugsquelle seiner narzißtischen Selbstwertsteuerung dar. Dies bedeutet nicht, daß das Latenzkind von direkten regulativen, bestrafenden und belohnenden Einwendungen etwa unabhängig wäre. Doch die direkten elterlichen Einflüsse werden durch diese intrapsychische Instanz eigenständig gefiltert und modifiziert. Das Ausmaß der kindlichen Über-Ich-Autonomie wird noch weiter bestärkt, als durch jetzt immer stärker wirksame Einflüsse der Gleichaltrigengruppe in Schule und Freizeit der normative Kontext der Eltern herausgefordert und erweitert wird. Konsequent identifizieren Piaget (1954), Kohlberg (1981) und Gilligan (1982) in den Latenzjahren eine zweifache Aufgabe für die kindliche Über-Ich-Bildung: Eine Abmilderung der Rigidität und Härte der frühkindlichen moralischen Ansprüche einerseits, eine Revision und Konsolidierung der Über-Ich-Normen durch eine Abstimmung elterlicher Forderungen mit den moralischen Standards wichtiger sozialer Bezugsgruppen andererseits. Der Kontakt zu bewunderten außerfamiliären Bezugspersonen und Vorbildern erleichtert es hierbei dem Kind, den elterlichen Standpunkt zu relativieren. Sein zunehmend abstrakteres Denkvermögen fördert zusätzlich moralische Urteilsbildungen auch unabhängig von externen Unterstützungen. Über diesen Prozeß der „Depersonifizierung" des Über-Ichs schreibt bereits S. Freud (1933): „Im Laufe der Entwicklung nimmt das Über-Ich auch die Einflüsse jener Personen an, die an die Stelle der Eltern getreten sind, also von Erziehern,

Lehrern, idealen Vorbildern. Es entfernt sich normalerweise immer mehr von den ursprünglichen Elternindividuen, es wird sozusagen unpersönlicher" (S. 70).

Nach Shapiro und Perry (1976) kristallisieren sich in den Latenzjahren entscheidende Veränderungen der neurologischen Reifung, der kognitiven, moralischen und sozialen Entwicklung. Wesentliche Auswirkungen auf das allgemeine Affekterleben des Latenzkindes können wir vor allem infolge des Wechsels von einer Stufe des präoperationalen auf eine Stufe des konkret operationalen Denkens erwarten. Dieses neue Denkvermögen läßt sich summarisch durch die Überwindung einer egozentrischen Position mit der Möglichkeit zur unterschiedlichen Rollen- und Perspektivenübernahme, durch die Fertigkeit zum reflexiven Denken über Denkabläufe in verschiedenen, aber aufeinander bezogenen Dimensionen, durch eine Konzentration auf Übergänge zwischen abwechselnden Erlebniszuständen sowie durch das Prinzip der Reversibilität in der Vorstellung skizzieren (vgl. Kap. 4.2.2).

Nach D. Brown (1993) ist die typische affektive Orientierung des Latenzkindes durch eine zunehmende Interiorisierung und Kontextualisierung des emotionalen Erlebens zu charakterisieren. Das Latenzkind verfügt schon über höchst differenzierte Einzelaffekte, die sich in ihrer kategorialen Raffinesse kaum von der Erwachsener unterscheiden. Es besitzt hierfür sprachliche Konzepte und ist zu feinen Unterscheidungen zwischen eng zusammenhängenden Affektzuständen fähig. Mit präziser Vorhersagekraft ordnet es diskrete Affekte nach Clustern ihrer positiven und negativen Affektvalenz sowie entlang einer Aktivierungsdimension ein. Diese allgemein als „Circumplexmodell" bezeichnete innere Ordnung des emotionalen Erlebens ist praktisch mit der des Erwachsenenalters identisch. D. h., die Differenzierung des Repertoires diskreter Affektzustände ist mit den Latenzjahren so gut wie abgeschlossen. Sie begründet eine „innere Welt der Emotionen", die sowohl in ihren körperlichen als auch seelischen Aspekten identifiziert und als Eigenschaften der Selbsterfahrung verstanden werden können. Ganz analoge Veränderungen zeichnen sich auch in der Empathieentwicklung ab. Während etwa 4-jährige Kinder schon relativ exakt die Gefühlszustände anderer in einer Reihe von Situationen identifizieren, ohne aber sich vorstellen zu können, wie sie sich selbst in diesen Situationen fühlen würden, gelingt dies 8-jährigen Kindern schon recht gut. Ihre Fertigkeit zur empathischen Perspektivenübernahme hängt aber stark von sicher verfügbaren konkret operationalen Denkmöglichkeiten ab. Hiermit eng korreliert geht das Vermögen des Latenzkindes einher, zwei diskrete konflikthafte oder auch nicht konflikthafte Gefühle simultan wahrzunehmen und zu verstehen, daß verschiedene Affektzustände in einer Erlebnissituation auch zusammen verschmelzen können. Es ist jetzt auch in der Lage, sich vorzustellen, daß Personen seiner Umgebung nicht unbedingt echte Gefühle bei sich erleben müssen, selbst wenn sie einen klaren Affektzustand nach außen signalisieren. Doch unterliegt seine Empathiefähigkeit nach wie vor gewissen Verzerrungen. Vor allem bei negativen Gefühlen wie Ärger oder Traurigkeit tendiert das Latenzkind nach wie vor dazu, diese eher auf andere Personen zu projizieren, während es positive Gefühle wie Freude oder Stolz viel sicherer als Selbsterfahrungen attribuieren kann. Und es überrascht auch nicht, daß seine emotionale Differenziertheit und Perspektivenübernahme einer Regression unterliegen kann, je intensiver es affektiv in eine Situation verwickelt ist. Die zunehmende Öffnung des Latenzkindes für außerfamiliäre Beziehungen bringt es auch mit sich, daß es lernt, fein zwischen den unterschiedlichen Sozialkontexten, den hier gültigen Regeln des Affektaustauschs zu unterscheiden und diese in ein differentielles Verhalten umzusetzen, dabei aber ein stimmiges Selbstgefühl zu bewahren.

In einer psychodynamischen Wertung dieser vor allem auf kognitiven Fortschritten beruhenden Affektentwicklung des Latenzkindes darf aber nicht vergessen werden, daß sein ruhiges äußeres Erscheinungsbild nur über entscheidende, zugrunde liegende intrapsychische Abwehrprozesse ermöglicht wird. Sarnoff (1976, 1980) spricht deshalb folgerichtig von einer typischen „defensiven Struktur der Latenz". Es handelt sich hierbei um eine konsistente Organisation jener Abwehrprozesse, die mit der Kontrolle der verwirrenden und angstauslösenden ödipalen Phantasien und Affektbestrebungen zu tun haben. Zentral sind die bekannten reifen Abwehrmechanismen der Verdrängung, der Verschiebung, der Symbolisierung, der Reaktionsbildung usw. Ziel ist es, jene schmerzlichen, gefährlichen und disharmonischen Triebregungen und Affekterfahrungen aus dem bewußten Erleben auszuklammern bzw. so zu modifizieren, daß sie mit dem neuen, vom Über-Ich strukturierten Selbstbild in Einklang zu bringen sind. Dies bedeutet nicht nur eine Verdrängung zahlreicher Erlebnisinhalte aus den präödipalen und ödipalen Entwicklungsabschnitten ins Unbewußte. Über sie besteht fortan eine „infantile Amnesie", die eine notwendige Umstrukturierung der bisherigen biographischen Sicht nach sich zieht, um ein bedrohtes Gefühl von Kontinuität und Kohäsivität im Selbsterleben aufrecht erhalten zu können (Cohler 1982). Auch das verstärkte Auseinandertreten von primär- und sekundärprozeßhaften Denkmodalitäten bestärkt die errichtete Verdrängungsschranke, indem die logischeren Denkformen sozusagen zur offiziellen Verkehrsform des Latenzkindes für seine zwischenmenschliche Kommunikation werden. An ihnen muß es sich in seinem bewußten Erleben vorrangig orientieren. Dies bedeutet nicht, daß es keinen Zugriff mehr auf primärprozeßhafte Weisen hätte. Diese sind nur weniger bewußtseinsnah und werden auch nicht mehr so frei wie noch in früheren Jahren mitgeteilt. Betrachtet man seine Phantasien in diesem Entwicklungsabschnitt, so sind sie in ihren triebhaften und affektiven Motiven maskierter und offenkundig auch einer sekundären Bearbeitung unterzogen. Typische Beispiele für diese Phantasietätigkeit des Latenzkindes wären die verschiedenen Varianten des sog. „Familienromans" (Freud 1908b), in denen sich das Kind etwa von seinen leiblichen Eltern als nur adoptiert betrachtet, sich eigentlich aber als einen Sproß aus adeligem Hause wähnt. Diese bunt ausgestalteten „Geschichten" sind als Abwehrbemühungen gegen gefährliche ödipale Inzestphantasien zu erkennen. Gleichzeitig wenden sie sich gegen eine ödipale Enttäuschung und narzißtische Wut, um die schmerzliche Gestimmtheit des Ausgeschlossenseins in eine illusionäre Hoffnung auf künftige narzißtische Erhöhung zu verwandeln.

Es sind jetzt auch noch weitere Phantasiekreationen beim Latenzkind auszumachen, wenn es sich beispielsweise einen „inneren Begleiter" oder „Zwilling" imaginiert, mit ihm all die Gefühle und Wünsche teilt, die fortan nur für seinen sehr privaten Erlebnisbereich reserviert, nicht mehr aber für eine öffentliche Mitteilung bestimmt sind. Auch hier erkennen wir wichtige Funktionen einer Regulierung des Affektlebens nach privaten und öffentlichen Bereichen, Stile des intimen Affektaustauschs, aber auch der defensiven Auftrennung und Verschiebung von gefährlichen, vor dem Über-Ich als „böse" erachteten Gefühlsregungen auf jenen imaginären Gefährten (Nagera 1969, Myers 1979).

Sowohl als Ausdruck eines neuen kognitiven Lernfortschritts als auch einer raffinierten defensiven Phantasietätigkeit sind die Vorlieben des Latenzkindes für bestimmte Lektüren anzusehen. Heldengeschichten, Abenteuerstories, Märchen und Legenden stellen hierbei ein üppiges Angebot für seine kindliche Psyche dar. Sie bieten ihm Anregung und Strukturierung nach zentralen Triebmotiven und Abwehrprozessen. Die Erzählungen gestatten es ihm, in zensurierter Form jene ödipalen Affektschicksale entlastet und frei von unmittelbaren Über-Ich-Einflüssen wieder zu erleben, in stellvertretender Beobachtersituation, aber in bestärkender Identifikation mit der Heldin/dem Helden der Geschichte unbewußte Lösungsalternativen für eigene Konflikte finden zu können (Bettelheim 1980). Unter einer Sozialisationsperspektive, die reale Bedingungen des kindlichen Konsumverhaltens mitberücksichtigte, wären aber auch von psychoanalytischer Seite bisher noch wenig reflektierte Einflüsse v. a. visuell bestimmter Medien und Kommunikationsmittel auf diese Phantasie- und Affektentwicklung des Latenzkindes zu beachten. Speziell die Effekte von Film, Video und Fernsehen mit unverhüllten Darstellungen sexueller und aggressiver Szenen müßten hier auf ihre psychodynamischen Implikationen näher untersucht werden (vgl. Singer 1988).

Der Verzicht auf ödipale Bestrebungen den Eltern gegenüber macht das Latenzkind frei, sich zunehmend mehr auch außerfamiliären Kontakten zuwenden zu können.

Die Einflüsse der Peergroup in Schule und Freizeit bedingen nicht nur eine Erweiterung seines Repertoires an sozialen Kompetenzen. Sie bedeuten auch eine entwicklungsnotwendige Relativierung der initial noch überwiegend von den Elternfiguren geprägten Über-Ich-Struktur (s. o.). Sie bieten konkrete Anschauung und Einübung in die normativen Verhaltensstandards einer breiteren sozialen Öffentlichkeit. Vor dem Hintergrund der hier nur angedeuteten Affektentwicklung in der Latenzperiode ist auf diesem Terrain auch erstmals im engeren Sinne eine Fähigkeit zur Bildung von Freundschaften zu beobachten. Wenngleich freundschaftliche Kontakte auch in früheren präödipalen und ödipalen Zeiten schon möglich gewesen sind, waren sie damals meist vorübergehend, wenig spezifisch und überwiegend selbstzentriert (Rangell 1963). Jetzt aber stützen sie sich auf eine reifere Liebesfähigkeit, die in ihrer Ausdrucksform eine klare Hemmung direkter sexueller und aggressiver Impulse zu erkennen gibt und eine freie Wahl eines außerfamiliären Objektes bedeutet. Sie können sich also schon auf eine wirksame Bewältigung zentraler ödipaler Konflikte stützen (Nemiroff und Colarusso 1985). Freundschaften in diesem Lebensalter verkörpern eine außerordentlich wirksame Möglichkeit des intimen Affektaustauschs und fördern in der wechselseitigen emotionalen Spiegelung die weitere Empathieentwicklung des Latenzkindes entscheidend.

E. H. Erikson (1959) verdanken wir eine wichtige Erweiterung des Freudschen Konzeptes der psychosexuellen Entwicklung um eine eigenständige psychosoziale Dimension.

Erikson unterstellt hierbei eine epigenetische Sequenz von aufeinander folgenden Entwicklungsphasen mit grundlegenden Anforderungen, typischen Kernkonflikten und spezifischen Krisen. Die psychosozial konzipierten Phasen stehen hierbei in einem engen Konnex mit den bekannten Freudschen psychosexuellen Stufen. Erfolgreiche individuelle Lösungen schaffen jeweils gefühlsmäßige Dispositionen, welche zentrale Schichten des Selbsterlebens betreffen, bewußte und unbewußte Persönlichkeitsbereiche in zugeordneten psychosozialen Anforderungen emotional einfärben. Sie bilden den Grundstock für tragende psychische Gestimmtheiten, zuverlässige emotionale Stärken und soziale Tugenden, die letztlich eine Ich- bzw. Selbstidentität herzustellen und zu bewahren helfen. Fehlgeschlagene Bemühungen, diese Krisen zu lösen, resultieren hingegen in negativen Gefühlskomplexen.

Mit Beginn der Latenzzeit hat das Kind idealerweise seine oralen, analen und phallisch-genitalen Körpermodi gemeistert und sich grundlegende soziale Modalitäten des Bekommens und Nehmens, des Festhaltens und Hergebens, des Herangehens und Besitzergreifens bzw. Aufnehmens im Umgang mit seinen primären Objekten angeeignet. Es hat hierbei Urvertrauen, eine erste Autonomie und Initiative erworben. Hiermit gerüstet tritt es in eine neue Entwicklungsphase ein, die nicht nur eine bedeutsame Verlagerung seiner Interessen und Aktivitäten außerhalb der Familie auf die neue Gruppe der Klasse in der Schule verlangt. Das Latenzkind wird erstmals auch mit unmittelbaren Sozialisationsansprüchen und Rollenerwartungen seiner Gesellschaft konfrontiert. Sind in früheren Jahren soziale Normen vorrangig indirekt über elterliche Erziehungstechniken und Werte vermittelt worden, so ist das Kind jetzt aufgerufen, sich typische Wissensinhalte und Sozialregeln selbständig anzueignen. Dies setzt bei ihm eine außerordentlich hohe Kontrolle vielfältiger Affekte und Triebimpulse im Sozialkontakt voraus. Es bedeutet den Erwerb von Pflichtgefühl, um in einem institutionalisierten Rahmen die neuen kognitiven Fertigkeiten des konkret operationalen Denkens umsetzen zu können. Unter einem affektpsychologischen Gesichtspunkt sieht

Erikson jetzt die alterstypische psychosoziale Krise in einer Polarisierung von „Werksinn vs. Minderwertigkeitsgefühl". Diese beschreibt die Notwendigkeit, über den Bereich der subjektiven Phantasie und des unverbindlichen Spiels hinausgelangen und Leistungen erbringen zu müssen, um einen zentralen Selbstwert für sich zu regulieren. Tyson und Tyson (1990) sehen in der Lust des Latenzkindes gerade an diesem „Werksinn" einen typischen Indikator für eine neue, eine höher strukturierte Affektorganisation. Diese Freude an Leistung und Wissenserwerb signalisiert, daß es seine inneren und äußeren Welten entsprechend der Anforderungen der Latenzphase erfolgreich beherrscht.

4.4 Adoleszenz und junges Erwachsenenalter

In einer Perspektive der Lebensspanne trifft jede Kultur wenigstens eine Unterscheidung in eine Zeit der Kindheit und eine des Erwachsenenalters (Aries 1962). Und jede Kultur fordert für den Übergang zwischen diesen beiden Lebensabschnitten zumindest eine zeitlich punktuelle Zäsur mit definierten „Durchgangsriten" (Kilpatrick 1974). Der Eintritt ins Erwachsenenalter bedeutet hierbei für den jungen Menschen stets ein Übernahme von umschriebenen sozialen Rollen (Neugarten 1966). Die differentielle Ausgestaltung sowohl der großen Lebensabschnitte in eigenständige Subphasen als auch der Übergangsperioden unterliegt aber einem bedeutsamen soziokulturellen Wandel (H. Klein 1990). Dies gilt besonders für die Entwicklungsperioden der „Adoleszenz", der „Jugend", des „jungen Erwachsenenalters". Diese sich überlappenden Zeitabschnitte in einer gemeinsamen Entwicklungsdimension zusammenzufassen, erscheint unter dem Konzept der „verlängerten Adoleszenz" als gerechtfertigt. In soziologischer Sicht wird dieses Konzept durch mehrere historische Änderungen in den Lebensbedingungen der hochindustrialisierten westlichen Gesellschaften nahegelegt: Lange Ausbildungswege an speziellen Bildungseinrichtungen sowie eine relativ hohe Akzeptanz einer Entwicklungsperiode ohne schon feste soziale Bindung und Verantwortung; durch Arbeitslosigkeit erzwungene Not- und Zwischensituationen; anomische Existenzmöglichkeiten in einer sich verselbständigenden Szene und Gegenkultur der Großstädte, drei Lebensformen also, die noch ohne definitorische Übernahme von verpflichtenden sozialen Rollen der Erwachsenenwelt einhergehen und weit in das dritte bis vierte Lebensjahrzent eines Individuums hineinreichen können (Shell-Jugendstudie 1982). In psychologischer Sicht verdeutlicht dieses Konzept, daß während der frühen Jugendjahre aufgenommene Entwicklungslinien keineswegs schon nach kurzer Zeit zu einer reifen Lösung oder einem definitiven Verfehlen der in diesem Entwicklungsabschnitt geforderten Entwicklungsaufgaben führen, sondern ein zeitlich gedehntes Stadium mit erstem Experimentieren, probatorischen Festlegungen, nachfolgenden Verwerfungen und neuen Orientierungen beinhalten, bevor langfristige Entscheidungen mit einer hinreichenden persönlichen Sicherheit und emotionalen Verbindlichkeit möglich werden (Adatto 1980, Bohleber 1982, Brockman 1984, 1989, Hauser und Greene 1991, Kapfhammer 1993).

Faßt man die in diesem Übergangsabschnitt inhärenten Entwicklungsprozesse näher ins Auge, so sieht man sich mit einer heftigen Diskussion konfrontiert, die auf die psychopathologische Wertigkeit des adoleszenten Entwicklungsgeschehens selbst zielt (Powers et al. 1989, Offer und Schonert-Reichl 1992). Diese behauptet an einem Pol eine „normative Krise“ mit fast obligatorischen psychopathologischen Erscheinungen, mit einem regelhaften „emotionalen Aufruhr“ eines jeden Jugendlichen und verdächtigt eine erlebnis- und verhaltensmäßige Unauffälligkeit während dieser Jahre gar als eine wahrscheinliche Entwicklungshemmung. Diese Sichtweise charakterisiert typischerweise die psychoanalytische Position, wie sie am prägnantesten wohl von P. Blos (1962, 1979) und A. Freud (1958) eingenommen worden ist. Hierbei ist zu berücksichtigen, daß psychoanalytische Ausführungen zum adoleszenten Entwicklungsgeschehen sich zumeist auf nur wenige, allerdings höchst subtile Fallstudien in klinischer Behandlung befindlicher Jugendlicher stützten. Die theoretische Extrapolation auf Allgemeinaussagen erfährt hierdurch leicht eine einseitige Schärfe. Am andern Pol hingegen dominiert eine Überzeugung von einem überwiegend kontinuierlichen, allenfalls von seltenen emotionalen Turbulenzen getrübten Hinübergleiten des Jugendlichen ins Erwachsenenalter (Offer 1984). Konsequent erscheinen dieser Grundhaltung besondere, prolongierte Verhaltensauffälligkeiten von jungen Menschen stets als ernstzunehmende Störungen der psychosozialen Entwicklung, die als mögliche Anzeichen einer psychiatrisch schwerwiegenderen Erkrankung einer sorgfältigen Verlaufsbeobachtung bedürfen (Masterson 1967, 1968, Masterson und Costello 1980). Diese Position stützt sich wiederum auf die Erkenntnismöglichkeiten der Epidemiologie und der klinischen Psychiatrie. Notgedrungen geraten hier aus methodischen Gründen die feineren psychodynamischen Umwälzungen während der Jugendjahre leicht aus dem Brennpunkt des Forschungsinteresses. Beide Pole der Diskussion können jeweils für sich gewichtige Argumente beanspruchen, lassen aber auch störende Verkürzungen erkennen. Unfruchtbar wird die Diskussion, wenn zwischen subjektiv krisenhaft erlebten Entwicklungsherausforderungen i. S. introspektiv verstärkt registrierter affektiv-kognitiver Dissonanzen einerseits und psychopathologisch relevanten Störungen andererseits nicht unterschieden wird. Problematisch wird die Kontroverse, wenn sie von psychosozialen „Auffälligkeiten“ auf eine etwaige Pathogenese oder gar Ätiologie von psychiatrischen Erkrankungen schließen möchte (vgl. Kapfhammer 1994c), ohne aber auf anomische Aspekte der konkret historischen Entwicklungssituation des Jugendlichen selbst

Bezug zu nehmen (vgl. Bohleber und Leunzinger 1981, Engel und Hurrelmann 1989).

Für eine psychoanalytische Darstellung der emotionalen Entwicklung in den Jugendjahren erscheint es mir vorteilhaft,

- zunächst einzelne Entwicklungslinien getrennt darzustellen, wie sie psychoanalytische Modelle nahelegen, auf ihre affektpsychologischen Konsequenzen hin zu untersuchen und mit Erkenntnissen aus anderen, v. a. kognitiven bzw. soziokognitiven Entwicklungsmodellen zu konfrontieren.
- Anschließend ist die Frage nach Merkmalen im emotionalen Erleben und Verhalten Jugendlicher zu stellen, die vielleicht als typisch für diesen Entwicklungsabschnitt erachtet werden könnten.
- Der Hinweis auf unterschiedliche Entwicklungspfade durch die Jugendjahre relativiert die oben kurz skizzierte, polarisierte Diskussion über die adoleszente Entwicklungsdynamik.
- Die Darstellung der emotionalen Entwicklung im jungen Erwachsenenalter wird sich auf die zentralen Entwicklungsaufgaben einer psychosozialen Identität, der sexuellen und emotionalen Intimität sowie des Entwurfs einer „individuellen Lebensstruktur“ konzentrieren.

4.4.1 Modelle der adoleszenten Entwicklung

4.4.1.1 Psychosexuelle Entwicklungslinie

Eine der bedeutsamsten Leistungen S. Freuds (1905) bestand in der detaillierten Würdigung der kindlichen Sexualität für die gesamte menschliche Entwicklung auch im Erwachsenenleben.

Die überragenden Einflüsse der frühen Kindheit zeigen sich in den phasenhaft niedergelegten sinnlichen Erfahrungen des Kindes mit lustspendenden Zonen seines Körpers und konflikthaften Emotionen speziell im Umgang mit seinen Eltern. Sein sich sukzessiv differenzierendes Sexualempfinden erreicht in der ödipalen Situation einen ersten Höhepunkt. Die Verwirklichung der sexuellen und aggressiven Bestrebungen hier stößt in der realen Konfrontation mit der elterlichen Überlegenheit und der eigenen Abhängigkeit von ihnen auf eine hemmende Schranke. Die Auflösung dieser zentralen Konflikte gelingt im Verzicht auf die ödipalen Triebziele und in der Anerkennung der elterlichen Autorität, die in der klassischen Sichtweise als vor allem mit der Person des Vaters verbunden erlebt wird. Die parallel verlaufende Errichtung einer Gewissensinstanz, der Über-Ich-Struktur, garantiert eine sichere Triebkontrolle und fördert eine verstärkte Hinwendung zu nicht-triebhaften, sublimierten Tätigkeiten. Diese Psychodynamik zeichnet idealerweise den relativ störungs- und konfliktfreien Entwicklungsabschnitt der Latenzzeit aus.

Eine von biologischen Programmen gesteuerte hormonelle Umstellung des kindlichen Körpers zu Beginn der Pubertät bedingt erneut eine Zunahme triebhafter Bestrebungen und kann so das innerseelische Gleichgewicht labilisieren. Es kommt zu einer Wiederbelebung der Partialtriebe. Verdrängte präödipale und ödipale Konflikte gewinnen eine neue Aktualität und finden in masturbatorischen Handlungen und begleitenden Phantasien und Tagträumen ihre persönliche Darstellung. Ängste vor diesen aufgeladenen Triebimpulsen, aber auch Gewissensängste und Schuldgefühle rufen das Ich des jungen Heranwachsenden zu speziellen Abwehroperationen auf, die A. Freud (1936) anschaulich beschrieben hat. So äußert sich zum einen die „Pubertätsaskese" im angestrengten Verzicht auf jegliche Triebbefriedigung, kann aber in dieser Rigidität immer wieder von unkontrollierbaren Triebdurchbrüchen erschüttert werden, heftige Angst-, Schuld- und Beschämungsgefühle anstoßen. Zum anderen wird jetzt auch eine ganz verwandte Abwehrbestrebung erkenntlich, die versucht, zentrale pubertäre Konflikte zwischen Trieb, Gewissen und sozialer Realität auf abgehobener kognitiver Ebene mittels gedanklicher Abstraktionen großer Lebensthemen zu lösen und als „Intellektualisierung" bezeichnet wird.

Ausweg aus diesem Entwicklungsdilemma bietet nach der klassischen psychoanalytischen Konzeption erst eine schrittweise Modifikation des Über-Ichs in der allmählichen Anerkennung sexueller Triebwünsche. Bei einem Aufrechterhalten des ödipalen Inzesttabus und der Generationenschranke verlangt dies vom Pubertierenden eine erneute Ablösung von den Elternfiguren als inzestuösen Objekten und eine Partnersuche außerhalb der Familie. Die psychosexuelle Reifung gilt nach Freud als abgeschlossen, wenn der Jugendliche eine Liebesbeziehung zu einem heterosexuellen Partner aufgenommen hat, in der er seine genitale Sexualität in wechselseitiger Befriedigung leben kann und die Komponenten aus den früheren sexuellen Partialtrieben integriert hat.

Die relativ knappe Skizzierung des adoleszenten Entwicklungsverlaufs bei S. Freud wurde durch die grundlegenden Arbeiten von P. Blos (1962, 1979) wesentlich erweitert. Sein Verdienst ist es, die Besonderheiten der pubertären und adoleszenten Einflüsse auf die weitere Trieb- und Affektdynamik in aufeinanderfolgenden Unterphasen subtil herausgearbeitet zu haben. Die Bildung eines konstruktiven Konfliktes im Hinblick auf die kindliche Sexualität, ihre grundlegende Umformung und das Finden eigenständiger Lösungsmöglichkeiten für eine reife Erwachsenensexualität sieht Blos als normative Aufgabe in der Adoleszenz an. Zentral ist für ihn die These, daß diese Reifungsschritte in Anlehnung an die frühkindliche Trennung und Individuation im Verständnis M. Mahlers nur über eine krisenhafte „zweite Individuation" möglich sind. Die Lösungsversuche des Jugendlichen verlangen hierbei regelhaft eine zumindest passagere Regression in seinen psychischen Funktionsweisen. Dies schließt konsequent auch eine vorübergehende teilweise Entdifferenzierung des affektiven Erlebens mit ein. Erst die geduldige Bearbeitung auftretender Ängste, körperlicher Spannungsgefühle und depressiver Verstimmungen erlaubt eine notwendige Modifizierung der noch wenig flexiblen psychischen Strukturen, v. a. des Über-Ichs.

Die **Prädoleszenz**, die mit dem Einsetzen der Pubertät markiert wird, ist dadurch ausgezeichnet, daß in ihr zunächst noch keine neuen Triebziele auftauchen. Die biologische Reifung zu Pubertätsbeginn mit raschen Veränderungen auf einer körperlichen, kognitiven und sozialen Ebene erschüttern eine in der Latenz noch souverän gelebte Ich-Stabilität. Typisch während dieser Zeit sind labilisierte Abwehr- und Integrationsfunktionen, die auf einer affektiven Erlebnisebene mit zuweilen wenig vorhersagbaren und kontrollierbaren Stimmungsschwankungen einhergehen können (Jacobson 1961). Die nun mächtig verspürten sexuellen und aggressiven Triebimpulse können zunächst nur in frühkindlichen Modalitäten bewältigt werden. Im Mittelpunkt dieser Auseinandersetzung steht nach Blos die „Abwehr der präödipalen Mutter", d. h. eine Wiederbelebung und erneute Verdrängung von Phantasien und Affekterlebnissen, die nach Überwindung der ödipalen Phase kontrolliert erschienen und im wesentlichen die konflikthaften sexuellen und aggressiven präödipalen Beziehungserfahrungen in der frühen Mutterimago verdichteten. Eine Abwehr ist um so erforderlicher, als unter veränderten biologischen und auch kognitiven Voraussetzungen sowie in einem nach wie vor sehr engen familiären Zusammenleben auch ontogenetisch spätere ödipale Konfliktschattierungen in dieses Erleben miteinbezogen werden, also auf einem präödipalen Entwicklungstableau auch reale Inzestgefahren mitinvolviert sind. Da noch keine reifen Ausdrucksformen für diese Emotionalität und sexuelle Körperlichkeit entwickelt sind, bleibt dem Pubertierenden häufig nur die Möglichkeit eines Rückgriffs auf grundlegende Abwehroperationen. Aber nicht nur eine Replikation früherer Traumata ist in diesen regressiven Tendenzen erkennbar, sondern entwicklungsdynamisch bedeutsam auch der Versuch, diese unter neuen Voraussetzungen zu überwinden.

Durchaus in Analogie zum Mahlerschen Entwicklungsmodell von „Trennung und Individuation" können jetzt beim jungen Heranwachsenden Anstrengungen beobachtet werden, sehr sorgfältig zwischen elterlichen Einflüssen und eigenen Intentionen zu differenzieren, innere Selbst- und Objektbilder, die gerade im Hinblick auf die Eltern noch deutlich idealisierte Züge aufweisen, kritischer mit den Eltern der realen Lebenssituation zu vergleichen. Es wird ein innerseelischer Prozeß der Entidealisierung von Objekt und Selbst eingeleitet, von dem Blos (1979) schreibt, er „stelle den schmerzlichsten und quälendsten Einzelaspekt des Erwachsenwerdens dar" (S. 486).

Ein im Familiengefüge starker, emotional verfügbarer Vater bietet in diesen innerseelischen Belastungsmomenten eine wichtige Orientierung und Stütze. Eine Identifizierung mit ihm mag zu einer vorübergehenden Beruhigung der Entwicklungsdramatik beitragen. Dies gilt offensichtlich für Jungen und Mädchen gleichermaßen. Auffällig bei beiden Geschlechtern ist eine betont aktive Grundhaltung in den affektiven Äußerungen, eine rigorose Ablehnung von passiven emotionalen Wünschen. Wiederauftauchende Kastrationsängste, submissive homoerotische Wünsche scheinen beim Jungen diese defensive Gegenreaktion zu bedingen, beim Mädchen hingegen eine zu starke Gefühlsnähe zur Mutter als Grund hierfür vorzuliegen, nicht selten mit vorübergehenden burschikosen Verhaltensweisen einherzugehen.

Ein wesentlicher psychischer Fortschritt kann jedoch nur dann erzielt werden, wenn sexuelle Triebäußerungen nicht nur in mehr oder weniger erfolgreichen Abwehroperationen kontrolliert und als fremd und bedrohlich abgewiesen werden müssen. Dies setzt ein zunehmendes sich Vertrautmachen mit dem sexuell veränderten Körper und seinen teils beunruhigenden, teils verlockenden Funktionen voraus. Ein intensiver Selbsterfahrungsprozeß leitet die **frühe Adoleszenz** ein. Eine eingehende Beschäftigung mit der eigenen Person ermöglicht einen ersten notwendigen Schritt aus dem unmittelbaren Einflußkreis der Eltern. Die Masturbation erweist sich als das vorrangige Ventil für die sexuellen Triebspannungen und wird gleichzeitig zum Medium der sexuellen Phantasiebildung, in der präödipale/ödipale Wünsche und Erinnerungen sich kristallisieren und in der zentralen Onaniephantasie schließlich zu einer Abrundung der Geschlechtsidentität beitragen, also eine wichtige adaptive und entwicklungsprogressive Funktion erfüllen (Laufer 1980). Auf einer bewußten wie auch unbewußten Erlebnisebene wird der innerseelische Distanzierungsprozeß von den Elternobjekten fortgeführt. Psychodynamisch kommt es dadurch zu einer merklichen Lockerung der Über-Ich-Struktur. Der Heranwachsende verliert dadurch in sich auch vorübergehend eine wichtige normativ regulierende und seinen Selbstwert stabilisierende Stütze. Gefühle des umfassenden Verlustes, der fehlenden Tröstung, der inneren Leere und interpersonalen Entfremdung können bei ihm nun vorherrschen und die reifungsbedingte Selbstzentriertheit in einem zentralen Gefühl der frühadoleszenten Einsamkeit noch weiter bestärken. Der Einfluß von Kontakten zu Gleichaltrigen in der Peergroup übernimmt hier wichtige kompensierende Funktionen für das verloren gefühlte elterliche Regulativ. S. Freud (1921b) hat auf den bedeutsamen mitigierenden und enthemmenden Einfluß des Gruppenerlebens auf die Über-Ich-Modalität des Individuums eindrucksvoll hingewiesen. Unter entwicklungsdynamischen Gesichtspunkten scheint hierüber der angesprochene Entidealisierungsprozeß der inneren Elternobjekte maßgeblich gefördert zu werden. Die Objektwahl im Freund, in der Freundin vollzieht sich noch weitgehend nach narzißtischem Schema. Stellvertretend werden von ihm, von ihr wichtige Teile des Ich-Ideals übernommen. Die in der Peergroup gesammelten Affekterfahrungen tragen einen klar „übenden" Charakter. Sie beinhalten ein Experimentieren, bei dem weder in der gerade ausgeübten Tätigkeit noch in dem aufgenommenen Kontakt zu einem Freund, einer Freundin eine verbindliche Entscheidung notwendig ist.

Auch in der sich nahtlos anschließenden **eigentlichen** oder **mittleren Adoleszenz** ist die „Besetzung des Selbst" oder der „pubertäre Narzißmus" noch von dominierender Bedeutung. Charakteristisch hier ist eine auffällige Sensibilisierung der multimodalen Wahrnehmungsfunktionen, die zu einer völlig neuen Erlebnisintensität und -qualität führen. So läßt sich etwa die überragende Rolle bestimmter musikalischer Ausdrucksformen erklären und als oft wirksame Abwehr gegen zugrunde liegende Entfremdungsgefühle verstehen. Ein verändertes Körperbild, das von neuen physischen Sensationen und Lustgefühlen, aber auch von Ängsten vor Kontrollverlusten bestimmt ist, verstärkt das Zusammenspiel von Phantasie und Körperlichkeit weiter. Möglichkeiten zur autonomen Übernahme und Integration, aber auch zu neurotischer Blockierung öffnen sich hier. Notwendiger Bestandteil dieser Erfahrungen ist das Bemühen des Jugendlichen, bestimmte affektive Erlebniszustände in Wiederholung selbst herbeizuführen und zu beherrschen lernen, sei es in masturbatorischen Handlungen, sei es in körperlichen oder sportlichen Anstrengungen bis zur physischen Erschöpfung, die entweder ein Ausloten der individuellen Leistungsreserven darstellen oder aber körperzentrierte, schmerzhafte Selbstbestrafungen inszenieren sollen. Typische Ich-Leistungen wie häufiges Intellektualisieren, geistige Experimentierfreude, Tagträume und Assoziationen sind nach Blos als wichtige Probehandlungen mit sexuell-aggressiven Handlungsmustern zu verstehen. Sie signalisieren gleichzeitig den gewaltigen intellektuellen Fortschritt des Jugendlichen gegenüber dem Kleinkind und zeugen von seinen überlegeneren Fertigkeiten, in Krisensituationen vielfältige Lösungswege beschreiten zu können. Die in Phantasien, Gedankenkonstruktionen und Selbsteinschätzungen aufscheinenden neuen Idealbildungen und Werte verweisen auf eine andere typische Eigenart des Jugendlichen. Auch die jetzt verstärkt einsetzende Suche nach „idealen" heterosexuellen Partnern trägt weiterhin noch die Merkmale einer selbstbezogenen Darstellung und Erlebnisweise. Sie dokumentiert noch keine Fertigkeit zu einer reifen heterosexuellen Beziehungsaufnahme. Eine selbstobjekthafte Bedeutung für die Regulation des Affekterlebens wird unmittelbar sichtbar, wenn die Anwesenheit des umschwärmten Freundes, der geliebten Freundin jene unverwechselbare Fröhlichkeit und glückliche Gehobenheit bedingt, eine Abwesenheit oder Trennung hingegen tiefe Gefühle von Verlassenheit, Schmerz, Trauer und Verlust anstoßen. Allzu leicht löst aber auch das plötzliche Realisieren einer vorher nicht wahrgenommenen Andersartigkeit am geliebten Partner irritierende Entfremdungsgefühle aus, einer initialen Idealisierung folgt nicht selten eine massive Entwertung und Ernüchterung, die zu einer raschen Objektaufgabe führt, dadurch vorrangig ein bedrohtes Selbsterleben schützen soll. Und doch erfüllen diese adoleszenten Liebesbeziehungen eine grundlegende, entwicklungsfördernde Spiegelungsfunktion, eine vitalisierende Selbsterfahrung in der Rückmeldung des anderen. Das alterstypische Sichverlieben wird schließlich zu einer neuen Stufe der emotionalen Beziehungsfähigkeit führen (s. u. „Intimität").

Allen neu auftretenden Funktionen und Fertigkeiten gemeinsam ist ihre besondere Erlebnisqualität der Erstmaligkeit und Einzigartigkeit. Sowohl in ihren positiv bereichernden als auch negativ hemmenden Aspekten führen sie zu prägenden Erfahrungen, die sich auffällig von der späteren Routine der Alltagserlebnisse des Erwachsenenalters absetzen. Affekte erweisen sich in diesem Entwicklungsabschnitt als mächtige Organisatoren von Selbst-, Objekt- und Umwelteindrücken. Sie leisten deshalb einen wichtigen Beitrag zur Ich-Entwicklung, indem sie zur Differenzierung klarer konturierter und stabiler Repräsentanzen führen. Schafer (1973) zeigt auf, wie sehr auf einer unbewußten Ebene in diesen adoleszenten Affekterlebnissen die Angst vor dem Einfluß der Eltern aus der frühen Kindheit zu identifizieren ist, gegen den sich der Jugendliche mit aller Macht zu erwehren sucht. Eine inhaltliche Ausdifferenzierung dieser unbewußten Angst läßt ein Regredieren auf verstärkte Phantasien von Inzest, Kastration, Liebesverlust und Verlust der geliebten Menschen erkennen, signalisiert den anhaltenden Wunsch, den Eltern nahe zu sein und mit ihnen verschmolzen bleiben zu wollen, unterstreicht eine übersteigerte Vorstellung von der Allmacht und Allwissenheit der Eltern, die Attraktion und Belohnung zugleich darstellen. Schafer betont, wie sehr unter einem affektpsychologischen Gesichtspunkt dieser innerseelische Trennungs-Individuationsvorgang des Jugendlichen von primärprozeßhaften Kategorien geleitet wird. Unbewußte Annahmen über die Natur seiner Gefühle werden erkennbar, wenn der Adoleszente diese wie „Substanzen“ behandele, die zum einen die orale, zum anderen eine anal-fäkale Konkretisierung verraten. Orale und anale Modi sind in diesem Entwicklungsabschnitt die bevorzugten Kontrollstile des Affekterlebens und -ausdrucks.

Erst in der **Spätadoleszenz** kann der Jugendliche zu einer sicheren sexuellen Identität und Intimität finden. Wichtige prägenitale Wünsche und Bestrebungen werden nun auch unter dem Einfluß einer verstärkten biologischen Triebdynamik in eine reife Genitalität umgeformt. Dies schließt idealerweise eine Lösung bisexueller Konflikte, eine endgültige Festlegung der Geschlechtsidentität sowie eine Aufgabe der Eltern als inzestuöser Liebesobjekte ein. Sie begründet eine sichere Präferenz in der heterosexuellen Partnerwahl.

In dem Maße, wie die idealisierten Eltern der Latenzzeit während eines sich über alle Subphasen der „zweiten Individuation“ erstreckenden inneren Distanzierungsprozesses aufgegeben werden können, der von einigen Psychoanalytikern als Trauervorgang beschrieben worden ist (vgl. Krystal 1988), werden die ursprünglich omnipotenten Elternbilder des kindlichen Über-Ichs allmählich „humanisiert“. D. h. die in frühen Lern- und Identifikationsprozessen erworbenen inneren moralischen Leitlinien verlieren sukzessiv ihre rigorose Strenge. Der Jugendliche wird imstande, seine Eltern zunehmend in einem realistischeren Licht wahrzunehmen, von ihnen selektiv jene Aspekte auszuwählen und für sich anzunehmen, die seinem neuen Selbstverständnis entsprechen, und wofür er künftig auch eine Eigenverantwortung auszuüben bereit sein wird. Dies hat wichtige Folgen für seine Selbstwertregulierung. Er fühlt sich ich-syntoneren Idealen und moralischen Standards verpflichtet, erlangt in ihnen einen höheren Grad an Autonomie.

4.4.1.2 Narzißtische Entwicklungslinie

In den klassischen trieb- und ich-psychologischen Modellen der adoleszenten Entwicklung wird erkennbar, daß die notwendige innerseelische Umstrukturierung des Adoleszenten, die der normativen Auseinandersetzung mit einer Reihe von Entwicklungsaufgaben parallel läuft, auch eine Wiederbelebung narzißtischer Erlebnis- und Verhaltensweisen nach sich zieht. In der entwicklungspsychologischen Sicht obiger Modelle handelt es sich hierbei um eine regressive Bewegung des Jugendlichen während eines Durchgangsstadiums, also nicht um eine Manifestation einer bereits frühkindlich erworbenen narzißtischen Störung. In den moderneren, v. a. auf die selbstpsychologischen Formulierungen H. Kohuts (1971, 1977) gestützten Modellen wird dieser Aspekt des „pubertären Narzißmus" weiter vertieft, aber z. T. in einen andersartigen entwicklungspsychologischen und soziokulturellen Begründungskontext gestellt. Hierbei tritt das fragile Selbsterleben des Jugendlichen mit gesteigerter Selbstüberschätzung und hochfliegenden Ambitionen einerseits, mit oft schon bei geringer Enttäuschung anstoßbarer Niedergeschlagenheit, depressiver Stimmungslabilität, starkem Wuterleben andererseits in den Vordergrund des theoretischen Interesses.

Ziehe (1975) hat diese heute unter Jugendlichen weitverbreitete Phänomenologie im Modell H. Kohuts thematisiert. Er postuliert einen „neuen Sozialisationstypus", bei dem der Zusammenbruch von Über-Ich-Identifikationen in den Mittelpunkt einer Analyse gestellt ist. Wurden in den klassischen Beschreibungen die auffallenden Verdrängungsversuche von Es-Impulsen mit vorrangig ödipalen Konfliktinhalten besonders hervorgehoben, so sieht Ziehe in der gegenwärtigen historischen Realität eine vermehrte Abwehrtätigkeit gegen basale Schuld- und Schamgefühle bei den Jugendlichen im Zentrum des Entwicklungsgeschehens. Eine Krise des Selbstwertgefühls, die mit einer merklichen Verschiebung von Über-Ich-Identifikationen einhergehe, dominiere. Während die klassische psychoanalytische Theorie auf die Verbindung des Über-Ichs als Erbe des aufgelösten Ödipuskomplexes und eine aus der Identifikation des kindlichen Ichs mit der väterlichen Autorität resultierenden Stärke und Realitätstüchtigkeit hingewiesen habe, zeichne die Analyse der Verhaltens- und psychischen Verarbeitungsformen bei vielen zeitgenössischen Jugendlichen seiner Meinung nach ein sehr verändertes Bild:

- Der Gehalt des Über-Ichs reduziere sich verstärkt auf archaische Inhalte. Weniger ödipale Konfliktstoffe dominierten als vielmehr direkte Auswirkungen einer höchst ambivalent verarbeiteten frühen MutterKind-Beziehung. Die Instanz des Über-Ichs sei entsprechend streng, wenig modifiziert durch ontogenetisch spätere, z. B. ödipale Entwicklungseinflüsse.

- Es herrsche parallel ein diffuses, ins Kosmische erweitertes, auf Omnipotenz zielendes archaisches Ich-Ideal vor.
- Deutlich werde eine Kluft zwischen der Strenge und Unflexibilität der Über-Ich-Verbote und der erlebten gesellschaftlichen Realität, die auf eine rasche Umstellung auf veränderte soziale Standards sowie auf eine flexible Übernahme neuartiger Werte verpflichte.
- Diese Diskrepanz zwischen biographisch erworbener Über-Ich-Struktur, die in ihrer rigiden Gestalt hauptsächlich frühe Mutter-Verbote beinhalte, und dem realitätsorientierten Ich verschärfe angst-, schuld- und schamgesetzte Über-Ich-Konflikte. Neue Abwehrformen seien erforderlich, die tendenziell einer regressiveren Form und weniger identifikatorischer Art seien. Die vorrangig narzißtischen Abwehrmechanismen suchten ein höchst prekäres, in seinen perfektionistischen Ansprüchen leicht vulnerables Selbst vor Versagens-, Beschämungs- und Schuldgefühlen zu schützen.

Ziehe sieht in der Entdeckung von „neuen Verhaltensräumen" der Subkultur, die in einen starken Kontrast zu den traditionellen Institutionen von Familie und Schule treten, in einem „neuen Verhältnis zur Sexualität", die auf verstärkte Verschmelzungserlebnisse und narzißtische Selbstbestätigung dränge, in einem „neuen Jugendkonsum", der eine momentane Entladung von Triebimpulsen, v. a. eine spontane Befriedigungssuche oraler Wünsche bei gering entwickelter innerer Spannungskontrolle veranschauliche, in „neuen Kommunikationsmustern" mit betont rauschartigen, z. T. über Drogeneinflüsse gesteuerten Gruppenerlebnissen sowie in einem „neuen Vermeidungsverhalten" gegenüber gesellschaftlich eingeforderten Leistungsansprüchen sozialpsychologisch relevante Auswirkungen dieser oben skizzierten psychodynamischen Persönlichkeitscharakteristika vieler Jugendlicher.

Ziehe identifiziert in ihnen die Folgen einer narzißtischen Störung, einer pathologischen Persönlichkeitsentwicklung, die selbst wiederum auf eine gewandelte Praxis der primären Sozialisation zurückzuführen sei. Diese würden von einer Reihe bedeutsamer gesellschaftlicher Rahmenbedingungen diktiert, die nur mit den Stichworten einer „Desozialisierung der Natur", einer „Dehumanisierung der Gesellschaft", einer „streng geforderten Arbeitsdisziplin bei zunehmender Rationalisierung und Technisierung des Arbeitsprozesses", eines „künstlich geweckten und forcierten Konsumzwangs", einer „existenzbedrohenden Wettbewerbssituation" umrissen werden sollen (vgl. Habermas 1973, Döbert und Nunner-Winkler 1975). Die aktuelle gesamtgesellschaftliche Situation bedinge kurz gefaßt eine völlig veränderte Stellung der Familie mit einer stark eingeengten Gegenregulationskraft und reduzierten Vermittlungsfunktion der beiden Eltern hinsichtlich grundlegender Erziehungsaufgaben. Sie dokumentiere auch eine Entbindung der traditionellen bürgerlichen

Ideale und Werte. In dieser bedeutsam geschwächten Position von Vater und Mutter gerate die primäre Sozialisation eines Kleinkindes zu einem von kompensatorischen narzißtischen Illusionen getragenen Unternehmen und führe zu obigem „neuen Sozialisationstypus".

In einem kritischen Kommentar unterstrichen Bohleber und Leunzinger (1981) den wichtigen Beitrag Ziehes zu einer veränderten Sicht auf die regressiven und narzißtischen Verhaltensweisen zahlreicher zeitgenössischer Jugendlicher. Wohl schlossen sie sich weitgehend seiner rezipierten Analyse einer veränderten gesamtgesellschaftlichen Situation an. Sie warnten jedoch vor einer kurzschlüssigen, unilinearen Rückführung dieser adoleszenten Erlebnis- und Verhaltensstile auf eine primärsozialisatorisch gesetzte narzißtische Selbst- und Beziehungspathologie. Sie gaben zu bedenken, daß eine regressive Umstrukturierung in der Psychodynamik der adoleszenten Entwicklung, die Ausgang von unterschiedlichen Bedingungen der frühkindlichen Sozialisation nehmen könne, auch normativ auftrete. Verflechte sich dieser Prozeß mit den geschilderten gesellschaftlich-sozialen Faktoren, werde das traditionellerweise nur passagere regressive Durchgangsstadium über Gebühr arretiert.

4.4.1.3 Psychosoziale Entwicklungslinie

Die wesentlich von Erikson (1959, 1968) ausformulierte psychosoziale Dimension der adoleszenten Entwicklung unterstreicht, wie sehr mit dem Einsetzen der Pubertät das körperliche Wachstum und die psychologisch-sexuelle Reifung, aber auch die neuartigen sozialen Erfahrungen und Umwälzungen für den Heranwachsenden alle zuvor als zuverlässig empfundenen „Werte der Gleichheit und Kontinuität" in Frage stellen. Eine auffällige Verunsicherung jenes noch während der Latenzzeit als selbstverständlich erachteten affektiven Grundtonus im Selbsterleben herrscht vor. Sie erweckt im Heranwachsenden ein ängstliches, aber auch neugieriges Interesse, das erschütterte Gefühl von sich selbst mit dem Bild zu vergleichen, das Erwachsene und vor allem Gleichaltrige von ihm besitzen. Nach Erikson spannt sich jetzt eine krisenhafte Entwicklungspolarität zwischen „Ich-Identität" einerseits und „Identitätsdiffusion" andererseits auf, für die der Jugendliche zu einer subjektiv überzeugenden, aber auch sozial stimmigen Lösung finden muß. Unter Bezugnahme auf eine konkrete gesellschaftliche Realität, nämlich die der weißen amerikanischen Mittelschicht in der historischen Zeitspanne der 40er bis 60er Jahre, war Erikson noch der Ansicht, daß diese zentrale Entwicklungsaufgabe während der Jugendphase gemeistert werden müsse, und nicht in das frühe Erwachsenenalter hinein verzögert werden dürfe, ohne die seelische Gesundheit und die soziale Adaptation des Heranwachsenden zu gefährden. Veränderte soziokulturelle Bedingungen, die in dem Konzept der „verlängerten Adoleszenz" oben angedeutet wurden, legen aber nahe, daß diese komplexen Entwicklungsschritte, wenngleich in den Adoleszenzjahren ihren Ausgang nehmen, so doch erst im jungen Erwachsenenalter zur eigentlichen Herausforderung werden (Hill 1993, Kapfhammer 1993). Die Ausführungen Eriksons sollen deshalb hier als Einstieg in die Thematik dargestellt werden, die im jungen Erwachsenenalter nochmals aufgenommen wird.

Erikson (1973) selbst versteht unter Ich-Identität einen „spezifischen Zuwachs an Persönlichkeitsreife, den das Individuum am Ende der Adoleszenz der Fülle seiner Kindheitserfahrungen entnommen haben muß, um für die Aufgaben des Erwachsenenlebens gerüstet zu sein"(S. 123). Hierbei ist die Ich-Identität „mehr als die Summe der Kindheitsidentifikationen. Sie ist das innere Kapital, das zuvor in den Erfahrungen einander folgender Entwicklungsstufen angesammelt wurde, wenn eine erfolgreiche Identifikation zu einer erfolgreichen Ausrichtung der Grundtriebe des Individuums auf seine Begabung und seine Chancen geführt hat... Das Gefühl der Ich-Identität ist also das angesammelte Vertrauen darauf, daß der Einheitlichkeit und Kontinuität, die man in den Augen anderer hat, eine Fähigkeit entspricht, eine innere Einheit und Kontinuität... aufrechtzuerhalten. Das Selbstgefühl, das am Ende jeder der Hauptkrisen erneut bestätigt werden muß, wächst sich schließlich zu der Überzeugung aus, daß man auf eine erreichbare Zukunft zuschreitet, daß man sich zu einer bestimmten Persönlichkeit innerhalb einer nunmehr verstandenen sozialen Wirklichkeit entwickelt" (S. 107).

Der Prozeß der Identitätsbildung im Verständnis Eriksons zielt also auf eine Integration grundlegender Aspekte des Selbsterlebens in eine neue kohärente und distinkte Persönlichkeitsstruktur. Er umfaßt wichtige Fragen der Differenzierung („wer bin ich nicht?"). Er wird weiter bestimmt von einer Individuation und Autonomiesuche, die den Heranwachsenden befähigen soll, als von seinen Eltern getrennte Person zu handeln, nach eigenen Überzeugungen und Wertvorstellungen entscheiden zu können, hierbei das Gefühl der Selbstbestimmung und Eigenverantwortlichkeit zu zeigen. Wie bereits in den Ausführungen zur Position P. Blos' anklang, beinhaltet die entwicklungsmäßige geforderte Individuation eine Reorganisation der inneren Erfahrungen wie z. B. der Selbstphantasien und zentralen Emotionen. Nach Erikson muß es aber zu einer konstruktiven Abstimmung zwischen dem eigenen Gefühl einer inneren Gleichheit und Kontinuität trotz entscheidender Entwicklungsveränderungen einerseits und grundlegenden sozialen Außendefinitionen und gesellschaftlichen Rollenanforderungen andererseits kommen. Erikson betont damit in der adoleszenten Entwicklung ein typisches Zusammenspiel von persönlicher und sozialer Identität. Nicht nur den Erfahrungsschatz aus den kindlichen Identifikationen gilt es neu zu bewerten und umzugestalten, sondern ihn auch einer neuen Identifikationsform unterzuordnen, die der Jugendliche nur in der intensiven Gemeinschaft und im Wetteifern mit Gleichaltrigen erreichen kann. Während die Kindheit beim Erwerb neuer Rollen und Problemlösungsstrategien den Raum des freien und zunächst unverbindlichen Spiels und Probierens offenhält, gerät der junge Mensch recht bald in die zwingende soziale Lage, zu dauerhafteren Selbstdefinitionen zu gelangen, die maßgeblich sein künftiges Leben als Erwachsener bestimmen werden. Die

Entwicklungsnotwendigkeit, verbindliche psychosoziale Entscheidungen innerhalb eines definierten Zeitraums in einem bestimmten sozialen Raum treffen zu müssen, die innerseelisch noch schwerlich gefällt und folgedessen auch kaum verantwortet werden können, wird somit zu einem Hauptproblem des Jugendlichen. Dieses Problem wird zusätzlich intensiviert, als der ursprüngliche soziale Rahmen der Kindheit, nämlich die Ursprungsfamilie gerade auf Grund eingreifender intrapsychischer Umwälzungen stark relativiert werden muß (s. o.).

Bei der Suche nach einer neuen psychosozialen Identität ist dieser familiäre Rahmen vielfach unzureichend geworden. Die nach Erikson jetzt normativ einsetzende „Verwirrung im Identitätsgefühl" des Jugendlichen zeigt jedoch eine breite Variation in den Erscheinungsformen sowie in den Ausprägungsgraden. Sie hängt neben biographischen Vorbelastungen und aktuell traumatischen Lebensumständen maßgeblich davon ab, welchen Freiraum eine bestimmte Gesellschaft dem Jugendlichen gestattet, welches Angebot an experimentierenden Möglichkeiten sie ihm unterbreitet. Diese Chance eines „psychosozialen Moratoriums" wird gesellschaftsspezifisch darüber entscheiden, ob die „normative Krise" in erster Linie die vermehrte Konfliktträchtigkeit und die Labilität der Ich-Funktionen des Heranwachsenden hervortreten läßt, oder aber sein hohes Wachstumspotential in seinen spielerischen Selbstdarstellungen und kreativen Entwürfen fördert.

In dieser Perspektive muß manche verhaltens- oder erlebnismäßige „Diffusion" eines Jugendlichen oft auch als kulturspezifisch toleriertes, oder ebenso häufig bei entsprechender gesellschaftlicher Restriktion von ihm provokativ gefordertes soziales Spiel und berechtigtes Protestverhalten verstanden werden. Ein Experimentierraum gestattet auf intrapsychischer Ebene die Entfaltung seiner Ich-Kräfte. Phantasie und hinzugewonnene Introspektionsgabe führen ihn oft gewagt an Inhalte des Unbewußten heran. In einer bewußtseinsnäheren Konfrontation aber schaffen sie ihm jetzt eine günstigere Basis zu einer konstruktiven Auseinandersetzung mit und Kontrolle seiner Lebenswelt. Eine notwendige Absicherung auch dieser sehr persönlichen seelischen Erlebnisse und Einsichten muß sich nach Erikson in der prinzipiellen Mitteilbarkeit an und bestätigenden Validierung durch die Gruppe der Gleichaltrigen vollziehen. Dieser ständige Prozeß des Meinungs- und Erfahrungsaustauschs in der Peergroup trägt maßgeblich dazu bei, eine passagere „Identitätsdiffusion" abzubauen und zu differenzierteren Vorstellungen der eigenen Person, der von gleichaltrigen Kameraden sowie der von künftig einzunehmenden Erwachsenenrollen zu gelangen.

Die Schwierigkeiten der Selbstfindung bei einem toleranten Angebot einer Gesellschaft, bei einer funktionstüchtigen Bezugsgruppe Gleichaltriger und bei früheren erfolgreichen Identifikationsmöglichkeiten in der Primärfamilie führen in der Regel zwar zu bunten, aber kaum zu psycho- bzw. soziopathologischen Ausdrucksformen. Ungünstigere Entwicklungsvoraussetzungen und restriktive aktuelle psychosoziale Rahmenbedingungen können jedoch bei vereinzelten Jugendlichen eine akute „Ich- und Identitätsdiffusion" auslösen. Erikson (1973) schreibt, dies geschehe häufig dann, „wenn der junge Mensch sich vor eine Häufung von Erlebnissen gestellt sieht, die gleichzeitig von ihm eine Verpflichtung zur physischen Intimität, zur Berufswahl, zu energischer Teilnahme am Wettbewerb und zu einer psychosozialen Selbstdefinition fordern" (S. 155). Erikson arbeitet paradigmatisch typische Probleme der versuchten Intimität, der Diffusion der individuellen Zeitperspektive und der Diffusion des Werksinns heraus. Er weist darauf hin, daß diese verunsicherten Selbstzustände außerordentlich quälend und instabil seien und häufig rasch in einen devianten Zustand einer übernommenen „negativen Identität" einmünden könnten:

- Eine latente Schwäche der Identität enthüllt sich nicht selten erst dann, wenn der Versuch einer intimen Freundschaft, eines sich Einlassens in eine sexuelle Beziehung gewagt werde. Dieser Versuch verlangt nämlich eine zuvor erfolgreich festgefügte Selbstabgrenzung und setzt erprobte Formen des spielerischen Umgangs mit dem anderen Geschlecht voraus. Im sexuellen Kontakt auftretende Gefühle der Verschmelzung, manchmal auch der bedrohlichen Vereinnahmung durch den Partner sowie Sensationen einer sexuellen Erregtheit, von Lust und Unlust müssen erfolgreich ertragen und schließlich angenommen werden. Fehlen diese Stufen der Vorerfahrungen, oder dominieren Verletzungen und Enttäuschungen, so resultieren nicht selten eine krampfhafte innere Zurückhaltung und ein Vermeiden von reiferen partnerschaftlichen Engagements. Wenn also „das sichere Gefühl der Identität fehlt, werden auch die Freundschaften und Liebesverhältnisse zu verzweifelten Versuchen, die unscharfen Umrisse der eigenen Identität durch narzißtisches gegenseitiges Bespiegeln herauszuarbeiten" (Erikson 1973, S. 157). Der Zusammenbruch der sexuellen Identität droht, die Palette reicher Empfindungen und differenzierter Lustsensationen engt sich ein oder vermischt sich mit diffusen panischen Ängsten. Nicht selten kommt es dann zum Verlust einer jeglichen Fähigkeit zur Gemeinschaft und bedingt eine soziale Isolation. Doch auch das andere Extrem, nämlich die suchtartige Umklammerung eines Liebesobjekts verneint eine reife Intimität und signalisiert eine zugrunde liegende Identitätsschwäche.
- Eine besondere Form der Störung des Zeiterlebens charakterisiert vor allem Fälle einer verspäteten oder verlängerten Adoleszenz. Zentral ist das Gefühl, in große Zeitbedrängnis geraten zu sein, manchmal den Zeitbegriff als eine Dimension des Lebens ganz verloren zu haben. Diese Gestimmtheit rührt aus der ungelösten Spannung zwischen übersteigerten Selbstidealen, illusionär gehegten Selbstverwirklichungsträumen und der resignierten Erkenntnis darüber, daß jede reale Entscheidung für eine Option mit der schmerzlichen Aufgabe zahlreicher anderer Alternativen einhergehe. Diese Jugendlichen klagen über vertane großartige Chancen und vergeudete Talente. Sie sind überzeugt, auch die Zukunft werde hieran nichts ändern. Eine

depressive Verstimmung, umfassende Entscheidungsunfähigkeit und eine allgemeine Aktivitätshemmung können vorliegen.

- Eine damit vergleichbare Psychodynamik zwischen hochfliegenden Vorstellungen und narzißtischer Kränkbarkeit selbst bei kleinsten Enttäuschungserlebnissen liegt oft einer akuten Störung der Leistungsfähigkeit zugrunde. Sie äußert sich in dem Unvermögen, sich auf eine Arbeit zu konzentrieren, sie mit ihren möglichen Hindernissen und Schwierigkeiten durchzuführen sowie das produzierte Ergebnis in einer endgültigen, meist unvollkommenen Form akzeptieren zu können. Oder aber es dominiert eine geradezu besessene, nicht selten selbstzerstörerische Beschäftigung mit einseitigen Fragestellungen, die Konsequenzen für übergreifende Zusammenhänge außer acht läßt.
- Oft drückt sich der Verlust des Identitätsgefühls in einem wütenden oder prahlerischen Ablehnen jeglicher von Familie und sozialer Umgebung nahegelegter, wünschenswerter Rollen aus. Erikson spricht von einer Flucht in eine „negative Identität". Auch in diesen Äußerungen der Verachtung und Provokation kann noch der verzweifelte Versuch aufgedeckt werden, wenigstens als „arrogantester", „höchst gefährlicher", „alles verachtender" Jugendlicher Bestätigung zu finden. Nur so scheinen die Flucht aus einer bürgerlichen Durchschnittlichkeit und die Erhaltung von narzißtischen Größenideen zu gelingen.

In diesem Zusammenhang ist es vorteilhaft, auf eine wichtige Differenzierung zwischen „Identitätskrise" und „Identitätsdiffusion" aufmerksam zu machen, die Kernberg (1976) in strukturell-klinischer Hinsicht trifft. Für ihn ist „Identitätsdiffusion" ein pathologisches Phänomen der Adoleszenzentwicklung, die ein regelhaftes Zeichen der Borderlinepersönlichkeitsorganisation darstellt und auf primitiven Spaltungsvorgängen beruhende, dissoziierte Ich-Zustände im Erleben und Verhalten verweist. Demgegenüber handelt es sich bei der adoleszenten „Identitätskrise" um eine lediglich passager verlorene Korrespondenz eines inneren Identitätsgefühls, das in sich durchaus schon konturiert sein kann, und einer Bestätigung dieses Grundgefühls durch die psychosoziale Umgebung des Jugendlichen. Trotz Anzeichen eines offenkundigen „emotionalen Aufruhrs" ist so ein Jugendlicher fähig, Schuldgefühle zu verspüren, Fürsorge für sich und andere Personen zu zeigen, dauerhaftere, nicht ausbeutende Beziehungen zu pflegen, in denen die andere Person realistisch gesehen wird, und seine persönlich Wertewelt konsistent auszudehnen und zu vertiefen.

4.4.1.4 Kognitive Entwicklungslinie

Die auf den Erkenntnissen von Piaget (1966) beruhende kognitive Entwicklungslinie sieht im Erwerb formaler Denkoperationen den entscheidenden

Fortschritt in den intelligenten Kompetenzen des Adoleszenten. Hiermit wird nicht ausgesagt, daß die höchste formale Denkstufe von allen Jugendlichen und später von allen Erwachsenen tatsächlich erreicht wird. Es ist ebenfalls nicht impliziert, daß diese Denkform durchgängig alle Persönlichkeitsbereiche und seelischen Funktionen eines Heranwachsenden bestimmen würde. Aber einmal aufgenommen, übt sie einen zentralen Einfluß auf dessen Erleben aus. Sie hat entscheidende Konsequenzen für seine affektive Fortentwicklung.

Das formale Denken ist erreicht, wenn die Lösung von der Vorherrschaft des Konkret-Anschaulichen vollzogen werden kann. Diese neuen kognitiven Prozesse zeichnen sich durch ihre größere Abstraktheit aus, durch das Herstellen von Beziehungen zwischen den verschiedenen Aspekten eines Untersuchungsthemas sowie durch ein hypothetisches, deduktives Vorgehen. Damit ist der Bereich des Möglichen in der Vorstellungswelt des Jugendlichen eröffnet, aber zugleich auch eine wichtige Voraussetzung dafür geschaffen, die Grundlagen von bestehenden Verhältnissen zu erforschen. Bislang hingenommene Fakten unterliegen jetzt einem starken Bedürfnis nach Begründung und Rechtfertigung.

Diese formalen kognitiven Voraussetzungen bilden die Basis eines völlig veränderten Bewertungs- und Orientierungssystems des Jugendlichen für seine reale Umwelt und mögliche Alternativmodelle. Sie prägen die Art seiner Kommunikationsform mit Gleichaltrigen, Eltern und Vorgesetzten. Sie bestimmen auch den Umgang mit der eigenen Person auf höchst typische Weise. Entsprechend dominieren Entwürfe von erkannten oder für möglich erachteten Zusammenhängen und werden unter den Freunden der Altersstufe zur Diskussion gestellt, als Anregungen aufgenommen und weiter bearbeitet. Differenzierte Vorstellungsbilder erfassen jetzt Bereiche, die weit über das Begreifbare und den konkreten Anschauungshorizont des Kindes hinausgehen. Die Themen umspannen komplexe soziale Verhältnisse, die in ihren erschlossenen realen Bedingungen mit möglichen Gegensystemen konfrontiert werden. Sie behandeln abstrakte Inhalte wie Gerechtigkeit, Freiheit, Autorität usw. In seiner fruchtbarsten Eigenheit, nämlich in der sich entfaltenden Fertigkeit der gezielten Fragestellung prägt formales Denken aber auch den Dialog zwischen Jugendlichem und Erwachsenem. Die erhöhte Kritikfähigkeit verursacht größtenteils jene Form des Umgangs, die in ihrer typischen Erscheinungsform zum „Generationenkonflikt" in diesem Entwicklungsabschnitt werden kann. An ihm wird das spannungsgeladene, vorübergehende Ungleichgewicht des Denkens demonstriert. Nicht selten polarisieren sich in den beiden Parteien die von Piaget als zusammengehörig beschriebenen Teilvorgänge der Assimilation und Akkommodation. Den Versuchen der Jugendvertreter, erkannte Spannungsmomente in gesellschaftlichen Umgangsformen, Ungereimtheiten zwischen offiziell eingeforderter und tatsächlich praktizierter Erwachsenenrealität, Gegensätze von vergangener und gegenwärtiger Geschichte in einem neuen Ordnungssystem aufzulösen, stehen häufig Bemühungen der Erwachsenenvertreter gegenüber, auf die Kontinuität des Werdegangs einer Gesellschaft hinzuweisen, die Notwendigkeit einer konstanten und verbindlichen Orientierung zu betonen, und vor allem das vernünftig Machbare im ideenmäßig Möglichen herauszustellen. Schon diese wenigen, überwiegend allgemeineren Auswirkungen der neuen Denkstufe verdeutlichen, wie notwendig ein Forum zur Darstellung jugendlicher Vorstellungswelten wird, sollen sich erworbene Fähigkeiten der Abstraktion und Überlegung nicht im Bereich wirklichkeitsfremder Ideen verlieren. Die überragende Wichtigkeit eines partnerschaftlichen Dialogs wird sichtbar, führt man sich die Konsequenzen einer eventuellen Entgleisung dieses Dialogs vor Augen. Nur wenige Stichworte wie Drogenkonsum, extremistische Parteienbildung oder religiöse Sektenangehörigkeit deuten stellvertretend auf eine abgebrochene Kommunikationsbasis zwischen den Vertretern beider Lager. Die Bildung eines konstruktiven „Generationenkonflikts" stellt somit ebenfalls eine normative Aufgabe der Adoleszenz dar. Voraussetzungen neben der kognitiven Fertigkeit, Zusammenhänge in komplexeren Systemen zu erkennen und Ursachen-Folgen-Beziehungen herzustellen, sind aber fest definierte soziale Rollen der einzelnen Interaktionspartner, die überhaupt erst eine Differenzierung des eigenen und des fremden Standpunktes erlauben. Eine wesentliche Bedingung neben dem Angebot eines zwischen den Generationen differenzierten Status ist aber eine von beiden Parteien wechselseitig zugestandene Glaubwürdigkeit.

Bislang angedeutete Konsequenzen des formalen Denkens bezogen sich auf soziale Selbstdarstellungen zwischen Gleichaltrigen und vor allem auf die kontroverse Beurteilung realer und möglicher Verhältnisse zwischen den Generationen. Von nicht minderer Bedeutung sind die Auswirkungen auf die Vielfalt von Interessen, Talenten und Merkmalen, die maßgeblich zu einer Formung der jugendlichen Persönlichkeit beitragen. So können aus der Kindheit übernommene Vorlieben und Hobbies dadurch eine ganz neue Dimension erfahren, als sie erstmals als persönliche Entfaltungsmöglichkeit benützt werden können. Wie die Relativierung äußerer Verhältnisse, das Infragestellen bislang als selbstverständlich hingenommener Tatsachen der Außenwelt kündet jetzt aber auch die eingehende Beschäftigung mit der eigenen Person von der erworbenen Fähigkeit, sich vom Alten und Gewohnten lösen zu müssen. Eine zunehmend differenziertere Fertigkeit zur Introspektion, zum reflexiven Blick auf die eigenen Gedankenabläufe, zu einer selbstkritischen Bewertung der eigenen Person stellt sich gleichfalls als potentiell krisenhafte Selbstwahrnehmung dar. Hierbei macht sich ein Kennzeichen des adoleszenten Denkvermögens als konfliktreich bemerkbar. Die kognitive Fähigkeit des Jugendlichen zur Abstraktion ist offenkundig noch eine ganze Weile außerordentlich kontextabhängig (Fischer et al. 1990). Dies bedingt eine hohe Reversibilität und Variabilität in den sozial erlebten Selbstdefinitionen. Was extern als Fortschritt imponieren mag, verweist innerseelisch auf eine zumindest passager erhöhte Vulnerabilität. Sie drängt den Heranwachsenden zur zuweilen quälenden Suche nach dem wahren Kern seines Selbst, den er mit seinem inneren, seinem echten Wesen verbindet und dessen er noch so schwerlich habhaft ist und kaum mitteilen kann. Sie bedingt vorübergehend eine Unterscheidung dieses privaten Selbst gegenüber den vielfältigen äußeren, nicht selten als beliebig, entfremdet und unauthentisch erlebten Erscheinungsformen seines öffentlichen Selbst. Broughton (1981) spricht in diesem Kontext von einem Stadium des „geteilten Selbst". Chandler (1975) erblickt hierin eine „epistemologische Einsamkeit des Adoleszenten". Harris und Gross (1988) verbinden hiermit den Erwerb eines „Konzeptes verborgener Emotionen" sowie ein reifendes Verständnis des Jugendlichen für verdrängte Gefühle in einem unbewußten Erleben. Das hohe Ausmaß an regressiv angestoßener narzißtischer Selbstbezüglichkeit, aber auch die entwicklungsbedingt notwendige Strukturlabilisierung des Jugendlichen führt auch dazu, daß sich in seinen bewußten und vorbewußten Haltungen primär- und sekundärprozeßhafte Denkweisen innovativ verschränken können. Noy (1978, 1979) identifiziert in diesem adoleszenten Entwicklungsprozeß eine operationale Synthese zwischen den beiden, bereits von S. Freud (1900) skizzierten Denkmodalitäten. Er beschreibt eine entscheidende Umstrukturierung in den kreativen Ausdrucksmöglichkeiten des Jugendlichen, die auf eine Überwindung der vorher noch strikten Polarisierung, auf eine wechselseitig befruchtende Durchdringung der primär- und sekundärprozeßhaften Stilmittel zielen. So kommt jetzt nach Langer (1957) allmählich ein besonderes Potential des Heranwachsenden zur Entfaltung, nämlich seine besondere Vorliebe für die Gestaltung von Form an sich, sein reifendes Bewußtsein für Harmonie, Balance, Symmetrie und Versöhnung von widerstrebenden Gegensätzen in seinen kreativen und zuweilen auch künstlerischen Entwürfen.

Doch auch das Affekterleben an sich durchläuft mit dem Erwerb der formalen Operationen eine entscheidende Transformation (Greenspan 1979). Wie bereits in Kap. 4.2.2 ausgeführt, gestattet in der Periode der konkreten Operationen das damals neu erworbene Prinzip der Reversibilität zunächst nur entweder die Anwendung der Konstruktion der Inversion *oder* der Reziprozität. In der Periode der formalen Denkoperationen sind Inversion *und* Reziprozität sowie auch die Inversion der Reziprozität als gleichzeitig verfügbare Denkkonstruktionen möglich. Diese erhöhte Flexibilität hat an einer „inneren Grenze" der Affektivität und Triebhaftigkeit enorme Konsequenzen. Betrachten wir zur Veranschaulichung das Beispiel des Beziehungssystems „Kind – Mutter" in den beiden Grundgefühlen: „Ich bin auf die Mutter ärgerlich" und „ich liebe die Mutter". Steht dem konkret-operationalen Beziehungssystem etwa lediglich die Konstruktion der Inversion zur Verfügung, so lauten die prinzipiell möglichen Transformationen: „Ich bin auf die Mutter nicht ärgerlich" sowie „ich liebe die Mutter nicht".

Analoges gilt für die Konstruktion der Reziprozität. Das System verfügt also lediglich über vier grundlegende Reaktionsmöglichkeiten. Man kann leicht einsehen, daß es überfordert ist, allzu diskrepante Gefühlszustände wie schon die beiden Grundgefühle „Ärger/Liebe" zu integrieren. Auch die Kombination von „Ärger/Nicht-Liebe" wirkt häufig als noch zu bedrohlich. So bleibt meist nur die Alternative: „Ich bin auf die Mutter nicht ärgerlich"/„ich liebe die Mutter". Diese affektive Reaktion konstituiert aber die unflexible Abwehroperation der Leugnung. Sehr viel breitere Reaktionsmöglichkeiten besitzt hingegen das auf formal-operativem Niveau funktionstüchtige Beziehungssystem. Allein die Gefühlsreaktion „ich bin auf die Mutter ärgerlich" erlaubt folgende Transformationen: „Ich bin auf die Mutter nicht ärgerlich" (invers), „die Mutter ist auf mich ärgerlich" (reziprok), „die Mutter ist auf mich nicht ärgerlich" (invers-reziprok = korrelativ). Analoges läßt sich auch für das Gefühl der Liebe konstruieren. Aus dem Angebot der 16 Kombinationsmöglichkeiten kann der Jugendliche in einem formal-operationalen Beziehungssystem nun jene auswählen, die seinen augenblicklichen dynamischen und adaptiven Zwecken am besten dient. Ärger gegen die Mutter läßt sich für ihn sehr wohl auch mit einer (grundlegenden) Zuneigung für sie verbinden, ohne die Beziehung insgesamt zu sprengen. Früher gefährliche Gefühle werden nämlich jetzt nicht mehr notwendigerweise als konkretistisch erlebt, Wut wird also nicht unbedingt einer Tötung oder eine ödipale Regung nicht unweigerlich einem drohenden Inzest gleichgesetzt. Ein ungehinderterer Zugang zur Vielfalt der Gefühle und Triebe ist ihm nunmehr möglich und bietet ihm verschiedene Wege, eine ganz persönliche Identität zu finden.

4.4.1.5 Entwicklungslinie der interpersonalen Kompetenz und des Selbst- und Objektverständnisses

Standen sich die psychoanalytische Position Freuds und der epistemologische Ansatz Piagets über Jahrzehnte relativ unvermittelt gegenüber, so sind inzwischen bedeutsame Theorieentwürfe vorgelegt worden, die eine fruchtbare Konvergenz der beiden Perspektiven ermöglichen. Ihnen ist gemeinsam eine eigenständige Thematisierung kognitiver und psychodynamischer Prinzipien einerseits, eine Verknüpfung mit Erkenntnissen der psychosozialen Entwicklung innerhalb struktur-konstruktivistischer Wirklinien andererseits. Ein Beispiel für ersteren Ansatz wäre der wiederholt rezipierte Beitrag von Greenspan (1979), Beispiele für zweiteren Ansatz wären die Entwicklungsmodelle von Selman (1980, 1981) oder Noam (1988a, b).

Selman versucht die unterschiedlichen Niveaus eines interpersonalen Wissens und Verstehens als sich wandelnde strukturelle Voraussetzungen eines Individuums herauszuarbeiten, mit jeweils alterstypischen Entwicklungsaufgaben konstruktiv umzugehen. Sein grundlegender Analysefokus ist die sich entwicklungsmäßig verändernde sozio-kognitive Fertigkeit des heranwachsenden Kindes und Jugendlichen, sich selbst in einer sozialen Interaktion mit anderen Personen zu begreifen, die unterschiedlichen sozialen Perspektiven zu koordinieren, ein infolge der Problemlage verursachtes interpersonales Ungleichgewicht durch Veränderung der eigenen oder der Belange des anderen assimilativ bzw. akkommodativ zu verhandeln sowie die hierbei ausgelösten

Affekte zu integrieren. Nach Selman ist in enger Nachbarschaft zur allgemeinen kognitiven Entwicklungslinie auch eine sukzessive Reihe unterschiedlicher Strukturniveaus im interpersonalen Verständnis und in der Koordination von sozialen Perspektiven aufzustellen. Die aufeinander folgenden sozio-kognitiven Niveaus beschreiben in einer affektpsychologischen Dimension wichtige Auswirkungen auf eine sich verändernde Empathiefertigkeit, die idealtypisch skizziert und schließlich auf die adoleszenten Entwicklungsprozesse hin ausgerichtet werden sollen:

Auf einer untersten Stufe herrschen primär „impulsive“, unreflektierte Handlungstechniken vor, ein Problem zu lösen. Eine Koordination der Perspektiven der miteinander involvierten Parteien fehlt, die beanspruchte Position ist „egozentrisch“ und „undifferenziert“. Auf einer folgenden Stufe wird zwar ein Konflikt zwischen den Perspektiven beider Parteien erkannt, die Lösungsstrategie selbst bleibt aber noch „unilateral“ und „subjektiv“, unreflektiert beherrschend oder sich anpassend. Die nächste Stufe ist bereits von einem psychologischen Verständnis für „reziproke“ Interaktionen der Sozialpartner gekennzeichnet. Dies setzt eine Einsicht in die planvollen Absichten der beiden Handelnden voraus, berücksichtigt möglicherweise schon unterschiedliche Gefühlszustände und Bedürfnisse auf beiden Seiten. Die Verhandlungsstrategien orientieren sich zwar am eigenen Vorteil, beinhalten aber auch bei Notwendigkeit ein schließliches Nachgeben, nie aber eine bedingungslose Aufgabe der eigenen Position. Auf einer reifen Verhandlungsstufe, die erstmals in den Adoleszenzjahren möglich wird, dominiert das Prinzip einer „wechselseitigen“ Anerkennung der Positionen, einer ausgewogenen „Kollaboration“. Die hier praktizierten Strategien beinhalten Kompromiß, Dialog, Prozeßanalyse und die Entwicklung von gemeinsam geteilten Zielen, welche die individuellen Bedürfnislagen berücksichtigen, aber einem übergeordneten Beziehungsziel unterordnen. Wir können auf dieser adoleszenten Entwicklungsstufe die unmittelbare Übersetzung jener oben geschilderten adoleszenten kognitiven Fortschritte auf eine sozio-konstruktive Verhandlungsebene identifizieren, auf der idealerweise die alterstypischen Konfliktspannungen zu Gleichaltrigen oder aber zur Elterngeneration positiv gelöst werden können.

Die im Entwicklungsverlauf wiederholt sich verändernde Sichtweise auf die eigene Person und wichtige zwischenmenschliche Interaktionen steht auch bei Noam im Vordergrund eines klinischen und theoretischen Forschungsinteresses. „Biographie“ stellt sich bei ihm in erster Linie als eine Geschichte internalisierter Beziehungen dar, deren „Kontinuität“ über „zentrale Lebensthemen“ aufrechterhalten wird. Ein strukturalistischer Ansatz verdeutlicht wiederum mehrere bedeutsame Transformationen in der vorherrschenden Organisation der Selbsterfahrung. Für einzelne Strukturniveaus lassen sich unterschiedliche „Logiken des Selbst- und Objektverständnisses“ herausarbeiten, die eine hohe Ähnlichkeit mit den von Selman formulierten Entwicklungsprinzipien zeigen. Für die Jahre der Adoleszenz behauptet Noam zwar eine lockere Assoziation einer bestimmten Entwicklungshöhe mit der chronologischen Altersstufe. Er betont jedoch eine typische Vielfältigkeit sog. „Adoleszentenwelten" in einzelnen Sektoren des psychosozialen Lebens (Noam et al. 1990). In aufsteigender psychologischer Reife beschreibt er zunächst eine „subjektiv-körperliche", dann eine „reziprok-instrumentelle", hierauf eine „wechselseitig-inklusive" und schließlich eine „systemisch-organisationsmäßige Adoleszentenwelt". Für den Bereich der Familie und der Peer-Gruppe als Hauptvertretern hierarchisch bzw. egalitär ausgerichteter Beziehungen können so zentrale affektive Erfahrungsmuster, prinzipielle Konflikte und Entwicklungshemmnisse, aber auch typische Abwehr- und Copingstile in diesem Altersabschnitt beschrieben werden. Eine hier implizite entwicklungspsychopathologische Dimension besagt, daß ein Jugendlicher in einer aktuellen psychosozialen Situation prinzipiell auf allen Strukturniveaus agieren kann, insbesondere im Kontext der oben beschriebenen passageren Regressionen. Ist er aber z. B. umfassend auf einer „subjektiv-körperlichen" Entwicklungsstufe arretiert, sind hier konkrete Operationen seine reifsten kognitiven Fertigkeiten, bestimmt überwiegend eine private Phantasiewelt seine soziale Orientierung und charakterisiert ihn eine weitgehend impulsive Bedürfnisbefriedigung, dann ist er nicht imstande, die komplexen Entwicklungsaufgaben der Adoleszenz ohne ernsthafte psychopathologische Gefährdung aufzunehmen.

4.4.1.6 Moralisch-ethische Entwicklungslinie

Neben fundamentalen Umwälzungen im Erleben von Sexualität und Leiblichkeit, in der Reflexionsfähigkeit auf die eigene Person mit ihren unterschiedlichen Selbstaspekten, im Erwerb neuartiger psychosozialer Kompetenzen und der Übernahme eigenverantwortlicher Rollen, im Zugewinn fortschrittlicher kognitiver Orientierungs- und Bewältigungstechniken wird in den Adoleszenzjahren auch eine veränderte Fähigkeit zu moralischer Haltung und ethischer Argumentationsweise deutlich. Auch in dieser Entwicklungslinie lassen sich sukzessive Organisationsstufen mit einer entscheidenden Transformation in dem uns interessierenden Reifungsabschnitt ausmachen. Die enge Verwobenheit der Entwicklung des moralischen Bewußtseins und Urteils mit der allgemeinen kognitiven Entwicklung ist bereits bei Piaget (1954, 1981) ein wichtiger Analyseaspekt. Sie ist integrales Zentrum im Forschungsansatz von Kohlberg (1981). Es läßt sich hier auch ein vorteilhafter Brückenschlag zu den oben skizzierten Modifikationen des adoleszenten Über-Ichs vornehmen.

In den Modellvorstellungen Kohlbergs zur Entwicklung des moralischen Bewußtseins lassen sich drei wesentliche Ebenen (re-)konstruieren. Auf einer „vormoralischen" oder „präkonventionellen" Ebene interpretiert das Kind kulturelle Regeln und Bezeichnungen von „gut" und „böse" vorrangig in Begriffen körperlich-affektiv erfahrener Konsequenzen der eigenen Handlungen. Eine „Orientierung an Strafe und Gehorsam einerseits, an Belohnung andererseits" dominiert. Der Geltungsbereich bezieht sich auf die enge natürliche und soziale Umwelt der frühen Kindheitsjahre. Auf einer „regelkonformen" oder „konventionellen" Ebene werden bleibende Erwartungen der Familie, der sozialen Gruppe oder der Gesellschaft als wertvoll in sich eingeschätzt, ohne Rücksicht auf unmittelbare und offensichtliche Konsequenzen. Nicht nur die Konformität mit persönlichen Erwartungen oder mit der sozialen Ordnung, sondern auch das aktive Eigenbestreben, selbst diese Werte zur Geltung zu bringen, ist kennzeichnend. In einer „Orientierung an der Wechselseitigkeit zwischenmenschlicher Beziehungen" löst sich die moralische Bewertung zwar von greifbaren, externen Sanktionen, bleibt jedoch noch weitgehend auf Zustimmung oder Mißbilligung durch die soziale Bezugsgruppe angewiesen. Eine kritiklose Unterwerfung unter Mehrheitsbeschlüsse überwiegt, erste moralische Intentionen der reifenden Persönlichkeit des Schulkindes werden aber spürbar. In der „Orientierung an der Aufrechterhaltung von sozialer Ordnung und Autorität" werden moralische Prinzipien als von Personen unabhängige Strukturen anerkannt, die um ihrer selbst willen Respekt verdienen. Scham als Reaktion auf den Entzug von Liebe und sozialer Anerkennung in der Gruppe der primären Bezugspersonen, der Familie sowie des erweiterten sozialen Verbandes zeigen die nun erreichte Reife des moralischen Bewußtseins an.

Mit Beginn von Pubertät und Adoleszenz werden parallel zum möglichen Erwerb formaler Denkoperationen auch die Prinzipien der moralischen Urteilsbildung grundlegend umgestaltet. Der Übergang von der „heteronomen" zur „autonomen" Moral ist richtungsweisend (Piaget 1954). Ohne die neuartigen kognitiven Fertigkeiten wäre es nicht möglich, sich vom unmittelbar Vorgegebenen der Werteorientierung der Kindheitsjahre zu lösen und Alternativmodelle der moralischen Legitimation zu bedenken. In der Konfrontation mit anderslautenden, ja gegensätzlichen Wertesystemen weiterer wichtig werdender Bezugsgruppen wie etwa in der Arbeitswelt oder im Bereich der Freizeitgestaltung mit Gleichaltrigen muß verunsichernd wirken. Das Auftreten von Wert- und Bewertungskonflikten scheint eine unvermeidbare Konsequenz zu sein. Diese werden um so schmerzlicher sein, je intensiver und selbstverständlicher elterliche Gebote als persönliche Wertmaßstäbe übernommen worden sind. Auch hier begreift ein kritisches Denken die Relativität der früher als absolut angesehenen Werte. Wut, Enttäuschung, aber auch Schuldgefühle signalisieren einen konflikthaften Abschied von einer persönlich wertvollen, aber jetzt als fragwürdig erachteten moralischen Instanz der Elterngeneration. Während die Fähigkeit zur kritischen Analyse und Überprüfung von verbindlich erklärten Normen zur kognitiven Position einer Werteneutralität gelangen und allen von außen herangetragenen Ansprüchen jegliche Legitimität absprechen kann, ist der Schritt zu einer moralischen Autonomie damit aber nur halb vollzogen. Nicht selten bleibt die formale Strenge der Anforderungen an sich selbst als unbearbeitetes elterliches Teilerbe im Erleben und Handeln des Jugendlichen bestehen. Die kognitive

Fähigkeit zur Relativierung verknüpft sich so mit den affektiven Ansprüchen eines moralischen Rigorismus und kann sich dann in provokativ und zuweilen auch fanatisch vorgetragenen Idealen äußern, deren Verwirklichung impulsiv gefordert wird. Nur eine tolerante Gesprächs- und Verhandlungsbasis zwischen den Generationen schafft die Voraussetzung für den Erwerb der reifsten Komponente der Gewissensfunktion, nämlich der einsichtsvollen Selbstkritik. Diese opfert keineswegs restlos persönliche Ideale übermächtigen gesellschaftlichen Zwängen, die letztlich resignierend anerkannt würden. Sie behält vielmehr eine nach vorne gerichtete, offene Spannung von möglichen Wertemodellen bei, erkennt aber auch die Grenzen eigenen Handelns sowie die Bedenklichkeit eines persönlichen Werterigorismus. Nach Kohlberg zeichnet sich nun die „postkonventionelle" Ebene der selbstakzeptierten Prinzipien dadurch aus, daß in einer „Ordnung gemäß Vereinbarung von Regeln auf Gegenseitigkeit" moralische Richtlinien nur dann als verbindlich anerkannt werden, wenn sie einer kritischen persönlichen Überprüfung standgehalten haben und gleichzeitig auf dem demokratischen Konsens einer übergreifenden Gesellschaft beruhen. Das Bewußtwerden von der Relativität der hier akzeptierten Werte bleibt aber bestimmend. In einer „Orientierung gemäß individueller Gewissensentscheidung nach einem universalen ethischen Prinzip" stehen Urteil und Handeln im Einklang mit selbstgewählten ethischen Prinzipien. Diese sind logisch verständlich, allgemein, konsistent und keine konkreten moralischen Regeln. Sie können gegebenenfalls auch in Widerstreit zu gesellschaftlich verbindlichen Standards der konventionellen Moral geraten. Ein Verstoß gegen diese ethische Orientierung wird als subjektive Schuld begriffen.

In seinen Stufen zur moralischen Entwicklung unterscheidet Kohlberg also drei Niveaus, die zunehmende Grade an Reflexivität, persönlicher Entscheidungskompetenz und subjektiver Verantwortlichkeit charakterisieren. Aus einer feministischen Warte identifiziert Gilligan (1982) in diesem Entwicklungsmodell aber einen einseitigen männlichen Bias. Sie anerkennt in ihm wohl einen bedeutsamen Fortschritt weg von einer gerade in einer männlichen Welt dominierenden objektivierten, instrumentellen Moral hin auf eine in allgemeiner Rationalität gründende Ethik. Sie vermißt in dieser abstrakten Formulierung aber ein humanes Plädoyer für einen lebensnahen Kontext, in dem die empathische Wertschätzung des anderen zur höchsten Geltung gelangen könne. Frauen sei es während ihrer Sozialisation als typisch vermittelt worden, in ihren moralischen Entscheidungen eben diesen zwischenmenschlichen Kontext zu berücksichtigen. Aber auch ihnen könne es prinzipiell gelingen, im Laufe ihrer Adoleszenz- und jungen Erwachsenenjahre zu einer universalen Stufe der moralischen Entwicklung voranzuschreiten. Entscheidend hierfür sei auch bei ihnen eine psychologische „Unabhängigkeit", jedoch nicht im Sinne einer Enthebung von realen interpersonalen Kontexten. Vielmehr verlange ihre Unabhängigkeit eine notwendige Revision der in früheren Jahren übernommenen Position einer überzogenen Verantwortlichkeit für andere. Diese Verantwortungsethik beinhalte auf einer höchsten Reifestufe nicht Selbstaufopferung, sondern eine ausgewogene altruistische Haltung sowie einen Respekt für die eigenen Belange und Bedürfnisse.

Es ist jedoch wichtig, sich auch ganz allgemein nochmals zu vergegenwärtigen, daß diese Entwicklungslinie wie auch die vorherigen Parallelentwicklungen in anderen Sektoren der Persönlichkeit idealtypisch konzipiert sind, lediglich als eine unter konkreten historischen Verhältnissen gültige Folie potentieller Entwicklungsstufen zu verstehen sind, die keineswegs in der gesamten Komplexität von jedem Individuum durchschritten werden.

4.4.2 Typische Merkmale in der affektiven Entwicklung der Adoleszenz

Kehren wir kurz zu der eingangs vorgestellten polarisierten Sichtweise auf die adoleszenten Entwicklungsjahre zurück. Nehmen wir nochmals die Frage auf, ob wir die Epoche der Jugend verstärkt als eine Zeit des „emotionalen Aufruhrs" oder eher als eine Zeit vielfältiger, aber „ruhiger Transformationen ohne größere affektive Turbulenzen" verstehen können. Versuchen wir summarisch typische Merkmale der adoleszenten Emotionalität herauszustellen.

Selbst wenn wir einen zu sehr auf klinische Belange eingeengten Blickwinkel aufgeben und bemüht sind, uns auf die „normale" Affektentwicklung eines durchschnittlichen Jugendlichen zu konzentrieren, so können wir zunächst folgendes festhalten. Der Entwicklungsabschnitt der Adoleszenz stellt mit einer großen Wahrscheinlichkeit jene Zeitspanne im Lebenszyklus dar, in der sich innerhalb weniger Jahre eine überragende Fülle von auf einer körperlichen, psychologischen und sozialen Ebene gleichzeitig einsetzenden Veränderungen mit inneren und äußeren Anforderungen für den Heranwachsenden drängen. Eine Bewältigung dieser zahlreichen Entwicklungsaufgaben mit einherschreitenden Transformationen auf ein jeweils höher oder anders strukturiertes Niveau bedingt in einer psychoanalytischen Perspektive jenes unverwechselbare Bild des Jugendlichen mit simultanen regressiven und progressiven Entwicklungsschritten.

In einer regressiven Orientierung wird vom Adoleszenten verlangt, die infantilen Bindungen an seine Eltern aufzugeben und die kindlichen Repräsentanzen seiner Selbsterfahrung grundlegend umzugestalten. Dies beinhaltet eine intensive Auseinandersetzung mit zentralen Gefühlen der Verunsicherung, des Verlustes, der Annahme von Grenzen, der Sensibilisierung für alternative Möglichkeiten in der Selbstwahl. Wenngleich in dieser rückwärts gewandten Auseinandersetzung mit der eigenen biographischen Vergangenheit eine Fülle von früheren Affektzuständen auftreten können, beobachten wir keine zusätzlichen Affektstrukturen im Sinne hinzugewonnener kategorialer Affekte. Der Prozeß dieser aufgenommenen Entwicklungsherausforderung selbst besitzt aber eine neuartige affektive Konnotation. Er trägt maßgeblich zu einer reifen Fertigkeit der Trauer bei, die zwar zahlreiche Vorstufen im frühkindlichen Entwicklungsverlauf aufweist (vgl. Kap. 4.1.2.5), in der Bewältigung der ödipalen Konflikte durch Enttäuschung und Verzicht weiter akzentuiert worden ist, aber in der Adoleszenz ihre entscheidende Prägung erfährt (Colarusso 1988, R. Furman 1978, Katan 1951, Wolfenstein 1966, Zetzel 1965). Krystal (1988) zeigt auf, daß dieser übergreifende Prozeß einer Trauer in der Jugendzeit nicht nur eine erhöhte Toleranz gegenüber depressiv getönten Gefühlen, sondern auch gegenüber zahlreichen anderen Affekten wie Angst, Scham, Langeweile, Unbehagen und Schmerz verlangt. Um diese Transformation zu einer erwachsenen Affekttoleranz erfolgreich durchführen zu können, muß der Jugendliche nicht nur in seinen früheren Jahren eine Anzahl von Techniken gelernt haben, sich zu trösten und sich im Affektausdruck zu kontrollieren. Er muß in der adoleszenten Ablösung von seinen inneren Elternbildern jetzt auch abschließend wichtige Funktionen seiner Eltern für sich selbst ohne Schuld übernehmen und sie für sich eigenverantwortlich ausüben können. Nach Krystal beinhaltet diese reife Affekttoleranz eine vorteilhaftere Modulation von heftigen Affekten, eine Umformung in charakteristische Stimmungen bzw. Gestimmtheiten sowie einen verstärkten Einsatz von Affekten als zentrale innerseelische Signale. Die Welt der Emotionen muß endgültig zu einem Selbstbesitz werden, das Selbstbewußtsein des Jugendlichen integrativ definieren.

Es überrascht nicht, daß dieser meist mit einer starken narzißtischen Selbstbezogenheit einhergehende regressive Entwicklungsprozeß zu intensiven Gefühlen der Einsamkeit sowie des Nicht-Verstandenseins führt. Diese Selbsterfahrung mag um so heftiger ausfallen, je pointierter schon die selbstreflexiven kognitiven Fertigkeiten eines Jugendlichen ausgebildet sind. Das meist passagere Stadium bestärkt sein Gespür für die eigene Emotionalität in ihrer subjektiven Unverwechselbarkeit, der aber die zuverlässige Möglichkeit einer intersubjektiven Mitteilbarkeit noch eine Weile fehlt. Die schmerzliche Affektnote in der Selbsterfahrung kann bei zahlreichen Jugendlichen zum Ausgang unterschiedlicher Abwehrbewegungen führen, die in Gestalt von selbst herbeigeführten intensiven Affektzuständen z. B. einer auffälligen emotionalen Überschwänglichkeit und Gehobenheit, exhibitionistischen Tendenzen und kontraphobischen Risikohandlungen, sexueller Promiskuität und Drogenkonsum auftreten können (Krystal 1988). Modell (1990) spricht in diesem Zusammenhang von einer typischen „manischen Abwehr". Diese „Auffälligkeiten" im Jugendalter dürfen aber nicht nur unter einer psychopathologischen Warte beurteilt werden. Die erhöhte Affektintensität in den selbsthergestellten Erlebniszuständen versieht meist auch eine wichtige Schutzfunktion, indem sie ein Gefühl von Integrität, Grenzen und Kohäsion zu vermitteln sucht (Smith 1993). Schon Schafer (1973) wies darauf hin, daß diese typischen adoleszenten Affekterlebnisse als mächtige Organisatoren von Erfahrung allgemein verstanden werden müssen. Sie fördern die adoleszente Ich-Entwicklung und bewirken eine Differenzierung von spezifischen, konturierten und stabilen Selbst-Repräsentanzen.

Mit dem Erwerb der formalen Denkoperationen erfährt die Emotionalität des Jugendlichen aber ihre zweite typische Prägung, diesmal in einer progressiven Orientierung. Mit verfügbaren hypothetisch-deduktiven Überlegungen wird in der Imagination die Domäne der Zukunft betreten. Sie befreien den Jugendlichen von seiner unmittelbaren Lebenssituation und eröffnen ihm den Bereich des Möglichen. Wie weiter oben bereits skizziert, beinhaltet dieser Zugewinn nicht nur eine affektive Bereicherung. Er kann passager auch eine verstärkte Vulnerabilität auf diesem neuen kognitiven Niveau in sich bergen. Das Neuartige aber ist die Übertragung zentraler Affekterlebnisse in die allmählich erschlossenen Welten von Religion, Philosophie und Ideologie, von Musik und Kunst: „Wenn wir das Einzigartige an der adoleszenten Affektentwicklung charakterisieren, so finden wir sie nicht im täglichen Wechsel der Affektzustände, sondern in der Transformation der Affekterfahrung in Leidenschaften, auf die man in Symbolsystemen, Ideologien und kulturellen Werken trifft, und die durch die Reifung des formal operationalen Denkens ermöglicht worden sind“ (Brown 1993, S. 34).

Nehmen wir beide Entwicklungsvektoren in ihrer regressiven und progressiven Orientierung zusammen, so können wir für die Affektentwicklung in der Adoleszenz eine breite Palette unterschiedlichst strukturierter Affektzustände antreffen, die auf S. 224 nochmals summarisch dargestellt sind.

Wird das von psychoanalytischer Seite häufig zitierte Argument eines „emotionalen Aufruhrs“ (emotional turmoil) als typischem Kennzeichen des adoleszenten Entwicklungsprozesses (vgl. A. Freud 1958, Blos 1962) aus seinem unmittelbaren klinischen Kontext genommen und auf den allgemeinen Entwicklungsgang in aufeinander folgenden Abschnitten bezogen, so scheint es allenfalls für die frühen Adoleszenzjahre gerechtfertigt zu sein. Hierfür sprechen vor allem die zwar an psychoanalytischen Entwicklungskonzepten orientierten, aber mit subtilen Methoden der empirischen Sozialforschung durchgeführten Studien von Offer et al. (1981, 1984). In eine ganz ähnliche Richtung weisen die Ergebnisse von Simmons et al (1973) sowie von Golombeck und Kutcher (1990). In den anschließenden Stadien der mittleren und späteren Adoleszenz ist wohl eine höhere Variabilität in der Intensität der demonstrierten Affektzustände zu beobachten. Mit den in der Tat auch größeren Stimmungsauslenkungen vieler Jugendlicher geht aber nicht unbedingt ein niedrigeres Wohlbefinden einher. Vielmehr zeigt sich in dieser Fluktuation gerade ihre erhöhte Offenheit gegenüber mannigfaltigen Selbst- und Umwelterfahrungen (vgl. o.), die von großem entwicklungsfördernden Wert ist und sich auffällig von der oft vorhersagbaren Stereotypie und Alltagsroutine der Erwachsenenwelt absetzt (Offer und Franzen 1983, Csikzentmihaly und Larson 1984, Larson und Lampman-Petraitis 1989, Greene und Larson 1991). Hierbei zeichnet sich aber auf dem Weg hin zum jungen Erwachsenen allgemein eine Tendenz zu einer zunehmenden Stabilität in den distinkten

Fünf Niveaus des emotionalen Bewußtseins (nach Lane und Schwartz 1987, 1992)

Niveau	Subjektive Qualität der emotionalen Erfahrung	Differenzierung der Emotion	Fähigkeit zur Beschreibung der Emotion	Zuerwerb in der Repräsentation	Selbst-Objekt-Differenzierung	Empathie
formal	höchste Differenzierung und gemischte Affektzustände	bunte Qualität und Intensität in der emotionalen Differenzierung	beschreibt komplexere und differenziertere Affektzustände	neue Repräsentationen (einschließlich Metaphern)	fortgeschrittene, integrierte, getrennte Identitäten	facettenreiches Bewußtsein über den Zustand des anderen, Fähigkeit zur Perspektivenübernahme
konkret-operational	differenzierte und modulierte Emotion	gemeinsames Auftreten von widersprüchlichen und gemischten Emotionen	beschreibt differenzierte Emotionen	fortgeschritten lexikalisch	erkennt externe und einige interne Unterschiede	Attribuierung von Erfahrung nur aufgrund eigener Wahrnehmungen und Eindrücke
prä-operational	bestimmende Emotion	Entweder/Oder-Erfahrung von extremen Emotionen (begrenztes Repertoire)	beschreibt unidimensionale Emotionen	imaginativ und früh lexikalisch (stereotyp)	erkennt Unterschiede nur anhand externer Charakteristika	idiosynkratisches oder inkonsistentes Bewußtsein vom Erleben des anderen
sensori-motorisch enaktiv	Handlungstendenz und/oder globale Aktivierung	positive oder negative Handlungstendenz oder globaler Lust-/Unlust-Zustand	beschreibt Handlungstendenzen oder globale Lust-/Unlustzustände	enaktiv	minimal	motorische Mimikry, Identifikation durch Verhalten
sensori-motorisch reflexhaft	körperliche Sensation	globale, undifferenzierte Aktivierung	beschreibt nichts oder nur Körpersensationen	reflexhaft	minimal oder symbiotisch	reflexhafte Empathie, z. B. weint, wenn anderer weint

Affekterfahrungen ab (Greene 1990). In einer entwicklungsdynamischen Perspektive ist für Übergangszeiten allgemein und für die Adoleszenzjahre im besonderen zu erinnern, daß sie zwar regelhaft die Aufgabe bewährter Funktionen und einen Erwerb neuer Fertigkeiten erfordern, aber nicht a priori als „pathogen" eingestuft werden dürfen, selbst wenn sie mit einer erhöhten Unsicherheit und Labilität einhergehen. In ihnen spielen sich aufeinander abgestimmte Prozesse der Assimilierung und Akkommodation ab, die organismische Prinzipien der normalen menschlichen Entwicklung, nicht aber schon ihre Störung beschreiben (Werner 1957, Piaget 1973).

Einen näheren Einblick in die unterschiedlichen Pfade durch die Adoleszenzjahre mit ihren Auswirkungen auf die emotionale Entwicklung sowie einen Rückschluß auf den Anteil eines auch psychopathologisch relevanten „emotionalen Aufruhrs" können methodisch breit angelegte Längsschnittsuntersuchungen an größeren Samples von Jugendlichen vermitteln.

Offer und Offer (1975) legten Ergebnisse einer 8jährigen Verlaufsstudie an 61, sorgfältig nach „Normalitätsgesichtspunkten" ausgewählten, männlichen Adoleszenten während ihrer Entwicklung vom 14. bis zum 22. Lebensjahr vor. Trotz hoher Homogenität in den Ausgangsbedingungen ließen sich drei unterschiedliche Entwicklungspfade ins junge Erwachsenenalter hinein verfolgen:

In einer „kontinuierlichen Entwicklungsgruppe" (23%) zeichneten sich die Jugendlichen durch eine überlegte Zielsetzung und hohe Zuversicht in ihrer Progression in ein sinnerfülltes und befriedigendes Erwachsenenalter aus. Sie bewiesen eine gute Beziehungsfähigkeit und hatten gegen Ende ihrer High School-Jahre die Fertigkeit zur Intimität im Verständnis von Erikson bereits entwickelt. Sie zeigten ein differenziertes Gefühlsleben mit wenigen Über-Ich-Problemen, ihre Phantasiewelt war recht aktiv, aber realistisch und pragmatisch auf die soziale Umwelt bezogen. In zwischenmenschlichen Schwierigkeiten oder innerseelischen Nöten setzten sie bevorzugt die Abwehrmechanismen der Verleugnung und Isolierung ein, um sich vor überwältigenden Affekten zu schützen. Angst und depressive Niedergeschlagenheit konnten bei ihnen zwar passager beobachtet werden, waren aber insgesamt unter den Subgruppen am geringsten ausgeprägt.

Eine weitere Gruppe mit „Fort- und Rückschritten im Entwicklungsverlauf" (35%) zeigte eine belastendere familiäre Umgebung, mußte mit mehr ungünstigen Lebensereignissen in diesem Zeitabschnitt fertigwerden. Obwohl die Coping-Strategien ausreichend waren, erschienen sie im Hinblick auf überraschende Angstsituationen nicht adäquat. Trotz rigiderer Versuche einer Affektkontrolle herrschte bei ihnen eine stärkere Neigung zu Angst und depressiver Bedrücktheit vor. Das Ausmaß an erlangter Introspektionsfähigkeit war eher gering ausgebildet, die psychosoziale Gesamtanpassung mußte aber als durchaus erfolgreich bewertet werden. Gefühle der subjektiven Zuversicht und des zukunftsorientierten Optimismus waren aber trotzdem weniger ausgeprägt. Zwischen Jugendlichen und Eltern bestanden häufiger Konflikte in wichtigen Lebensbereichen.

Eine „tumultreiche Entwicklungsgruppe" (21%) bot schließlich das in der Literatur häufig als typisch erachtete Bild einer „Adoleszentenkrise" mit prominenten Konflikten mit den Eltern, wiederkehrenden Selbstzweifeln, mangelnder Zuversicht, ausgeprägten Stimmungsschwankungen und verstärkter Abhängigkeit von den Einflüssen der Peer-Gruppe. Andererseits bewiesen diese Jugendlichen häufig eine außergewöhnliche Sensibilität gegenüber sozialen Problemen und eine hohe Introspektionsfähigkeit. Sie schienen einen größeren seelischen Leidensdruck zu verspüren als Angehörige der beiden anderen Subgruppen. Trotzdem waren ihre akademischen und beruflichen Leistungen vergleichbar gut.

21% der untersuchten Jugendlichen ließen sich in keines der skizzierten Entwicklungsprofile einordnen.

Zusammenfassend urteilten die Autoren, daß für die Mehrheit der erfaßten Jugendlichen der Begriff der „Identitätskrise" i. S. Eriksons nicht typisch zu sein schien, sich auch keine Anhaltspunkte fanden, daß jene Jugendlichen mit ausgeprägten Krisenzeichen gar eine entwicklungsmäßige Überlegenheit gegenüber solchen mit relativ unauffälligem Entwicklungsverlauf bewiesen. In einer Langzeitperspektive zeichnete sich vielmehr als Trend ab, daß gerade diese Subgruppe ohne eine adäquate psychotherapeutische Behandlung ihren konfliktreichen und problembehafteten Lebensstil auch ins Erwachsenenalter hinein beibehielt.

In einer ganz analog konzipierten umfangreichen Studie identifizierten Golombeck et al. (1989) gleichfalls drei distinkte „Entwicklungsrouten" durch die Adoleszenz. Da die Autoren sich in der Auswahl ihrer Jugendlichen auf die breiter stratifizierte Population einer kanadischen Großstadt (Toronto) stützten, fielen die gefundenen Prozentzahlen für die einzelnen Subgruppen prononcierter aus:

Jugendliche mit einer „stabilen Entwicklungsroute" (35%) wiesen zu keiner Zeit ihrer Jugendjahre Zeichen einer gestörten Persönlichkeitsentwicklung auf oder zeigten einen bedeutsamen „emotionalen Aufruhr". Sie bewiesen keine außergewöhnlichen philosophischen, künstlerischen oder kreativen Ambitionen. Sie waren am wenigsten ängstlich, depressiv oder aggressiv. In der Regel erfreuten sie sich eines glücklichen Alltagslebens. In ihren Grundhaltungen waren sie optimistisch. Sie zeigten eine hohe emotionale Beziehungsfähigkeit und waren sehr kooperativ. Ihr Selbstbild war überwiegend positiv, von einem hohen Kompetenzgefühl getragen. Die familiären Bezüge waren allgemein positiv und stabil. Sie unterhielten befriedigende Sozialkontakte zu Gleichaltrigen.

Die Jugendlichen mit einer „fluktuierenden Entwicklungsroute" (40%) durchlebten offenkundig wiederholt konfliktreiche Perioden mit erhöhten Zeichen von Angst, Depressivität und ärgerlicher Verstimmung, Selbstzweifel, schwankendem Selbstwertgefühl und Impulsivität. Sie klagten intermittierend über unbefriedigende interpersonale Beziehungen, zeigten sich öfters unkooperativ und fühlten sich wiederholt unverstanden. Sie waren typische Jugendlichenvertreter mit einer sog. „Adoleszenten-" oder „Identitätskrise".

Jugendliche mit einer „durchgehend gestörten Entwicklungsroute" (25%) wiesen psychopathologisch ernsthafte Beeinträchtigungen in ihrer Persönlichkeitsreifung auf. Sie zeigten eine ausgeprägte „Identitätsdiffusion" über zentrale Selbst- und Objektanteile mit einer hohen Unstetigkeit in wechselnden sozialen Umgebungen und interpersonalen Kontakten. In ihrer Wahrnehmung der sozialen Umwelt dominierte ein grundlegendes Mißtrauen. Entsprechend zeichneten sich bei ihnen durchgängig Anpassungsstörungen in ihrem Kontaktverhalten ab. Sie erschienen übermäßig selbstbezogen, wenig empathisch, unkooperativ, chronisch ängstlich, freudlos und depressiv verstimmt. Ihr Leistungsniveau in Ausbildung oder Beruf war niedrig, gekennzeichnet von geringer intrinsischer Motivation und auffälliger Konzentrationsstörung. In psychiatrischer Hinsicht mußte diese Untergruppe von Jugendlichen als in hohem Maße gefährdet eingestuft werden.

Trotz andersartiger Untersuchungsmethodologie mit einem Einsatz von ichpsychologisch und soziokognitiv begründeten Verfahren kamen auch Hauser und Mitarbeiter (1991) zu einem ganz ähnlich differenzierten Bild der adoleszenten Entwicklung. Auch sie identifizierten unterschiedliche „Entwicklungspfade“ von der Jugend zum jungen Erwachsenenalter mit einer differentiellen emotionalen Wertigkeit und psychopathologischen Relevanz.

4.4.3 Entwicklung im jungen Erwachsenenalter

Eine Definition des „jungen Erwachsenenalters“ orientiert sich an der Fortführung und Vertiefung der adoleszenten Entwicklungsprozesse einerseits, an der allmählichen Aneignung der Erwachsenenwelt andererseits (Kapfhammer 1993). Hierbei ist eine biologische (sexuelle, physische, kognitive) Reife bereits erreicht, eine erste Verunsicherung des Selbstgefühls idealerweise überwunden. Eine allmähliche Bestimmung der individuell bedeutsamen Komponenten des Selbst schließt sich an und drängt zu einer Qualifizierung und erfahrungsmäßigen Festigung in den diversen psychosozialen Lebensbereichen. Diese umschließt die Gestaltung zunehmend reiferer Freundschaften und intimer Beziehungen mit der Option zu einer späteren eigenständigen Familiengründung, die Neugestaltung der Bindungen zur Ursprungsfamilie, die Einordnung der eigenen Person in einen weltanschaulichen und wertemäßigen Kontext, die Entwicklung einer zukunftsorientierten Zeitperspektive, die Planung für eine längerfristige berufliche Karriere und somit für eine wirtschaftlich unabhängige Existenz. Das „junge Erwachsenenalter“ teilt also mit dem „etablierten Erwachsenenalter“ die meisten psychobiologischen Fertigkeiten und psychosozialen Möglichkeiten, ohne schon auf die definitiven sozialen Rollenerwartungen zu verpflichten (Arnstein 1989). Neben dieser inhaltlichen Qualifizierung des „jungen Erwachsenenalters“ kann diese Lebensphase zeitlich etwa mit dem 18. bis 25. Lebensjahr angesetzt werden (Offer und Shabsin 1984, Kapfhammer 1994c).

In der Darstellung der affektiven Entwicklung im jungen Erwachsenenalter begegnen wir einem ganz ähnlichen Sachverhalt wie bereits in den vorausgegangenen Jahren der Adoleszenz. Nicht mehr Zugewinn von neuartigen affektiven Einzelerfahrungen im kategorialen Sinne, sondern die Umgestaltung und höher strukturierte Synthese vielfältiger emotionaler Bestrebungen im Kontext alterstypischer Entwicklungsherausforderungen erscheinen charakteristisch. Exemplarisch sei dies für den Erwerb einer Identitätsstruktur, das Erreichen einer emotionalen und sexuellen Intimität sowie für die Entwicklung einer Lebensstruktur veranschaulicht.

4.4.3.1 Identitätsstruktur

Für Erikson (1959, 1968) stellt sich die kritisch erlebte Identität der eigenen Person als die zentrale Entwicklungsaufgabe der Jugend dar. Hierbei wird Identität als ein internalisiertes, selbstgeschaffenes, affektiv-kognitives Regulationssystem verstanden, das eine organisierte und integrierte psychische Struktur repräsentiert und eine zuverlässige Unterscheidung, aber feine Abstimmung der inneren und der sozialen Welt erlaubt (Adams 1992). Nach Eriksons Vorstellung soll sich dieser evolutionäre Prozeß der Differenzierung und Integration, der Analyse und Synthese im wesentlichen auf die Adoleszenzjahre beschränken und sich nicht in die Zeit des jungen Erwachsenenalters hinein erstrecken. Diese Ansicht wird nach modernen Forschungsergebnissen nicht mehr ganz geteilt, vielmehr der Vorgang der Identitätsbildung als ein zeitlich zuweilen sehr gedehnter Prozeß mit zentralen Selbstdefinitionen und weitreichenden Entscheidungen erst im Laufe des jungen Erwachsenenalters konzipiert (Hill 1993).

Eine bedeutsame Modifikation der Eriksonschen Bipolarität von „Identität versus Identitätsdiffusion" stammt von Marcia (1966, 1980), der vier Statusmöglichkeiten in der Identitätsbildung unterscheidet, die ein inhärenter Entwicklungsprozeß der Identitätsbildung miteinander verbindet. Grundlegend für die Definition dieser vier Status sind die beiden Dimensionen von „Exploration" i. S. einer aktiven Suche und Experimentierhaltung in den diversen psychosozialen Lebensbereichen wie Berufswahl, religiöse und politische Ideologie, Sexualität und Werteorientierung einerseits und von „Entscheidung" i. S. einer persönlichen Wahl aus mehreren erprobten Alternativen mit hinreichender subjektiver Verbindlichkeit andererseits:

Status der **„Identitätsdiffusion"**: Auf dieser verbindlichen Entwicklungsstufe liegen noch keine subjektiv verbindlichen Entscheidungen in beruflicher, moralischer, politischer, religiöser und sexueller Hinsicht vor, die einen Lebensplan für das Erwachsenenalter charakterisieren könnten. Der Jugendliche unternimmt auch noch keine aktiven Anstrengungen, diese einzelnen Bereiche in ihren möglichen Alternativen zu erforschen und zu erproben.

Status des **„Moratoriums"**: Dies ist eine Periode des aktiven Experimentierens. Zahlreiche persönliche und soziale Variablen gilt es hier zu definieren, zu analysieren, miteinander zu vergleichen und probeweise für sich auszuwählen.

Es liegen also typischerweise noch keine festen Überzeugungen oder verbindliche Entscheidungen vor.

Status der **„übernommenen Identität"**: Der Prozeß der Identitätsbildung bei diesen Jugenlichen erscheint als vorzeitig abgeschlossen. Definierte Haltungen, Ideale und Ziele sind von wichtigen Erwachsenenmodellen, meist den Eltern ohne eine kritische Auseinandersetzung und ideologische Suche oder ernstzunehmende persönliche Lösungsversuche übernommen worden. Es liegen aber in einer bewußten Selbstdarstellung sehr wohl subjektiv verbindliche Überzeugungen und Entscheidungen vor, die für ein Erwachsenenleben tauglich wirken.

Status der **„erworbenen Identität"**: Auf dieser Stufe werden subjektiv überzeugende Entscheidungen für die einzelnen psychosozialen Bereiche gefällt, nachdem zuvor ein Stadium der kritischen Prüfung von Alternativen, des mutigen Ausprobierens verschiedener Lebensmöglichkeiten einschließlich Enttäuschungen und Ernüchterungen durchlaufen worden ist.

Im Verständnis von Marcia bewegt sich die Identitätsbildung aus relativ unreifen Vorstufen auf reifere Statusmöglichkeiten einer übernommenen bzw. erworbenen Identität hin. Im Verlauf der Adoleszenz ist somit von einer großen Variabilität des gerade aktuellen Identitätsstatus bei einem Jugendlichen auszugehen. Der Status des Moratoriums erweist sich in dieser Entwicklungsperspektive offenkundig als am labilsten, möglicherweise aufgrund eines hier besonders schmerzlich und verunsichernd erlebten Identitätskonfliktes (Bourne 1978a, b, Cote und Levine 1987, 1988, Marcia 1980).

Die Herausforderungen der adoleszenten Entwicklungsjahre werden von einem Großteil der Heranwachsenden mit deutlichen Zeichen einer emotionalen und kognitiven Dissonanz wahrgenommen. Sie müssen psychodynamisch vor dem Hintergrund der in Kap. 4.4.1.1 bis 6. beschriebenen Entwicklungsveränderungen betrachtet werden (vgl. auch Marcia 1988). Die verschiedenen Identitätsstatus lassen sich auch unter dem Gesichtspunkt betrachten, wie einzelne Jugendliche vor ihrer bisherigen Biographie mit diesem Spannungszustand umgehen, welche Abwehrmanöver sie einsetzen, zu welchen Lösungsmodalitäten sie greifen. In dieser Prozeßperspektive ist „Exploration" ein Zustand einer unbewußt vorbereiteten und bewußt intendierten Selbstüberprüfung mit einer Bereitschaft, zahlreiche selbstrelevante Informationen zu erkunden und zu verarbeiten. Die einzelnen Status reflektieren in dieser Sichtweise eher unterschiedliche Stile der Problemlösung oder der personalen Entscheidungsfällung, wobei jeweils einer offenen Informationsorientiertheit („erworbene Identität"), einer Normorientiertheit („übernommene Identität") bzw. einer vorrangig situativ bestimmten oder bloß bedürfnisbezogenen Ad-Hoc-Orientierung („Identitätsdiffusion") die ausschlaggebende Rolle zukäme (Berzonsky 1988).

Die einzelnen Statusmöglichkeiten bzw. die unterschiedlichen Stile der Identitätsbildung sind nicht per se mit einer bestimmten psychologischen bzw. psychopathologischen Wertigkeit verbunden. In Abhängigkeit vom Untersuchungszeitpunkt, etwa in der mittleren Adoleszenz, der Spätadoleszenz oder im jungen Erwachsenenalter kommt den gefundenen Querschnittsurteilen hinsichtlich des Prozesses der Identitätsbildung aber eine unterschiedliche Aussagekraft zu (Waterman 1982, 1985). So impliziert der Status der „Identitätsdiffusion" zu Beginn der Pubertät zunächst lediglich, daß der Jugendliche in den angesprochenen Lebensbereichen noch über keine differenzierten kognitiv-affektiven Strukturen verfügt, die bevorstehenden Entwicklungsherausforderungen sofort konstruktiv angehen zu können (Marcia1987). Wird derselbe Status aber noch im jungen Erwachsenenalter als dominant erhoben, dann muß u. U. schon von einem bedenkenswerten Entwicklungszustand ausgegangen werden (Archer 1989, Jones und Hartmann 1988, Jones et al. 1989). Adams et al. (1985) heben z. B. hervor, daß Spätadoleszente, die den Identitätsbildungsprozeß noch nicht verstärkt aufgenommen haben, zum einen eine höhere Anfälligkeit gegenüber Gruppeneinflüssen, zum anderen eine stärkere soziale Isolationstendenz zeigen, insgesamt eine bedeutsame Arretierung im Entwicklungsverlauf zu erkennen geben.

Eine mögliche klinische Relevanz dieser einzelnen Identitätsstatus wird deutlicher, wenn gleichzeitig auch häufig hiermit assoziierte Persönlichkeitscharakteristika und Korrelate des psychosozialen Verhaltens aufgeführt werden (vgl. Kroger 1989). Diese Portraitskizzen liefern zusätzlich auch einen differentiellen Einblick in einen umfassenderen Reifegrad der emotionalen Entwicklung dieser Jugendlichen bzw. jungen Erwachsenen.

- Heranwachsende mit dem **Status der „erworbenen Identität"** zeichnen sich durch eine zuverlässige Stärke in der Auseinandersetzung mit sich und ihrer Umwelt aus. Sie sind offen für Neuheiten und soziale Kontakte. Sie zeigen eine gute Fähigkeit zu intimen Beziehungen (Fitch und Adams 1983, Hodgson und Fischer 1979, Kacerguis und Adams 1980, Orlofsky 1976, Orlofsky et al. 1973). Sie sind gedankenvoll, introspektiv, aber in ihrer Reflexivität nicht immobilisiert (Marcia 1979). Unter psychosozialem Streß beweisen sie eine gute Belastbarkeit, zeigen eine hohe Autonomie in ihrer Urteilsbildung und kreative Lösungsstrategien (Donovan 1975, Marcia 1966, Matteson 1977, Waterman und Archer 1979). Konfrontiert mit moralischen Dilemmata argumentieren sie mehrheitlich auf einer postkonventionellen Stufe (Hult 1979, Podd 1972, Rowe und Marcia 1980). Intrapsychisch liegen klar differenzierte Selbst- und Objektrepräsentanzen vor (Ginsburg und Orlofsky 1981). Die Bindung zu wichtigen Anderen ist sicher (Kroger 1985, 1992, Kroger und Haslett 1988). Die Einschätzung der Eltern in ihren Stärken und Schwächen ist realistisch (Grotevant und Cooper 1985, Jordan 1971). Gelegentliche Anzeichen einer Versagensangst, einer Furcht vor Erfolg vor allem bei Frauen unterstreichen einen offenen, also nicht definitiv schon reif abgeschlossenen Entwicklungsweg (Orlofsky 1988).

- Heranwachsende mit dem **Status der „übernommenen Identität"** signalisieren zunächst ein hohes Maß an seelischer Ausgeglichenheit und Selbstzufriedenheit. Hierbei sind sie überwiegend autoritätsgläubig (Cote und Levine 1973, Marcia 1966, 1967, Marcia und Friedman 1970, Schenkel und Marcia 1972). Ihre wertemäßige und ideologische Orientierung ist konventionell, ihre Arbeitsmoral hoch. In ihrer Auseinandersetzung mit sich und der sozialen Umwelt zeigen sie aber eher eine rigide als eine flexible Stärke (Marcia 1979). In ihrer Urteilsbildung sind sie stark von der Position anderer abhängig und besitzen eine eher niedrige Autonomie (Marcia 1966, 1967). Die kognitiven Stile zeichnen sich durch eine geringere Komplexität und Integrität aus (Hult 1979, Podd 1972, Rowe und Marcia 1980, Slugoski et al. 1984). In Beziehungen trifft man häufig auf stereotype und verschmelzende Interaktionsmuster (Levitz und Orlofsky 1985, Orlofsky et al. 1973). Intrapsychisch liegen noch undifferenzierte Elternintrojekte vor, die Bindungsprofile verraten eine Unsicherheit (Kroger und Haslett 1988). Die Jugendlichen zeigen eine hohe Abhängigkeit vom familiären Wertesystem (Jordan 1971).

- Heranwachsende mit dem **Status des „Moratoriums"** können sowohl ängstlich als auch sehr neugierig sein. Sie haben noch große Schwierigkeiten, sich von ihren Eltern, besonders vom heterosexuellen Elternteil abzugrenzen. Die Strategien der Auseinandersetzung mit sich und der sozialen Umwelt verraten noch eine hohe Ambivalenz (Marcia 1989). Die kognitiven Stile sind ähnlich strukturiert wie bei den Jugendlichen mit schon „erworbener Identität" (Bourne 1978b, Slugoski et al. 1984). In Beziehungen sind sie häufig noch angespannt, flüchtig. Obwohl sie nicht selten schon über ein Konzept von Intimität verfügen, vermeiden sie oft noch konkrete Intimkontakte (Donovan 1975, Orlofsky et al 1973). Intrapsychisch befinden sie sich im Prozeß einer noch nicht vollendeten Ablösung, es liegt ein gemischtes Bindungsverhalten vor (Kroger und Haslett 1988). In innerfamiliären Interaktionen werden sie aber meist in ihrem Unabhängigkeitsstreben von ihren Eltern zumeist unterstützt (Grotevant und Cooper 1975).

- Heranwachsende mit dem **Status der „Identitätsdiffusion"** stellen offensichtlich eine sehr heterogene Subgruppe dar (Marcia 1979, Josselson 1987). Einige demonstrieren einen unbekümmerten Lebensstil ohne soziale Verpflichtungen, lediglich vom Augenblick bestimmt. Andere wiederum zeigen deutliche psychopathologische Störungen, fühlen sich sehr einsam, sind kaum zu engen interpersonalen Kontakten fähig (Donovan 1975, Orlofsky et al. 1973). Sie beweisen ein sehr schwaches Selbstgefühl. Ihre auf Selbstwert- und Autonomieskalen erreichten Werte sind niedrig (Marcia 1980).

Ihre moralische Argumentation erfolgt vorrangig auf der präkonventionellen Stufe, ihre kognitiven Fertigkeiten sind deutlich einfacher strukturiert als bei Jugendlichen in den anderen Identitätsstatus (Hult 1979, Podd 1972, Marcia 1980, Slugoski et al. 1984). In ihrer primären Sozialisation haben sie offenkundig große Schwierigkeiten gehabt, konsistente Elternbilder zu errichten (Kroger und Haslett 1988). Diese frühen Eltern-Kind-Interaktionen weisen häufig Merkmale einer emotionalen Distanziertheit und Zurückweisung auf (Jordan 1971).

Aus den Ergebnissen der modernen psychosozialen Identitätsforschung ist abzuleiten, daß die Identitätsbildung weder in der Adoleszenz noch im jungen Erwachsenenalter als abgeschlossen beurteilt, sondern als lebenslanger Prozeß gesehen werden muß. Dies ist auch in einer psychoanalytisch orientierten Entwicklungsperspektive zu berücksichtigen. Die meisten Jugendlichen und jungen Erwachsenen zielen hierbei nicht zu einem bestimmten Zeitpunkt eine umfassende Lösung all ihrer Identitätsfragen an, sondern richten ihre Aufmerksamkeit eher in einem jahrelangen Prozeß sukzessiv auf unterschiedliche Lebensbereiche, je nach subjektiver Dringlichkeit oder situativer Herausforderung (Coleman 1978, 1989, Grotevant 1987). Die subjektive Bedeutung einzelner Identitätsinhalte für eine individuelle Identitätsbildung ist hierbei zu betonen. Diese charakterisieren einen Heranwachsenden unverwechselbar und gehen mit Gefühlen eines großen Engagements und hoher persönlicher Überzeugtheit einher (Bosma 1992, Waterman 1992). Ein im jungen Erwachsenenalter in zentralen Lebensbereichen eingenommener Status der „erworbenen Identität" bietet grundsätzlich eine hohe Gewähr dafür, daß bei entwicklungsmäßiger Erfordernis in späteren Lebensabschnitten wiederum ein Status der überprüfenden Neuorientierung in einem „Moratorium" gewagt werden kann, um zu einem reiferen, altersadäquaten Status einer „erworbenen Identität" wieder zurückzufinden (Marcia 1987, Levinson 1986).

Unter einer geschlechtsdifferentiellen Perspektive ist die Frage zu stellen, ob weibliche und männliche Jugendliche sich in ihren Pfaden der Identitätsbildung eventuell unterscheiden. Von feministisch argumentierenden Autorinnen ist Erikson ein verzerrender männlicher Bias in seinem Identitätsmodell vorgehalten worden (Gallatin 1975, Gilligan 1982). Dieser Kritik schließen sich moderat auch Douvan und Adelson (1966), Hodgson und Fischer (1979), Marcia (1980) sowie Stein und Bailey (1973) an. Erikson (1968) ist der Auffassung, daß bei Männern zunächst grundlegende Fragen der Identität gelöst werden müßten, bevor sie sich an das Problem der Intimität in interpersonalen Beziehungen wagten. Frauen hingegen würden erst nach der Aufnahme intimer Beziehungen zu endgültigen Lösungen ihrer Identitätsfragen finden. Innerhalb seines entwicklungspsychologischen Modells des Lebenszyklus scheinen also die Phasen von Identitäts- und Intimitätsbildung nur bei Männern sukzessiv aufeinander zu folgen, für Frauen hingegen typischerweise miteinander verquickt zu sein.

Josselson et al. (1977a, b) zeigen, daß weibliche Jugendliche sich in der Tat sehr viel stärker auf emotional wichtige Beziehungen als männliche Jugendliche stützen, um auftretende Identitätsfragen für sich zu klären. Bei beiden Geschlechtern können aber entsprechend der Höhe der schon erreichten psychosozialen Reife differentielle Strategien beobachtet werden. In einem ausgewogenen sozialpsychologischen und psychoanalytischen Theorieansatz weist Josselson (1987, 1988, 1989) darauf hin, daß in den traditionellen Sozialisationsmodellen zu einseitig autonomie- und individuationsbezogene Ziele betont würden, die gleichberechtigten Motive einer interpersonalen Verbundenheit aber meist unberücksichtigt blieben. Ihre auf subtilen Langzeitanalysen sich stützenden Erkenntnisse legen nahe, daß v. a. für die Entwicklung einer weiblichen Identität die traditionell herausgearbeiteten Dimensionen von „Exploration" und „Entscheidung" (s. o.) notwendig durch eine dritte Dimension der „interpersonalen Verbundenheit" ergänzt werden müßten. Erst vor diesem erweiterten Modell ließen sich spezifische Geschlechtsunterschiede der Identitätsbildung transparent machen (Bakan 1966, Franz und White 1975, Gilligan 1986, Lyons 1983, Mellor 1989, White et al. 1986, 1987). Patterson et al. (1992) fassen wichtige *Forschungsergebnisse für die Sozialisationslinie der weiblichen Identitätsbildung* zusammen:

„Erstens, interpersonale Inhaltsbereiche stellen für Frauen prominentere Identitätsfragen als für Männer dar, zumindest in den Adoleszenzjahren. Trotz einiger Akzentverschiebungen in den letzten Jahren bleibt die zentrale Wichtigkeit einer interpersonalen Verbundenheit in dem Bemühen von Frauen offenkundig, persönlich definierte Aspekte ihrer Identität mit ihren interpersonalen Beziehungen und Verantwortlichkeiten zu integrieren.

Zweitens, obwohl Frauen sich der Aufgabe ihrer Identitätsbildung während der Adoleszenz annähern, gibt es in ihren Lebensläufen auch andere Zeiten, in denen sie erwartungsgemäß in einem Prozeß des Moratoriums involviert sind, sei es zum ersten Mal oder in einer Neubewertung früherer Identitätswahlen. Allgemein scheinen Übergangszeiten in interpersonalen Beziehungen oft eine Neubestimmung der Identität auszulösen. Das ist besonders offenkundig, wenn Beziehungsveränderungen zu einer Lockerung ihrer Verantwortung für andere führen.

Drittens, Fragen von Identität und Intimität scheinen für Frauen zusammenzugehen und zu verschmelzen. Es hat den Anschein, daß die Erfahrungen von Liebe und Geliebtwerden für sie integral zu ihrem Selbstgefühl gehören.

Und schließlich, eine Konzeptualisierung von Identität im Kontext von Beziehungen erlaubt zu einem gewissen Grad die Vorhersage von Vorteilen und Verlusten, die mit einem Moratoriumsprozeß über historische Zeitabschnitte und Inhaltsbereiche hin verbunden sind. Herausforderungen, die Beziehungen bedrohen, werden sowohl entscheidend als auch schwer lösbar während eines Moratoriumspfades sein.

Es muß betont werden, daß die von uns vorgeschlagene Neudefinition von Identität nicht einfach nur die Hinzufügung eines interpersonalen Inhalts zu dem Konstrukt meint, wie es ist. Vielmehr sind wir der Ansicht, daß eine interpersonale Bezogenheit zentral zum Prozeß der Identitätsbildung und deshalb zur Bedeutung von Identität selbst gehört" (S. 21).

In einer anthropologisch-kulturellen Sicht betonte Erikson, daß die adoleszente Identitätsbildung stets auf den Kontext einer aktuellen Gesellschaftsordnung mit jeweils akzeptierten Normen und Rollenerwartungen zu beziehen sei. Ein idealtypischer Geltungsanspruch seiner analytischen Erkenntnisse für die „Jugend" schlechthin darf also nicht unterstellt werden (vgl. Kapfhammer 1993):

Nach Ansicht führender Soziologen tragen die modernen westlichen Gesellschaften die Kennzeichen von hochindustrialisierten und pluralistischen Systemkomplexen (Beck 1986, Luhmann 1984). Mit den Stichworten einer „Individualisierung" und eines „Enttraditionalisierungsprozesses" wird die Auflösung traditioneller gruppenspezifischer Sinnsysteme wie z. B. religiöse Konfessionen, moralische Wertmaßstäbe, juristische Bestimmungen oder Klassenbewußtsein angesprochen. In der Entbindung des einzelnen Menschen aus diesen kollektiven Verbänden ist zum einen ein noch vor wenigen Jahrzehnten kaum vorstellbarer Freiheitszuwachs verknüpft, zum anderen aber der gesellschaftliche Druck, zu adaptiven Lebensentwürfen und tragfähigen Situationsdefinitionen zu gelangen, zunehmend mehr auf die konstruktive Leistung des Individuums allein abgestellt. Dies zeigt sich speziell auf dem Sektor der Arbeit. Eine Normalbiographie, die traditionellerweise stark mit einer Übernahme einer beruflich stabilen Rolle verknüpft erschien, ist nicht mehr die Regel. Statt dessen treten zunehmend häufiger „neue Erwerbsbiographien" auf, die zahlreiche Umorientierungen, Brüche und Lücken aufweisen können. Simultan mit Veränderungen des Arbeitslebens geht die Entwertung der traditionellen Institutionen von Familie und Ehe einher. An ihrer Seite tauchen gleichberechtigt zahlreiche weitere Lebensformen wie „Probeehen", „Zusammenleben ohne Trauschein", „Single-Dasein", „Wohngemeinschaften" usw. auf. Döbert und Nunner-Winkler (1986) betonen, daß diese Wahlmöglichkeiten traditioneller Entscheidungen z. B. für Ehe und Kinder, für den einzelnen nicht mehr selbstverständlich sind und damit für ihn begründungspflichtig werden. Bedeutsame Umwälzungen betreffen speziell das Selbstverständnis von Frauen an ihre Lebensziele bezüglich eigenständiger beruflicher Karrieren und familiärer Verwirklichungswünsche. Es dürfte grundlegend sein, daß dieser hier lediglich kursorisch skizzierbare Modernisierungprozeß sicherlich nicht für alle Subpopulationen bzw. -regionen die gleich prägende Wirksamkeit trägt, stattdessen wohl ein buntes Nebeneinander von traditionellen und posttraditionellen Lebensentwürfen als typisch unterstellt werden kann. Diese fehlende verbindliche Orientierung in den Konsistenzerfahrungen macht sich besonders bemerkbar zwischen der älteren und der jüngeren Generation, deren Zusammenspiel wiederum sozialisatorisch maßgeblich die Kontinuitätserfahrungen von Heranwachsenden prägt. Auf einer soziologischen Ebene muß offenbleiben, ob das aktuelle Wiederaufflammen autoritärer Fundamentalismen, die einen klaren Widerspruch zu bzw. eine radikale Ablehnung des aufgezeigten Modernisierungsprozesses beinhalten, eben jene mangelnden Konsistenzerlebnisse in einer pluralistischen Gesellschaftsordnung zu kompensieren trachtet.

In jedem Fall ist mit der widersprüchlichen Komplexität von sozialen Erwartungen als Folgen einer extremen Beschleunigung des sozialen Wandels einerseits, dem permanenten Entscheidungsdruck, der auf dem Individuum lastet, andererseits, die Aufgabe eines jungen Erwachsenen, zu einer stabilen psychosozialen Identität zu gelangen, in ein zuweilen individuell kaum beherrschbares Spannungsfeld gestellt. Die von Habermas (1974) erhobene Frage „Können komplexe Gesellschaften eine vernünftige Identität ausbilden?" läßt sich angesichts der prinzipiellen Revidierbarkeit von individuellen Entscheidungen bei nur mehr formal gültigen Werten von Selbstbestimmung, Rationalität und Selbstreflexivität in der Gesellschaft einerseits, der Verschärfung gesellschaftlicher Widersprüche wie z. B. „Umweltzerstörung" oder „atomare Bedrohung", die individuell eben nicht lösbar sind, aber trotzdem emotional erfahren werden, andererseits, nicht mehr übergreifend verbindlich beantworten. Individuelle Anstrengungen in der Identitätsbildung geraten so häufig zu „Wiederholungs-" bzw. „Dauerkrisen" (Nunner-Winkler 1987). Sie können nicht selten auch als eine scheinbar beliebig zusammengestellte „Patchwork-Identität" imponieren (Keupp 1988).

Diese Widersprüchlichkeit der Erwachsenenwelt besteht als Zielhorizont der öffentlichen Sozialisierung für den Adoleszenten und jungen Erwachsenen fort. Sie muß als Entwicklungsherausforderung wahrgenommen und konstruktiv beantwortet werden. Im unmittelbaren Entwicklungskontext der Abstimmung von biographisch zu begründender, psychologischer Ich-Identität und zu übernehmender sozialer Rollenidentität ist hierbei ein kritischer Blick auf die gesellschaftlich bereitgestellten „psychosozialen Moratorien" zu richten. Diese institutionalisierten Moratorien definieren die Grenzen des gesellschaftlich zugestandenen Spielraums an die Heranwachsenden zur Rollenexperimentierung und bieten gleichzeitig soziale Strukturen für analoge Erfahrungen an. Unter den gegebenen soziokulturellen Verhältnissen ragen als hauptsächliche Orientierungsmuster der „Glaube an die Technologie" sowie „humanistische Ideale" hervor (Cote und Levine 1983, 1987, 1988). Die hierüber institutionalisierten Experimentierräume bestimmen maßgeblich, in welcher Art und vor allem in welchem Ausmaß eine „Adoleszenzkrise" erlebt wird. Während eine „technologische Orientierung" relativ klare Einübungsrichtlinien vermitteln kann, deren biographisch mögliche Akzeptanz in der Regel zu sozial angepaßten und den Selbstwert bestätigenden Entwicklungspfaden führt, sind Jugendliche, die sich in einer „humanistischen Orientierung" engagieren wollen, vergleichsweise weniger differenzierte Rollenangebote verfügbar. Eine Ausrichtung an akademischen, künstlerischen oder intellektuellen Zielen, eine Offenheit für ideologische Gruppierungen, aber auch ein quasi institutionalisiertes, „unendliches Rollenexperimentieren" („protean youth", Erikson 1975) sind hierfür typische Beispiele. Sie bedingen in aller Regel subjektiv wesentlich intensiver erlebte „Krisenverläufe in der Adoleszenz". Die Heranwachsenden, deren Identitätsbildung nicht durch eine der beiden dominierenden Orientierungsmuster strukturiert wird, können in eine bedenkliche anomische Situation geraten. Ihre Moratoriumssituation ist insgesamt sehr viel verzögerter. Ihre „Krisenverläufe" gestalten sich problematischer und bergen ein großes Risiko in Richtung auf „negative Identitäten" (Erikson 1968). In einer Sozialisationsperspektive ist festzuhalten, daß nicht nur die Art einer „Adoleszentenkrise" (z. B. „Reflektierer" vs. „Agierer", Nunner-Winkler 1985) bedeutsam zu unterscheiden ist. Auch die individuell gefundenen Lösungsmuster selbst müssen sich im Hinblick auf ihre Adäquatheit, Funktionalität und Integrierbarkeit erst bei unmittelbarer Übernahme von sozial verpflichtenden Rollen, z. B. beim endgültigen Eintritt ins Berufsleben erweisen (Hörmann und Brunke 1985). Unter gegebenen Erziehungs- und Ausbildungsbedingungen ist hierbei vor allem nach Jugendlichen zu differenzieren, die nach dem Hauptschulabschluß direkt eine berufliche Laufbahn einschlagen einerseits, die ein Hochschulstudium absolvieren andererseits. Für eine psychoanalytische Entwicklungspsychologie im allgemeinen und für die Differenzierung der Emotionalität im besondern muß festgestellt werden, daß diese hier nur angedeuteten unterschiedlichen soziokulturellen Einflußfaktoren noch kaum berücksichtigt worden sind.

4.4.3.2 Emotionale und sexuelle Intimität

Die Ausführungen zum Identitätskonzept lassen bereits wichtige Überschneidungen mit Fragen einer emotionalen und sexuellen Intimität anklingen. Dort angesprochene Aspekte verweisen aber eher auf eine „Ideologie der interpersonalen Beziehungen". Sie spiegeln also den repräsentierten interpersonalen Anteil der Identitätsbildung wider und erfassen noch nicht eine eigentliche Intimität im Verständnis von Erikson (1968). Sie stellen aber möglicherweise eine wichtige kognitiv-affektive Voraussetzung für den Erwerb dieser Fähigkeit dar.

Die Wahrnehmung eines sich verändernden Körpers, die Konfrontation mit unerwartet auftretenden Funktionen während früher und mittlerer Adoleszenzjahre führen mit neuen, zunächst ambivalent erlebten Lustformen zu einer Annahme dieser Körperlichkeit. In der erfolgreichen Auseinandersetzung mit den Modellen sexueller und aggressiver Objektbeziehungen der Kindheit wird die Voraussetzung dafür geschaffen, außerfamiliäre, reife genitale Partnerschaften aufzunehmen. Wenngleich Blos (1979) den Erwerb einer klaren sexuellen Identität als entscheidend für den Übergang aus der Adoleszenz ins junge Erwachsenenalter ansieht, ist damit noch keineswegs schon die reife

Fertigkeit zu heterosexueller Intimität impliziert. Erikson (1968) versteht hierunter eine aktive Liebesfähigkeit, ein Vermögen zu wechselseitiger Befriedigung elementarer körperlicher, sexueller und emotionaler Bedürfnisse. Es zeichnet eine neue Reifestufe aus, die ein Tolerieren einer emotionalen Nähe des Partners, eine wechselseitige Wertschätzung und Fürsorge mit einschließt. In einem Interview mit Evans (1967) definiert Erikson diese typischerweise im jungen Erwachsenenalter zu erwerbende emotionale und sexuelle Reife kurz: „Intimität ist wirklich die Fähigkeit, seine Identität mit der eines anderen zu verschmelzen ohne die Furcht sich darüber zu verlieren" (S. 48).

Grundlage für diese Beziehungsform, die schließlich eine reife Liebe charakterisieren wird, ist die Fähigkeit, sich in einen Partner verlieben zu können. Kernberg (1974) fordert hierfür folgende Entwicklungsvoraussetzungen:

1. Die volle Entwicklung der oralen und Körperoberflächenerotik.

2. Die Integration dieser Erotik mit frühen libidinösen und aggressiven prägenitalen Teilobjektbeziehungen in „ganzheitliche" Objektbeziehungen, die zu einer Fürsorge für das Liebesobjekt führen, Dankbarkeit, Zärtlichkeit, Objektkonstanz, die Fähigkeit zu Trauer und Schuld, ein klares Bewußtsein vom Selbst und dem Anderen, Empathie und höher organisierte Identifikationen sowie Individuation beinhalten.

3. Die volle Integration der Genitalität nach erfolgreicher Lösung der ödipalen Konflikte, die über eine sichere sexuelle Identitätsbildung zu einer weiteren wechselseitigen Identifizierung und Empathie führt.

4. Eine reife Idealisierung des Partners und eine überzeugte Entscheidung für das Ideal, welches der Partner verkörpert, oder wozu das Paar sich entwickeln könnte.

5. Ein Überwechseln in ein umfassend geteiltes Bewußtsein der sozialen und kulturellen Werte, der Natur sowie der unbelebten Welt.

Es steht außer Frage, daß dieser Kriterienkatalog Kernbergs, der sich differenziert dem Freudschen Postulat der erwachsenen „Liebesfähigkeit" annähert, auf ein psychoanalytisches Entwicklungsideal zielt, das wohl nur in wenigen Liebesbeziehungen erreicht werden kann.

Betrachten wir diese Entwicklung am Übergang von Spätadoleszenz und jungem Erwachsenenalter noch etwas näher, dann stellen wir fest, daß es den Heranwachsenden wohl schon gelingen mag, wechselseitig erfüllende Sexualkontakte zu unterhalten, daß aber gerade die in obiger Definition mit angesprochene emotionale Intimität häufig außerordentlich problembehaftet ist. Oft zeigen Jugendliche in diesem Entwicklungsabschnitt einen noch auffälligen Mangel, ihre Gefühle gerade in diesen Beziehungen bezeichnen, beschreiben und mitteilen zu können. Ihre mitangestoßenen Hoffnungen, Träume und Assoziationen sind oft noch sehr nebulös. Im Gegensatz zur sexuellen Intimität scheint sich ihre Fähigkeit zu einer emotionalen Intimität mit vertrauensvoller Öffnung für den Partner, mit einem Mitteilen der innersten Gedanken, Gefühle, Träume, Sehnsüchte und Sorgen erst sehr allmählich zu entwickeln (Shaughnessy und Shakesby 1992).

Gerade in der Auseinandersetzung mit den Ausführungen Eriksons ist es vorteilhaft, daran zu erinnern, daß „Intimität" einen zentralen Aspekt der sozialen Beziehungsfähigkeit überhaupt betrifft (Hartup 1989). Das Verständnis von Intimität erfaßt emotional enge Beziehungen mit speziellen Partnern, beschränkt sich also nicht auf eine sexuelle Beziehung exklusiv. Sie kann integraler Bestandteil von Beziehungen zu beiderlei Geschlechtern sein (Sullivan 1953). Und sie unterliegt einer eigenständigen Entwicklungslinie, die für den Übergang aus der Adoleszenz ins junge Erwachsenenalter von ganz besonderer Bedeutung ist. Das relative Reifeniveau in intimen Beziehungen kann kognitiv über das Vermögen zur Übernahme der sozialen Perspektivität, affektiv über die Fertigkeit zur Empathie, auf einer Verhaltensebene über das Ausmaß der interaktiven Sensibilität und Reaktionsbereitschaft sowie über die Fähigkeit zur Entscheidung für einen bestimmten Partner eingeschätzt werden (White et al. 1986, 1987). Vorteilhaft lassen sich drei unterschiedliche Niveaus in der Entwicklung intimer Beziehungen beschreiben. Einfache und z. T. noch recht undifferenzierte Beziehungsmuster auf einem selbstfokussierten Niveau scheinen entwicklungspsychologischen Untersuchungen zufolge für relativ lange Zeit in der Adoleszenz vorzuherrschen. Sie unterstreichen den stark narzißtisch-regressiv eingefärbten Entwicklungsprozeß eines Jugendlichen in diesen Jahren überhaupt. Den Übertritt ins junge Erwachsenenalter hingegen kennzeichnet meist ein bevorzugt rollenfokussiertes Niveau, auf dem nach wie vor eher stereotype Kontakte überwiegen, aber schon die Grundregel der sozialen Akzeptanz des Partners beachtet wird. Ein individuationsbezogenes Niveau, das sich durch eine sichere Perspektivenübernahme, durch eine gewagte Selbstöffnung gegenüber dem Partner, durch Initiative, Zuhören und Antworten im Dialog auszeichnet, Entscheidung und Fürsorge für eine Person beinhaltet sowie auch eine reife Sexualität integriert, also ein Intimitätsverständnis im Eriksonschen Sinne ausdrückt, reicht entwicklungsmäßig weit in die Jahre des jungen Erwachsenenalters hinein (Paul und White 1990). Es dürfte wohl lebenslang bedeutsamen Modifikationen und Erweiterungen unterliegen (Kernberg 1991c).

Vor diesem breiteren Entwicklungskontext kann ein Aspekt der reifen emotionalen und sexuellen Intimität, die erstmals im jungen Erwachsenenalter sich typischerweise manifestiert, noch etwas vertieft werden, nämlich die leidenschaftliche, die romantische Liebe. Diesem Phänomen wird gerade in jüngster Zeit von psychoanalytischen Autoren ein verstärktes Augenmerk gewidmet (Bergmann 1987, Person 1988, Gaylin und Person 1988).

Viederman (1988) schreibt: „Einer der mächtigsten Aspekte einer neuen leidenschaftlichen Beziehung ist die Ausbildung eines neuen Selbstgefühls" (S. 9). Sie gründet in einer unbewußten Illusion, die an das Ich-Ideal der

Kindheit rührt, hier an den Enttäuschungserlebnissen der frühen narzißtischen Wünsche nach Bespiegelung und Idealisierung anknüpft, und nun projiziert auf den ausgewählten Partner sich mit der Hoffnung verbindet, in ihm die Erfüllung dieser Sehnsüchte zu finden. Eine erlebte und vom Partner erwiderte leidenschaftliche Liebe, die mit der zuvor kaum gewagten, weil mit einer hohen narzißtischen Vulnerabilität behafteten Öffnung einhergeht, sein wahres Selbst in der Gegenwart der/des Geliebten zeigen zu können und hierin akzeptiert zu werden, bedingt ein „euphorisches Gefühl von Vollständigkeit". Sie kann zu einer außerordentlich beglückenden Bekräftigung der Selbstkohäsion führen. In fast identischen Worten beschreiben Alberoni (1983) und Person (1988) zentrale Erlebnisaspekte in diesem neuartigen Liebesgefühl, wenn in einem Fall auf eine „Geburt eines neuen kollektiven Wir", im anderen Fall auf eine zugrunde liegende, „fortwährende Möglichkeit, die darauf wartet, geboren zu werden", verwiesen wird. Und Kohut (1977) ergänzt: „Es gibt keine Liebesbeziehung ohne gegenseitiges (das Selbstwertgefühl steigerndes) Spiegeln und Idealisieren" (S. 122).

In der uns interessierenden Perspektive der emotionalen Entwicklung ist es bedeutsam, daß dieses hoch energetisierende, vitalisierende Selbstgefühl in einer wechselseitig aufgenommenen, leidenschaftlichen Liebe auf eine Entwicklungsphase folgt, in der gerade über viele Monate und zuweilen auch Jahre jene oben beschriebene, verunsicherte Selbsterfahrung des Adoleszenten mit den zentralen Aspekten einer Entfremdung und Einsamkeit, der Auftrennung in ein wahres privates und ein wechselhaftes öffentliches Selbst dominierte. Diese entwicklungsmäßig vorübergehend aufgetrennte Selbsterfahrung in der ersehnten Liebesbeziehung wieder aufheben zu wollen, unterstreicht die entscheidende narzißtische Dimension in der neuen Beziehungsform. Wenn Freud (1905) postuliert, daß „die Objektfindung eigentlich eine Wiederfindung" ist (S. 124), daß also in der Erwachsenenliebe das „Liebesobjekt der Kindheit" wiederbelebt werde, so liegt in jenen, im jungen Erwachsenenalter typisch gesuchten und gelebten Liebesgefühlen auch eine Besonderheit ihrer möglichen Konfliktträchtigkeit. Diese besteht nicht nur in der oft nur kurz währenden und wenig tragfähigen narzißtischen Illusion. Sie läßt auch ein schuldhaftes Moment erkennen, da die lange ersehnte Vereinigung mit dem geliebten Partner unbewußt einem Verstoß gegen die Inzestschranke gleichkommen kann. Person (1988) hebt hervor, wie die in zahlreichen literarischen Vorlagen thematisierte romantische Liebe junger Paare immer wieder auch mit dem Thema „Tod" und „Todessehnsucht" verknüpft ist, das in seiner unbewußten Dimension auf jenes Schulderleben verweist. Ganz ähnlich argumentiert auch Altman (1977), wenn er besonders die Über-Ich-Aspekte in der Liebe betont. In jeder Liebesaffäre verberge sich immer auch ein feindseliger Rest, der verdrängt werden müsse. Seiner Meinung nach drückt die in einer exklusiven, sich einer sozialen Rationalität zuweilen völlig verschließenden Liebesbeziehung beschworene Todessehnsucht einen unbewußten Wunsch nach einer ewigen Wiedervereinigung mit dem Liebesobjekt der Kindheit aus.

Gegen die u. a. von S. Freud hervorgehobene Komponente eines Wiederfindens des infantilen Liebesobjekts setzt Person (1988, 1991) aber auch ein unverwechselbares kreatives Potential in der romantischen Liebe. Diese bedeute nicht nur eine wiederholte Transzendenz und Verschmelzung in der Begegnung mit dem geliebten Partner. Sehr häufig setze diese auch positive Ich-Kräfte frei, die entscheidende Reorganisationen in den Lebensplänen der Liebenden, die Übernahme selbstbewußter Projekte und neuer Verantwortlichkeiten bedingten. Chessik (1992) zentriert sich in seiner wichtigen Analyse gerade auf dieses inhärente Zusammenspiel des Sich-verliebens und der menschlichen Kreativität.

4.4.3.3 Entwicklung einer Lebensstruktur

Den subtilen biographischen Studien von Levinson verdanken wir zusätzliche wertvolle Einsichten in zentrale innerseelische Umschichtungen des jungen Erwachsenen mit weitreichenden Konsequenzen für die weitere emotionale Persönlichkeitsentwicklung und psychosoziale Adaptation (Levinson et al. 1978, Levinson 1980, 1981, 1986). Levinson und Mitarbeiter führen die Konzepte der „Übergangs- und strukturbildenden Perioden" in ihre Betrachtung des Lebenszyklus ein. Sie erblicken eine erste Übergangsperiode zum jungen Erwachsenenalter ungefähr zwischen den Jahren 17 und 22, die das Ende der Adoleszenz markiert. Es schließt sich bis zum ca. 28. Lebensjahr ein Abschnitt an, in der eine erste „Lebensstruktur" für den Eintritt ins Erwachsenenleben gefunden werden muß, mit der Möglichkeit einer Revision in den folgenden ca. fünf Jahren.

Standen während der vorausgegangenen Jahre der Adoleszenz zunächst Fragen nach dem verunsichert erlebten Wesen der eigenen Person im Vordergrund, folgten erste Versuche einer allmählichen Selbstexplikation mit einem Ausloten und Erproben von persönlichen Möglichkeiten, wird nunmehr eine gereifte, aber noch nicht endgültige Entscheidung verlangt, wie das konkrete persönliche Leben in einigen zentralen und peripheren Aspekten in mittelfristiger Perspektive auszusehen habe. Levinson erkennt die Notwendigkeit des jungen Erwachsenen, einen solchen individuellen Plan für den Eintritt ins Erwachsenenleben zu entwickeln. Unter den gegebenen historischen Verhältnissen westlicher Gesellschaften beinhaltet er die Formulierung eines „Traums", einer zukunftsorientierten Gestaltung persönlichkeitstypischer Talente, Ziele und Werte in konkreten Lebensbezügen. Dieser Traum besitzt die Qualität einer Vision, einer imaginierten Möglichkeit, die hoffnungsvolle Aufregung und Vitalität erzeugt. Seine inhaltliche Ausrichtung erfolgt eher nach individualistischen, autonomiebetonenden oder eher nach Beziehungsmotiven. Beruf und Karriere einerseits, Partnerschaft, Ehe und Familiengründung andererseits sind die grundlegenden Extensionen dieses Traums. Die Konkretisierung dieses Traums erfolgt häufig über die exklusive Beziehung zu einem „Mentor", einem lebenserfahrenen Erwachsenen, der in besonderer

Weise berät, die berufliche Karriere begleitet, v. a. die speziellen Talente des jungen Erwachsenen fördert und zu lebenspraktischer Umsetzung ermuntert. Nach Levinson muß diese erste individuelle Lebensstruktur Ende der zwanziger, Anfang der dreißiger Jahre einer kritischen Revision unterzogen werden. Mit dieser neuen Übergangsperiode nimmt die provisorische und explorative Qualität, die der Eingangslebensstruktur noch anhaften kann, weiter ab. Eine größere intrapsychische, aber auch sozial vermittelte Dringlichkeit entsteht, schließlich zu definitiveren Entwürfen der Erwachsenenexistenz zu finden. Wenngleich die Möglichkeit zu künftigen Korrekturen auch weiterhin besteht, ist der gesellschaftlich tolerierte Spielraum hierfür fortan doch erheblich eingeengt.

Die Arbeiten Levinsons folgten zunächst einer männlichen Sozialisationslinie, vernachlässigten mögliche Besonderheiten in den Lebenswegen von Frauen. Weitere Längsschnittstudien aus seiner Arbeitsgruppe legten aber doch bedeutsame geschlechtstypische Sozialisationsunterschiede nahe (Roberts und Newton 1987). So scheint der „Lebenstraum" junger Frauen zu Beginn häufig eine große Spannung zwischen individualistischen und Beziehungsmotiven aufzuweisen. Er verrät oft eine bedeutsame Konfliktträchtigkeit in der Übernahme der traditionellen Geschlechtsrolle in Familiengründung und Kinderwunsch einerseits, der Konzeption einer eigenständigen Berufskarriere andererseits. Während eine emotional intensive Beziehung zu einem männlichen Partner hoch bedeutsam für den Eintritt ins Erwachsenenalter ist, erweist sich der spätere Ehemann meist als größtes Hindernis für die Entwicklung einer ausgewogenen „Lebensstruktur". Beziehungen zu einem geistigen Mentor scheinen im Vergleich zu den Männern eine wesentlich geringere Rolle zu spielen. Es zeigt sich hier jedoch eine Abhängigkeit von der jeweils gewählten beruflichen Sozialisation. Insgesamt dauert die Entfaltung klarer beruflicher Vorstellungen oft beträchtlich länger. Die Übergangsperiode zwischen dem 28. und 33. Lebensjahr beinhaltet für viele Frauen oft einen bedeutsamen psychosozialen Streß. Sehr häufig kann es hier zu einer Umkehr in den zuvor dominanten Motiven kommen.

5 Ausblick auf die emotionale Entwicklung in späteren Abschnitten des Erwachsenenlebens

Tradidionelle psychoanalytische Modelle zur menschlichen Entwicklung vermittelten in ihrer „genetischen“ Ausrichtung nicht selten den Eindruck, daß die wesentlichen Transformationen sich auf die Perioden der frühen und mittleren Kindheit beschränkten, allenfalls den Jahren der Adoleszenz noch eine entscheidende Akzentuierung zukomme. Eine Entwicklungsdynamik im psychoanalytischen Sinne während späterer Altersabschnitte wurde bevorzugt im Lichte einer wiederkehrenden „frühen Dramatik“ verstanden. Lange Zeit bildeten lediglich die groß angelegten Entwürfe E.H. Eriksons (1959, 1982) zu sukzessiv aufeinanderfolgenden Phasen mit eigenständigen Krisen und Wachstumspotentialen im Lebenszyklus eine wichtige Ausnahme. Diese eingeengte Sicht auf die menschliche Entwicklung wurde erst allmählich in der psychoanalytischen Theorienbildung korrigiert und in selbständigen Ansätzen dokumentiert. Wichtige Beispiele hierfür bieten vor allem die Schriften von Colarusso und Nemiroff (1981), Nemiroff und Colarusso (1985, 1990) und Colarusso (1992) oder von Settlage et al. (1988). Dieser sich auf die Gesamtspanne des menschlichen Lebenszyklus erstreckenden Entwicklungsdimension wurde nicht zuletzt in dem umfassenden, mehrbändigen Werk zur psychoanalytischen Entwicklungspsychologie von Greenspan und Pollock (1993a und 1993b) eine erfreuliche Beachtung geschenkt. Das aber nach wie vor hohe Forschungsdefizit in den psychoanalytischen Entwicklungsmodellen zu den Epochen des mittleren und höheren Lebensalters ist m. E. aber nicht nur einem theoretischen Bias zuzuschreiben. Es kommt hierin möglicherweise auch eine Schwierigkeit zum Ausdruck, die in unserer engeren Darstellung der emotionalen Entwicklung im Abschnitt über die Adoleszenz und das junge Erwachsenenalter erstmals explizit anklang, nämlich die Verschränkung individueller biographischer Veränderungen mit einem breiteren, von einem steten Wandel gekennzeichneten soziokulturellen Kontext. Mag es in der Skizzierung der primären Sozialisation vielleicht noch angehen, sich quasi unter Berufung auf eine anthropologische Perspektive auf die intimen Austauschvorgänge zwischen Kleinkind und Eltern zu konzentrieren und den umfassenderen gesellschaftlichen Rahmen zu vernachlässigen, so sind innerseelische Entwicklungsschritte spätestens ab der Adoleszenz auch in ihrer normativen Ausrichtung aufs engste mit sozialen Einflußkräften verwoben. Gerade im Hinblick auf das oft beschworene wissenschaftliche Ideal der Psychoanalyse als klinischer und kultureller Theorie muß der Mangel an sorgfältig konzipierten Studien zur Entwicklung im Erwachsenenalter schwer wiegen.

Eine differenziertere Darstellung der emotionalen Entwicklung im Erwachsenenalter wird nicht nur infolge des gerade angesprochenen allgemeinen Mankos der psychoanalytischen Entwicklungspsychologie erschwert. Sie würde selbst in einer Beschränkung auf innere Entwicklungsvorgänge während der Jahrzehnte des mittleren und höheren Lebensalters den gewählten Rahmen der vorliegenden Arbeit bei weitem sprengen. Es sollen deshalb zum Abschluß lediglich stichwortartig einige Tendenzen aufgegriffen werden, die mir für ein solches Projekt von Relevanz erschienen. Ordnungsgesichtspunkte für eine Erörterung emotionaler Entwicklungsprozesse im Erwachsenenalter ergeben sich hierbei in einer Orientierung an den von Erikson vorkonzipierten, aber letztlich noch auszudifferenzierenden großen Entwicklungsherausforderungen im weiteren Lebenszyklus mit den krisenhaften Polen der „Generativität vs. Selbstabsorption" und schließlich der „Integrität vs. Verzweiflung".

In einem engeren psychodynamischen Verstehen kommen hier Aspekte der Erwachsenenemotionalität zum Tragen, die sich zunächst um die Fragen der möglichen, realisierten, verzichteten oder aber unmöglichen Elternschaft gruppieren. Die Chancen und Risiken einer erneuten, tieferen Individuation von den eigenen Eltern in einer aktiven Übernahme einer Elternrolle bedingen stets eine notwendige regressive Auseinandersetzung mit der persönlichen frühen Entwicklungsgeschichte in ihren präödipalen und ödipalen Implikationen. Sie führen progressiv zu einer grundlegenden Modifikation der psychosexuellen Identität, indem nicht nur die sexuelle Funktionstüchtigkeit in der Dimension einer integrierten genitalen Erlebnisfähigkeit angesprochen, sondern auch um die generative Dimension erweitert wird, in einer Konzeption selbst Mutter oder Vater zu werden. Dies hat bedeutsame Auswirkungen auf die Errichtung eines neuartigen Körperbildes, das begreiflicherweise für das emotionale Erleben der schwangeren Frau akzentuierter ist als für den werdenden Vater, der aber nichtsdestoweniger in vielfältigen bewußten und unbewußten Vorstellungen sich dem Erlebnis der Schwangerschaft stellen wird. Die Entwicklung einer „inneren Elternschaft" mit begleitenden mütterlichen und väterlichen Gefühlen von Annahme, Empathie, Fürsorge und Verantwortung dem Baby gegenüber kann als normativer Entwicklungsschritt angesehen werden. Die Komplexität dieses emotionalen Transformationsprozesses wird erkennbar, wenn nicht nur das innere Gefühl einer Differenzierung als Mutter oder Vater den eigenen Eltern gegenüber erworben werden muß, sondern im Baby gleichzeitig auch eine besondere Verbundenheit und Kontinuität zwischen den Generationen geschaffen wird. Sie impliziert ferner eine Machtverschiebung, die anfänglich eine Chance zur Egalität in den Beziehungen zu den Eltern als jetzt gleichberechtigte Partner in sich birgt, die im weiteren Entwicklungsverlauf, dem fortschreitenden Alter der Eltern schließlich eine Umkehr von Abhängigkeit und Fürsorge nach sich ziehen wird. Aber auch auf der Ebene des jungen Elternpaares selbst stellt sich möglicherweise krisenhaft die Frage einer zu organisierenden Triangularität des Erlebens, die sich nicht nur aus dem neuen Beziehungsdreieck von Eltern und Kind ergibt, sondern speziell das Paar in der doppelten Ausrichtung als jeweils sexueller Partner und gleichzeitiger Inhaber einer Elternrolle herausfordert (vgl. hierzu auswahlsweise: Anthony und Pollock 1985, Blum 1993, Colarusso 1990, Hunt und Rudden 1986, Kestenberg 1976, 1981, Notman und Lester 1988, Novick 1988, Person 1993, Robinson und Stewart 1989, Schuker et al. 1991).

Der Übergang in die Lebensmitte wird durch bedeutsame biologische und psychologische Kräfte vorangetrieben wie durch das Altern des eigenen Körpers, das allmähliche Heranreifen und Erwachsenwerden der Kinder, ferner durch Leistungen, aber auch Rückschläge und Versagen im Beruf, und schließlich durch den Alterungsprozeß, die Krankheiten und das Sterben der eigenen Eltern (Nemiroff und Colarusso 1985). Colarusso (1992, S. 161) schreibt, daß die zentralen psychologischen Fragen des jungen Erwachsenenalters mit Intimität, Generativität und Leistung allmählich ersetzt würden durch:

1. Einen Wechsel in der Vorstellung von sich als jung zu einem Denken über sich als alt werdend.
2. Ein neues Selbstgefühl, das durch das Anerkennen des Alterungsprozesses und der Begrenztheit der persönlichen Zeit, durch das drängende Suchen nach Möglichkeiten geformt werde, das Selbst zu befriedigen und Prioritäten für die noch verbleibende Zeit zu definieren.
3. Einen Wunsch, nach dem Tod ein bedeutungsvolles Vermächtnis von sich zu hinterlassen, einen Eindruck auf die Umwelt gemacht zu haben, erinnert zu werden.
4. Die Aufrechterhaltung von sexueller Intimität im Anblick einer geminderten sexuellen Dringlichkeit und eines alternden Körpers; eine kritische Bewertung der ehelichen Beziehung hinsichtlich Erfolg und Versagen sowie eine Neubewertung der Entscheidung, die Partnerschaft fortzuführen oder nach einer neuen zu suchen, solange es die Zeit erlaubt.
5. Das Akzeptieren erwachsener Kinder und ihrer Familienmitglieder als unabhängige Personen mit einem hohen selbstbestätigenden Wert für die Entwicklung als Eltern im mittleren und höheren Lebensalter.
6. Die Vollendung des Wechsels von einer Position als Schützling zu einem Mentor.

In der Perspektive der emotionalen Entwicklung während der Lebensmitte dürfte wohl die Auseinandersetzung mit der unabweisbaren Wahrnehmung der Begrenztheit der eigenen Lebenszeit und Selbstverwirklichungsmöglichkeiten, der nun vorstellbaren Bedeutung des persönlichen Todes für das narzißtische Selbsterleben eine zentrale Rolle einnehmen. Eine verstärkte Konfrontation hiermit wird zu einem entscheidenden Organisator persönlicher Gefühle und Vorstellungen. Sie bewirkt eine selbstzentrierte Überprüfung des bisherigen Lebensprojekts, die mit starken Zeichen einer emotionalen Krise, der häufig zitierten „Midlife crisis" einhergehen kann (Jaques 1965, 1993), aber auch noch die Chance zu einer Korrektur hin auf eine erhöhte

Authentizität in der narzißtischen Selbstwertregulierung in sich trägt (Nemiroff und Colarusso 1980). Diese auch von Jung (1928) schon hervorgehobene „Introversion in der Lebensmitte", die von Neugarten (1979) als „Interiorität" beschrieben wird, bedeutet für die emotionale Entwicklung zwar häufig eine höchst schmerzliche und gelegentlich auch verwirrende Selbsterfahrung. Sie beinhaltet aber auch die Möglichkeit einer Aussöhnung mit über lange Jahre abgespaltenen emotionalen Polaritäten. Nicht selten kann hierüber die an dem Sozialisationsmodell einer strikten Auftrennung der beiden Geschlechter orientierte emotionale Entwicklung von Frau und Mann entscheidend korrigiert werden und zu einem vertieften kreativen und emotionalen Erleben finden (Wieland-Burston 1989). Wenngleich die Jahre der Lebensmitte für jede Frau zu eigenständigen Herausforderungen für ihre emotionale Integrität werden können (vgl. Cohen 1991), überrascht es nicht, daß gerade Männer durch diese neue Entwicklungsaufgabe besonders verunsichert werden können. Sozialisationsbedingt vollzieht sich bei ihnen die Annäherung an eine ganzheitlichere, integriertere Emotionalität nicht selten über den Weg eines in einer Erkrankung bedrohten Körperselbst (Beck 1981, Kapfhammer 1985).

Auch in einer betont kognitiven Entwicklungsperspektive macht sich dieser emotionale Umschichtungsprozeß in der Lebensmitte bemerkbar und führt zu neuartigen Denkstrukturen. Erblickte Piaget noch in dem Erreichen der formalen Denkoperationen während der frühen Adoleszenz die höchste Intelligenzstufe, der in späteren Lebensperioden des Menschen keine entscheidenden Umwälzungen mehr folgen würden, so wird diese Sichtweise heute als verkürzt beurteilt (Commons et al. 1984, 1990). Es ist also auch in der Piaget verpflichteten Schule der kognitiven Psychologie eine ganz analoge Revision und Ausweitung des Entwicklungsgedankens auf die gesamte Lebensspanne zu beobachten, wie dies oben auch für die psychoanalytische Entwicklungspsychologie angedeutet worden ist. Speziell die Arbeiten von Labouvie-Vief (1982a,b, 1984, 1989, 1990) und Mitarbeitern (1989a,b) weisen darauf hin, daß auch „jenseits der formalen Denkoperationen" im Laufe des weiteren Erwachsenenlebens noch bedeutsame kognitive Transformationen zu beschreiben sind, die gerade in einem „autonomen Denken" auf die Integration von kognitiven und affektiven Erfahrungsmodi zielen und von zentraler Bedeutung für die emotionale Selbstregulierung sind. Auch Edelstein und Noam (1982) gelangen in ihrer Analyse der Regulationsstrukturen des Selbst und der „postformalen Stadien" im Erwachsenenalter zu ganz ähnlichen Modellen einer Integration von logischen und emotionalen Entwicklungsaspekten.

Eine Betrachtung der Entwicklungsprozesse im höheren Lebensalter mit ihren Auswirkungen auf die Emotionalität kann selbstverständlich nicht an der Unausweichlichkeit des alternden, oft kranken oder behinderten Körpers, an der Vorbereitung auf den eigenen Tod, an der Trauer um schon verstorbene Freunde und Familienmitglieder, speziell des Lebenspartners vorbeigehen. Die Fähigkeit zur Trauer und Verarbeitung von hoch bedeutsamen personalen

Verlusten mag zur zentralen emotionalen Herausforderung in diesem letzten Lebensabschnitt werden. Doch nicht nur der involutionäre Anteil in diesen emotionalen Erfahrungen mit einer Toleranz für unausweichliche und unabänderliche Lebensgeschicke, sondern auch die prinzipielle Möglichkeit zu einer in früheren Entwicklungsepochen noch nicht erreichbaren Kreativität, Weisheit und Humor ist herauszustellen (Brown 1993, Chinen 1984, Kohut 1971, Morgan 1993, Pollock 1989). Cohler (1982, 1993) sowie Cohler und Galatzer-Levy (1990) verdanken wir wichtige psychoanalytische Arbeiten, die unterstreichen, wie entscheidend das Bemühen eines alten Menschen, in einer Lebensrückschau und -übersicht für sich eine neue narrative Selbstkohärenz zu finden, für die Herstellung und Aufrechterhaltung seiner emotionalen Integrität ist. Erikson (1973) schreibt über die im letzten Lebensabschnitt zu erwerbende „Integrität", die sich in einer krisenhaften Spannung zum anderen Pol einer „Verzweiflung", eines „existentiellen Ekels" befindet:

„Nur wer einmal die Sorge für Dinge und Menschen auf sich genommen hat, wer sich den Triumphen und Enttäuschungen angepaßt hat, nolens volens der Ursprung anderer Menschenwesen und der Schöpfung von Dingen und Ideen zu sein – nur dem kann allmählich die Frucht dieser sieben Stadien heranwachsen. Ich weiß kein besseres Wort dafür als Integrität. Mangels einer klaren Definition möchte ich wenigstens auf einige Eigenschaften dieses seelischen Zustands hinweisen. Er bedeutet die Annahme seines einen und einzigen Lebenszyklus und der Menschen, die in ihm notwendig da sein müßten und durch keine anderen ersetzt werden können. Er bedeutet eine neue, andere Liebe zu den Eltern, frei von dem Wunsch, sie möchten anders gewesen sein als sie waren, und die Bejahung der Tatsache, daß man für das eigene Leben allein verantwortlich ist. Er enthält ein Gefühl von Kameradschaft zu den Männern und Frauen ferner Zeiten und Lebensformen, die Ordnungen und Dinge und Lehren schufen, welche die menschliche Würde und Liebe vermehrt haben. Obwohl ein Mensch, der Integrität besitzt, sich der Relativität der unterschiedlichen Lebensweise bewußt ist, die dem menschlichen Streben Sinn verliehen haben, ist er bereit, die Würde seiner eigenen Lebensform gegen alle physischen und wirtschaftlichen Bedrohungen zu verteidigen. Denn er weiß, daß sein individuelles Leben die zufällige Koinzidenz nur eines Lebenskreises mit nur einem Segment der Geschichte ist; und daß für ihn alle menschliche Integrität mit dem einen Integritäts-Stil steht und fällt, an dem er teilhat" (S. 118f.).

Literatur

Abelin, D.L. (1971): The role of the father in the separation-individuation process. In: McDevitt, J./Settlage, C.F. (eds) Separation-individuation: Essays in honor of Margaret S. Mahler. New York: International Universities Press, 229–253.

Abelin, E.L. (1975): Some further comments and observations on the earliest role of the father. Int. J. Psycho-Anal. 56: 293–302.

Abelin, E.L. (1980): Triangulation, the role of the father and the origins of core gender identity during rapprochement subphase. In: Lax, R./Burland, A.J./Bach, S. (eds.) Rapprochement: The critical subphase of separation. New York, London: J. Aronson, 151–169.

Abelin, E.L. (1986): Die Theorie der frühkindlichen Triangulation. Von der Psychologie zur Psychoanalyse. In: Stork, J. (Hrsg.) Das Vaterbild in Kontinuität und Wandlung. Stuttgart: Frommann-Holzboog, 45–72.

Abraham, K. (1924): Versuch einer Entwicklungsgeschichte der Libido auf Grund der Psychoanalyse seelischer Störungen, Bd. II: Frankfurt a.M.: Fischer 1971, 32–102.

Adams, G.R. (1992): Introduction and overview. In: Adams, G.R./Gullotta, T.P./ Montemayor, R. (eds.) Adolescent identity formation. Newbury Park, London, New Delhi: Sage, 1–8.

Adams, G.R./Ryan, J.M./Hoffmann, J.J./Dobson, W.R./Nielson, E.C. (1985): Ego identity status, conformity behavior, and personality in late adolescence. J. Pers. Soc. Psychol. 47: 1091–1104.

Adatto, C. (1980): Late adolescence to early adulthood. In: Greenspan, S.I./Pollock, G.H. (eds.) The course of life: Psychoanalytic contributions toward understanding personality development. Vol. II: Latency, adolescence and youth. Adelphi: National Institute of Mental Health, 463–476.

Adler, G./Buie, D.H. (1979): Aloneness and borderline psychopathology: The possible relevance of child development issue. Int. J. Psycho-Anal. 60: 83–96.

Agger, E.M. (1988): Psychoanalytic perspectives on sibling relationships. Psa. Inquiry 8: 3–30.

Ainsworth, M.D.S./Blehar, M.C./Waters, E./Wall, S. (1978): Patterns of attachment: A psychological study of the strange situation. Hillsdale, N.J.: Erlbaum.

Alberoni, F. (1983): Falling in love. New York: Random Hause.

Altman, L. (1977): Some vicissitudes of love. J. Am. Psa. Ass. 25: 35–52.

Amsterdam, B./Levitt, M. (1980): Consciousness of self and painful self-consciousness. Psa. Std. Child 35: 67–84.

Anthony, E.J./Pollock, G.H. (eds.) (1985): Parental influences: In health and disease. Boston, Toronto: Little, Brown.

Applegate, J.S. (1989): Mahler and Stern: Irreconcilable differences? Child Adoles. Soc. Work 6: 163–173.

Archer, S. (1989): Gender differences in identity development: Issues of process, domain, and timing. J. Adoles. 12: 117–138.

Aries, P. (1962): Centuries of childhood: A social history of familiy life. New York: Vintage.

Arnstein, R.L. (1984): Young adulthood: Stages of maturity. In: Offer, D./Sabshin, M. (eds.) Normality and the life cycle. New York: Basic Books, 108–144.

Arnstein, R.L. (1989): Overview of normal transition to young adulthood. Adoles. Psychiatry 16: 127–141.

Aron, L. (1993): Working toward operational thought. Piagetian theory and psychoanalytic method. Contemp. Psychoanal. 29: 289–313.

Atkins, R.N. (1982): Discovering daddy: The mother‘s role. In: Cath, S.H./Gurwitt, A.R./Ross, J.M. (eds.) Father and child. Developmental and clinical perspectives. Boston: Little, Brown, 139–149.

Atkins, R.N. (1984): Transitive vitalisation and its impact on father representations. Contemp. Psychoanal. 29: 663–676.

Averill, J.R. (1980): A constructivist view of emotion. In: Plutchik, R./Kellerman, H. (eds.) Emotion. Theory, research and experience, vol. 1. Theories of emotion. New York, London, Toronto, Sidney, San Francisco: Academic Press, 305–339.
Bakan, D. (1966): The duality of human existence. Chicago: Rand McNally.
Balint, M. (1937): Frühe Entwicklungsstadien des Ichs: Primäre Objektliebe. Imago 23: 270–288.
Balint, M. (1959): Thrills and regressions. London: Hogarth.
Balint, M. (1968): The basic fault. Therapeutic aspects of regression. London: Tavistock.
Barrett, K.C./Campos, J.J. (1987): Perspectives on emotional development II: A functionalist approach to emotions. In: Osofsky, J.D. (ed.) Handbook of infant development, sec. ed. New York, Chichester, Brisbane, Toronto, Singapore: Wiley, 555–578.
Barth, B. (1990): Die Darstellung der weiblichen Sexualität als Ausdruck männlichen Uterusneids und dessen Abwehr. Jahrb. Psychoanal. 26: 64–101.
Basch, M.F. (1976): The concept of affect: A re-examination. J. Am. Psa. Ass. 24: 759–777.
Basch, M.F. (1983): Empathic understanding. A review of the concept and some theoretical considerations. J. Am. Psa. Ass. 31: 101–126.
Basch, M.F. (1988): Understanding psychotherapy. The science behind the art. New York: Basic Books.
Basch, M./Lichtenberg, J./Sander, L.W. (1988): Reflections on self psychology and infancy. In: Goldberg, A. (ed.) Frontiers in self psychology. Progress in self psychology, vol. 3. Hillsdale, N.J., Hove, London, 55–77.
Baumgart, M. (1991): Psychoanalyse und Säuglingsforschung: Versuch einer Integration unter Berücksichtigung methodischer Unterschiede. Psyche 45: 780–809.
Beck, D. (1981): Krankheit als Selbstheilung. Frankfurt a.M.: Insel.
Beck, U. (1986): Die Risikogesellschaft. Auf dem Weg in eine andere Moderne. Frankfurt a.M.: Suhrkamp.
Beebe, B./Lachmann, F.M. (1988): The contribution of mother-infant mutual influence to the origins of self- and object representations. Psa. Psychol. 5: 305–337.
Behrends, R.S./Blatt, S.J. (1985): Internalization and psychological development through the life cycle. Psa. Std. Child 40: 11–39.
Bell, R.Q./Harper, L.V. (1977): Child effects on adults. Hillsdale, N.J.: Erlbaum.
Belsky, J./Volling, B.L. (1987): Mothering, fathering and marital interaction in the family triad during infancy: Exploring family systems processes. In: Berman, P.W./ Pedersen, F.A. (eds.) Men's transitions to parenthood. Hillsdale, N.J.: Erlbaum, 37–63.
Benedek, T. (1938): Adaptation to reality in early infancy. Psa. Quart. 200–214.
Benjamin, J. (1961): Some developmental observations relating to the theory of anxiety. J. Am. Psa. Ass. 9: 652–668.
Benjamin, J. (1987): The decline of the oedipus complex. In: Broughton J.M. (ed.) Critical theories of psychological development. New York, London: Plenum Press, 211–244.
Benjamin, J. (1990): An outline of intersubjectivity: The development of recognition. Psa. Psychol. 7 (suppl.): 33–46.
Benjamin, J. (1992): Vater und Tochter: Identifizierung mit Differenz. Ein Beitrag zur Geschlechter-Heterodoxie. Psyche 46: 821–846.
Bergman, M.S. (1987): The anatomy of loving. The story of man's quest to know what love is. New York: Columbia University Press.
Berns, U. (1981): Ein Ansatz zur Revision der psychoanalytischen Theorie der Affekte als Konsequenz einer Kritik des ökonomischen Gesichtspunktes der psychoanalytischen Metatheorie. Materialien Psychoanalyse 7: 161–197.
Bernstein, D. (1983): The female superego: A different perspective. Int. J. Psycho-Anal. 64: 187–201.
Bernstein, D. (1990): Female genital anxieties, conflicts and typical mastery modes. Int. J. Psycho-Anal. 71: 151–165.
Bernstein, D. (1991): The female oedipal complex. In: Hartocollis, P./Graham, I.D. (eds.) The personal myth in psychoanalytic theory. Madison, Conn.: International Universities Press, 183–218.
Berzonsky, M.D. (1988): Self-theorists, identity status and social cognition. In: Lapsley, D.K./ Power, F.C. (eds.) Self, ego, and identity: Integrative approaches. New York, Berlin, Heidelberg, London, Paris, Tokyo: Springer, 243–262.
Bettelheim, B. (1980): Kinder brauchen Märchen. München: dtv 15010.
Bion, W.R. (1962): Learning from experience. New York: Basic Books.

Bischof, N. (1985): Das Rätsel Ödipus. München: Pieper.
Blanck, G. (1984): The oedipus complex. Int. J. Psycho-Anal. 65: 331–339.
Blanck, G./Blanck, R. (1979): Ego psychology II. Psychoanalytic developmental psychology. New York: Columbia University Press.
Blatt, S. J. (1974): Levels of object representation in anaclitic and introjective depression. Psa. Std. Child 29: 107–157.
Blatt, S. J./Blass, R. (1990): Attachment and separateness: A dialectic model of the products and processes of psychological development. Psa. Std. Child 45: 107–127.
Blatt, S. J./Shichman, S. (1983): Two primary configurations of psychopathology. Psa. Contemp. Thought 6: 187–254.
Bloom-Feshbach, J./Bloom-Feshbach, S. (1987): Introduction: Psychological separateness and experiences of loss. In: Bloom-Feshbach, J./Bloom-Feshbach, S. (eds.) The psychology of separation and loss. Perspectives on development, life transitions, and clinical practice. San Francisco, London: Jossey-Bass, 1–59.
Blos, P. (1962): On adolescence. New York: Free Press.
Blos, P. (1979): The adolescent passage. New York: Free Press.
Blum, H.P. (1993): The maternal ego ideal and the regulation of maternal qualities. In: Greenspan, S.I./Pollock, G.H. (eds.) The course of life, vol. V. Early adulthood. Madison, Conn.: International Universities Press, 43–74.
Blum, E. J./Blum, H.P. (1990): The development of autonomy and superego precursors. Int. J. Psycho-Anal. 71: 585–595.
Bohleber, W. (1982): Spätadoleszente Entwicklungsprozesse. Ihre Bedeutung für Diagnostik und psychotherapeutische Behandlung von Studenten. In: Krejci, E./Bohleber, W. (Hrsg.) Spätadoleszente Konflikte. Göttingen: Vandenhoeck & Ruprecht, 11–52.
Bohleber, W. (1987): Die verlängerte Adoleszenz. Identitätsbildung und Identitätsstörungen im jungen Erwachsenenalter. Jahrb. Psychoanal. 21, 58–84.
Bohleber, W./Leunzinger, M. (1981): Narzißmus und Adoleszenz. Kritische Bemerkungen zum „Neuen Sozialisationstypus". In: Psychoanalytisches Seminar Zürich. Die neuen Narzißmustheorien: Zurück ins Paradies? Frankfurt a.M.: Syndikat, 119–132.
Bornstein, B. (1951): On latency. Psa. Std. Child 5: 279–286.
Boothe, B. (1990): Trennung – Alleinsein – Aufbruch als Schritte weiblicher Entwicklung. Zschr. psychosom. Med. 36: 316–331.
Boothe, B. (1992): Enttäuschung als Chance: Drei Progressionsschritte weiblicher Entwicklung. Zschr. psychosom. Med. 38: 325–335.
Bosma, H. A. (1992): Identity in adolescence: Managing commitments. In: Adams, G.R./Gullotta, T.P./Montemayor, R. (eds.) Adolescent identity formation. Newbury Park, London, New Delhi: Sage, 91–121.
Bourne, E. (1978a): The state of research on ego identity: A review and appraisal. Part I. J. Youth Adoles. 7: 223–251.
Bourne, E. (1978b): The state of research on ego identity: A review and appraisal. Part II. J. Youth Aoles. 7: 371–392.
Bowlby, J. (1961): Grief and mourning in infancy and early childhood. Psa. Std. Child 15: 9–52.
Bowlby, J. (1980): Loss. New York: Basic Books.
Bowlby, J. (1982): Attachment. New York: Basic Books.
Braunschweig, D./Fain, M. (1971): Eros et anteros. Paris: Petite Bibliotheque Payot.
Brazelton, T.B./Als, H. (1979): Four early stages in the development of mother-infant interaction. Psa. Std. Child 34: 349–369.
Brazelton, T.B./Cramer, B.G. (1990): The earliest relationship. Parents, infants, and the drama of early attachment. Reading, MA: Addison-Wesley.
Brenner, C. (1974): On the nature and development of affects: An unified theory. Psa. Quart. 43: 532–556.
Brenner, C. (1982): The mind in conflict. New York: International Universities Press.
Brent, L./Resch, R.C. (1987): A paradigm of infant-mother reciprocity: A reexamination of „emotional refueling". Psa. Psychol. 4: 15–31.
Bretherton, I. (1985): Attachment theory: Retrospect and prospect. In: Bretherton, I./Waters, E. (eds.) Growing points of attachment. Theory and research. Monographs of the Society for Research in Child Development, vol. 50. Chicago: University of Chicago Press, 3–35.
Brierley, M. (1937): Affects in theory and practice. Int. J. Psycho-Anal. 18: 256–268.
Brockman, D.D. (1984): Late adolescence. Psychoanalytic studies. New York: International Universities Press.

Brockman, D.D. (1989): Psychoanalytic assessment of young adults. Adoles. Psychiatry 16: 246–258.
Brody, S./Axelrod, S. (1979): Anxiety and ego formation in infancy. New York: International Universities Press.
Broucek, F. (1979): Efficacy in infancy: A review of some experimental studies and their possible implications for clinical theory. Int. J. Psycho-Anal. 60: 311–316.
Broucek, F. (1982): Shame and its relationship to early narcissistic developments. Int. J. Psycho-Anal. 65: 369–378.
Broucek, F. (1991): Shame and the self. New York: Guilford Press.
Broughton, J.M. (1981): The divided self in adolescence. Hum. Dev. 24: 13–32.
Broussard, E.R. (1979): Assessment of the adaptive potential of mother-infant system: The neonatal perception inventories. Seminars in Perinatology 3. New York: Grune & Stratton.
Broussard, E.R. (1984): Maternal empathy: Its relation to emerging self-representations and empathy in infants. In: Lichtenberg, J.D/Bornstein, M./Silver, D. (eds.) Empathy. Vol. II. Hillsdale, N.J., London: Erlbaum, 81–103.
Brown, D. (1993): Affective development, psychopathology and adaptation. In: Ablon, S.L./ Brown, D./Khantzian, E.J./Mack, J.E. (eds.) Human feelings. Explorations in affect development and meaning. Hillsdale, N.J., London: Analytic Press, 5–66.
Bruner, J. (1983): Child's talk: Learning to use language. New York: Norton.
Bucci, W. (1985): Dual coding: A cognitive model for psychoanalytic research. J. Am. Psa. Ass. 33: 571–608.
Bucci, W. (1988): Converging evidence for emotional structures: Theory and method. In: Dahl, H./Kächele, H./Thomä, H. (eds.) Psychoanalytic process research strategies. Berlin, Heidelberg, New York, London, Paris, Tokyo: Springer, 29–49.
Buchholz, M.B.(1990): Die Rotation der Triade. Forum Psychoanal. 6: 116–134.
Buchholz, M.B.(1991): Die Regression der Triade. Zur Bedeutung des Vaters bei der Magersucht. Forum Psychoanal. 7: 47–61.
Bush, M. (1989): The role of unconscious guilt in psychopathology and psychotherapy. Bull. Menninger Clin. 53: 97–107.
Carlson, R. (1981): Studies in script theory: I. Adult analogs of a childhood nuclear scene. J. Pers. Soc. Psychol. 40: 501–510.
Carlson, V./Cicchetti, D./Barnett, D./Braunwald, K. (1989): Disorganized/disoriented attachment relationships in maltreated infants. Dev. Psychol. 25: 525–531.
Chamberlain, D.B. (1987): The cognitive newborn: A scientific update. Br. J. Psychother. 4: 30–71.
Chandler, M.J. (1975): Relativism and the problem of epistemological loneliness. Hum. Dev. 18: 171–180.
Chasseguet-Smirgel, J. (1974): Die weiblichen Schuldgefühle. In: Chasseguet-Smirgel, J. (Hrsg.) Psychoanalyse der weiblichen Sexualität. Frankfurt a.M.: Suhrkamp, 134–191.
Cherazi, S. (1988): Zur Psychologie der Weiblichkeit. Ein kritischer Überblick. Psyche 42: 307–327.
Chessick, R.D. (1992): On falling in love and creativity. J. Am. Acad. Psychoanal. 20: 347–373.
Chinen, A.B. (1984): Modal logic, a new paradigm of development and late life potential. Hum. Dev. 27: 52–56.
Chomsky, N. (1968): Language and mind. New York: Harcourt, Brace and World.
Cicchetti, D. (1990): The organization and coherence of socioemotional, cognitive, and representational development: Illustration through a developmental psychopathology perspective on Down syndrome and child maltreatment. In: Thompson, R. (ed.) Nebraska Symposium on Motivation, vol. 36. Socioemotional development. Lincoln: University of Nebraska Press, 259–366.
Cicchetti, D./Carlson, V. (eds.) (1989): Child maltreatment: Theory and research on the causes and consequences of child abuse and neglect. New York: Cambridge University Press.
Cicchetti, D./Pogge-Hesse, P. (1981): The relation between emotion and cognition in infant development. In: Lamb, M./Sherrod, L. (eds.) Infant cognition. Hillsdale, N.J.: Erlbaum, 205–272.
Cicchetti, D./White, J. (1988): Emotional development and affective disorders. In: Damon, W. (ed.) Child development: Today and tomorrow. San Francisco: Jossey-Bass, 177–198.
Ciompi, L. (1982): Affektlogik. Stuttgart: Klett-Cotta.
Coen, S.J. (1987): Pathological jealousy. Int. J. Psycho-Anal. 68: 99–108.

Cohen, D.J./Marans, S./Dahl, K./Marans, W./Lewis, M. (1987): Analytic discussions with oedipal children. Psa. Std. Child 42: 59–84.
Cohen, S.K. (1991): Adult development: Midlife issues, menopause, and aging. In: Schuker, E./Levinson, N.A. (eds.) Female psychology. An annotated psychoanalytic bibliography. Hillsdale, N.H., London: Analytic Press, 274–303.
Cohler, B.J. (1980): Adult developmental psychology and reconstruction in psychoanalysis. In: Greenspan, S.I./Pollock, G.H. (eds.) The course of life: Psychoanalytic contributions toward understanding personality development, vol. III. Adulthood and the aging process. Adelphi: National Institute of Mental Health, Washington, 149–199.
Cohler, B.J./Freeman, M. (1993): Psychoanalysis and the developmental narrative. In: Greenspan, S.I./Pollock, G.H. (eds.) The course of life, vol. V. Early adulthood. Madison, Conn.: International Universities Press, 99–177.
Cohler, B.J./Galatzer-Levy, R.M. (1990): Self, meaning, and morale across the second half of life. In: Nemiroff, R.A./Colarusso, C.A. (eds.) New dimensions in adult development. New York: Basic Books, 214–260.
Cohn, J.F./Campbell, S.B./Matias, R./Hopkins, J. (1990): Face-to-face interactions of postpartum depressed and nondepressed mother-infant pairs at 2 months. Dev. Psychol. 26: 15–23.
Colarusso, C.A. (1988): The development of time sense in adolescence. Psa. Std. Child 43: 179–197.
Colarusso, C.A. (1990): The third individuation: The effect of biological parenthood on separation-individuation processes in adulthood. Psa. Std. Child 45: 170–194.
Colarusso, C.A. (1991): The development of time sense in young adulthood. Psa. Std. Child 46: 125–144.
Colarusso, C.A. (1992): Child and adult development. A psychoanalytic introduction for clinicians. New York, London: Plenum Press.
Colarusso, C.A./Nemiroff, R.A. (1981): Adult development. A new dimension in psychodynamic theory and practice. New York, London: Plenum Press.
Coleman, J.C. (1978): Current contradictions in adolescent theory. J. Youth Adoles. 7: 1–11.
Coleman, J.C. (1989): The focal theory of adolescence: A psychological perspective. In: Hurrelmann, K./Engel, U. (eds.) The social world of adolescents. Berlin, New York: De Gruyter, 43–56.
Commons, M.L./Armon, C./Kohlberg, L./Richards, F.A./Grotzer, T.A./Sinnot, J.D. (eds.) (1990): Adult development, vol. 2. Models and methods in the study of adolescent and adult thought. New York, Westport, Conn., London: Praeger.
Commons, M.L./Richards, F.A./Armon, C. (eds.) (1984): Beyond formal operation. New York: Praeger.
Compton, A. (1983a): The current status of the psychoanalytic theory of instinctual drives. I. Drive concept, classification and development. Psa. Quart. 52: 364–401.
Compton, A. (1983b): The current status of the psychoanalytic theory of instinctual drives. II. The relation of the drive concepts to structures, regulatory principles, and objects. Psa. Quart. 52: 402–426.
Condon, W.S. (1984): Communication and empathy. In: Lichtenberg, J.D./Bornstein, M./Silver, D. (eds.) Empathy. Vol. II. Hillsdale, N.J., London: Erlbaum, 35–58.
Condon, W.S./Sander, L.S. (1974): Neonate movement is synchronized with adult speech. Science 183: 99–101.
Cooper, A. (1986): What men fear: The facade of castration anxiety. In: Fogel, G.I./Lane, F.M./Liebert, R.S. (eds.) The psychology of men. New York: Basic Books, 113–130.
Cote, J.E./Levine, C. (1983): Marcia and Erikson: The relationship among ego identity status, neuroticism, dogmatism, and purpose in life. J. Youth Aoles. 12: 43–53.
Cote, J.E./Levine, C. (1987): A formulation of Erikson‘s theory of ego identity formation. Dev. Review 7: 273–325.
Cote, J.E./Levine, C. (1988): A critical examination of the ego identity status paradigm. Dev. Review 7: 273–325.
Cramer, B.G. (1987): Objective and subjective aspects of parent-infant relations: An attempt at correlation between infant studies and clinical work. In: Osofsky, J.D. (ed.) Handbook of infant development, sec.ed. New York, Chichester, Brisbane, Toronto, Singapore: Wiley, 1037–1057.
Cramer, B./Stern, D.N. (1988): Evaluation of changes in mother-infant brief psychotherapy: A single case study. Inf. Ment. Health J. 9: 20–45.
Cremerius, J. (1979): Gibt es zwei psychoanalytische Techniken? Psyche 33: 577–599.

Csikszentmihaly, M./Larson, R. (1984): Being adolescent. New York: Basic Books.
Dahl, H. (1979): The appetite hypothesis of emotion. A new psychoanalytical model of motivation. In: Izard C. (ed.) Emotions and personality in psychopathology. New York: Plenum Press, 199–223.
Damon, W. (1988): The moral child: Nurturing children's moral growth. New York: Collier-MacMillan.
Danesi, M. (1989): Adolescent language as affectively coded behavior. Adolescence 24: 311–320.
Darwin, C. (1872): The expression of the emotions in man and animals. London: J. Murray.
Decarie, T. (1965): Intelligence and affectivity in early childhood. New York: International Universities Press.
Demos, E. V. (1982): Affect in early infancy. Physiology or psychology. Psa. Inquiry 1: 533–574.
Demos, E. V. (1984): Empathy and affect: Reflections on infant experience. In: Lichtenberg, J. D./Bernstein, M./Silver, D. (eds.) Empathy. Vol. II. Hillsdale, N. J.: Erlbaum, 9–34.
Demos, E. V. (1986): Cyring in early infancy: An illustration of the motivational function of affect. In: Brazelton, T. B./Yogman, M. (eds.) Affective development in early infancy. Norwood, N. J.: Ablex, 39–73.
Demos, E. V. (1988): Affect and the development of the self: A new frontier. In: Goldberg, A. (ed.) Frontiers in self psychology. Progress in self psychology, vol. 3. Hillsdale, N. J., Hove, London: Academic Press, 27–54.
Demos, V./Kaplan, S. (1987): Motivation and affect reconsidered: Affect biographies of two infants. Psa. Contemp. Thought 10: 147–221.
De Rivera, J. (1977): A structural theory of emotions. Psychol. Issues, Monograph no. 40. New York: International Universities Press.
Dodge, K. A. (1990): Developmental psychopathology in children of depressed mothers. Dev. Psychol. 26: 3–6.
Döbert, R./Nunner-Winkler, G. (1975): Adoleszenzkrise und Identitätsbildung. Frankfurt a. M.: Suhrkamp.
Döbert, R./Nunner-Winkler, G. (1986): Wertwandel und Moral. In: Bertram, H. (Hrsg.) Gesellschaftlicher Zwang und moralische Autonomie. Frankfurt a. M.: Suhrkamp.
Donaldson, S. K./Westerman, M. A. (1986): Development of children's understanding of ambivalence and causal theories of emotion. Dev. Psychol. 22: 655–662.
Donovan, J. M. (1975): Identity status and interpersonal style. J. Youth Adoles. 4: 37–55.
Douvan, E./Adelson, J. (1966): The adolescent experience. New York: Wiley.
Dore, J. (1985): Holophases revisited, dialogically. In: Barret, M. (ed.) Children's single word speech. London, Wiley.
Dunn, J. (1988): The beginnings of social understanding. Cambridge, MA: Harvard University Press.
Eagle, M. N. (1984): Recent developments in psychoanalysis. A critical evaluation. New York: McGraw-Hill.
Edelson, M. (1990): Psychoanalytic contributions to a theory of sexuality. In: Edelson, M. Psychoanalysis. A theory in crisis. Chicago, London: University of Chicago Press, 193–229.
Edelstein, W./Noam, G. (1982): Regulatory structures of the self and ‚postformal' stages in adulthood. Hum. Dev. 25: 407–422.
Edgcumbe R./Burgner, M. (1975): The phallic-narcissistic phase. A differentiation between preoedipal and oedipal aspects of phallic development. Psa. Std. Child 30: 161–179.
Edgcumbe R./Lundberg, S./Markowitz, R./Salo, F. (1976): Some comments on the concept of negative oedipal phase in girls. Psa. Std. Child 31: 35–61.
Eigen, M. (1981): The area of faith in Winnicott, Lacan and Bion. Int. J. Psycho-Anal. 662: 413–433.
Ekman, P./Friesen, W. V. (1975): Unmasking the face. Englewood Cliffs, N. J.: Prentice Hall.
Ekman, P./Friesen, W. V./Ellsworth, P. (1972): Emotion in human face: Guidelines for research and an integration of findings. New York: Pergamon.
Emde, R. N. (1980): Toward a psychoanalytic theory of affect. II. Emerging models of emotional development in infancy. In: Greenspan, S. I./Pollock, G. H. (eds.) The course of life. Psychoanalytic contributions toward understanding personality development, vol. I. Infancy and early childhood. Adelphi: National Institute of Mental Health, 85–112.
Emde, R. N. (1981): Changing models of infancy and the nature of early development: Remodeling the foundation. J. Am. Psa. Ass. 29: 179–219.
Emde, R. N. (1983): The prerepresentational self and its affective core. Psa. Std. Child 38: 165–192.

Emde, R. N. (1984): The affective self: Continuities and transformations from infancy. In: Call, J. D./Galenson, E./Tyson, R. L. (eds.) Frontiers of infant psychiatry, vol. II. New York: Basic Books, 38–54.
Emde, R. N. (1985): From adolescence to midlife: Remodeling the structure of adult development. J. Am. Psa. Ass. 33 (suppl.): 59–112.
Emde, R. N. (1988): Development terminable and interminable. I. Innate and motivational factors from infancy. Int. J. Psycho-Anal. 69: 23–42.
Emde, R. N. (1989): The infant's relationship experience: Developmental and affective aspects. In: Sameroff, A. J./Emde, R. N. (eds.) Relationship disturbances in early childhood: A developmental approach. New York: Basic Books, 33–51.
Emde, R. N. (1990): Presidential address. Lessions from infancy: New beginnings in a changing world and a morality for health. Inf. Ment. Health J. 11: 196–212.
Emde, R. N. (1991): The wonder of our complex enterprise: Steps enabled by attachment and the effects of relationships on relationships. Inf. Ment. Health J. 12: 164–173.
Emde, R. N. (1992): Amae, intimacy, and the early moral self. Inf. Ment. Health J. 13: 34–42.
Emde, R. N./Buchsbaum, H. K. (1989): Toward a psychoanalytic theory of affect: II. Emotional development and signaling in infancy. In: Greenspan, S. I./Pollock, G. H. (eds.) The course of life, vol. I. Infancy. Madison, Connecticut: International Universities Press, 193–227.
Emde, R. N./Buchsbaum, H. K. (1990): „Didn't you hear my mommy?": Autonomy with connectedness in moral self emergence. In: Cicchetti, D./Beeghly, M. (eds.) Development of self through the transition. Chicago: Chicago University Press.
Emde, R. N./Harmon, R. J. (1972): Endogenous and exogenous smiling systems in early infancy. J. Am. Acad. Child Psychiatry 11: 177–200.
Emde, R. N./Robinson, J. (1979): The first two months: Recent research in developmental psychobiology and the changing view of the newborn. In: Call, J. D./Noshpitz, J./Cohen, R./Berlin, I. (eds.) Basic handbook of child psychiatry, vol. 1. New York: Basic Books.
Emde, R. N./Scorce, J. E. (1983): The rewards of infancy: Emotional availability and maternal referencing. In: Call, J. D./Galenson, E./Tyson, R. (eds.) Frontiers of infant psychiatry, vol. I. New York: Basic Books, 17–30.
Emde, R. N./Gaensbauer, T./Harmon, R. J. (1976): Emotional expression in infancy: A biobehavioral study. Psychological Issues, Monograph no. 10. New York: International Universities Press.
Emde, R. N./Johnson, W. F./Easterbrooks, M. A. (1988): The do's and don'ts of early moral development: Psychoanalytic tradition and current research. In: Kagan, J./Lamb, S. (eds.) The emergence of morality. Chicago: The University of Chicago Press, 245–277.
Emde, R. N./Biringen, Z./Clyman, R. B./Oppenheim, D. (1991): The moral self of infancy: Affective core and procedural knowledge. Dev. Review 11: 251–270.
Endres de Oliveira, G./Krause, R. (1987): Reagieren Kleinkinder auf mimische Reize? Arbeiten der Fachrichtung Psychologie Nr. 110, Universität des Saarlandes. Zit. nach: Krause, R. (1988).
Engel, U. K./Hurrelman, K. (1989): Psychosoziale Belastung im Jugendalter. Berlin, New York: De Gruyter.
Erikson, E. H. (1950): Childhood and society. New York: Norton.
Erikson, E. H. (1959): Identität und Lebenszyklus. Frankfurt a. M.: Suhrkamp 1973.
Erikson, E. H. (1968): Jugend und Krise. Die Psychodynamik im sozialen Wandel. Stuttgart: Klett 1970.
Erikson, E. H. (1975): Life history and the historical moment. New York: Norton.
Erikson, E. H. (1982): The life cycle completed. A Review. New York, London: Norton.
Erikson, E. H. (1983): Commentary. In: Call, J. D./Galenson, E./Tyson, R. L. (eds.) Frontiers of infant psychiatry, vol. I. New York: Basic Books.
Ermann, M. (1985): Die Fixierung in der frühen Triangulierung. Forum Psychoanal. 1: 93–110.
Ermann, M. (1989): Das Dreieck als Beziehungsform. Zur Entwicklungsdynamik der Triangulierungsprozesse. Prax. Psychother. Psychosom. 34: 261–269.
Escalona, S. K. (1968): Roots of individuality. Chicago: Aldine.
Etchegoyen, R. H./Lopez, B. M./Rabih, M. (1987): On envy and how to interpret it. Int. J. Psycho-Anal. 68: 49–61.
Evans, R. I. (1967): Dialogue with Erik Erikson. New York: Harper.
Fairbairn, W. R. D. (1952): Psycho-analytic studies of the personality. London: Routledge & Kegan Paul.
Fast, I. (1984): Gender identity. A differentiation model. Hillsdale, N. J.: Analytic Press.

Fast, I. (1985): Infantile narcissism and the active infant. Psa. Psychol. 2: 153–170.
Fast, I. (1991): Commentary on „on intimacy between men“. Psa. Dialogues 1: 329–334.
Fenichel, O. (1941): The ego and the affects. In: Fenichel, O. Collected papers, 2nd series, New York: Norton 1954.
Fenichel, O. (1945): The psychoanalytic theory of neurosis, vol. 1. New York: Norton.
Ferenczi, S. (1933): Sprachverwirrung zwischen den Erwachsenen und dem Kind. In: Bausteine zur Psychoanalyse, Bd. III, Frankfurt, Berlin, Wien: Ullstein 1984, 511–525.
Field, T./Healy, B./Goldstein, S./Guthertz, M. (1990): Behavior-state matching and synchrony in mother-infant interactions of nondepressed versus depressed dyads. Dev. Psychol. 26: 7–14.
First, E. (1988): The leaving game: I'll play you and you'll play me: The emergence of the capacity for dramatic role play in two-year-olds. In: Slade, A./Wolfe, D. (eds.) Modes of meaning: Clinical and developmental approaches to symbolic play. New York: Oxford University Press, 132–160.
Fischer, K. W./Shaver, P. R./Carnochan, P. (1990): How emotions develop and how they organize development. Cognition Emotion 4: 81–121.
Fitch, S. A./Adams, G. R. (1983): Ego identity and intimacy status: Replication and extension. Dev. Psychol. 19: 839–845.
Fraiberg, S. (1982): Pathological defenses in infancy. Psa. Quart. 51: 612–635.
Fraiberg, S./Adelson, E./Shapiro, V. (1975): Ghosts in the nursery: A psychoanalytic approach to the problems of impaired infant-mother relationships. J. Am. Acad. Child Psychiatry 14: 387–422.
Frankel, S./Sherick, I. (1977): Observations on the development of normal envy. Psa. Std. Child 32: 257–282.
Franz, C. E./White, K. M. (1985): Individuation and attachment in personality development: Extending Erikson's theory. J. Personality 53: 224–256.
Freedman, D. A. (1979): The sensory deprivations. An approach to the study of the emergence of affects and the capacity for object relations. Bull. Menn. Clin. 43: 29–68.
Freedman, D. A. (1980): Maturational and developmental issues in the first year. In: Greenspan, S. I./Pollock, G. H. (eds.) The course of life: Psychoanalytic contributions toward understanding personality development, vol. I. Infancy and early childhood. Adelphi: National Institute of Mental Health, 129–145.
Freeman, T. (1990): Psychoanalytical aspects of morbid jealousy in women. Br. J. Psychiatry 156: 68–72.
Freud, A. (1936): Das Ich und die Abwehrmechanismen. München: Kindler 1974.
Freud, A. (1958): Adolescence. Psa. Std. Child 13: 225–273.
Freud, A. (1960): Discussion of Dr. John Bowlby's paper. Psa. Std. Child 15: 53–62.
Freud, S. (1893): Über den Mechanismus hysterischer Phänomene. GW Nachtragsband, 183–195.
Freud, S. (1894): Die Abwehrneuropsychosen. G. W. I: 59–74.
Freud, S. (1895a): Studien über Hysterie (1895a). G. W. I: 75–312.
Freud, S. (1895b): Entwurf einer Psychologie. In: Aus den Anfängen der Psychoanalyse. GW, Nachtragsband.
Freud, S. (1900): Die Traumdeutung. Über den Traum. G. W. II/III.
Freud, S. (1905): Drei Abhandlungen über Sexualtheorie. G. W. V: 27–145
Freud, S. (1908a): Charakter und Analerotik. G. W. VII: 213–223.
Freud, S. (1908b): Der Familienroman des Neurotikers. G. W. VII: 379–463.
Freud, S. (1909): Analyse der Phobie eines fünfjährigen Knaben. G. W. VII: 241–377.
Freud, S. (1912/1913): Totem und Tabu. G. W. IX.
Freud, S. (1913): Das Interesse an der Psychoanalyse. G. W. VIII: 389–420.
Freud, S. (1914): Erinnern, Wiederholen, Durcharbeiten. G. W. X: 126–136.
Freud, S. (1915a): Triebe und Triebschicksale. G. W. X: 209–232.
Freud, S. (1915b): Die Verdrängung. G. W. X: 248–261.
Freud, S. (1915c): Das Unbewußte. G. W. X: 264–303.
Freud, S. (1916/1917): Vorlesungen zur Einführung in die Psychoanalyse. G. W. XI.
Freud, S. (1917): Trauer und Melancholie. G. W. X: 428–446.
Freud, S. (1918): Aus der Geschichte einer infantilen Neurose (Der „Wolfsmann“). G. W. XII: 27–157.
Freud, S. (1920): Jenseits des Lustprinzips. G. W. XIII: 1–69.
Freud, S. (1921a): Über einige neurotische Mechanismen bei Eifersucht, Paranoia und Homosexualität. G. W. XIII: 195–207.
Freud, S. (1921b): Massenpsychologie und Ich-Analyse. G. W. XIII: 71–161.

Freud, S. (1923): Das Ich und das Es. G.W. XIII: 234–289.
Freud, S. (1924): Der Untergang des Ödipuskomplexes. G.W. XIII: 393–402.
Freud, S. (1925): Einige psychische Folgen des anatomischen Geschlechtsunterschieds. G.W. XIV: 19–30.
Freud, S. (1926): Hemmung, Symptom und Angst. G.W. XIV: 111–205.
Freud, S. (1930): Das Unbehagen in der Kultur. G.W. XIV: 419–506.
Freud, S. (1931): Über die weibliche Sexualität. G.W. XIV: 515–537.
Freud, S. (1933): Neue Folge der Vorlesungen zur Einführung in die Psychoanalyse. G.W. XV.
Freud, W.E. (1975): Infant observation: Its relevance to psychoanalytic training. Psa. Std. Child 30: 75–94.
Friedman, M. (1985): Toward a reconceptualization of guilt. Contemp. Psychoanal. 21: 501–547.
Fthenakis, W.E. (1992): Zur Rolle des Vaters in der Entwicklung des Kindes. Prax. Psychother. Psychosom. 37: 179–189.
Furman, E.A. (1974): Child's parent dies: Studies in childhood bereavement. New Haven, Conn.: Yale University Press.
Furman, E.A. (1991): Early latency: Normal and pathological aspects. In. Greenspan, S.I./ Pollock, G.H. (eds.) The course of life, vol. III. Middle and late childhood. Madison, Conn.: International Universities Press, 161–203.
Furman, R. (1978): Some developmental aspects of the verbalization of affects. Psa. Std. Child 33: 187–211.
Gaddini, R. (1978): Transitional object origins and the psychosomatic symptom. In: Grolnick, S.A./Barkin, L./Muensterberger, W. (eds.) Between reality and fantasy. Transitional objects and phenomena. New York, London: J. Aronson, 109–131.
Gaensbauer, T.J. (1982): The differentiation of discrete affects. Psa. Std. Child 37: 29–65.
Gaensbauer, T.J./Hiatt, S. (1984): Facial communication in emotion in early infancy. In: Fox, N.A./Davidson, R.J. (eds.) The psychobiology of affective development. Hillsdale, N.J.: Erlbaum, 207–230.
Gallatin, J.E. (1975): Adolescence and individuality. New York: Harper & Row.
Garber, B. (1981): Mourning in children. Toward a theoretical synthesis. Ann. Psychoanal. 9: 9–19.
Garber, J./Dodge, K.A. (eds.) (1991): The development of emotion regulation and dysregulation. Cambridge, New York, Port Chester, Melbourne, Sydney: Cambridge University Press.
Gaylin, W. (1979): Feelings. Our vital signs. New York: Harper & Row.
Gaylin, W./Person, E.S. (1988): Passionate attachments. Thinking about love. New York: Free Press.
Gedo, J.E. (1979): Beyond interpretation: Toward a revised theory of psychoanalysis. New York: International Universities Press.
Gedo, J.E. (1981): Advances in clinical psychoanalysis. New York: International Universities Press.
Gedo, J.E. (1986): The doctrine of Melanie Klein: Vitalism, innate ideas, and the subversion of reason. In: Gedo, J.E. Conceptual issues in psychoanalysis. Essays in history and method. Hillsdale, N.J.: Analytic Press, 82–98.
Gedo, J.E. (1988): The mind in disorder. Psychoanalytic models of pathology. Hillsdale, N.J., Hove, London: The Analytic Press.
Gfellner, B.M. (1986a): Changes in ego and moral development in adolescents: A longitudinal study. J. Adoles. 9: 281–302.
Gfellner, B.M. (1986b): Ego development and moral development in relation to age and grade level during adolescence. J. Youth Adoles. 15: 147–163.
Gibello, B. (1982): Phantasma, Sprache, Natur: Drei Realitätsordnungen. In: Anzieu, D./ Gibello, B./Gori, R./Anzieu, A./Barrau, B./Mathieu, M./Bion, W.R. Psychoanalyse und Sprache. Vom Körper zum Sprechen. Paderborn: Junfermann, 41–90.
Gilligan, C. (1982): In a different voice: Psychological theory and women's development. Cambridge, Mass.: Harvard University Press.
Gilligan, C. (1986): On „In a different voice": An interdisciplinary forum (A reply). Signs 11: 324–33.
Gilligan, C. (1987): Adolescent reconsidered. In: Irwin, C. (ed.) Adolescent social behavior and health. San Francicso: Jossey-Bass, 63–91.
Ginsburg, S.D./Orlofsky, J.L. (1981): Ego identity status, ego development, and locus of control in college women. J. Youth Adoles. 10: 297–307.

Gleason, J./Greif, E. (1983): Men's speech to young children. In: Thorne, B./Kramerae, H./Henley, N.M. (eds.) Language, gender, and society. New Burry: House Publishers.
Golombek, H./Kutcher, S. (1990): Feeling states during adolescence. Psychiat. Clin. North America 13: 443–454.
Golombek, H./Martin, P./Stein, B./Korenblum, M. (1989): Adolescent personality development: Three phases, three courses and varying turmoil. Findings from the Toronto Adolescent Longitudinal Study. Can. J. Psychiatry 34: 500–504.
Gramont, P. de (1987): Language and the self. Contemp. Psychoanal. 23: 77–121.
Green, A.(1973): Le discourse vivant. La conception psychoanalytique de l'affect. Paris: Presses Universitaires de France.
Green, A.(1979): Psychoanalytische Theorien über den Affekt. Psyche 33: 681–732.
Green, A.(1986): Psychoanalysis and ordinary modes of thought. In: Green, A. On private madness. London: Hogarth, 17–29.
Greenacre, P. (1957): The childhood of the artist: Libidinal phase development and giftedness. Psa. Std. Child 12: 27–72.
Greenacre, P. (1969): The fetish and the transitional object. Psa. Std. Child 24: 144–164.
Greenberg, J. (1991): Oedipus and beyond. A clinical theory. Cambridge, Mass., London: Harvard University Press.
Greene, A.L. (1990): Patterns of affectivity in the transition to adolescence. J. Exp. Child Psychol. 50: 340–356.
Greene, A.L. /Larson, R. (1991): Variation in stress reactivity during adolescence. In: Cummings, E.M./Greene, A.L./Karraker, K.H. (eds.) Life-span perspectives on stress and coping. Hillsdale, N.J.: Erlbaum.
Greenson, R.R. (1968): Dis-identification. Int. J. Psycho-Anal. 49: 370–374.
Greenspan, S.I. (1979): Intelligence and adaptation: An integration of psychoanalytic developmental psychology. Psychological Issues, Monograph no. 47/48. New York: International Universities Press.
Greenspan, S.I. (1981): Psychopathology and adaptation in infancy and early childhood: Principles of clinical diagnosis and preventive intervention. New York: International Universities Press.
Greenspan, S.I. (1986): The development of psychopathology: Perspectives from clinical work with infants, young children, and their families. In: Feinsilver, D.B. (ed.) Towards a comprehensive model for schizophrenic disorders. Psychoanalytic essays in memory of Ping-Nie-Pao. Hillsdale, N.J., London: Analytic Press, 157–209.
Greenspan, S.I./Greenspan, N.T. (1985): First feelings. Milestones in the emotional development of your baby and child. From birth to age 4. New York: Viking.
Greenspan, S.I./Pollock, G.H. (eds.) (1993a): The course of life, vol. V. Early adulthood. Madison, Conn.: International Universities Press.
Greenspan, S.I./Pollock, G.H. (eds.) (1993b): The course of life, vol. VI. Late adulthood. Madison, Conn.: International Universities Press.
Greenspan, S.I./Porges, S.W. (1984): Psychopathology in infancy and early childhood: Clinical perspectives on the organization of sensory and affective-thematic experience. Child Dev. 55: 49–70.
Grotevant, H.D. (1987): Toward a process model of identity formation. J. Adoles. Research 2: 203–222
Grotevant, H.D./Cooper, C.R. (1985): Patterns of interaction in family relationships and the development of identity exploration in adolescence. Child Dev. 56: 415–428.
Grotstein, J.S. (1982): The spectrum of aggression. Psa. Inquiry 2: 193–211.
Grotstein, J.S. (1984): Some perspectives on empathy from others and toward oneself. In: Lichtenberg, J.D./Bornstein, M./Silver, D. (eds.) Empathy. Vol. I. Hillsdale, N.J., London: Erlbai,. 201–215.
Grotstein, J.S. (1985): A proposed revision for the psychoanalytic concept of death instinct. Yearbook of Psychoanalysis and Psychotherapy, vol. 1. Hillsdale, N.J.: New Concept Press, 299–326.
Grotstein, J.S. (1990a): Nothingness, meaninglessness, chaos, and the „black hole" I: The importance of nothingness, meaninglessness, and chaos in psychoanalysis. Contemp. Psychoanal. 26: 257–290.
Grotstein, J.S. (1990b): Invariants in primitive emotional disorders. In: Boyer, L.B./ Giovacchini, P.L. (eds.) Master clinicians on treating the regressed patient. Northval, N.J.: J. Aronson, 139–163.

Grünbaum, A. (1984): The foundations of psychoanalysis. A philosophical critique. Berkeley, Los Angeles, London: University of California Press.
Gurwitt, A.J. (1976): Aspects of prospective fatherhood. Psa. Std. Child 31: 237–273.
Haan, N. (1978): Two moralities in action contexts. J. Pers. Soc. Psychol. 36: 286–305.
Habermas, J. (1968): Erkenntnis und Interesse. Frankfurt a.M.: Suhrkamp.
Habermas, J. (1973): Stichworte zur Theorie der Sozialisation. In: Habermas, J. Kultur und Kritik. Frankfurt a.M.: Suhrkamp, st 125: 118–194.
Habermas, J. (1974): Können komplexe Gesellschaften eine vernünftige Identität ausbilden? In: Habermas, J. (1976): Zur Rekonstruktion des Historischen Materialismus. Frankfurt a.M.: Suhrkamp stw 154, 92–126.
Harris, P.L./Gross, D. (1988): Real and apparent emotion. In: Astington, J.W./Harris, P.L./ Olson, D.R. (eds.) Developing theories of mind. Cambridge: Cambridge University Press.
Harter, S. (1977): A cognitive-developmental approach to children's expression of conflicting feelings and a technique to faciliate such expression in play therapy. J. Cons. Clin. Psychol. 45: 417–432.
Harter, S. (1983): Children's understanding of multiple emotions: A cognitive-developmental approach. In: Overton, W.F. (ed.) The relationship between social and cognitive development. Hillsdale, N.J., London: Erlbaum, 147–194.
Harter, S. (1988): Developmental and dynamic changes in the nature of the self-concept. Implications for child psychotherapy. In: Shirk, S.R. (ed.) Cognitive development and child psychotherapy. New York, London: Plenum Press, 119–160.
Harter, S./Buddin, B.J. (1987): Children's understanding of the simultaneity of two emotions: A five-stage developmental acquisition sequence. Dev. Psychol. 23: 388–399.
Hartmann, H. (1939): Ich-Psychologie und Anpassungsproblem. Stuttgart: Klett 1975.
Hartmann, H.(1964): Ich-Psychologie. Studien zur psychoanalytischen Theorie. Stuttgart: Klett 1972.
Hartmann, H./Kris, E. (1945): The genetic approach in psychoanalysis. Psa. Std. Child 1: 11–30.
Hartup, W.W. (1989): Social relationships and their developmental significance. Am. Psychol. 44: 120–126.
Hauser, S.T./Greene, W.M. (1991): Passages from late adolescence to early adulthood. In: Greenspan, S.I./Pollock, G.H. (eds.) The course of life, vol. IV. Adolescence. Madison, Conn.: International Universities Press, 377–405.
Hauser, S.T./Powers, S./Noam, G.G. (1991): Adolescents and their families: Paths of ego development. New York: Free Press.
Hauser, S.T./Smith, H.F. (1991): The development and experience of affect in adolescence. J. Am. Psa. Ass. 39 (suppl.): 131–165.
Haviland, J.J. (1976): Looking smart: The relationship between affect and intelligence in infancy. In: Lewis, M. (ed.) Origins of intelligence. New York: Plenum Press.
Haviland, J.J./Malatesta, C.Z. (1981): The development of sex differences in nonverbal signals: Fallacies, facts and fantasies. In: Mayo, C./Henley, N.M. (eds.) Gender and nonverbal behavior. New York: Springer, 183–208.
Heigl-Evers, A./Weidhammer, B. (1988): Der Körper als Bedeutungslandschaft. Die unbewußte Organisation der weiblichen Geschlechtsidentität. Bern, Stuttgart, Toronto: Huber.
Herzog, J. (1980): Sleep disturbance and father hunger in 18- to 20-month-old boys: The Erlkönig syndrome. Psa. Std. Child 35: 219–236.
Herzog, J. (1982): On father hunger: The father's role in the modulation of aggressive drive and fantasy. In: Cath, S.H./Gurwitt, A.R./Ross, J.M. (eds.) Father and child. Developmental and clinical perspectives. Boston: Little, Brown, 163–174.
Herzog, J. (1985): Preoedipal oedipus: The father-child dialogue. In: Pollock, G.H./ Ross, J.M. (eds.) The oedipus papers. Classics in psychoanalysis. Monograph 6. Madison, Conn.: International Universities Press, 475–491.
Hesse, P./Cicchetti, D. (1982): Perspectives on an integrated theory of emotional development. In: Cicchetti, D./Hesse, P. (eds.) Emotional development. New directions for child development. San Francisco, Washington, London: Jossey-Bass, 3–48.
Hill, J.P. (1993): Recent advances in selected aspects of adolescent development. J. Child Psychol. Psychiatry 34: 69–99.
Hodgson, J.W./Fischer, J.L. (1979): Sex differences in identity and intimacy development in college youth. J. Youth Adoles. 8: 37–50.
Hörmann, H.J./Brunke, C. (1985): Aspekte der Selbstkonzeptentwicklung bei Jugendlichen nach Abschluß des Gymnasiums. In: Liepmann, D./Stiksrud, A. (Hrsg.) Entwicklungsaufgaben und Bewältigungsprobleme in der Adoleszenz. Göttingen: Hogrefe, 110–120.

Hoffman, M.L. (1978): Empathy, its development and prosocial implications. In: Keasey, C.B. (ed.) Nebraska Symposium on Motivation, vol. 25. Lincoln: University of Nebraska Press, 169–218.
Horner, T.M. (1985): The psychic life of the young infant: Review and critique of the psychoanalytic concepts of symbiosis and omnipotence. Am. J. Orthopsychiat. 55: 324–344.
Horner, T.M. (1988): Rapprochement in the psychic development of the toddler: A transactional perspective. Am. J. Orthopsychiat. 58: 4–15.
Horner, T.M. (1992): The origin of the symbiotic wish. Psa. Psychol. 9: 25–48.
Horney, K. (1924): Zur Genese des weiblichen Kastrationskomplexes. Int. Zschr. f. Psa. IX: 12–26.
Horney, K. (1926): The flight from womanhood: The masculinity complex in women as viewed by men and women. Int. J. Psycho-Anal. 7: 324–339.
Horowitz, M.J. (1983): Image formation and psychotherapy, rev.ed. New York: Jason Aronson.
Horowitz, M.J. (1988): Introduction to psychodynamics. A new synthesis. New York: Basic Books.
Hult, R.E. (1979): The relation between ego identity status and moral reasoning in university women. J. Psychol. 103: 203–207.
Hunt, J. /Rudden, M. (1986): Gender differences in the psychology of parenting: Psychoanalytic and feminist perspectives. J. Am. Acad. Psychoanal. 14: 213–225.
Isaacs, S. (1948): The nature and function of fantasy. Int. J. Psycho-Anal. 29: 73–97.
Izard, C.E. (1978): On the ontogenesis of emotions and emotion-cognition relationships in infancy. In: Lewis, M./Rosenblum, L. (eds.) The development of affect. New York: Plenum Press, 389–413.
Izard, C.E. (1982): In: Lester, E. (rep.) New directions in affect theory. J. Am. Psa. Ass. 30: 350–354.
Izard, C.E./Malatesta, C.Z. (1987): Perspectives on emotional development I: Differential emotions theory of early emotional development. In: Osofsky, J.D. (ed.) Handbook of infant development, sec. ed. New York, Chichester, Brisbane, Toronto, Singapore: Wiley, 494–554.
Jacobson, E. (1953): Affects and psychic discharge processes. In: Loewenstein, R. (ed.) Drives, affects, behavior. New York: International Universities Press, 38–66
Jacobson, E. (1961): Adolescent moods and the remodeling of psychic structures in adolescence. Psa. Std. Child 16: 164–183.
Jacobson, E. (1964): The self and the object world. New York: International Universities Press.
Jacobson, E. (1977): Zur Beschaffenheit und Funktion normaler und pathologischer Stimmungen. In: Jacobson, E.: Depression. Frankfurt a.M.: Suhrkamp, 90–139
Jaques, E. (1965): Death and midlife crisis. Int. J. Psycho-Anal. 46: 502–514.
Jaques, E. (1993): The midlife crisis. In: Greenspan, S.I./Pollock, G.H. (eds.) The course of life, vol. V. Early adulthood. Madison, Conn. International Universities Press, 201–231.
Joffe, W.G. (1969): A critical review of the status of the envy concept. Int. J. Psycho-Anal. 50: 533–546.
Joffe, W.G./Sandler, J. (1965): Notes on pain, depression, and individuation. Psa. Std. Child 20: 394–424
Johnson, W./Emde, R.N./Panabecker, B.J./Stenberg, C./Davis, M. (1982): Maternal perception on infant emotion from birth through 18 months. Inf. Behavior Dev. 5: 313–332.
Jones, E. (1927): The early development of female sexuality. In: Jones, E. Papers on psychoanalysis. Boston: Beacon Press 1961, 438–457.
Jones, E. (1929): Jealousy. In: Jones, E. Papers on psycho-analysis. Boston: Beacon Press 1961, 325–340.
Jones, R.M./Hartmann, B.R. (1988): Ego identity: Developmental differences and experimental substance use among adolescents. J. Adoles. 11: 347–360.
Jones, R.M./Hartman, B.R./Grochowski, C.O./Glider, P. (1989): Ego identity and substance abuse: A comparison of adolescents in residential treatment with adolescents in school. Pers. Indiv. Divverences 10: 625–631.
Jordan, J.V./Surrey, J.L. (1986): The self-in-relation: Empathy and the mother-daughter-relationship. In: Bernay, T./Cantor, D.W. (eds.) The Psychology of today's women. New psychoanalytic visions. New York: Analytic Press, 81–104.
Josselson, R.L. (1987): Finding herself: Pathways to identity development in women. San Francisco: Jossey-Bass.

Josselson, R.L. (1988): The embedded self: I and thou revisted. In: Lapsley, D.K./ Power, F.C. (eds.) Self, ego, and identity: Integrative approaches. New York, Berlin, Heidelberg, London, Paris, Tokyo: Springer, 91–106.
Josselson, R.L. (1989): Identity formation in adolescence: Implications for young adulthood. Adoles. Psychiatry 16: 142–154.
Josselson, R.L./Greenberger, E./McConochie, D. (1977a): Phenomenological aspects of psychosocial maturity in adolescence. Part I: Boys. J. Youth Adoles. 6: 25–56.
Josselson, R.L./Greenberger, E./McConochie, D. (1977b): Phenomenological aspects of psychosocial maturity in adolescence. Part II: Girls. J. Youth Adoles. 6: 145–167.
Jung, C.G. (1928): Das Seelenproblem des modernen Menschen. In: Bd. 10. Olten, Freiburg i. B.: Walter
Kacerguis, M.A./Adams, G.R. (1980): Erikson stage resolution: The relation between identity and intimacy. J. Youth Adoles. 9: 117–126.
Kaftal, E. (1991): On intimacy between men. Psa. Dialogues 1: 305–328.
Kagan, J. (1978): On emotion and its development: A working paper. In: Lewis, M./Rosenbaum, L.A. (eds.) The development of affect. New York: Lenum Press.
Kagan, J. (1981): The second year: The emergence of self-awareness. Cambridge, Mass.: Harvard University Press.
Kapfhammer, H.P. (1985): Psychoanalytische Psychosomatik. Neuere Ansätze der psychoanalytischen Entwicklungspsychologie und Objektbeziehungstheorie. Berlin, Heidelberg, New York, Tokyo: Springer.
Kapfhammer, H.P. (1993): Zur psychosozialen Entwicklung und Problematik im jungen Erwachsenenalter: Entwicklungspsychologische Charakterisierung eines bedeutsamen Abschnitts im Lebenszyklus. Fortschr. Neurol. Psychiat. 61: 338–353.
Kapfhammer, H.P. (1994a): Entwicklung der Wahrnehmung und der Körperlichkeit. Psychoanalytische Entwicklungspsychologie. Stuttgart, Berlin, Köln: Kohlhammer (i. Vorb.).
Kapfhammer, H.P. (1994b): Psychodynamische Aspekte der Paranoia. (i. Vorb.).
Kapfhammer, H.P. (1994c): Zur psychosozialen Entwicklung und Problematik im jungen Erwachsenenalter. Empirische Vergleichsstudien an psychiatrischen Patienten und seelisch gesunden Kontrollpersonen. Monographien aus dem Gesamtgebiete der Psychiatrie. Berlin, Heidelberg, New York, Tokyo: Springer.
Kapfhammer, H.P./Mayer, C. (1993): Psychische Störungen im Übergang zur Vaterschaft. Münch. med. Wschr. 135: 36–39.
Kapfhammer, H.P./Ulich, D. (1991): Sozialisation der Emotionen. II. Die psychoanalytische Perspektive. In: Hurrelmann, K./Ulich, D. (Hrsg.) Neues Handbuch der Sozialisationsforschung. Weinheim, Basel: Beltz, 562–571.
Kaplan, L.J. (1987): Discussion of Stern's „The Interpersonal World of the Infant". Contemp. Psychoanal. 23: 27–43.
Kaplan, L.J. (1991): Andere Denkmäler: der männliche Kastrationskomplex. In: Kaplan, L.J. Weibliche Perversionen. Von befleckter Unschuld und verweigerter Unterwerfung. Hamburg: Hoffmann, Campe.
Katan, A. (1961): Some thoughts about the role of verbalization in early childhood. Psa. Std. Child 16: 184–188.
Kegan, R. (1986): Die Entwicklungsstufen des Selbst. München: Kindler.
Kegan, R./Noam, G.G./Rogers, L. (1982): The psychologic of emotion: A neo-piagetian view. In: Cicchetti, D./Hesse, P. (eds.) Emotional development. New directions for child development. San Francisco, Washington, London: Jossey-Bass, 105–128.
Kernberg, O.F. (1974): Mature love: Prerequisites and characteristics. J. Am. Psa. Ass. 22: 743–768.
Kernberg, O.F. (1975): Borderline conditions and pathological narcissism. New York: J. Aronson.
Kernberg, O.F. (1976): Object relations theory and clinical psychoanalysis. New York: J. Aronson.
Kernberg, O.F. (1980a): Melanie Klein and her followers. In: Kernberg, O.F. Internal world and external reality. Object theory applied. New York, London: J. Aronson, 19–38.
Kernberg, O.F. (1980b): Boundaries and structures in love relationships. In: Kernberg, O.F. Internal world and external reality. Object relations theory applied. New York, London: J. Aronson, 277–306.
Kernberg, O.F. (1982): Self, ego, affects, and drives. J. Am. Psa. Ass. 30: 893–917.

Kernberg, O.F. (1988): Between conventionality and aggression: The boundaries of passion. In: Gaylin, W./Person, E. (eds.) Passionate attachments. Thinking about love. New York: The Free Press, 63–83.
Kernberg, O.F. (1990a): New perspectives in psychoanalytic affect theory. In: Plutchik, R./ Kellerman, H. (eds.) Emotion: Theory, research, and experience. New York: Academic Press, 115–130.
Kernberg, O.F. (1990b): Hatred as pleasure. In: Glick, R.A./Bone, S. (eds.) Pleasure beyond the peasure principle. The role of affect in motivation, development, and adaptation. New Haven, London: Yale University Press, 177–188.
Kernberg, O.F. (1991a): The psychopathology of hatred. J. Am. Psa. Ass. 39 (suppl.): 209–238.
Kernberg, O.F. (1991b): Sadomasochism, sexual excitement, and perversion. J. Am. Psa. Ass. 39: 333–362.
Kernberg, O.F. (1991c): Aggression and love in the relationship of the couple. J. Am. Psa. Ass. 39: 45–70.
Kernberg, O.F. (1992): Antisocial and narcissistic personality disorders. In: Kernberg, O.F. Aggression in personality disorders and perversions. New Haven, London: Yale University Press, 67–84.
Kestenberg, J. (1976): Regression and integration in pregnancy. J. Am. Psa. 24 (suppl.): 213–250.
Kestenberg, J. (1977): Psychoanalytic observation of children. Int. Rev. Psychoanal. 4: 393–407.
Kestenberg, J.(1981): Notes on parenthood as a developmental phase. In: Orgel, S./Fine, B. (eds.) Clinical psychoanalysis, vol. 3. New York: J. Aronson, 199–234.
Kestenberg, J./Marcus, H./Soosin, K./Stevenson, R., Jr. (1982): The development of paternal attitudes. In: Cath, S.H./Gurwitt, A.R./Ross, J.M. (eds.) Father and child. Boston: Little, Brown.
Keupp, H. (1988): Auf dem Weg zur Patchwork-Identität? Verhaltensther. Psychosoz. Prax. 4: 425–438.
Kilpatrick, W. (1974): Identity, youth, and the dissolution of culture. Adolescence: 407–413.
Klann-Delius, G. (1990): Affektivität und Spracherwerb. Prax. Psychother. Psychosom. 35: 140–149.
Klein, G.S. (1976): Psychoanalytic theory. An exploration of essentials. New York: International Universities Press.
Klein, G.S. (1969): Freud's two theories of sexuality. In: Breger, L. (ed.) Clinical psychology: Models and integration. Englewwod Cliffs, N.J.: Prentice-Hall, 136–181.
Klein, H. (1990): Adolescence, youth, and young adulthood. Rethinking current conceptualizations of life stage. Youth Soc. 21: 446–471.
Klein, M. (1928): Early stages of the oedipus complex. In: The writings of Melanie Klein, vol. 1. London: Hogarth 1975, 186–198.
Klein, M. (1937): Love, guilt and reparation. In: Klein, M./Riviere, J. Love, hate and reparation. London: Hogarth.
Klein, M. (1945): The oedipus complex in the light of early anxieties. In: Contributions to Psycho-Analysis, 1921–1945, London: Hogarth 1968, 339–390.
Klein, M. (1948): A contribution to the theory of anxiety and guilt. In: The writings of Melanie Klein, vol. 3. London: Hogarth 1975, 25–42.
Klein, M (1952): Some theoretical conclusions regarding the emotional life of the infant. In: Klein, M./Heimann, P./Riviere, J. (eds.) Developments in psycho-analysis. London: Hogarth.
Klein, M. (1957): Envy and gratitude. London: Hogarth.
Klein, M. (1981): On Mahler's autistic and symbiotic phases: An exposition and evaluation. Psa. Contemp. Thought 4: 69–105.
Köhler-Weisker, A. (1980): Teilnehmende Beobachtung der frühen Kindheit in der psychoanalytischen Ausbildung. Psyche 34: 625–651.
König, K. (1981): Angst und Persönlichkeit. Das Konzept vom steuernden Objekt und seine Anwendungen. Göttingen: Vandenhoeck & Ruprecht.
Kohlberg, L.A. (1981): The philosophy of moral development, moral stages, and the ideal of justice: Essays on moral development, vol. 1. San Francisco: Harper and Row.
Kohut, H. (1971): The analysis of the self. A systematic approach to the psychoanalytic treatment of narcissistic personality disorders. New York: International Universities Press.
Kohut, H. (1977): The restoration of the self. New York: International Universities Press.
Kohut, H. (1978): Thoughts on narcissism and narcissistic rage. In: Ornstein, P. (ed.). The search for the self. New York: International Universities Press, 427–460.

Korner, A.F. (1973): Sex differences in newborns with special reference to differences in the organization of oral behavior. J. Child Psychol. Psychiatry 14: 19–29.
Korner, A.F. (1974): Methodological considerations in studying sex differences in the behavioral functioning of newborns. In: Friedman, R.C./Richart, E.M./Vande Wiele, R.L. (eds.) Sex differences in behavior. New York: Wiley, 197–208.
Krappmann, L. (1992): Die Suche nach Identität und die Adoleszenzkrise. Neuere Überlegungen in der Weiterarbeit an Eriksons Modell der Identitätsbildung. In: Biermann, G. (Hrsg.) Handbuch der Kinderpsychotherapie, Bd. 5. München, Basel: Reinhardt, 102–126.
Krause, R. (1983): Zur Phylo- und Ontogenese des Affektsystems. Psyche 37: 1016–1043.
Krause, R. (1985): Über die primäre Identifikation und ihre Abwehr. In: Schweizerische Gesellschaft für Psychoanalyse (Hrsg.) Psychoanalyse. Neuchatel: La Baconniere, 95–122.
Krause, R. (1988): Eine Taxonomie der Affekte und ihre Anwendung auf das Verständnis der „frühen" Störungen. Psychother. med. Psychol. 38: 77–86.
Krause, R. (1990): Psychodynamik der Emotionsstörungen. In: Scherer, K. (Hrsg.) Psychologie der Emotion, Bd. C/IV/3 Enzyklopädie. Göttingen: Hogrefe, 630–705.
Kris, E. (1952): Psychoanalytic explorations in art. New York: International Universities Press.
Kroger, J. (1985): Separation-individuation and ego identity status in New Zealand University students. J. Youth Adoles. 14: 133–147.
Kroger, J. (1989): Identity in adolescence. The balance between self and other. London, New York: Routledge.
Kroger, J. (1992): Intrapsychic dimensions of identity in late adolescence. In: Adams, G.R./Gullotta, T.P./Montemayor, R. (eds.) Adolescent identity formation. Newbury Park, London, New Delhi: Sage, 122–144.
Kroger, J./Haslett, S.J. (1988): Separation-individuation and ego identity status in late adolescents: A two-year longitudinal study. J. Youth Adoles. 17: 59–81.
Krystal, H. (1974): The genetic development of affects and affect regression. Ann. Psychoanal. 2, 98–126.
Krystal, H. (1975): Affect tolerance. Ann. Psychoanal. 3, 179–219
Krystal, H. (1977): Aspects of affect theory. Bull. Menninger Clin. 41: 1–26.
Krystal, H. (1978a): Trauma and affects. Psa. Std. Child 36: 81–116.
Krystal, H. (1978b): Self representation and the capacity for self-care. Ann. Psychoanal. 6, 209–246.
Krystal, H. (1981): The hedonic element in affectivity. Ann. Psychanal. 9: 93–113.
Krystal, H. (1985): Trauma and stimulus barrier. Psa. Inquiry 5: 131–161.
Krystal, H. (1988): Adolescence and affect development. In: Krystal, H.: Integration and self-healing. Hillsdale, N.J.: Analytic Press, 63–73.
Krystal, H. (1990): An information processing view of object relations. Psa. Inquiry 10: 221–251.
Kuiper, P.C. (1962–1963): Probleme der psychoanalytischen Technik in Bezug auf die passiv-feminine Gefühlseinstellung des Mannes, das Verhältnis der beiden Ödipuskomplexe und die Aggression. Psyche 16: 321–344.
Kutter, P. (1978): Die menschlichen Leidenschaften. Zürich, Berlin: Kreuz.
Kutter, P. (1980): Emotionalität und Körperlichkeit. Prax. Psychother. Psychosom. 25: 131–145.
Kutter, P. (1981): Sein oder Nichtsein, die Basisstörung der Psychosomatose. Prax. Psychother. Psychosom. 26: 47–60.
Kutter, P. (1986): Vater und Sohn, eine konfliktreiche Beziehung. In: Stork, J. (Hrsg.) Das Vaterbild in Kontinuität und Wandlung. Stuttgart: Frommann, Holzboog, 31–44.
Labouvie-Vief, G.(1982a): Dynamic development and mature autonomy. Hum. Dev. 25: 91–105.
Labouvie-Vief, G.(1982b): Growth and aging in life-span perspective. Hum. Dev. 25: 65–78.
Labouvie-Vief, G.(1984): Logic and self-regulation from youth to maturity: A model. In: Commons, M.L./Richards, F.A./Armon, C. (eds.) Beyond formal operations. New York: Praeger, 158–179.
Labouvie-Vief, G.(1990a): Modes of knowledge and the organization of development. In: Commons, M.L./Armon, C./Kohlberg, L./Richards, A./Grotzer, T.A./Sinnot, J.D. (eds.) Adult development, vol. 2. Models and methods in the study of adolescent and adult thought. New York, Westport, Conn., London: Praeger, 43–62.
Labouvie-Vief, G.(1990b): Wisdom as integrated thought. Historical and developmental perspectives. In: Sternberg, R.J. (ed.) Wisdom: Its nature, origins, and development. New York: Cambridge University Press, 52–83.

Labouvie-Vief, G./Hakim-Larson, J./De Voe, M./Schoeberlein, S. (1989a): Emotions and self-regulation: A life span view. Hum. Dev. 32: 279–299.
Labouvie-Vief, G./De Voe, M./Bulka, D. (1989b): Speaking about feelings: Conceptions of emotion across the life span. Psychol. Aging 4: 425–437.
Laforge, L. (1993): The early determinants of penis envy. In: Glick, R. A./Roose, S.P. (eds.) Rage, power, and aggression. New Haven, London: Yale University Press, 80–102.
Lamb, M. (1981): The role of the father: An overview. In: Lamb, M. (ed.) The role of the father. New York: Wiley.
Lane, R.D./Schwartz, G.E. (1987): Levels of emotional awareness: A cognitive-developmental theory and its application to psychopathology. Am. J. Psychiatry 144: 133–144.
Lane, R.D./Schwartz, G.E. (1992): Levels of emotional awareness: Implications for psychotherapeutic integration. J. Psychother. Integr. 2: 1–18.
Langer, S. (1957): Problems of art. New York: Scribner.
Larson R.W./Lampman-Petraitis, C. (1989): Daily emotional states as reported by children and adolescents. Child Dev. 60: 1250–1260.
Lasky, R. (1984): Dynamics and problems in the treatment of the oedipal winner. Psa. Review 71: 351–374.
Laufer, M. (1980): Zentrale Onaniephantasie, definitive Sexualorganisation und Adoleszenz. Psyche 34: 365–384.
Lebovici, S. (1983): Le nourrisson, la mere et le psychoanalyste: Les interactions precoces. Paris: Edition du Centurion.
Lebovici, S. (1984): Comments concerning the concept of fantasmic interaction. In: Call, J.D./Galenson, E./Tyson, R.L. (eds.) Frontiers of infant psychiatry, vol. II. New York: Basic Books, 323–331.
Lerner, H.D./Lerner, P.M. (1987): Separation, depression, and object loss: Implications for narcissism and object relations. In: Bloom-Feshbach, J./Bloom-Feshbach, S. (eds.) The psychology of separation and loss. San Francisco: Jossey-Bass, 375–395.
Levinson, D.J. (1986): Development in the novice phase of early adulthood. In: Klerman, G.L. (ed.) Suicide and depression among adolescents and young adults. Washington, D.C.: American Psychiatric Press, 2–15.
Levinson, D.J./Darrow, J.C./Klein, E./Levinson, M./McKee, B. (1978): The seasons of man's life. New York: Knopf.
Levitz-Jones, E.M./Orlofsky, J.L. (1985): Separation-individuation and intimacy capacity in college women. J. Pers. Soc. Psychol. 49: 156–169.
Lewis, H.B. (1980): „Narcissistic personality“ or shame-prone superego mode. Comp. Psychother. 1: 59–80.
Lewis, H.B. (1981): Shame and guilt in human nature. In: Tuttman, S./Kaye, C./Zimmerman, M. (eds.) Object and self. A developmental approach. New York: International Universities Press, 235–266.
Lewis, H.B. (1985): Depression vs. paranoia: Why are there sex differences in mental illness? J. Personal. 53: 150–178.
Lewis, H.B. (1987): Shame and the narcissistic personality. In: Nathanson, D.L. (ed.) The many faces of shame. New York, London: Guilford Press, 93–132.
Lewis, H.B. (1988): Freudian theory and new information in modern psychology. Psa. Psychol. 5: 7–22.
Lewis, M. (1990): Social knowledge and social development. Merrill-Palmer Qart. 36: 93–116.
Lewis, M. (1991): Self-conscious emotions and the development of self. J. Am. Psa. Ass. 39 (suppl.): 45–73.
Lewis, M./Brooks, J. (1978): Self-knowledge and emotional development. In: Lewis, M,/Rosenblum, L.A. (eds.) The development of affect. New York, London: Plenum Press.
Lewis, M./Michalson, L. (1983): Children's moods and emotions: Developmental theory and measurement. New York: Plenum Press.
Lewis, M./Rosenblum, L.A. (eds.) (1978): The development of affect. New York: Plenum Press.
Lewis, M./Weintraub, M. (1974): Sex of parent x sex of children: Socioemotional development. In: Friedman, R.C./Richart, R.M./Vande Wiele, R.L. (eds.) Sex differences in behavior. New York. Wiley, 165–190.
Lewis, M./Sullivan, M.W./Stanger, C./Weiss, M. (1989): Self development and self-conscious emotions. Child Dev. 60: 146–156.
Lewis, W.C./Wolman, R.N./King, M. (1971): The development of the language of emotions. Am. J. Psychiatry 127: 1491–1497.

Levi, L./Scharff, D.E. (issue eds.) (1988): The intrapsychic and interpersonal dimensions: An unresolved dilemma. Psa. Inquiry 8; No.4.
Lichtenberg, J.D. (1975): The development of the sense of the self. J. Am. Psa. Ass. 23: 453–484.
Lichtenberg, J.D. (1983): Psychoanalysis and infant research. Hillsdale, N.J.: Analytic Press.
Lichtenberg, J.D. (1987): Infant studies and clinical work with adults. Psa. Inquiry 7: 311–330.
Lichtenberg, J.D. (1989): Psychoanalysis and motivation. Hillsdale, N.J., Hove, London: Analytic Press.
Lichtenberg, J.D. (1991): What is a selfobject? Psa. Dialogues 1: 455–479.
Lichtenberg, J.D. (1993): Human development and organizing principles. In: Wilson, A./Gedo, J.E. (eds.) Hierarchical concepts in psychoanalysis. Theory, research, and clinical practice. New York, London: Guilford Press, 203–231.
Lichtenberg, J.D./Lachman, F.M./Fosshage, J.L. (1992): Values and morality. In: Lichtenberg, J.D./Lachmann, F.M./Fosshage, J.L. Self and motivational systems. Toward a theory of psychoanalytic technique. Hillsdale, N.J., London: Analytic Press, 169–196.
Lichtenstein, H. (1961): Identity and sexuality. J. Am. Psa. Ass. 9: 179–260.
Loewald, H.W. (1979): The waning of the oedipus complex. J. Am. Psa. Ass. 27: 751–775.
Luhmann, N. (1984): Soziale Systeme. Grundrisse einer allgemeinen Theorie. Frankfurt a.M.: Suhrkamp.
Lyons, N. (1983): Two perspectives: On self, morality and relationships. Harvard Educ. Rev. 53: 125–146.
Lyons-Ruth, K. (1991): Rapprochement or approchement: Mahler's theory reconsidered from the vantage point of recent research on early attachment relationships. Psa. Psychol. 8: 1–23.
Lyons-Ruth, K./Connell, D./Grunebaum, H. (1986): The depressed mother and her one-year-old infant: Environmental context, mother-infant interaction and attachment, and infant development. In: Tronick, E./Field, T. (eds.) Maternal depression and infant disturbance. San Francisco: Jossey-Bass, 61–82.
Lyons-Ruth, K./Connel, D./Zoll, D./Stahl, J. (1987): Infants at social risk: Relations among infant maltreatment, maternal behavior, and infant attachment behavior. Dev. Psychol. 23: 223–232.
Lyons-Ruth, K./Connell, D./Grunebaum, H./Botein, S. (1990): Infants at social risk: Maternal depression and family support services as mediators of infant development and security attachment. Child Dev. 61: 85–98.
Mahler, M.S. (1952): On child psychosis and schizophrenia: Autistic and symbiotic infantile psychoses. Psa. Std. Child 7: 286–305.
Mahler, M.S. (1966): Notes on the development of basic moods: The depressive affect. In: Loewenstein, R.M./Newman, L.M./Schur, M. (eds.) Psychoanalysis – A general psychology: Essays in honor of Heinz Hartmann. New York: International Universities Press, 152–168.
Mahler, M.S. (1968): Symbiose und Individuation. Stuttgart, Klett-Cotta.
Mahler, M.S. (1983): The meaning of developmental research of earliest infancy as related to the study of separation-individuation. In: Call, J.D./Galenson, E./Tyson, R.L. (eds.) Frontiers of infant psychiatry. New York: Basic Books, 3–6.
Mahler, M.S./Gosliner, B.J. (1955): On symbiotic child psychosis: Genetic, dynamic and restitutive aspects. Psa. Std. Child 10: 195–212.
Mahler, M.S./Kaplan, L. (1977): Developmental aspects in the assessment of narcissistic and so-called borderline personalities. In: Hartocollis, P. (ed.) Borderline Personality Disorders. New York: International Universities Press, 71–85.
Mahler, M.S./McDevitt, J.B. (1968): Observations on adaptation and defense in statu nascendi: Developmental precursors in the first two years of life. Psa. Quart., 37: 1–21.
Mahler, M.S./McDevitt, J.B. (1980): The separation-individuation process and identity formation. In: Greenspan, S.I./Pollock, G.H. (eds.) The course of life: Psychoanalytic contributions toward understanding personality development, vol. I. Infancy and early childhood. Adelphi: National Institute of Mental Health, 395–406.
Mahler, M.S./Pine, F./Bergman, A. (1975): The psychological birth of the human infant. New York: Basic Books.
Main, M./Solomon, J. (1990): Procedures for identifying infants as disorganized/ disoriented during the Ainsworth Strange Situation. In: Greenberg, M./Cicchetti, D./Cummings, E.M. (eds.) Attachment in preschool years: Theory, research and intervention. Chicago: University of Chicago Press, 121–160.
Malatesta, C.Z. (1985): Developmental course of emotion expression in the human infant. In: Zivin, G. (ed.) The development of expressive behavior. New York: Academic Press, 183–219.

Malatesta, C.Z./Wilson, A. (1988): Emotion-cognition interaction in personality development: A discrete emotions, functionalist analysis. Br. J. Soc. Psychol. 27: 91–113.
Maratos, O. (1973): The origin and development of imitation in the first six months of life. Unpubl. doct. diss., Genf, zit. n.: Stern, D.N. (1985).
Marcia, J.E. (1966): Development and validation of ego identity status. J. Pers. Soc. Psycjol. 3: 551–558.
Marcia, J.E. (1976): Identity status six years after: A follow-up study. J. Youth Adoles. 5: 145–161.
Marcia, J.E. (1979): Identity status in late adolescence: Descriptions and some clinical implications: Identity Development Symposium. The Netherlands, Groningen.
Marcia, J.E. (1980): Identity in adolescence. In: Adelson, J. (ed.). Handbook of adolescence psychology. New York: Wiley, 159–187.
Marcia, J.E. (1987): The identity status approach to the study of ego identity development. In: Honess, T./Yardley, K. (eds.) Self and identity. Perspectives across the lifespan. London, New York: Routledge & Kegan Paul, 161–171.
Marcia, J.E. (1988): Common processes underlying ego identity, cognitive/moral development, and individuation. In: Lapsley, D.K./Power, F.C (eds.) Self, ego, and identity. Integrative approaches. New York, Berlin, Heidelberg, London, Paris, Tokyo: Springer, 212–225.
Marcia, J.E./Friedman, M. (1970): Ego identity status in college women. J. Personal. 38: 249–263.
Masterson, J.F. (1967): The psychiatric dilemma od adolescence. Boston: Little, Brown.
Masterson, J.F. (1968): The psychiatric significance of adolescent turmoil. Am. J. Psychiatry 124: 107–112.
Masterson, J.F. (1972): The treatment of the borderline adolescent: A developmental approach. New York: Academic Press.
Masterson, J.F./Costello, J.L. (1980): From borderline adolescent to functioning adult: The test of time. New York: Brunner/Mazel.
Matteson, D.R. (1977): Exploration and commitment: Sex differences and some methodological problems in the use of identity status categories. J. Youth Adoles. 6: 353–374.
Mayes, L.C./Cohen, D.J. (1992): The development of the capacity for imagination in early childhood. Psa. Std. Child 47: 23–47.
McDevitt, J.B. (1983): The emergence of hostile aggression and its defensive and adaptive modifications during separation-individuation process. J. Am. Psa. Ass. 31 (suppl.) 273–300.
McDevitt, J.B./Mahler, M.S. (1980): Object constancy, individuality, and internalization. In: Greenspan, S.I./Pollock, G.H. (eds.) The course of life: Psychoanalytic contributions toward understanding personality development, vol. I. Infancy and early childhood. Adelphi: National Institute of Mental Health, 407–423.
McKinnon, J. (1979): Two semantic forms: Neurophysiological and psychoanalytic descriptions. Psa. Contemp. Thought 2: 25–76.
Mead, G.H. (1934): Mind, self, and society. Dtsch: Frankfurt a. M.: Suhrkamp 1968.
Meissner, W.W. (1978): The paranoid process. New York: J. Aronson.
Meissner, W.W. (1979): Internalization and object relations. J. Am. Psa. Ass. 27: 345–360.
Meissner, W.W. (1981): Internalization in psychoanalysis. Psychol. Issues, Monograph no. 50. New York: International Universities Press.
Meissner, W.W. (1986): The oedipus complex and the paranoid process. Ann. Psychoanal. 14: 221–243.
Melito, R. (1983): Cognitive aspects of splitting and libidinal object constancy. J. Am. Psa. Ass. 31: 515–534.
Mellor, S. (1989): Gender differences in identity formation as a function of self-other relationships. J. Youth Adoles. 18: 362–375.
Meltzoff, A.N./Moore, M.K. (1977): Imitation of facial and manual gestures by human neonates. Science 198: 75–78.
Mertens, W. (1992): Entwicklung der Psychosexualität und der Geschlechtsidentität. Bd. 1: Geburt bis 4. Lebensjahr. Stuttgart, Berlin, Köln: Kohlhammer (2. Aufl. 1994).
Mertens, W. (1994): Entwicklung der Psychosexualität und der Geschlechtsidentität. Bd. 2: Kindheit und Adoleszenz. Stuttgart, Berlin, Köln, Kohlhammer.
Metcalf, D./Spitz, R. (1978): The transitional object: Critical developmental period and organizer of the psyche. In: Grolnick, S.A./Barkin, L./Muensterberger (eds.) Between reality and fantasy. Transitional objects and phenomena. New York, London: J. Aronson, 99–108.
Miller, A. (1979): Das Drama des begabten Kindes. Frankfurt a.M.: Suhrkamp.

Modell, A. (1965): On having the right to a life: An aspect of the superego's development. Int. J. Psycho-Anal. 46: 323–331.
Modell, A. (1971): The origin of certain forms of preoedipal guilt and the implications for a psychoanalytic theory of affects. Int. J. Psycho-Anal. 52: 337–346.
Modell, A. (1974) in: Castelnuovo-Tedesco, P. (rep.) Toward a theory of affects. J. Am. Psa. Ass. 22: 612–625.
Modell, A. (1990): Other times, other realities. Cambridge, Mass.: Harvard University Press.
Morgan, A.C. (1993): Affect in the elderly: Do older people feel differently? In: Ablon, S.L./Brown, D./Khantzian, E.J./Mack, J.E. (eds.) Human feelings. Explorations in affect development and meaning. Hillsdale, N.J., London: Analytic Press, 203–216.
Morrison, A. (1989): Shame: The underside of the narcissism. Hillsdale, N.J.: Analytic Press.
Müller-Pozzi, H. (1985): Identifikation und Konflikt. Die Angst vor Liebesverlust und der Verzicht auf Individuation. Psyche 39: 877–904.
Müller-Pozzi, H. (1991): Psychoanalytisches Denken. Berlin, Stuttgart, Toronto: Huber.
Murray, L. (1992): The impact of postnatal depression on infant development. J. Child Psychol. Psychiatry 33: 543–561.
Myers, W. (1979): Imaginary companions in childhood and adult creativity. Psa. Quart. 48: 292–307.
Nachman, P.A./Stern, D.N. (1984): Affect retrieval: A form of recall memory in prelinguistic infants. In: Call, J.D./Galenson, E./Tyson, R.L. (eds.): Frontiers of infant psychiatry, vol. II. New York: Basic Books, 95–100.
Nagera, H. (1969): The imaginary companion: Its significance for ego development. Psa. Std. Child 24: 165–196.
Nagera, H. (1970): Children's reaction to the death of important objects: A developmental approach. Psa. Std. Child 25: 360–400.
Nathanson, D.L. (1986): The empathic wall and the ecology of affect. Psa. Std. Child 41: 171–187.
Nathanson, D.L. (1987a): A timetable for shame. In: Nathanson, D.L. (ed.) The many faces of shame. New York, London: Guilford Press, 1–63.
Nathanson, D.L. (1987b): The shame/pride axis. In: Lewis, H.B. (ed.) The role of shame in symptom formation. Hillsdale, N.J., London: Erlbaum, 183–205.
Nemiroff, R.A./Colarusso, C.A. (1980): Authenticity and narcissism in the adult development of the self. Ann. Psychoanal. 8, 111–129.
Nemiroff, R.A./Colarusso, C.A. (eds.) (1985): The race against time: Psychotherapy & Psychoanalysis in the second half of life. New York, London: Plenum Press.
Nemiroff, R.A./Colarusso, C.A. (eds.) (1990): New dimensions in adult development. New York: Basic Books.
Neubauer, P.B. (1982): Rivalry, envy, and jealousy. Psa. Std. Child 37: 121–142.
Neubauer, P.B. (1985): Preoedipal objects and object primacy. Psa. Std. Child. 40: 163–182.
Neugarten, B.L. (1966): Adult personality: A developmental view. Hum. Dev. 9: 61–73.
Neugarten, B.L. (1979): Time, age and the life cycle. Am. J. Psychiatry 136: 887–894.
Noam, G.G. (1988a): A constructivist approach to developmental psychopathology. In: Nannis, E.D./Cowan, P.A. (eds.) Developmental psychopathology and its treatment. New directions for child development 39. San Francisco: Jossey-Bass, 91–121.
Noam, G.G. (1988b): The self, adult development, and the theory of biography and transformation. In: Lapsley, D.K./Power, F.C. (eds.) Self, ego and identity: Integrative approaches. New York, Berlin, Heidelberg, London, Tokyo, 3–29.
Noam, G.G./Powers, S.I./Kilkenny, R./Beedy, J. (1990): The interpersonal self in life-span development perspective: Theory, measurement, and longitudinal case analyses. In: Baltes, P.B./Featherman, D.L./Lerner, R.M. (eds.) Life-span development and bejavior, vol. 10. Hillsdale, N,J.: Erlbaum.
Notman, M./Lester, E. (1988): Pregnancy: Theoretical considerations. Psa. Inquiry 8: 139–159.
Novick, K. (1988): Childbearing and childrearing. Psa. Inquiry 8: 253–259.
Noy, P. (1978): Insight and creativity. J. Am. Psa. Ass. 26: 717–748.
Noy, P. (1979): The psychoanalytic theory of cognitive development. Psa. Std. Child 34: 169–216.
Noy, P. (1982): A revision of the psychoanalytic theory of affect. Ann. Psychoanal. 10: 139–186.
Noy, P. (1984): The three components of empathy: Normal and pathological development. In: Lichtenberg, J.D./Bornstein, M./Silver, D. (eds.) Empathy. Vol. I. Hillsdale, N.J., London: Erlbaum, 167–199.

Nunner-Winkler, G. (1985): Adoleszentenkrisenverlauf und Werteorientierung. In: Baacke, D./ Heitmeyer, W. (Hrsg.) Neue Widersprüche. Jugendliche in den achtziger Jahren. Weinheim, München: Juventa, 86–107.
Nunner-Winkler, G. (1987): Identitätskrise ohne Lösung: Wiederholungskrisen, Dauerkrise. In: Frey, H,P./Haußer, K. (Hrsg.) Identität. Stuttgart, Enke, 165–178.
Offer, D. (1984): Das Selbstbild normaler Jugendlicher. In: Olbrich, E./Todt, E. (Hrsg.) Probleme des Jugendalters. Neuere Perspektiven. Berlin: Springer, 111–128.
Offer, D./Franzen, S. A. (1983): Mood development in normal adolescents. In: Golombeck, H./Garfinkel, B. D. (eds.) The adolescent and mood disturbance. New York: International Universities Pres, 23–35.
Offer, D./Offer, J. (1975): From teenage to manhood: A psychological study. New York: Basic Books.
Offer, D./Schonert-Reichl, K. A. (1992): Debunking the myths of adolescence: Findings from recent research. J. Am. Acad. Child Adoles. Psychiatry 31: 1003–1014.
Offer, D./Shabsin, N. (1984): Normality and the life cycle. New York: Basic Books.
Offer, D./Ostrov, E./Howard, I. (1981): The adolescent: A psychological self-portrait. New York: Basic Books.
Offer, D./Ostrov, E./Howard, I. (eds.) (1984): Patterns of adolescent self-image. San Francisco: Jossey-Bass.
Ogden, T. H. (1984): Instinct, phantasy and psychological deep structure: A reinterpretation of aspects of the work of Melanie Klein. Contemp. Psychoanal. 20: 500–525.
Ogden, T. H. (1985): Instinct, structure and personal meaning. Yearbook of Psychoanalysis and Psychotherapy, vol. 1. Hillsdale, N. J.: New Concept Press, 327–334.
Ogden, T. H. (1986): The matrix of the mind. Object relations and the psychoanalytic dialogue.
Ogden, T. H. (1987): The transitional oedipal relationship in female development. Int. J. Psycho-Anal. 68: 485–498.
Ogden, T. H. (1989a): The primitive edge of experience. Northvale, N. J., London: J. Aronson.
Ogden, T. H. (1989b): The threshold of the male oedipus complex. Bull. Menninger Clin. 53: 394–413.
Oliner, M. M. (1982): The anal phase. In: Mendell, D. (ed.) Early female development. Current psychoanalytic views. Jamaica, N. Y.: Spectrum Publications, 25–60.
Olivier, C. (1984): Jokastes Kinder. Die Psyche der Frau im Schatten der Mutter. Düsseldorf: Claasen.
Orlofsky, J. L. (1976): Intimacy status: Relationship to interpersonal perception. J. Youth Adoles. 2: 73–89.
Orlofsky, J. L. (1978): Identity formation, achievement, and fear of success in college men and women. J. Youth Adoles. 7: 49–62.
Orlofsky, J. L./Marcia, J. E./Lesser, I. M. (1973): Ego identity status and the intimacy versus isolation crisis of young adulthood. J. Pers. Soc. Psychol. 27: 211–219.
Pao, P. N. (1969): Pathological jealousy. Psa. Quart. 38: 616–638.
Papousek, H. (1987): Die Rolle des Vaters in der frühen Kindheit: Ergebnisse der entwicklungspsychobiologischen Forschung. Kind und Umwelt: Beiträge zur analytischen Kinder- und Jugendlichenpsychother. 54: 29–49.
Papousek, H./Papousek, M. (1977): Mothering and the cognitive headstart: Psychobiological considerations. In: Schaffer, H. R. (ed.) Studies in mother-infant interaction. New York, London: Academic Press.
Parens, H. (1979): The development of aggression in early childhood. New York: J. Aronson.
Parens, H. (1980): An exploration of the relations of instinctual drives and the symbiosis/separation-individuation process. J. Am. Psa. Ass. 28: 89–114.
Parens, H. (1988): Siblings in early childhood: Some direct observational findings. Psa. Inquiry 8: 31–50.
Parens, H. (1989): Toward a reformulation of the psychoanalytic theory of aggression. In: Greenspan, S. I./Pollock, G. H. (eds.) The course of life, vol. II. Early childhood. New York: International Universities Press, 643–687.
Parens, H. (1990): On the girl's psychosexual development: Reconsiderations suggested from direct observation. J. Amer. Psa. Ass. 38: 743–772.
Parens, H. (1991): A view of the development of hostility in early life. J. Am. Psa. Ass. 39 (suppl.): 75–108.

Patterson, S.J./Sotching, I./Marcia, J.E. (1992): The inner space and beyond: Women and identity. In: Adams, G.R./Gullotta, T.P./Montemayor, R. (eds.): Adolescent identity formation. Newbury Park, London, New Delhi: Sage, 9–24.

Paul, E.L./White, K. (1990): The development of intimate relationships in late adolescence. Adolescence 23: 375–400.

Pearson, W.S. (1988): The psychoaggressive stages of psychological development in an authority-based socialization process. Am. J. Psychoanal. 48: 328–346.

Person, E.S. (1986): The omni-available woman and lesbian sex: Two fantasy themes and their relationship to male developmental experience. In: Fogel, G.I./Lane, F.M./Liebert, R.S. (eds.) The psychology of men. New York: Basic Books, 236, 259.

Person, E.S. (1988): Dreams of love and fateful encounters: The power of romantic passion. New York: Norton.

Person, E.S. (1991): Romantic love: At the intersection of the psyche and the cultural unconscious. J. Am. Psa. Ass. 39 (suppl.): 383–411.

Person, E.S. (1993): Male sexuality and power. In: Glick, R.A./Roose, S.P. (eds.) Rage, power, and aggression. New Haven, London: Yale University Press, 29–44.

Peterfreund, E.(1978): Some critical comments on psychoanalytic conceptions of infancy. Int. J. Psycho-Anal. 59: 427–441.

Peterfreund, E.(1983): The process of psychoanalytic therapy: Models and strategies. Hillsdale, N.J.: Analytic Press.

Piaget, J. (1954): Das moralische Urteil beim Kind. Zürich: Rascher.

Piaget, J. (1966): Psychologie der Intelligenz. Zürich: Rascher.

Piaget, J. (1972): Intellectual evolution from adolescence to adulthood. Hum. Dev. 15: 1–12.

Piaget, J. (1973): Einführung in die genetische Erkenntnistheorie. Frankfurt a.M.: Suhrkamp.

Piaget, J. (1981): Intelligence and affectivity. Their relationship during child development. Palo Alto: Annual Monograph, Reviews.

Pierloot, R.A. (1988): Impersonal objects in morbid jealousy. Int. Rev. Psycho-Anal. 15: 293–306.

Piers, G./Singer, M.B. (1953): Shame and guilt: A psychological and a cultural study: Springfield, Ill.: Thomas.

Pine, F. (1971): On the separation process: Universal trends and individual differences. In: McDevitt, J.B./Settlage, C.F. (eds.) Separation-individuation: Essays in honor of Margaret S. Mahler. New York: International Universities Press, 113–130.

Pine, F. (1979): On the expansion of the affect array: A developmental description. Bull. Menninger Clin. 43: 79–95.

Pine, F. (1981): In the beginning: Contributions to a psychoanalytic developmental psychology. Int. Rev. Psycho-Anal. 8: 15–33.

Pine, F. (1985): Developmental theory and clinical process. New Haven, London: Yale University Press.

Pine, F. (1986): The „symbiotic phase" in the light of current infancy research. Bull. Menninger Clin. 50: 564–569.

Pine, F. (1990): Drive, ego, object and self: A clinical and developmental synthesis. New York: Basic Books.

Pine, F. (1992): Some refinements of the separation-individuation concept in light of research on infants. Psa. Std. Child 47: 103–116.

Pine, F./Furer, M. (1963): Studies of the separation-individuation phase: A methodological overview. Psa. Std. Child 18: 325–342.

Podd, M.H. (1972): Ego identity status and morality: The relationship between two developmental constructs. Dev. Psychol. 6: 457–507.

Pollock, G.H.(1978): Process and affect: Mourning and grief. Int. J. Psycho-Anal. 59: 255–276.

Pollock, G.H.(1979): Reminiscence and insight. Psa. Std. Child 36: 278–287.

Powers, S.I./Hauser, S.T./Kilner, L. (1989): Adolescent mental health. Am. Psychol. 44: 200–208.

Provence, S. (1987): Psychoanalytic views of separation in infancy and early childhood. In: Bloom-Feshbach, J./Bloom-Feshbach, S. (eds.) The psychology of separation and loss. San Francisco: Jossey-Bass, 87–135.

Pruett, K.D. (1983): Infants of primary nurturing fathers. Psa. Std. Child 38: 257–277.

Pruett, K.D. (1987): The nurturing male: A longitudinal study of primary nurturing fathers. In: Cath, S.H./Gurwitt, A.R./Gunsberg, L. (eds.) Fathers and their families. Hillsdale, N.J.: Analytic Press.

Pruett, K.D. (1991): Consequences of primary paternal care: Fathers and babies in the first six years. In: Greenspan, S.I./Pollock, G.H. (eds.) The course of life, vol. III. Middle and late childhood. Madison, Conn.: International Universities Press, 73–94.
Radke-Yarrow, M./Zahn-Waxler, C./Chapman, M. (1983): Children's prosocial dispositions and behavior. In: Mussen, P.H. (series ed.)/Hetherington, E.M. (vol. ed.) Handbook of child psychology, vol. 4. Socialization, personality and social development. New York: Wiley, 469–545.
Rangell, L. (1963): On friendship. J. Am. Psa. Ass. 11: 3–11.
Rapaport, D. (1960): On the psychoanalytic theory of motivation. In: Jones, M.R. (ed.) The Nebraska Symposium on Motivation, vol. 8. Lincoln: University of Nebraska Press.
Rapaport, D./Gill, M.M. (1959): The points of view and assumptions of metapsychology. In: Gill, M.M. (ed.) The collected papers of David Rapaport. New York: Basic Books, 795–811.
Reich, W. (1933): Charakteranalyse. Köln, Berlin: Kiepenheuer & Witsch 1970.
Resch, R.C. (1980): On separating as a developmental phenomenon: A natural study. Psa. Std. Child 35: 207–269.
Rieder, C./Cicchetti, D. (1989): Organizational perspective on cognitive control functioning and cognitive-affective balance in maltreated children. Dev. Psychol. 25: 382–393.
Riedl, R. (1981): Biologie der Erkenntnis. Die stammesgeschichtlichen Grundlagen der Vernunft. Berlin: Parey.
Riviere, J. (1932): Jealousy as a mechanism of defense. Int. J. Psycjo-Anal. 13: 414–424.
Riviere, J. (1937): Haß, Gier und Aggression. In: Klein, M./Riviere, J. Seelische Urkonflikte. Liebe, Haß und Schuldgefühl. Frankfurt a.M.: Fischer 1983, 9–72.
Robins, P./Newton, P.M. (1987): Levinsonian studies of women's adult development. Psychol. Aging 2: 154–163.
Robbins, M. (1988): The adaptive significance of destructiveness in primitive personalites. J. Am. Psa. Ass. 36: 627–652.
Robbins, M. (1993): Disturbances of affect representation in primitive personalities. In: Wilson, A./Gedo, J.E. (eds.) Hierarchical concepts in psychoanalysis. Theory, research, and clinical practice. New York, London: Guilford Press, 235–262.
Robinson, G./Stewart, D. (1989): Motivation for motherhood and the experience of pregnancy. Can. J. Psychiatry 34: 861–865.
Rohde-Dachser, C. (1987): Die ödipale Konstellation bei narzißtischen und Borderline-Störungen. Psyche 41: 773–799.
Rohde-Dachser, C. (1990): Über töchterliche Existenz. Offene Fragen zum weiblichen Ödipuskomplex. Zschr. psychosom. Med. 36: 303–315.
Rohde-Dachser, C. (1991): Die „frühen" Objektbilder und die Idee der Nachträglichkeit – Ansätze zu einer theoretischen Neuorientierung. In: Expedition in den dunklen Kontinent. Weiblichkeit im Diskurs der Psychoanalyse. Berlin, Heidelberg, New York, London, Paris, Tokyo, Hong Kong, Barcelona, Budapest: Springer: 221–233.
Roiphe, H./Galenson, E. (1972): Early genital activity and the castration complex. Psa. Quart. 41: 334–347.
Roiphe, H./Galenson, E. (1981): Infantile origins of sexual identity. New York: International Universities Press.
Rosenblatt, A.D. (1988): Envy, identification, and pride. Psa. Quart. 57: 56–71.
Ross, J.M. (1979): Fathering: A review of some psychoanalytic contributions on paternity. Int. J. Psycho-Anal. 60: 317–327.
Ross, J.M. (1984): Fathers in development: An overview of recent contributions. In: Cohen, R.S./Cohler, B.J./Weissman, S.H. (eds.) Parenthood. A psychodynamic perspective. New York, London: Guilford Press, 373–390.
Ross, J.M. /Herzog, J.M. (1985): The sins of the fathers: Notes on fathers, aggression, and pathogenesis. In: Anthony, E.J./Pollock, G.H. (eds.) Parental influences in health and disease. Boston: Little, Brown, 477–510.
Rotmann, M. (1978): Über die Bedeutung des Vaters in der „Wiederannäherungsphase". Psyche 32: 1105–1147.
Rotmann, M. (1985): Frühe Triangulierung und Vaterbeziehung. Anmerkung zur Arbeit von Michael Ermann: Die Fixierung in der frühen Triangulierung. Forum Psychoanal. 1: 308–317.
Rowe, J./Marcia, J.E. (1980): Ego identity status, formal operations, and moral development. J. Youth Adoles. 9: 87–99.
Russell, G./Radojevic, M. (1992): The changing role of fathers? Current understanding and furture directions for research and practice. Inf. Ment. Health J. 13: 296–311.

Rutter, M. (1985): Psychopathology and development: Links between childhood and adult life. In: Rutter, M./Hersov, L. (eds.) Child and adolescent psychiatry, 2nd ed. Oxford, London, Edinburgh, Boston, Palo Alto, Melbourne: Blackwell, 720–739
Saarni, C. (1978): „Cognitive and communicative features of emotional experience, or Do you show what you think you feel?" In: Lewis, M./Rosenblum, L. (eds.) The Development of affect. New York, London: Plenum Press.
Saarni, C. (1980): Contributions from linguistics to an understanding of affect in diagnosis and treatment. Clin. Soc. Work J. 8: 223–235.
Sander, L. W. (1980): Investigation of the infant and its caregiving environments as a biological system. In: Greenspan, S. I./Pollock, G. H. (eds.) The course of life. Psychoanalytic contributions toward understanding personality development, vol. I.
Infancy and early childhood. Adelphi: National Institute of Mental Health, 177–202.
Sander, L. W. (1983): Polarity, paradox, and the organizing process in development. In: Call, J. D./Galenson, E./Tyson, R. L. (eds.) The frontiers of infant psychiatry, vol. I. New York: Basic Books, 333–346.
Sander, L. W./Julia, H./Stechler, G./Burns, P. (1972): Continous 24-hour interactional monitoring in infants reared in two caretaking environments. Psychosom. Med. 34: 270–282.
Sandler, A. M. (1977): Beyond eight-month anxiety. Int. J. Psycho-Anal. 58: 195–207.
Sandler, J./Sandler, A. M. (1978): On the development of objects and affects. Int. J. Psycho-Anal. 59: 285–296.
Sandler, J./Holder, A./Meers, D. (1963): The ego ideal and the ideal self. Psa. Std. Child 18: 139–158.
Sarnoff, C. A. (1976): Latency. New York: J. Aronson.
Sarnoff, C. A. (1980): Normal and pathological psychological development during latency age period. In: Bemporad, J. R. (ed.) Child development in normality and psychopathology. New York, Brunner/Mazel, 146–173.
Schachtel, E. G. (1959): Metamorphosis: On the development of affect, perception, attention, and memory. New York: Basic Books.
Schafer, R. (1960): The loving and beloved superego in Freud's structural theory. Psa Std. Child 15: 163188.
Schafer, R. (1964): The clinical analysis of affects. J. Am. Psa. Ass. 12: 275–299.
Schafer, R. (1968): The mechanisms of defense. Int. J. Psycho-Anal. 49: 49–62.
Schafer, R. (1972): Internalization: Process or fantasy? Psa. Std. Child 27: 411–436.
Schafer, R. (1973): Concepts of self and identity and the experience of separation-individuation in adolescence. Psa. Quart. 42: 42–60.
Schafer, R. (1974): Problems in Freud's psychology of women. J. Am. Psa. Ass. 22: 459–485.
Schafer, R. (1975): Emotion in the language of action. In: Gill, M. M./Holzman, P. S. (eds.) Psychology versus metapsychology. Psychoanalytic essays in memory of George S. Klein. Psychol. Issues, Monograph 36. New York: International Universities Press, 106–133.
Schafer, R. (1983): The analytic attitude. New York: Basic Books.
Schenkel, S./Marcia, J. E. (1972): Attitudes toward premarital intercourse in determining ego identity status in college women. J. Personal. 3: 472–482.
Schneider, M. (1988): Primary envy and the creation of the ego ideal. Int. Rev. Psycho-Anal. 15: 319–329.
Schore, A. (1991): Early superego development: The emergence of shame and narcissistic affect regulation in the practicing period. Psa. Contemp. Thought 14: 198–250.
Schuker, E./Shwetz, M. H./Pisetzky, I. (1991): Pregnancy and motherhood. In: Schuker, E./Levinson, N. A. (eds.) Female psychology. An annotated psychoanalytic bibliography. Hillsdale, N. J., London: Analytic Press, 239–273.
Schur, M. (1955): Some comments on the metapsychology of somatization. Psa. Std. Child 10: 119–164.
Scorce, J. F./Emde, R. N. (1982): The meaning of emotional expressions: Regularities in caregiving responses in normal and Down's syndrome infants. J. Child Psychol. Psychiatry 23: 145–158.
Scorce, J. F./Emde, R. N./Campos, J./Klinnert, M. (1985): Maternal emotional signaling: Its effect on the visual cliff behavior in 1-year-olds. Dev. Psychol. 21: 195–200.
Seeman, M. (1979): Pathological jealousy. Psychiat. 42: 351–361.
Selman, R. L. (1980): The growth of interpersonal understanding: Developmental and clinical analyses. New York: Academic Press.

Selman, R. L. (1981): The development of interpersonal competence: The role of understanding in conduct. Dev. Review 1: 401–422.
Settlage, C. F. (1977): The psychoanalytic understanding of narcissistic and borderline personality disorders: Advances in developmental theory. J. Am. Psa. Ass. 25: 805–833.
Settlage, C. F. (1980): Psychoanalytic developmental thinking in current and historical perspective. Psa. Contemp. Thought 3: 139–170.
Settlage, C. F./Curtis, J./Lozoff, M. (1988): Conceptualizing adult development. J. Am. Psa. Ass. 36: 347–370.
Shapiro, D. (1965): Neurotic styles. New York: Basic Books.
Shapiro, T./Perry, R. (1976): Latency revisited. The age 7 plus or minus 1. Psa. Std. Child 31: 79–105.
Sharpless, E. A. (1990): The evolution of triadic object relations in the preoedipal phase: Contributions of developmental research. Psa. Contemp. Thought 19: 459–482.
Shaughnessy, M. F./Shakesby, P. (1992): Adolescent sexual and emotional intimacy. Adolescence 27: 475–480.
Shell-Jugendstudie (1982): Jugend einundachtzig. Opladen: Leske, Buderich.
Sherwood, V. R. (1989): Object constancy: The illusion of being seen. Psa. Psychol. 6: 15–30.
Silverman, D. K. (1986): Some proposed modifications of psychoanalytic theories of early childhood development. In: Masling, J. (ed.) Empirical studies of psychoanalytic theories, vol. 2. Hillsdale, N. J.: Analytic Press, 49–72.
Silverman, D. K. (1987a): Female bonding: Some supportive findings for Melanie Klein's views. Psa. Review 74: 201–215.
Silverman, D. K. (1987b): What are little girls made of? Psa. Psychol. 4: 315–334.
Simmons, R. G./Rosenberg, F./Rosenberg, M. (1973): Disturbance in the self-image at adolescence. Am. Soc. Review 38: 553–568.
Singer, J. L. (1984): The human personality. New York, San Diego: Harcourt, Brace, Jovanovich.
Singer, J. L. (1988): Psychoanalytic theory of contemporary psychology: The Helen Block Lewis memorial address. Psa. Psychol. 5: 95–125.
Slugoski, B. R./Marcia, J. E./Koopman, R. F. (1984): Social and interactional characteristics of ego identity statuses in college males. J. Pers. Soc. Psychol. 47: 646–661.
Smith, S. (1993): Affect tolerance problems. In: Ablon, S. L./Brown, D./Khantzian, E. J./Mack, J. E. (eds.) Human feelings. Explorations in affect development and meaning. Hillsdale, N. J., London: Analytic Press, 161–179.
Spence, D. (1982): Narrative truth and historical truth. Meaning and interpretation in psychoanalysis. New York: Norton.
Spielman, P. M. (1971): Envy and jealousy. Psa. Quart. 40: 59–82.
Spitz, R. (1946): Anaclitic depression: An inquiry into the genesis of psychiatric conditions in early childhood. Psa. Std. Child 2: 313–342.
Spitz, R. (1953): Aggression. Its role in the establishment of object relations. In: Loewenstein, R. M. (ed.) Drives, affects, behavior. New York: International Universities Press.
Spitz, R. (1957): No and yes: On the genesis of human communication. New York: International Universities Press.
Spitz, R. (1959): A genetic field theory of ego formation: Its implications for pathology. New York: International Universities Press.
Spitz, R. (1962): Autoerotism reexamined: The role of early sexual behavior patterns in personality formation. Psa. Std. Child 17: 283–315.
Spitz, R. (1963): Ontogenesis: The proleptic function of emotion. In: Knapp, P. H. (ed.) The expression of emotion. New York: International Universities Press.
Spitz, R. (1965): The first year of life. New York: International Universities Press.
Spitz, R. (1974): Brücken. Zur Genese der Sinngebung. Psyche 28: 1003–1018.
Sroufe, A. L. (1977): Knowing and enjoying your baby. New York: Spectrum.
Sroufe, A. L. (1979): Socioemotional development. In: Osofsky, J. D. (ed.) The handbook of infant development. New York: Wiley, 462–518.
Sroufe, A. L. (1982): The organization of emotional development. Psa. Inquiry 1: 575–600.
Sroufe, A. L. (1989): Relationships, self, and individual adaptation. In: Sameroff, A. J./Emde, R. N. (eds.) Relationship disturbances in early childhood. A developmental approach. New York: Basic Books, 70–94.

Sroufe, A. E./Waters, E. (1976): The ontogenesis of smiling and laughter: A perspective on the organization of development in infancy. Psychol. Rev. 83: 173–189.
Sroufe, A. E./Waters, E. (1977): Heartrate as a convergent measure in clinical and developmental research. Merrill-Palmer Quart. 23: 3–28.
Stechler, G. (1987): Clinical applications of a psychoanalytic systems model of assertion and aggression. Psa. Inquiry 7: 348–363.
Stechler, G. (1990): Psychoanalytic perspectives on the self during the transition period. In: Cicchetti, D./Beeghly, M. (eds.) The self in transition. Infancy to childhood. Chicago, London: University of Chicago Press, 17–34.
Stechler, G./Carpenter, G. (1967): A viewpoint on early affective development. In: Hellmuth, J. (ed.) The exceptional infant, vol. 1. The normal infant. Seattle: Special Child Publications, 163–189.
Stechler, G./Halton, A. (1987): The emergence of assertion and aggression during infancy: A psychoanalytic systems perspective. J. Am. Psa. Ass. 35: 821–838.
Stein, A. H./Bailey, M. M. (1973): The socialization of achievement orientation in females. Psychol. Bull. 80: 345–366.
Stern, D. N. (1977): The first relationship: Infant and mother. London: Fontana/ Open Books.
Stern, D. N. (1983): The early development of schema of self, other, and „self with other“. In: Lichtenberg, J. D./Kaplan, S. (eds.) Reflections on self psychology. Hillsdale, J. J.: Analytic Press, 49–84.
Stern, D. N. (1984): Affect attunement. In: Call, J. D./Galenson, E./Tyson, R. L. (eds.) Frontiers of infant psychiatry, vol. II. New York: Basic Books, 3–14.
Stern, D. N. (1985): The interpersonal world of the infant. A view from psychoanalysis and developmental psychology. New York: Basic Books.
Stern, D. N. (1989): Developmental prerequisites for the sense of a narrated self. In: Cooper, A./Kernberg, O. F./Person, E. S. (eds.) Psychoanalysis. Toward the second century. New Haven, London: Yale University Press, 168–178.
Stern, D. N. (1991): Maternal representations: A clinical and subjective phenomenological view. Inf. Ment. Health J. 12: 174–186.
Stern, D. N./MacKain, K./Spieker, S. (1982): Intonation contours as signals in maternal speech to prelinguistic infants. Dev. Psychol. 18: 727–735.
Stern, D. N./Barrett, R. K./Spieker, R. S. (1983): Early transmission of affect: Some research issues. In: Call, J. D./Galenson, E./Tyson, R. L. (eds.) Frontiers of infant psychiatry, vol. I. New York: Basic Books, 64–85.
Stern, D. N./Hofer, L./Haft, W./Dore, J. (1984): Affect attunement, The sharing of feeling states between mother and infant by means of intermodal fluency. In: Fields, T./Fox, N. (eds.) Social perception in infants. Norwood, N. J.: Ablex.
Stoller, R. (1968): Sex and gender. New York: Science House.
Stoller, R. (1975): Perversion. New York: Pantheon.
Stoller, R. (1985): Observing the erotic imagination. New Haven: Yale University Press.
Stolorow, R. D./Lachmann, F. (1980): Psychoanalysis of developmental arrests: Theory and treatment. New York: International Universities Press.
Stolorow, R. D./Brandchaft, B./Atwood, G. E. (1987): Psychoanalytic treatment. An intersubjective approach. Hillsdale, N. J., Hove, London: Analytic Press.
Stork, J. (1983): Versuch einer Einführung in das Werk von D. W. Winnicott. In: Winnicott, D. W. Von der Kinderheilkunde zur Psychoanalyse. Frankfurt a. M.: Fischer, 9–29.
Stork, J. (Hrsg.) (1986): Das Vaterbild in Kontinuität und Wandlung. Stuttgart: Frommann-Holzbood.
Sullivan, H. S. (1953): The interpersonal theory of psychiatry. In: Perry, H. S./Gawel, M. L. (eds.) The collected works of Harry Stack Sullivan, vol. 1. New York: Norton.
Sulloway, F. J. (1979): Freud, biologist of the mind. Beyond the psychoanalytic legend. London: Burnett Books.
Thompson, A.E. (1985): The nature of emotion and its development. In: Fast, I. (ed.) Event theory. A Piaget-Freud integration. Hillsdale, N. J.: Erlbaum, 151–173.
Thorbeke, W./Grotevant, H. D. (1982): Gender differences in adolescent interpersonal identity formation. J. Youth Adoles. 11: 479–492.
Tomkins, S. (1962): Affect, imagery, consciousness, vol. I. The positive affects. New York: Springer.
Tomins, S. (1963): Affect, imagery, consciousness, vol. II. The negative affects. New York: Springer.

Tomkins, S. (1980): Affects as amplification: Some modifications in theory. In: Plutchik, R./Kellerman, H. (eds.) Emotion: Theory, research and experience, vol. I. Theories of emotion. New York: Academic Press, 141–164.
Tomkins, S. (1981): The quest for primary motives: Biography and autobiography of an idea. Pers. Soc. Psychol. 41: 306–329.
Tomkins, S. (1987): Shame. In: Nathanson, D. (ed.) The many faces of shame. New York, London: Guilford Press, 133–161.
Tress, W. (1986): Das Rätsel der seelischen Gesundheit. Traumatische Kindheit und früher Schutz gegen psychogene Störungen. Göttingen: Vandenhoeck & Ruprecht.
Trevarthen, C. (1979): Communication and cooperation in early infancy: A description in primary intersubjectivity. In: Bullowa, M. M. (ed.) Before speech: The beginning of interpersonal communication. New York: Cambridge University Press, 321–347.
Trevarthen, C. (1980): The foundations of intersubjectivity: Development of interpersonal and cooperative understanding in infants. In: Olson, D. R. (ed.) The foundation of language and thought: Essays in honor of Jerome Bruner. New York: Norton.
Tustin, F. (1981): Autistic states in children. London: Routledge & Kegan Paul.
Tyson, P. (1986): Female psychology development. Ann. Psychoanal. 14: 357–373.
Tyson, P. (1989): Infantile sexuality, gender identity, and obstacles to oedipal progression. J. Am. Psa. Ass. 37: 1051–1069.
Tyson, P./Tyson, R. L. (1984): Narcissism and superego development. J. Am. Psa. Ass. 32: 75–98.
Tyson, P./Tyson, R. L. (1990): Psychoanalytic theories of development. An integration. New Haven, London: Yale University Press.
Tyson, R. L. (1983): Some narcissistic consequences of object loss: A developmental view. Psa. Quart. 52: 205–224.
Viederman, M. (1988): The nature of passionate love. In: Person, E. S./Gaylin, W. (eds.) Passionate attachments: Thinking about love. New York: Free Press, 1–14.
Waterman, A. S. (1982): Identity development from adolescence to adulthood: An extension of theory and a review of research. Dev. Psychol. 18: 341–358.
Waterman, A. S. (1985): Identity in the context of adolescent psychology. In: Waterman, A. S. (ed.) Identity in adolescence: Processes and contents. New directions for child development 30. San Francisco: Jossey-Bass, 5–24.
Waterman, A. S./Archer, S. L. (1979): Ego identity status and expressive writing among high school and college students. J. Youth Adoles. 8: 327–341.
Werner, H. (1957): The concept of development from a comparative and organismic point of view. In: Harris, D. (ed.) The concept of development. Minneapolis: University of Minnesota Press, 125–148.
Weinshel, E. M. (1970): Some psychoanalytic considerations on moods. Int. J. Psycho-Anal. 51: 313–320.
Westen, D. (1989): Are „primitive“ object relations really preoedipal? Am. J. Orthopsychiatry 59: 331–320.
Westen, D. (1990): The relations among narcissism, egocentrism, self-concept and self-esteem: Experimental, clinical, and theoretical considerations. Psa. Contemp. Thought 13: 183–239.
White, K. M./Speisman, J. C./Jackson, D./Bartis, S./Costos, D. (1986): Intimacy maturity and its correlates in young married couples. J. Pers. Soc. Psychol. 50: 152–162.
White, K. M./Speisman, J. C./Costos, D./Smith, A. (1987): Relationship maturity: A conceptual and empirical approach. In: Meacham, J. (ed.) Interpersonal relations: Family, peers, friends. Basel: Karger.
White, R. W. (1959): Motivation reconsidered: The concept of competence. Psychol. Review 66: 297–333.
White, R. W. (1963): Ego and reality in psychoanalytic theory. Psychol. Issues, Monograph No. 11. New York: Universities Press.
Wieland-Burston, J. (1989): Chaotische Gefühle. Wenn die Seele Ordnung sucht. Zürich: Kreuz.
Wilson, A. (1986): Archaic transference and anaclitic depression: Psychoanalytic perspectives on the treatment of severely disturbed patients. Psa. Psychol. 3: 237–256.
Wilson, A./Passik, S. D./Faude, J. P. (1990): Self regulation and its failures. In: Masling, J. (ed.) Empirical studies of psychoanalytic theories, vol. 3. Hillsdale, N. J., Hove, London: Analytic Press, 149–213.
Winnicott, D. W. (1945): Die primitive Gefühlsentwicklung. In: Winnicott, D. W. Von der Kinderheilkunde zur Psychoanalyse. Frankfurt a. M.: Fischer 1983, 58–76.

Winnicott, D.W. (1950): Die Beziehung zwischen Aggression und Gefühlsentwicklung. In: Winnicott, D.W. Von der Kinderheilkunde zur Psychoanalyse. Frankfurt a.M.: Fischer 1983, 91–112.
Winnicott, D.W. (1953): Transitional objects and transitional phenomena. Int. J. Psycho-Anal. 34: 89–97.
Winnicott, D.W. (1956): Primäre Mütterlichkeit. In: Winnicott, D.W. Von der Kinderheilkunde zur Psychoanalyse. Frankfurt a.M.: Fischer 1983, 157–164.
Winnicott, D.W. (1958): The capacity to be alone. In: The maturational processes and the facilitating environment. London: Hogarth 1965.
Winnicott, D.W. (1960): Ego distortion in terms of true and false self. In: Winnicott, D.W. The maturational process and the facilitating environment. London: Hogarth 1965.
Winnicott, D.W. (1963): The development of the capacity of concern. Bull. Menninger Clin. 27: 167–176.
Winnicott, D.W. (1964): The newborn and his mother. In: Winnicott, C. et al. (eds.) Babies and their mothers. Reading, MA: Addison Wesley.
Winnicott, D.W. (1965): The maturational processes and the facilitating environment. London: Hogarth.
Winnicott, D.W. (1969): The use of the object and relating through identification. Int. J. Psycho-Anal. 50: 711–716.
Winnicott, D.W. (1971): Playing and reality. London: Tavistock.
Winnicott, D.W. (1988): Human nature. New York: Schocken Books.
Wolfenstein, M. (1966): How is mourning possible? Psa. Std. Child 21: 93–123.
Wolff, P.H. (1966): The causes, controls, and organization of behavior in the neonate. Psychol. Issues, Monograph 17. New York: International Universities Press.
Wolff, P.H. (1969): The natural history of crying and other vocalizations in early infants. In: Foss, B.M. (ed.) Determinants of infant behavior, vol. 2. London: Methuen, 81–109.
Wurmser, L. (1987): Flucht vor dem Gewissen. Analyse von Über-Ich und Abwehr bei schweren Neurosen. Berlin, Heidelberg, New York, London, Paris, Tokyo: Springer.
Wurmser, L. (1990): Die Maske der Scham. Berlin, Heidelberg, New York, London, Paris, Tokyo: Springer.
Yogman, M.W. (1981): Games fathers and mothers play with their infants. Inf. Ment. Health J. 2: 241–248.
Yogman, M.W. (1982): Observations on the father-infant relationship. In: Cath, S.H./Gurwitt, A.R./Ross, J.M. (eds.) Father and child. Developmental and clinical perspectives. Boston: Little, Brown, 101–122.
Yorke, C./Balogh, T./Cohen, P./Davids, J./Gavson, A./McCutcheon, M./McLean, D./Miller, J./Szydlo, J. (1990): The development and functioning of the sense of shame. Psa. Std. Child 45: 377–409.
Zahn-Waxler, C./Kochanska, G. (1990): Socioemotional development. In: Thompson, R.A. (ed.) Nebraska Symposium on Motivation, vol. 36. Lincoln: University of Nebraska Press, 183–258.
Zahn-Waxler, C./Kochanska, G./Krupnick, J./McKnew, D. (1990): Patterns of guilt in children of depressed and well mothers. Dev. Psychol. 26: 51–59.
Zeanah, C.H./Anders, T.F. (1987): Subjectivity in parent-infant relationships: A discussion of internal working models. Infant Mental Health J. 8: 237–250.
Zeanah, C.H./Barton, M.L. (eds.) (1989): Internal representations and parent-infant relationships. Inf. Ment. Health J. 10: [special issue].
Zetzel, E.R. (1965): Depression and the incapacity to bear it. In: Schur, M. (ed.) Drives, affects, behavior, vol. 2. New York: International Universities Press, 243 – 277.
Ziehe, T. (1975): Pubertät und Narzißmus. Frankfurt a.M.: Europäische Verlagsanstalt.

Sachwortregister